莊子集成　劉固盛　主編

纂圖互注南華真經

［宋］龔士髙　編　蘇小露　點校

福建人民出版社
海峽出版發行集團
THE STRAITS PUBLISHING & DISTRIBUTING GROUP

二〇一一—二〇二〇年國家古籍整理出版規劃項目
全國高等院校古籍整理研究工作委員會直接資助項目
華中師範大學中國語言文學一流學科建設項目

莊子集成出版前言

《莊子》是先秦道家重要經典，戰國中期莊周及其後學所撰。《莊子》原爲五十二篇，經西晉郭象删削編定，尚存三十三篇流傳至今。《莊子》在兩漢未受特別重視，至魏晉之際，因與玄學思潮投合，注釋漸多，影響較廣的有崔譔、向秀、司馬彪諸家，但多已亡佚。惟郭象參考諸家之注，加以發揮，形成後世通行的注本。唐代成玄英又依郭注作《南華真經注疏》，補釋郭注未及的字義名物，在思想上也有獨到闡發。陸德明《經典釋文》中有《莊子音義》三卷，因保存較多唐以前異文舊注，爲治《莊》必備之書。

目前流傳下來的《莊子》注本，多成書於宋以後。宋學長於義理思辨，以儒、釋、道解《莊》的傾向較爲明顯，到明代更形成了會通三教的風氣。宋代興起文章評點之風，林希逸、劉辰翁評析《莊子》，引發對《莊子》語言及行文的探索。明代又出現方式更多樣、結構更嚴密的《莊子》評點類著作，《莊子》文章批評成爲專門領域。

清乾嘉以來，考據輯佚之學盛行，注《莊》者更重視校釋文義、考正韻讀、輯補佚文，如盧文弨、王念孫、茆泮林、俞樾、孫詒讓諸家，均取得較高成就。清末郭慶藩、王先謙先後撰《莊子集釋》《莊子集解》，雖繁簡各殊，而均以集納衆長、具總結性質，成爲百年來最通行的《莊子》注本。近代以降，隨着新舊學術轉型，《莊子》研究多從哲學史、文化史角度展開，或進行學術史的總結，已突破傳統格局。

歷代莊學著述今存三百餘種，近人嚴靈峰編《無求備齋莊子集成初編》《續編》及《老列莊三子集成補編》，始予系統影印；方勇主編《子藏·道家部·莊子卷》，又續有增益。然均未經點校，不便閱讀。爲總結歷代莊學成就，推動莊學研究進程，福建人民出版社與華中師範大學道家道教研究中心合作編纂《莊子集成》，系統整理魏晉至民國間中國學者有關《莊子》的注疏文獻，分輯出版，以備廣大讀者、研究者使用。

二〇二二年十一月

整理前言

《纂圖互註南華真經》十卷是宋人龔士卨所編《纂圖互註五子》中之一種（其他四種爲《老子》《荀子》《揚子》《文中子》）。龔士卨，生平事跡無考。只有《纂圖互註五子》書前尚存龔氏序文，署「景定改元蒲節前至三日石廬龔士卨序」，序後鈐有「龔氏」「子質」「石廬子」三枚私印。景定（1260—1264）是南宋理宗的年號，龔士卨大約是理宗時人，字子質，號石廬子。

是書首列郭象《南華真經序》，次列摘錄自《莊子·大宗師》的《莊子太極説》，後附《周子太極圖》。圖後爲目錄和正文。第一卷下題「晉郭象子玄註，唐陸德明音義」，嚴格説來，該書只是將《莊子》全文和郭象的註文、陸德明的音義付梓。大字爲莊子正文，正文之下以小字雙行先列郭象註，後附陸德明音義，中間用○隔開。音義所摘釋之字用（）標記。

稍有不同的是書中之「纂圖互註」。「纂圖互註」是中國古代一種特殊的版式，清人葉德輝在《書林清話》中還專門將「宋刻纂圖互註經子」單列。「纂圖互註」有時也寫作「纂圖重言重意互註」，一般而言，纂圖是在卷首附圖，重言是用本書中其他文詞相同的詞句進行註釋，重意是用本書中其他文詞相近的詞句進行註釋。本書中的纂圖只有一幅，即《周子太極圖》。書中有重意、互註而無重言，重意和互註似乎並没有分別，且數量不多。互註約有四十多處，重意則只有九處，均是引用先秦的典籍，以《老子》最多，另外還有《孟子》《禮記》《尚書》《論語》《周易》《荀子》等。引文簡短，如《馬蹄》篇「道德不廢，安取仁義」下有一則互註：「《老·十八章》：大道廢有仁義。」《人間世》篇「古之至人，先存諸己而後存諸人」下有一則重意：「《記·大學》：君子有諸己而後求諸人，無諸己而後非諸人。所藏乎身不恕，而能喻諸人者，未之有也。」這些簡短且數量不多的註文，正如四庫館臣所説：「多引五經四書及諸子習見之語，未能有所發明。」另外，四庫館臣還批評是書「《莊子》因《大宗師》篇有太極二字，遂附會以周子之圖，尤爲無理」，亦得其實。

《纂圖互註南華真經》元明清三代屢次刊刻，多爲同一來源。本次整理，以《子藏·道家部·莊子卷》中所收影印本爲底本。該影印本又以元刊本（卷五至卷六據另一元刊本配補）爲底本，原本藏于上海圖書館。該本第一卷右上角破損，有些文字缺失，卷九有一頁爲抄補。全書還有一百二十多種墨圍未及補訂。此外，該本刊刻隨意，充斥大量形近而訛的文字。我們把文中的缺字據中國國家圖書館藏明初刻本（善本書號 18049）補齊；墨圍則據中國國家圖書館藏明初刻本（善本書號 06967）補齊，訛字則據《莊子》通行版本進行訂正。

目錄

南華真〔一〕經序

河南郭象子玄撰

夫莊子者，可謂知本矣，故未始藏其狂言，言雖无會而獨應者也。夫應而非會，則雖當無用；言非物事，則雖高不行。與夫寂然不動，不得已而後起者，固有間矣，斯可謂知無心者也。夫心無爲，則隨感而應，應隨其時，言唯謹爾。故與化爲體，流萬代而冥物，豈曾設對獨遘而游談乎方外哉。此其所以不經而爲百家之冠也。

然莊生雖未體之，言則至矣。通天地之統，序萬物之性，達死生之變，而明内聖外王之道，上知造物无物，下知有物之自造也。其言宏綽，其旨玄妙。至至之道，融微旨雅；泰然遺放，放而不敖。故曰不知義之所適，猖狂妄行而蹈其大方；含哺而熙乎澹泊，鼓腹而游乎混芒。至人極乎無親，孝慈終於兼忘，禮樂復乎已能，忠信發乎天光。用其光則其朴自成，是以神器獨化於玄冥之境而源流深長也。

〔一〕「南華真」，原文闕。

故其長波之所蕩，高風之所扇，暢乎物宜，適乎民願。弘其鄙，解其懸，灑落之功未加，而矜夸所以散。故觀其書，超然自以爲已當，經崐崘，涉太虚，而游惚怳之庭矣。雖復貪婪之人〔一〕，進躁之士，暫而攬其餘芳，味其溢流，仿佛其音影，猶〔二〕足曠然有忘形自得之懷，況探其遠情而玩永年者〔三〕乎。遂綿邈清遐，去離塵埃而返冥極者也。

〔一〕「婪之人」，原文闕。
〔二〕「音影猶」，原文闕。
〔三〕「永年者」，原文闕。

莊子太極説

《大〔一〕宗師》篇云：「夫道，有情有信，無爲無形；可〔二〕傳而不可受，可得而不可見；自本自根，未有天地，自古以固存；神鬼神帝，生天生地；在太極之先而不爲高，在六極之下而不爲深，先天地生而不爲久，長於上古而不爲老。」

〔一〕「大」，原文闕。據其他版本，此本「大」字寫作「太」。
〔二〕「可」，原文闕。

周子太極圖

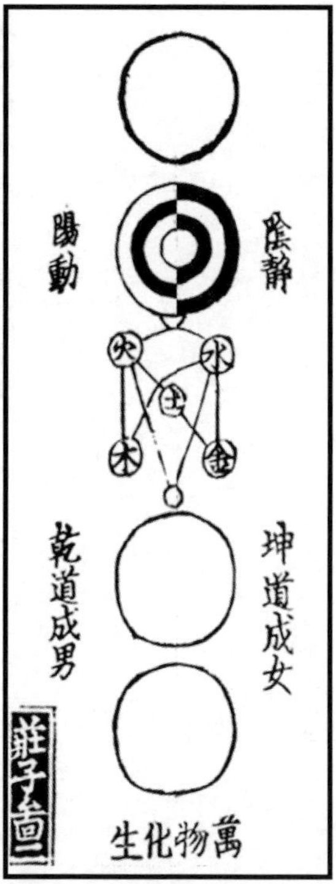

周茂叔曰：「無極而太極，太極動而生陽，動極而靜，靜而生陰，靜極復動，一動一靜，互爲其根。分陰分陽，兩儀立焉。陽變陰合，而生水火木金土。五氣順布，四時行焉。五行，一陰陽也；陰陽，一太極也；太極，本無極也。五行之生也，各一其性。無極之真，二五之精，妙合而凝。乾道成男，坤道成女，二氣交感，化成萬物。萬物生生而變化無窮焉。」

纂圖互〔一〕註南華真經卷第一

晉郭象子玄註　唐陸德明音義

莊子内篇逍遥遊第一

【註】夫小大雖殊，而放於自得之場，則物任其性，事稱其能，各當其分，逍遥一也，豈容勝負於其間哉。【釋文】《音義》曰：（内篇），内者，對外立名。《説文》云：篇，書也。字從竹。從艸〔二〕者，草名耳，非也。（逍），音銷，亦作「消」。（遥），如字。亦作「摇」。（遊），如字。亦作「游」。逍遥遊者，篇名，義取閒放不拘，怡適自得。（夫），音符。（場），直良切。（稱），尺證切。（當），丁浪切。（分），符問切。

北冥有魚，其名爲鯤。鯤之大，不知其幾千里也。化而爲鳥，其名爲鵬。【註】鵬鯤之實，吾所未詳也。夫莊子之大意，在乎逍遥遊放，无爲而自得，故極小大之致以明性分之適。達觀之士，

〔一〕「纂圖互」，原文闕。
〔二〕「艸」，原文誤作「非」。

宜要其會歸而遺其所寄，不足事事曲與生說。自不害其弘旨，皆可略之。【釋文】（北冥），本亦作「溟」，覓經切，北海也。嵇康云：取其溟漠无涯也。梁簡文帝云：窅冥无極，故謂之冥。東方朔《十洲記》云：水黑色謂之冥海，无風洪波百丈。（鯤），徐音昆，李侯温反。大魚名也。崔譔云：鯤當爲鯨，簡文同。（幾），居豈反。下同。（鵬），步登反。徐音朋。郭甫登反。崔音鳳，云：鵬即古鳳字，非來儀之鳳也。《説文》云：朋及鵬，皆古文鳳字也。朋鳥象形。鳳飛，群鳥從以萬數，故以鵬爲朋黨字。《字林》云：鵬，朋黨也，古以爲鳳字。（夫），音符。發句之端，皆同。（分），符問反。下皆同。（觀），古亂反。（要），一遥反。**鵬之背，不知其幾千里也；怒而飛，其翼若垂天之雲。是鳥也，海運則將徙於南冥。南冥者，天池也。**【註】非冥海不足以運其身，非九萬里不足以負其翼。此豈好奇哉？直以大物必自生於大處，大處亦必自生此大物，理固自然，不患其失，又何措心於其間哉。【釋文】（垂天之雲），司馬彪云：若雲垂天旁。崔云：垂，猶邊也，其大如天一面雲也。（海運），司馬云：運，轉也。向秀云：非海不行，故曰海運。簡文云：運，徙也。（好），呼報反。下皆同。（處），昌慮反。下同。（厝），七故反。本又作「措」。**齊諧者，志怪者也。諧之言曰：「鵬之徙於南冥也，水擊三千里，搏扶摇而上者九萬里，**【註】夫翼大則難舉，故搏扶摇而後能上，九萬里乃足自勝耳。既有斯翼，豈得決然而起，數仞而下哉。此皆不得不然，非樂然也。【釋文】（齊諧），户皆反。司馬及崔並云人姓名。簡文云書。（志怪），志，記也。怪，異也。（水擊），崔云：將飛舉翼，擊水踉蹌也。（踉），音亮。（蹌），七亮反。（搏），徒端反。司馬云：搏飛而上也。一音摶。崔云：拊翼徘徊而上也。（扶摇），徐音遥，風名也。司馬云：上行風謂之扶摇。《爾雅》云〔一〕：扶摇謂之飇。郭璞云：暴風從下上也。（上），時掌反。註同。（勝），音升。下〔二〕同。（決〔三〕），喜缺反。下同。（數），色主反。下同。（樂），音嶽，又五孝反。**去以六月〔四〕息者也。」**【註】夫大鳥一去半歲，至天池而息；小鳥一飛半朝，搶榆枋而止。此比所能則有間矣，其於適性一也〔五〕。【釋文】（搶），七羊反。（枋），音〔六〕方。**野馬也，塵埃也，生物之以息相吹也。**【註】此皆鵬之所馮〔七〕以飛者耳。野馬者，遊氣也。【釋文】（野馬），司馬云：春月澤中遊氣也。崔〔八〕云：天地間氣如野馬馳也。（埃），音哀。崔云：天地間氣蓊鬱似塵埃揚也。（吹），如字。崔本作「炊」。（馮），皮冰反。本亦作「憑」。**天之蒼蒼，其正色邪？其遠而無所至極邪？其視下也，亦若是則已矣。**【註】今觀天之蒼蒼，竟未知便是天之正色邪，天之爲遠而无極邪。鵬之自上以視地，

〔一〕「爾雅云」，原文闕。
〔二〕「音升下」，原文闕。
〔三〕「決」，原文誤作「缺」。
〔四〕「以六月」，原文闕。
〔五〕「性一也」，原文闕。
〔六〕「搶」至「音」，原文闕。
〔七〕「鵬之所馮」，原文闕。
〔八〕「氣也崔」，原文闕。

亦若人之自此視天。則止而圖南矣，言鵬不知道里之遠近，趣足以自勝而逝。【釋文】（邪），也嗟反，助句不定之辭。後放此。**且夫水之積也不厚，則負大舟也无力。覆杯水於坳堂之上，則芥爲之舟；置杯焉則膠，水淺而舟大也。**【註】此皆明鵬之所以高飛者，翼大故耳。夫質小者所資不待大，則質大者所用不得小矣。故理有至分，物有定極，各足稱事，其濟一也。若乃失乎忘生之主而營生於至當之外，事不任力，動不稱情，則雖垂天之翼不能无窮，决起之飛不能无困矣。【釋文】（夫），音符。（覆），芳服反。（杯），崔本作「盃」。（坳），於交反，又烏了反，李又伊九反。崔云：堂道謂之坳。司馬云：塗地令平。支遁云：謂有坳垤形也。（芥），吉〔一〕邁反，徐古邁反，一音古黠反。李云：小草也。（膠），徐、李古孝反，一音如字。崔云：膠著地也。李云：黏也。（稱），尺證反。後同。（濟），子細反，本又作「齊」，如字。（之生），本亦作「主〔二〕」字。（當），丁浪反。後皆同。**風之積也不厚，則其負大翼也無力。故九萬里，則風斯在下矣，而後乃今培風；背負青天而莫之夭閼者，而後乃今將圖南。**【註】夫所以乃今將圖南者，非其好高而慕遠也，風不積則夭閼不通故耳。此大鵬之逍遥也。【釋文】（培），音裴，重也。徐扶杯反，又父宰反，一音扶北反。本或作「陪」。（風），絶句。（背負青天），一讀以「背」字屬上句。（夭），於表反。司馬

〔一〕「吉」，原文寫作「古」。
〔二〕「主」，原文誤作「王」。

云：折也。（閼），徐於葛反，一音謁。司馬云：止也。李云：塞也。**蜩與學鳩笑之曰：「我決起而飛，搶榆枋，時則不至而控於地而已矣，奚以之九萬里而南爲？」**【註】苟足於其性，則雖大鵬无以自貴於小鳥，小鳥无羨於天池，而榮願有餘矣。故小大雖殊，逍遥一也。【釋文】（蜩），音條。司馬云：蟬。（學鳩），如字。一音於角反。本又作「鷽」，音同。本或作「鸒〔一〕」，音預。崔云：學讀爲滑，滑鳩，一名滑雕。司馬云：學鳩，小鳩也。李云：鶻鵰也。《毛詩草木疏》云：鶻鳩，班鳩也。簡文云：《月令》云鳴鳩拂其羽是也。（決），向、徐喜抉反，李呼穴反。李頤云：疾貌。（搶），七良反。司馬、李云：猶集〔二〕也。崔云：著也。支遁云：槍，突也。（榆），徐音踰，木名也。（枋），徐音方。李云：檀〔三〕木也。崔云：本也。或曰：木名。（控），苦貢反。司馬云：投也。又云引也。崔云：叩也〔四〕。**適〔五〕莽蒼者，三湌而反，腹猶果然；適百里者，宿舂糧；適千里〔六〕者，三月聚糧。**【註】所適彌遠，則聚糧彌多，故其翼彌大，則積氣彌厚也。【釋文】（莽），莫浪反，

〔一〕「鸒」，原文誤作「鷽」。
〔二〕「云猶集」，原文闕。
〔三〕「李云檀」，原文闕。
〔四〕「也崔云叩也」，原文闕。
〔五〕「適」，原文闕。
〔六〕「糧適千里」，原文闕。

或莫郎反。（蒼），七蕩〔一〕反，或如字。司馬云：莽蒼，近郊之色也。李云：近野也。支遁云：家間〔二〕也。崔云：草野之色。（滄），七丹反。（果），徐如字，又苦火反。衆家皆云：飽貌。（舂），東容反。（糧），音良。**之二蟲又何知。**【註】二蟲謂鵬蜩也。對大於小，所以均異趣也。夫趣之所以異，豈知異而異哉？皆不知所以然而自然耳。自然耳，不爲也。此逍遥之大意。**小知不及大知，小年不及大年。**【註】物各有性，性各有極，皆如年知，豈跂尚之所及哉。自此已下至於列子，歷舉年知之大小，各信其一方，未有足以相傾者也。然後統以无待之人，遺彼忘我，冥此群異，異方同得而我无功名。是故統小大者，无小无大者也；苟有乎小大，則雖大鵬之與斥鴳，宰官之與御風，同爲累物耳。齊死生者，无死无生者也；苟有乎死生，則雖大椿之與〔三〕蟪蛄，彭祖之與朝菌，均於短折耳。故遊於无小无大者，无窮者也；冥乎不死不生者，无極者也。若夫逍遥而繫於有方，則雖放之使遊而有所窮矣，未能无待〔四〕也。【釋文】（知），音智，本亦作「智」。下「大知」并註同。下「年知」放此。（跂），丘豉反。後同。（累），劣僞反。下皆同。**奚以知其然也？朝菌不知晦朔，蟪蛄不知春秋，此小年也。楚之南有冥靈者，以五百歲爲春，五百歲爲秋；上古有大椿者，以八千**

〔一〕「反蒼七蕩」，原文闕。
〔二〕「云家間」，原文闕。
〔三〕「與」，原文闕。
〔四〕「待」，原文寫作「行」。

歲爲春，八千歲爲秋。而彭祖乃今以久特聞，衆人匹之，不亦悲乎。【註】夫年知不相及若此之懸也，比於衆人之所悲，亦可悲矣。而衆人未嘗悲此者，以其性各有極也。苟知其極，則豪分不可相跂，天下又何所悲乎哉。夫物未嘗以大欲小，而必以小羡大，故舉小大之殊各有定分，非羡欲所及，則羡欲之累可以絶矣。夫悲生於累，累絶則悲去，悲去而性命不安者，未之有也。【釋文】（朝菌），徐其隕反。司馬云：大芝也。天陰生糞上，見日則死，一名日及，故不知月之終始也。崔云：糞上芝，朝生暮死，晦者不及朔，朔者不及晦。支遁云：一名舜英，朝生暮落。潘尼云：木〔一〕槿也。簡文云：欻生之芝也。欻，音况物反。（晦），冥也。（朔），旦也。（惠），本亦作「蟪」，同。（蛄），音姑。司馬云：惠蛄，寒蟬也，一名蝭蟧，春生夏死，夏生秋死。崔云：蛁蟧也。或曰山蟬。秋鳴者不及春，春鳴者不及秋。《廣雅》云：蟪蛄，蛁蟧也。案：即《楚詞》所云寒螿者也。（蝭），音提。（蟧），音勞，又音遼。（蛁），音彫。（螿），音將。（冥），本或作「榠」，同。（靈），李頤〔二〕云：冥靈，木名也，江南生，以葉生爲春，葉落爲秋。此木以二千歲爲一年。（椿），丑倫反〔三〕。司馬云：木，一名橓。橓，木槿也。崔音橓華，同。李云：生江南。一云生北户南。此木三萬二千歲爲一年。（彭祖），

〔一〕「木」，原文誤作「未」。
〔二〕「頤」，原文誤作「順」。
〔三〕「反」，原文誤作「尺」。

李云：名鏗。堯臣，封於彭城。歷虞夏至商，年七百歲，故以久壽見聞。《世本》云：姓籛〔一〕，名鏗，在商爲守藏史，在周爲柱下史，年八百歲。籛，音翦。一云：即老〔二〕子也。崔云：堯臣，仕殷世，其人甫壽七〔三〕百年。王逸註〔四〕《楚辭·天問》云：彭〔五〕鏗即彭祖，事帝堯。彭祖至七百歲，猶曰悔不壽，恨杖晚而唾遠云。帝〔六〕嚳之玄孫。（特聞），如字。崔本作「待聞」。（懸），音玄。（分），符問反，又方云反〔七〕。**湯之〔八〕問棘也是已。**【註】湯之問棘，亦云物各有極，任之則條暢，故莊子以所問爲是也。【釋文】（棘），李云：湯時賢人〔九〕。又云是棘子。崔〔一〇〕云：齊〔一一〕諧之徒識冥靈大椿

〔一〕「本云姓籛」，原文闕。
〔二〕「一云即老」，原文闕。
〔三〕「七」，原文誤作「士」。
〔四〕「註」，原文误作「評」。
〔五〕「天問云彭」，原文闕。
〔六〕「而唾遠云帝」，原文闕。
〔七〕「又方云反」，原文闕。
〔八〕「湯之」，原文闕。
〔九〕「湯時賢人」，原文闕。
〔一〇〕「崔」，原文誤作「以」。
〔一一〕「齊」，原文誤作「之」。

者〔一〕名也。簡文云：一曰：湯，廣大也，棘，狹小也。**窮髮之北有冥海者，天池也。有魚焉，其廣數千里，未有知其脩者，其名爲鯤。有鳥焉，其名爲鵬，背若泰山，翼若垂天之雲，摶扶搖羊角而上者九萬里，絶雲氣，負青天，然後圖南，且適南冥也。斥鴳笑之曰：「彼且奚適也？我騰躍而上，不過數仞而下，翱翔蓬蒿之間，此亦飛之至也。而彼且奚適也？」此小大之辯也。**【註】各以得性爲至，自盡爲極也。向言二蟲殊翼，故所至不同，或翱翔天池〔二〕，或畢志榆枋，直各稱體而足，不知所以然也。今言小大之辯，各有自然之素，既非跂慕之所及，亦各安其天性，不悲所以異，故再出之。【釋文】（髮），李云：髮，猶毛也。司馬云：北極之下无毛之地也。崔云：北方无毛地也。案：毛，草也。《地理書》云：山以草木爲髮。（廣），古曠反。（數），色主反。下同。（羊角），司馬云：風曲上行若羊角。（上），時掌反。下同。（且〔三〕），如字，舊子餘反。下同。（斥），如字。司馬云：小澤也。本亦作「尺」，崔本同。簡文云：作〔四〕尺非。（鴳），於諫反。字亦作「鷃」。司馬云：鴳，鴳雀〔五〕也。（躍），由若反。（翱），五刀反。（蒿），好刀反。**故夫知效一官，行**

〔一〕「大椿者」，原文闕。
〔二〕「池」，原文誤作「也」。
〔三〕「且」，原文誤作「目」。
〔四〕「作」，原文誤作「竹」。
〔五〕「雀」，原文誤作「省」。

比一鄉，德合一君，而徵一國者，其自視也亦若此矣。【註】亦猶鳥之自得於一〔一〕方也。【釋文】（知〔二〕效），音智。下户教反。（行），下孟反。（比），毗至反，徐扶至反。李云：合也。（徵），如字。司馬云：信也。崔、支云：成也。**而宋榮子猶然笑之。**【註】未能齊，故有笑。【釋文】（宋榮子），司馬、李云：宋〔三〕國人也。崔云：賢者也。（猶然笑之），崔、李云：猶，笑貌。案：謂猶以爲笑。**且舉世而譽之而不加勸，舉世而非之而不加沮，**【註】審自得也。【釋文】（譽），音餘。（沮〔四〕），慈呂反，敗也。**定乎内外之分，**【註】内我而外物。**辯乎榮辱之竟，**【註】榮己而辱人。【釋文】（之竟），居領反。**斯已矣。**【註】亦不能復過此。【釋文】（復），扶又反。**彼其於世未數數然也。**【註】足於身，故間於世也。【釋文】（數數），音朔。下同。徐所祿反。一音桑縷反。司馬云：猶汲汲也。崔云：迫促意也。簡文所喻反，謂計數。（間），音閑。本亦作「閑」。**雖然，猶有未樹也。**【註】唯能自是耳，未能无所不可也。【釋文】（未樹），司馬云：樹，立也。未立至德也。**夫列子御風〔五〕而行，泠然善也，**【註】泠然，輕妙之貌。【釋文】（列子），李云：鄭人，名

〔一〕「一」，原文誤作「二」。
〔二〕「知」，原文誤作「如」。
〔三〕「宋」，原文誤作「未」。
〔四〕「沮」，原文誤作「退」。
〔五〕「子御風」，原文闕。

御寇，得風仙〔一〕，乘風而行，與鄭穆公同時。（泠），音零〔二〕。**旬有〔三〕五日而後反。**【註】苟有待焉，則雖御風而行，不能以一時而周也。**彼於致福者，未數〔四〕數然也。**【註】自然御風行耳，非數數然求之也。**此雖免乎行，猶有所待者〔五〕也。**【註】非風則不得行，斯必有待也，唯无所不乘者无待耳。**若夫乘天地之正，而御六氣之辯，以遊無窮者，彼且惡乎待哉！**【註】天地者，萬物之總名也。天地以萬物爲體，而萬物必以自然爲正，自然者，不爲而自然者也。故大鵬之能高，斥鴳之能下，椿木之能長，朝菌之能短，凡此皆自然之所能，非爲之所能也。不爲而自能，所以爲正也。故乘天地之正者，即是順萬物之性也；御六氣之辯者，即是遊變化之塗也。如斯以往，則何往而有窮哉。所遇斯乘，又將惡乎待哉。此乃至德之人玄同彼我者之逍遥也。苟有待焉，則雖列子之輕妙，猶不能以无風而行，故必得其所待，然後逍遥耳，而况大鵬乎。夫唯與物冥而循大變者，爲能无待而常通，豈自通而已哉。又順有待者，使不失其所待，所待不失，則同於大通矣。故有待无待，吾所不能齊也；至於各安其性，天機自張，受而不知，則吾所不能殊也。夫无待猶不足以殊有待，况有待者之巨

〔一〕「仙」，原文誤作「征」。
〔二〕「時泠音零」，原文闕。
〔三〕「旬有」，原文闕。
〔四〕「者未數」，原文闕。
〔五〕「待者」，原文闕。

細乎。【釋文】（六氣），司馬云：陰陽風雨晦明也。李云：平旦爲朝霞，日中爲正陽，日入爲飛泉，夜半爲沆瀣，天玄地黄爲六。王逸註《楚辭》云：陵陽子《明經》言，春食朝霞，朝霞者，日欲出時黄氣也。秋食淪陰，淪陰者，日没已後赤黄氣也。冬食沆瀣，沆瀣者，北方夜半氣也。夏食正陽，正陽者，南方日中氣也。并天玄地黄之氣，是爲六氣。（沆），音户黨反。（瀣），音下界反。支云：天地四時之氣。（辯），如字。變也。崔本作「和」。（惡），音烏。註同。**故曰：至人无己，**【註】无己，故順物，順物而王矣。【釋文】（己），音紀。註同。（而王），于況反，本亦作「至」。**神人无功，**【註】夫物未嘗有謝生於自然者，而必欣賴於針石，故理至則迹滅矣。今順而不助，與至理爲一，故无功。【釋文】（針），之鴆反，或之林反。**聖人无名。**【註】聖人者，物得性之名耳，未足以名其所以得也。**堯讓天下於許由，曰：「日月出矣而爝火不息，其於光也，不亦難乎。時雨降矣而猶浸灌，其於澤也，不亦勞乎。夫子立而天下治，而我猶尸之，吾自視缺然。請致天下。」許由曰：「子治天下，天下既已治也。**【註】夫能令天下治，不治天下者也。故堯以不治治之，非治之而治者也。今許由方明既治，則无所代之。而治實由堯，故有子治之言，宜忘言以尋其所況。而或者遂云：治之而治者，堯也；不治而堯得以治者，許由也。斯失之遠矣。夫治之由乎不治，爲之出乎无爲也，取於堯而足，豈借之許由哉。若謂拱默乎山林之中而後得稱无爲者，此莊老之談所以見弃〔一〕於當塗。當塗者自必於有爲之域而不反者，斯之由〔二〕也。【釋文】（堯），唐帝〔三〕也。（許由），隱人也，隱於箕山。司馬云：潁川陽城人。簡文云：陽城槐里人〔四〕。李云：字仲武。（爝），本亦作「燋」，音爵。郭祖繳反。司馬云：然也。向云：人所〔五〕然火〔六〕也。一云：燋火，謂小火也。《字林》云：爝，炬火也，子召反。燋，所以然〔七〕持火者，子約反。（浸），子鴆反。（灌），古亂反。（天下治），直吏反。下「已治」，註「天〔八〕下治」「而治者也」「既治」「而治實」「而治者」「得以治者」音同。（令），力呈反，下同〔九〕。**而我猶代子，吾將爲名乎？名者，實之賓也。吾將爲賓乎？**

【註】夫自任者對物，而順物者與物无對，故堯无對於天下，而許由與稷、契爲匹矣。何以言其然邪？夫與物冥者，故群物之所不能離也。是以无心玄應，唯感之從，汎乎若不繫之舟，東西之非己也，故無

〔一〕「以見弃」，原文闕。
〔二〕「之由」，原文二字倒乙。
〔三〕「堯唐帝」，原文闕。
〔四〕「城槐里人」，原文闕。
〔五〕「向云人所」，原文闕。
〔六〕「火」，原文誤作「決」。
〔七〕「燋所以然」，原文闕。
〔八〕「已治註天」，原文闕。
〔九〕「力呈反下同」，原文闕。

行而不與百姓共者，亦无往而不爲天下之君矣。以此爲君，若天之自高，實君之德也。若獨亢然立乎高山之頂，非夫人有情於自守，守一家之偏尚，何得專此。此故俗中之一物，而爲堯之外臣耳。若以外臣代乎内主，斯有爲君之名而無任君之實也。【釋文】（稷契），息列反，皆唐虞臣也。稷，周之始祖，名弃。契，殷之始祖名。（離），力智反。（應），應對之應。（汎），芳劍反。（非夫），音扶。下「明夫」同。**鷦鷯巢於深林，不過一枝；偃鼠飲河，不過滿腹**〔一〕。【註】性各有極，苟足其極，則餘天下之財也。【釋文】（鷦），子遥反。（鷯），音遼。李云：鷦鷯，小鳥也。郭璞云：鷦鷯，桃雀。（偃鼠），如字。李云：鼷鼠也。《説文》：鼢鼠，一曰偃鼠。鼢，扶問反。**歸休乎君，予无所用天下爲。**【註】均之无用，而堯獨有之。明夫懷豁者无方，故天下樂推而不厭。【釋文】（乎君），絶句。一讀至「乎」字絶句，「君」別讀。（豁），呼活反。（樂），音洛。（厭），於豔〔二〕反。**庖人雖不治庖，尸祝不越樽俎而代之矣。」**【註】庖人尸祝，各安其所司；鳥獸萬物，各足於所受；帝堯、許由，各静其所遇；此乃天下之至實也。各得其實，又何所爲乎哉？自得而已矣。故堯、許天地雖異，其於逍遥一也。【釋文】（庖），鮑交反，徐扶交反，掌厨人也。《周禮》有庖人職。（祝），之六反。傳鬼神辭曰祝。（樽），子存反，本亦作「尊」。（俎），徐側〔三〕呂反。【互註】《揚·問明篇》：

〔一〕「腹」，原文誤作「服」。
〔二〕「豔」，原文誤作「絶」。
〔三〕「側」，原文誤作「似」。

「堯將讓天下於許由，由耻，有諸？」曰：「好大者爲之也。顧由無求於世而已矣。允哲堯儃舜之重，則不輕於由矣。好大累克，巢父灑耳，不亦宜乎。」**肩吾問於連叔曰：「吾聞言於接輿，大而無當，往而不反。吾驚怖其言，猶河漢而无極也；大有逕庭，不近人情焉。」連叔曰：「其言謂何哉？」曰：「藐姑射之山，有神人居焉，肌膚若冰雪，淖約若處子。**【註】此皆寄言耳。夫神人即今所謂聖人也。夫聖人雖在廟堂之上，然其心无異於山林之中，世豈識之哉。徒見其戴黄屋，佩玉璽，便謂足以纓紱其心矣；見其歷山川，同民事，便謂足以憔悴其神矣；豈知至至者之不虧哉。今言王德之人而寄之此山，將明世所无由識，故乃託之於絶垠之外而推之於視聽之表耳。處子者，不以外傷内。【釋文】（肩吾），李云：賢人也。司馬云[一]：神名。（連叔），李云：懷道人也。（接輿[二]），本又作「與」，同，音餘。接輿，楚人也，姓陸[三]，名通。皇甫謐云曰：接輿躬耕，楚王遣[四]使以黄金百鎰、車二駟聘之，不應[五]。（當），丁浪反。司馬云：言語宏大，无隱當也。（怖），普

[一]「司馬云」，原文闕。
[二]「輿」，原文誤作「與」。
[三]「人也姓陸」，原文闕。
[四]「遣」，原文誤作「邊」。
[五]「駟聘之不應」，原文闕。

布反，《廣雅》云：懼也[一]。（大有），音泰，徐敕佐反。（逕），徐古定反。司馬本作「莖」。（庭），敕定反。李云：逕[二]庭，謂激過也。（近），附近之近。（藐），音邈，又妙紹反。簡文云：遠也。（射），徐[三]音夜，又食亦反，李實夜反。山名，在北[四]海中。（肌），居其反。（淖），郭昌略反，又徒學反。《字林》丈[五]卓反。蘇林《漢書音》：火也。（約），如字。李云：淖約，柔弱貌。司馬云：好貌。（處子），在室女也。（黃屋），車盖以黃爲裹。一云，冕裹黃也。（璽），音徙[六]。（纓），字或作「嬰」。（紱），方物反。字或作「紼」。（憔），在遥反。（悴），在醉反。（至至者），本亦作「至足者」。（王德），于況反。本亦作「至」。（垠），音銀，又五根反。本又作「限」。**不食五穀，吸風飲露。**【註】俱食五穀而獨爲神人，明神人者非五穀所爲，而特稟自然之妙氣。【釋文】（吸），許及反。**乘雲氣，御飛龍，而遊乎四海之外。其神凝，使物不疵癘而年穀熟。吾以是狂而不信也。」**【註】夫體神居靈而窮理極妙者，雖静默閒堂之裏，而玄同四海之表，故乘兩儀而御六氣，

[一]「雅云懼也」，原文闕。
[二]「反李云逕」，原文闕。
[三]「也射徐」，原文闕。
[四]「北」，原文誤作「此」。
[五]「丈」，原文誤作「又」。
[六]「徙」，原文誤作「徒」。

同人群而驅萬物。苟无物而不順，則浮雲斯乘矣；无形而不載，則飛龍斯御矣。遺身而自得，雖澹然而不待，坐忘行忘，忘而爲之，故行若曳枯木，止若聚死灰，是以云其神凝也。其神凝，則不凝者自得矣。世皆齊其所見而斷之，豈嘗信此哉。【釋文】（凝），魚升反。（疵），在斯反，病也。司馬云：毀也。一音子爾反。（癘），音厲，李音賴，惡病也。本或作「厲」。（狂），求匡反。李云：癡也。李又九況反。（間），音閑。（澹），徒暫反，恬静也。（齊），才細反。又如字。（斷），丁亂反。**連叔曰：「然。瞽者無以與乎文章之觀，聾者无以與乎鐘鼓之聲。豈唯形骸有聾盲哉？夫知亦有之。**【註】不知至言之極妙，而以爲狂而不信，此知之聾盲[一]也。【釋文】（瞽），音古。盲者无目，如鼓皮也。（與），徐音豫。下同。（觀），古亂反。（聾），鹿工反，不聞也。（之聲），崔、向[二]、司馬本此下更有「眇[三]者无以與乎眉目之好，夫刖者不自爲假文履」。（夫知），音智。註「知之」同。**是其言也，猶時女也。**【註】謂此接輿之所言者，自然爲物所求，但知之聾盲者謂无此理。【釋文】（時女），司馬云：猶處女也。向云：時女虛静柔順，和而不喧，未嘗求人而爲人所求也。**之人也，之德也，將旁礴萬物以爲一，世蘄乎亂，孰弊弊焉以天下爲事。**【註】夫聖人之心，極兩儀之

〔一〕「盲」，原文誤作「音」。
〔二〕「向」，原文誤作「尚」。
〔三〕「眇」，原文誤作「耿」。

至會，窮萬物之妙數。故能體化合變，无往不可，旁礴萬物，无物不然。世以亂故求我，我无心也。我苟无心，亦何爲不應世哉。然則體玄而極妙者，其所以會通萬物之性，而陶鑄天下之化，以成堯舜之名者，常以不爲爲之耳。孰弊弊焉勞神苦思，以事爲事，然後能乎。【釋文】（旁），薄剛反，李鋪剛反。字又作「磅」，同。（礴），蒲博反，李普各反。司馬云：旁礴，猶混同也。（蘄），徐音祈。李云：求也。（弊弊），李扶世反。徐扶計反。簡文云：弊弊，經營貌。司馬本作「蔽蔽」。（應），應對之應。（思），息嗣反〔一〕。**之人也，物莫之傷，**【註】夫安於所傷，則傷不能傷；傷不能傷，而物亦不傷之也。**大浸稽天〔二〕而不溺，大旱金石流土山焦而不熱。**【註】无往而不安，則所在皆適，死生〔三〕无變於己，況溺熱之間哉。故至人之不嬰乎禍難，非避之也，推〔四〕理直前而自然與吉會。【釋文】（浸），子鴆反。（稽），音雞，徐、李音啓。司馬云：至〔五〕也。（溺），奴歷反，或奴學反。（難），乃旦反，（非辟），音避。**是其塵垢粃穅，將猶陶鑄堯舜者也，孰肯以物爲事。**【註】堯舜者，世事之名耳；爲名者，非名也。故夫堯舜者，豈直堯舜而已哉？必有神人之實焉。今所稱堯舜者，徒名

〔一〕「息嗣反」，原文闕。
〔二〕「浸稽天」，原文闕。
〔三〕「皆適死生」，原文闕。
〔四〕「之也推」，原文闕。
〔五〕「馬云至」，原文闕。

其塵垢粃糠耳。【釋文】（垢），古口反。塵垢，猶染污。（粃），本又作「秕」。徐甫姊反，又悲矣反。（穅），字亦作「糠[一]」，音康。秕穅，猶煩碎。（陶），徒刀反，李移昭反。本亦作「鉤」，音同。（鑄），之樹反。**宋人資章甫而適諸越，越人斷髮文身，無所用之。堯治天下之民，平海内之政，往見四子藐姑射之山，汾水之陽，窅然喪其天下焉。」**【註】夫堯之无用天下爲，亦猶越人之无所用章甫耳。然遺天下者，固天下之所宗。天下雖宗堯，而堯未嘗有天下也，故窅然喪之，而嘗[二]遊心於絶冥之境，雖寄坐萬物之上而未始不逍遥也。四子者盖寄言，以明堯之不一於堯耳。夫堯實冥矣，其迹則堯也。自迹觀冥，外内異域，未足怪也。世徒見堯之爲堯，豈識其冥哉。故將求四子於海外而據堯於所見，因謂與物同波者，失其所以逍遥也。然未知至遠之所順者更近，而至高之所會者反下也。若乃厲然以獨高爲至而不夷乎俗累[三]，斯山谷之士，非无待者也，奚足以語至極而遊无窮哉。【釋文】（宋人），宋，今梁國睢陽縣，殷後，微子所封。（資章甫），李云：資，貨也。章甫，殷冠也。以冠爲貨。（越），今會稽山陰縣。（斷），丁管反。李徒短反。司馬本作「敦」，云：敦，斷也。（四子），司馬、李云：王倪，齧缺，被衣，許由。（汾水），徐扶云反，郭方聞反。案：汾水出太原，今莊

[一]「糠」，原文寫作「康」。
[二]「嘗」，原文寫作「常」。
[三]「累」，原文寫作「者」。

生寓言也。司馬、崔本作「盆水」。（窅然），徐烏了[一]反。郭武駢反。李云：窅然，猶悵然。（喪），息浪反，註同。（冥），亡丁反。（竟），音境。本亦作「境」。**惠子謂莊子曰：「魏王貽我大瓠之種，我樹之成而實五石，以盛水漿，其堅不能自舉也。剖之以爲瓢，則瓠落無所容。非不呺然大也，吾爲其無用而掊之。」莊子曰：「夫子固拙於用大矣。宋人有善爲不龜手之藥者，世世以洴澼絖爲事。**【註】其藥能令手不拘坼，故常漂絮於水中也。【釋文】（惠子），司馬云：姓惠，名施，爲梁相。（魏王），司馬云：梁惠王也。按：魏自河東遷大梁，故謂之魏，或謂之梁也。（貽），徐音怡，郭與志反，遺也。（瓠），徐音護。（種），章勇反。（實五石），司馬云：實中容五石。（盛），音成。（剖），普口反。（瓢），毗遥反。徐扶堯反。（則瓠），户郭反，司馬音護，下同。（落），簡文云：瓠落，猶廓落也。司馬云：瓠，布護也；落，零落也。言其形[二]平而淺，受水則零落而不[三]容也。（呺），本亦作「号」。徐許橋反。李云：号然，虚[四]大貌。崔作「謌」，簡文同。（吾

[一]「了」，原文誤作「子」。
[二]「言其形」，原文闕。
[三]「不」，原文脱。
[四]「号然虚」，原文闕。

爲），于僞反。（掊），徐方垢反〔一〕。司馬云：擊〔二〕破也。（龜手），愧〔三〕悲反。徐舉倫反。李居危反。向云：拘坼也。司馬云：文坼〔四〕如龜文也。又〔五〕云：如龜攣〔六〕縮也。（洴〔七〕），徐扶經反。（澼〔八〕），普歷反。徐敷歷反。郭、李恪歷〔九〕反，澼〔一〇〕，聲。（絖），音曠。《小爾雅〔一一〕》云：絮細者謂之絖。李云：洴澼絖者，漂絮〔一二〕於水上〔一三〕。絖，絮也。（令），力呈反。（不

〔一〕「反」，原文誤作「迄」。
〔二〕「擊」，原文爲墨圍。
〔三〕「破也龜手愧」，原文闕。據其他版本，此本「破」字誤作「要」。
〔四〕「坼」，原文爲墨圍。
〔五〕「如龜文也又」，原文闕。
〔六〕「攣」，原文誤作「彎」。
〔七〕「洴」，原文誤作「絣」。
〔八〕「澼」，原文寫作「僻」。
〔九〕「李恪歷」，原文闕。
〔一〇〕「澼」，原文寫作「僻」。
〔一一〕「雅」，原文誤作「稚」。
〔一二〕「漂絮」，原文闕。
〔一三〕「上」，原文誤作「士」。

拘），紀于反。依字宜作「跔」，紀于、求于二反。《周書》云天寒足跔是也。（坼〔一〕），敕白反。（漂），匹〔二〕妙反。韋昭云：以水擊絮爲漂。《説文》作「潎」，豐市反，又匹〔三〕例反。（絮），胥慮反。**客聞之，請買其方百金。聚族而謀曰：『我世世爲洴澼絖，不過數金；今一朝而鬻技百金，請與之。』客得之，以説吴王。越有難，吴王使之將，冬與越人水戰，大敗越人，裂地而封之。能不龜手，一也；或以封，或不免於洴澼絖，則所用之異也。今子有五石之瓠，何不慮以爲大樽而浮乎江湖，而憂其瓠落無所容？則夫子猶有蓬之心也夫。」**【註】蓬，非直達者也。此章言物各有宜，苟得其宜，安往而不逍遥也。【釋文】（百金），李云：金方寸重一斤爲一金。百金，百斤也。（數），色主反。（鬻），音育。司馬云：賣也。（技），本或作「伎」，竭彼反。（説），始鋭反，又如字。（難），乃旦反。（將），子匠反。（敗），必邁反。（大樽），本亦作「尊」。司馬云：樽如酒器，縛之於身，浮於江湖，可以自渡。慮，猶結綴也。案：所謂腰舟。（蓬），向云：蓬者短不暢，曲士之謂。**惠子謂莊子曰：「吾有大樹，人謂之樗。其大本擁腫而不中繩墨，其小枝卷曲而不中規矩，立之塗，匠者不顧。今子之言，大而无用，**

〔一〕「坼」，原文誤作「折」。
〔二〕「匹」，原文誤作「四」。
〔三〕「匹」，原文誤作「四」。

衆所同去也。」莊子曰：「子獨不見狸狌乎？卑身而伏，以候敖者；東西跳梁，不避高下；中於機辟，死於罔罟。今夫斄牛，其大若垂天之雲。此能爲大矣，而不能執鼠。今子有大樹，患其无用，何不樹之於无何有之鄉，廣莫之野，彷徨乎无爲其側，逍遥乎寢卧其下。不夭斤斧，物無害者，無所可用，安所困苦哉。」【註】夫小大之物，苟失其極，則利害之理均；用得其所，則物皆逍遥也。【釋文】（樗），敕魚反，木名。（擁腫），章勇反。李云：擁腫，猶盤癭。（中〔一〕），丁仲反。下同。（卷），本又作「拳」，同。音權，徐紀阮反。李丘圓反。（去），如字。李羌呂反。（狸），力之反。（狌〔二〕），徐音姓。郭音生。又音星〔三〕。司馬云：狖也。狖，音由救反。（敖），徐、李五到反。支云：伺彼怠敖〔四〕，謂承夫閒〔五〕殆也。本又作「傲」，同。司馬音遨，謂伺〔六〕遨翔之物而食之，雞鼠之屬也。（跳〔七〕），音條。（辟），音避。今〔八〕本多作「避」。下放此。（機辟），毗

〔一〕「中」，原文誤作「申」。
〔二〕「狌」，原文誤作「徃」。
〔三〕「音星」，原文闕。
〔四〕「敖」，原文寫作「傲」。
〔五〕「承夫閒」，原文闕。據其他版本，此本「承夫閒」作「申夫隕」。
〔六〕「伺」，原文誤作「何」。
〔七〕「之屬也跳」，原文闕。
〔八〕「今」，原文誤作「令」。

赤反。司馬云：罔也。（罟），徐[一]音古。（犛牛），郭呂之反。徐、李音來。又音離。司馬云：旄牛。（无何有之[二]鄉廣莫之野），謂寂絶无爲[三]之地也。簡文云：莫，大也。（彷），薄剛反，又[四]音房。（徨），音皇。彷徨，猶翱翔也。崔本作「方羊」，簡文同。《廣雅》云：彷徉，徙倚也。

莊子内篇齊物論第二

【註】夫自是而非彼，美己而惡人，物莫不皆然。然，故是非雖異，而彼我均也。【釋文】（論），力頓反。李如字。（惡），烏路反。

南郭子綦隱几而坐，仰天而噓，嗒焉似喪其耦。【註】同天人，均彼我，故外无與爲歡，而嗒焉解體，若失其配匹。【釋文】（南郭子綦），音其。司馬云：居南郭，因爲號。（隱），於靳反，馮也。（机），音紀。李本作「几」。（噓），音虚。吐氣爲噓。向云：息也。（荅），本又作「嗒」，同。吐荅反，又都納反。註同。解體貌。（喪），息浪反，下同。（耦），本又作「偶」，五口反。匹也，對也。司

[一]「罔也罟徐」，原文闕。
[二]「何有之」，原文闕。
[三]「爲」，原文寫作「用」。
[四]「反又」，原文闕。

馬云：耦，身也，身與神爲耦。**顏成子游立侍乎前，曰：「何居乎？形固可使如槁木，而心固可使如死灰乎？」**【註】死灰槁木，取其家〔一〕寞无情耳。夫任自然而忘是非者，其體中獨任天真而已，又何所有哉。故止若立枯木，動若運槁枝，坐若死灰，行若游塵。動止之容，吾所不能一也；其於无心而自得，吾所不能一也。【釋文】（顏成子游），李云：子綦弟子也，姓顏，名偃，謚成，字子游。（何居），如字，又音姬。司馬云：猶故也。（槁），枯老反。註同。（家〔二〕），音寂，本亦作「寂」。（寞），本亦作「漠」。**今之隱几者，非昔之隱几者也。」**【註】子游嘗〔三〕見隱几者，而未見若子綦也。**子綦曰：「偃，不亦善乎，而問之也。今者吾喪我，汝知之乎？**【註】吾喪我，我自忘矣；我自忘矣，天下有何物足識哉。故都忘外内，然後超然俱得。**女聞人籟而未聞地籟，女聞地籟而未聞天籟夫？」**【註】籟，簫也。夫簫管參差，宮商異律，故音短長高下萬殊之聲。聲雖萬殊，而所稟之度一也，然則優劣无所錯其間矣。況之風物，異音同是，而咸自取焉，則天地之籟見矣。【釋文】（女），音汝。下皆同。本亦作「汝」。（籟），力帶反。（夫），音扶。（參），初林反。（差），初宜反。（錯），七故反。（見），賢遍反。**子游曰：「敢問其方。」子綦曰：「夫大塊噫氣，其名**

〔一〕「家」，原文誤作「家」。
〔二〕「家」，原文誤作「家」。
〔三〕「嘗」，原文寫作「常」。

爲風。【註】大塊者，无物也。夫噫氣者，豈有物哉？氣塊然而自噫耳。物之生也，莫不塊然而自生，則塊然之體大矣，故遂以大塊爲名。【釋文】（塊），苦怪反。李苦對反。《説文》同，云：俗凷字也。徐口回反，徐、李又胡罪反。郭又苦猥反。司馬云：大朴之貌，衆家或作「大槐」，班固同。《淮南子》作「大昧」。解者或以爲無，或以爲元氣，或以爲混成，或以爲天，謬也。（噫），乙〔一〕戒反。註同。一〔二〕音蔭。**是唯无作，作則萬竅怒呺。**【註】言風唯无作，作則萬竅皆怒動而爲聲也〔三〕。【釋文】（竅），苦弔反。（呺），胡到反，徐又許〔四〕口反，又胡到反。**而獨不聞之翏翏乎？**【註】長風之聲。【釋文】（翏），良救反，又六〔五〕收反。長風聲也。李本作「飂〔六〕」，音同。又力竹反。**山林之畏佳，**【註】大風之所扇動也。【釋文】（畏），於鬼反。郭烏罪反。崔本〔七〕作「嵔」。（隹），醉癸反。徐子唯反。郭祖罪反。李諸鬼反。李頤云：畏佳，山阜貌。**大木百圍之竅穴，似鼻，似口，**

〔一〕「乙」，原文闕。
〔二〕「同一」，原文闕。
〔三〕「聲也」，原文闕。
〔四〕「反徐又許」，原文闕。
〔五〕「反又六」，原文闕。
〔六〕「本作飂」，原文闕。
〔七〕「崔本」，原文闕。

似耳，似枅，似圈，似臼，似洼者，似污者；【註】此略舉衆竅之所似。【釋文】（竅），崔本作窾[一]。（似鼻似口），司馬云：言風吹竅穴，動作或似人鼻，或似人口。（枅），音雞，又音肩。《字林》云：柱上方木也。簡文云：欂櫨也。（似圈），起權反。郭音權，杯圈也。徐其阮反，言如羊豕之闌圈也。（臼），其九反。（似洼），烏攜反，李於花反，又烏乖反，郭烏蛙反。司馬云：若洼曲。（污），音烏。司馬云：若污下。**激者，謞者，叱者，吸者，叫者，譹者，宎者，咬者，**【註】此略舉衆竅之聲殊。【釋文】（激），經歷反，如水激也。李古弔反。司馬云：聲若激喚也。李又驅弔反。（謞），音孝。李虚交反。簡文云：若箭去之聲。司馬云：若讙謞聲。（叱），昌實反。徐音七。司馬云：若叱咄聲。（吸），許及反。司馬云：若嘘吸聲也。（叫），古弔反。郭古幼反。李居耀反。司馬云：若叫呼聲也。（譹），音豪。郭又户報反。司馬云：若譹哭聲。（宎），徐於堯反。一音杳。又於弔反。司馬云：深者也，若深宎宎[二]然。（咬），於交反。或音狡。司馬云：聲哀切咬咬然。又許拜反。**前者唱于而隨者唱喁。泠風則小和，飄風則大和，**【註】夫聲之宫商雖千變萬化，唱和大小，莫不稱其所受而各當其分。【釋文】（唱于），如字。（喁），五恭反。徐又音愚。又五斗反。李云：于喁，聲之相和也。（泠風），音零。李云：泠泠，小風也。（和），胡臥反。下及註皆同。（飄風），鼻遥反，又

[一] 「窾」，原文誤作「竅」。
[二] 下「宎」字，原文寫作「穾」。

符遥反。李敷〔一〕遥反。司馬云：疾風也。《爾雅》云：回風爲飄。（稱〔二〕），尺證反。（分），符問〔三〕反。下不出者同〔四〕。**厲風濟則衆竅爲虚。**【註】濟，止也。烈風作則衆竅實，及其止則衆竅虚。虚實雖異，其於各得則同。【釋文】（厲風），司馬云：大風。向、郭云：烈風。（濟），子細反。向云：止也。**而獨不見之調調，之刁刁乎？」**【註】調調刁刁，動摇貌也。言物聲既異，而形之動摇亦又不同也。動雖不同，其得齊一耳，豈調調獨是而刁刁獨非乎？【釋文】（調），音條。（刁），徐都堯反。向云：調調刁刁，皆動摇貌。（摇），如字，又羊照反。**子游曰：「地籟則衆竅是已，人籟則比竹是已。敢問天籟。」子綦曰：「夫吹萬不同，而使其自已也，**【註】此天籟也。夫天籟者，豈復别有一物哉？即衆竅比竹之屬，接乎有生之類，會而共成一天耳。無既無矣，則不能生有；有之未生，又不能爲生。然則生生者誰哉？塊然而自生耳。自生耳，非我生也。我既不能生物，物亦不能生我，則我自然矣。自己而然，則謂之天然。天然耳，非爲也，故以天言之。以天言之所以明其自然也，豈蒼蒼之謂哉。而或者謂天籟役物使從己也。夫天且不能自有，况能有物哉。故天也

〔一〕「敷」，原文爲墨圍。
〔二〕「稱」，原文爲墨圍。
〔三〕「問」，原文誤作「間」。
〔四〕「同」，原文誤作「兒」。

者，萬物〔一〕之總名也，莫適爲天，誰主役物乎？故物各自生而無所出焉，此天道〔二〕也。【釋文】（比），毗志反。又必履反。李扶必反〔三〕。註同。（復），扶又反。（適），丁歷反。**咸其自取，怒者其誰邪？」**【註】物皆自〔四〕得之耳，誰主怒之使然哉？此重〔五〕明天籟也。【釋文】（重），直用反。**大知閑閑，小知間間；**【註】此蓋知之不同。【釋文】（知〔六〕），音智。下及註同。（閑閑），李云：無所容貌。簡文云：廣博之貌。（間間），古閑反，有所間別也。**大言炎炎，小言詹詹。**【註】此盖言語之異。【釋文】（炎炎），于〔七〕廉、于凡二反，又音談。李作「淡」，徒濫反。李頤云：同是非也。簡文云：美盛貌。（詹詹），音占。李頤云：小辯〔八〕之貌。崔本作「閻」。**其寐也魂交，其覺也形開，**【註】此盖寤寐之異。【釋文】（魂交），司馬云：精神交錯也。（覺），古〔九〕孝反。（形開），司馬

〔一〕「萬物」，原文闕。
〔二〕「此天道」原文闕。
〔三〕「扶必反」，原文闕。
〔四〕「物皆自」，原文闕。
〔五〕「哉此重」，原文闕。
〔六〕「知」，原文闕。
〔七〕「于」，原文誤作「手」。
〔八〕「辯」，原文誤作「篇」。
〔九〕「古」，原文誤作「占」。

云：目開意悟也。**與接爲構，日以心鬭。縵者，窖者，密者。**【註】此盖交接之異。【釋文】（與接爲構），司馬云：人道交接，構結驩愛也。（縵），末旦反。簡文云：寬心也。（窖），古孝反。司馬云：深也。李云：穴也。案：穴地藏穀曰窖。簡文云：深心也。**小恐惴惴，大恐縵縵。**【註】此盖恐悸之異。【釋文】（恐），曲勇反。下及註同。（惴），之瑞反。李云：小心貌。《爾雅》云：懼也。（縵縵），李云：齊死生貌。（悸），其季反。**其發若機栝，其司是非之謂也；其留如詛盟，其守勝之謂也；**【註】此蓋動止之異。【釋文】（機栝），古活反。機，弩牙。栝，箭栝。（詛），側據反。（盟），音明，徐武耕反，郭武病反。**其殺如秋冬，以言其日消也；**【註】其衰殺日消有如此者。【釋文】（殺），色界反，徐色例反。註同。**其溺之所爲之，不可使復之也；**【註】其溺而遂往有如此者。【釋文】（溺），奴狄反，郭奴徼反。**其厭也如緘，以言其老洫也；**【註】其厭没於欲，老而愈洫，有如此者。【釋文】（厭），於葉反，徐於冉反，又於感反。（緘），徐古咸反。（洫），本亦作「溢」，同。音逸，郭許鵙反，又已質反。**近死之心，莫使復陽也。**【註】其利患輕禍，陰結遂志，有如此者。【釋文】（近），附近之近。（復陽），陽，謂生也。**喜怒哀樂，慮嘆變慹，姚佚啓態[一]；**【註】此盖性情[二]之異者。【釋文】（樂），音洛。（慹），之涉反。司馬云：不動貌。（姚），

〔一〕「態」，原文誤作「熊」。
〔二〕「情」，原文誤作「惰」。

郭音遥，徐、李敕弔反。（佚），音逸。（態），敕代反，李又奴載反。**樂出虛，蒸成菌。**【註】此蓋事變之異也。自此以上，略舉天籟之無方；自此以下〔一〕，明無方之自然也。物各自然，不知所以然而然，則形雖彌異，其然彌同也。【釋文】（蒸），之膺反。（菌），其隕〔二〕反。向云：結也。（上），時掌反。**日夜相代乎前，而莫知其所萌。**【註】日夜相代，代故以新也。夫天地萬物，變化日新，與時俱往，何物萌之哉？自然而然耳。【釋文】（萌），武耕反。**已乎，已乎，旦暮得此，其所由以生乎。**【註】言其自生。【釋文】（暮），本又作「莫」，音同。**非彼無我，非我無所取。是亦近矣，**【註】彼，自然也。自然生我，我自然生。故自然者，即我之自〔三〕然，豈遠之哉。**而不知其所爲使。**【註】凡物云云，皆自爾耳，非相爲使也，故任之而理自〔四〕至矣。【釋文】（相爲），于僞反。下〔五〕「未爲」同。**若有真宰，而特不得其眹。**【註】萬物萬情，趣舍不同，若有真〔六〕宰使之然也。

〔一〕「下」，原文誤作「不」。
〔二〕「隕」，原文寫作「損」。
〔三〕「之自」，原文闕。
〔四〕「而理自」，原文闕。
〔五〕「于僞反下」，原文闕。
〔六〕「若有真」，原文闕。

起索真宰之眹迹，而亦終不得，則明物皆自然，無使〔一〕物然也。【釋文】（特），崔云：特，辭也。（眹），李除忍反。兆也。（趣舍），七喻反。字或〔二〕作「取」。下音捨，或音赦。下皆放此。（索），所百反。**可行已信，**【註】今夫行者，信己可得行也。**而不見其形，**【註】不見所以得行之形。**有情而無形。**【註】情當其物，故形不別見也。【釋文】（當），丁浪反，下〔三〕皆同。（見），賢遍反。**百骸，九竅，六藏，賅而存焉，**【註】付之自然，而莫不皆存也。【釋文】（骸），户皆反。（六藏），才浪反。案：心肺肝脾腎，謂之五藏。大小腸膀胱三焦，謂之六府。身別有九藏氣，天地人。天以候頭角之氣，人候耳目之氣，地候口齒之氣。三部各有天地人，三三而九，神藏五，形藏四，故九。今此云六藏，未見所出。（賅〔四〕），徐古來反。司馬云：備也。《小爾雅》同。簡文云：兼也。**吾誰與爲親？**【註】直自存耳。**汝皆說之乎？其有私焉？**【註】皆〔五〕說之，則是有所私也。有私則不能賅而存矣，故不說而自存，不爲而自生也。【釋文】（皆說），音悦〔六〕，註同。今本多即作「悦」字。

〔一〕「然無使」，原文闕。
〔二〕「字或」，原文闕。
〔三〕「下」，原文誤作「不」。
〔四〕「賅」，原文誤作「骸」。
〔五〕「皆」，原文誤作「此」。
〔六〕「悦」，原文寫作「説」。

後皆放此。**如是皆有爲臣妾乎？**【註】若皆私之，則志過其分，上下相冒，而莫爲臣妾矣。臣妾之才，而不安臣妾之任，則失矣。故知君臣上下，手足外內，乃天理自然〔一〕，豈真〔二〕人之所爲哉。**其臣妾不足以相治乎？**【註】夫臣妾但各當其分耳，未爲不足以相治也。相治也者，若手足耳目，四肢〔三〕百體，各有所司而更相御用也。【釋文】（更），音庚。**其遞相爲君臣乎？**【註】夫時之所賢者爲君，才不應世者爲臣。若天之自高，地之自卑，首自在上，足自居下，豈有遞哉。雖無錯於當而必自當也。【釋文】（遞），音弟。徐又音第。（應），應對〔四〕之應。（錯），七索反。下同。**其有真君存焉？**【註】任〔五〕之而自爾，則非僞也。**如求得其情與不得，無益損乎其真。**【註】凡得真性，用其自爲者，雖復皂隸，猶不顧毀譽而自安其業。故知與不知，皆自若也。若乃開希幸之路，以下冒上，物喪〔六〕其真，人忘其本，則毀譽之間，俯仰失錯也。【釋文】（復），扶又反。下〔七〕同。（譽），音餘。

〔一〕「然」，原文誤作「旁」。
〔二〕「真」，原文寫作「直」。
〔三〕「肢」，原文寫作「支」。
〔四〕「對」，原文寫作「謂」。
〔五〕「任」，原文誤作「在」。
〔六〕「喪」，原文闕。
〔七〕「下」，原文爲墨圍。

（喪），息浪反。**一受其成形，不忘**〔一〕**以待盡。**【註】言物各有分，故知者守知以待終，而愚者抱愚以至死，豈有能中易其〔二〕性者也。**與物相刃相靡，其行盡如馳，而莫之能止，不亦悲乎。**【註】群品云云，逆順相交，各信其偏見而恣其所行，莫能自反。此比衆人之所悲者，亦可悲矣。而衆人未嘗以此爲悲者，性然故也。物各性然，又何物足悲哉。**終身役役而不見其成功，**【註】夫物情無極，知足者鮮。故得此不止，復逐於彼。皆疲役終身，未厭其志，死而後已。故其成功者無時可見也。【釋文】（鮮），息淺反。**茶然疲役而不知其所歸，可不哀邪？**【註】凡物各以所好役其形骸，至于疲困茶然。不知所以好此之歸趣云何也。【釋文】（茶然），乃結反，徐、李乃協反。崔音捻，云：忘貌。簡〔三〕文云：疲病困之狀。（好），呼〔四〕報反。下同。**人謂之不死，奚益？**【註】言其實與死同。**其形化，其心與**〔五〕**之然，可不謂大哀乎？**【註】言其心形並馳，困而不反，比於凡人所哀，則此真哀之大也。然凡人未嘗〔六〕以此爲哀，則凡所哀者，不足哀也。**人之生也，固若是芒乎？其我**

〔一〕「忘」，原文寫作「亡」。
〔二〕「其」，原文誤作「莫」。
〔三〕「貌簡」，原文闕。
〔四〕「狀好呼」，原文闕。
〔五〕「心與」，原文闕。
〔六〕「未嘗」，原文闕。

獨芒，而人亦有不芒者乎？【註】凡此上事，皆不知所以然而然，故曰芒也。今未〔一〕知者皆不知所以知而自知矣，生者不知所以生而自生矣。萬物雖異，至於生不由知，則未有不同者也，故天下莫不芒也。【釋文】（芒），莫剛反，又音亡。芒，芒昧也。簡文云：芒，同也。**夫隨其成心而師之，誰獨且無師乎？**【註】夫心之足以制一身之用者，謂之成心。人自師其成心，則人各自有師矣。人各自有師，故付之而自當。**奚必知代而心自取者有之？愚者與有焉。**【註】夫以成代不成，非知也，心自得耳。故愚者亦師其成心，未肯用其所謂短而舍其所謂長者也。【釋文】（與），音豫。（舍），音捨，字亦作「捨」。下同。**未成乎心而有是非，是今日適越而昔至也。**【註】今日適越，昨日何由至哉？未成乎心，是非何由生哉？明夫是非者，群品之所不能無，故至人兩順之。【釋文】（昔至），崔云：昔，夕也。向云：昔者，昨日之謂也。**是以無有爲有。無有爲有，雖有神禹，且〔二〕不能知，吾獨且奈何哉。**【註】理無是非，而惑〔三〕者以爲有，此以無有爲有也。惑〔四〕心已成，雖聖人不能解，故付之自若而不強知也。【釋文】（強），其丈反。**夫言非吹也，言者有言，**

〔一〕「未」，原文寫作「夫」。
〔二〕「且」，原文誤作「日」。
〔三〕「惑」，原文寫作「或」。
〔四〕「惑」，原文寫作「或」。

【註】各有所説，故異於吹。【釋文】（吹），如字，又叱瑞反。崔云：吹，猶籟也。**其所言者特未定也。**【註】我以爲是而彼以爲非，彼之所是，我又非之，故未定也。未定也者，由彼我之情偏。**果有言邪？**【註】以爲有言邪？然未足以有所定。**其未嘗有言邪？**【註】以爲無言邪？則據己已有言。**其以爲異於鷇音，亦有辯乎，其無辯乎？**【註】夫言與鷇音，其致一也，有辯無辯，誠未可定也。天下之情不必同而所言不能異，故是非紛紜，莫知所定。【釋文】（鷇），苦豆反，李音殼。司馬云：鳥子欲出者也。**道惡乎隱而有真僞？言惡乎隱而有是非？**【註】道焉不在？言何隱蔽而有真僞，是非之名紛然而起？【釋文】（惡），音烏。下皆同。（真僞），一本作「真詭」。崔本作「真然」。（焉〔一〕），於虔反。**道惡乎往而不存？**【註】皆存。**言惡乎存而不可？**【註】皆可。**道隱於小成，言隱於榮華。**【註】夫小成榮華，自隱於道，而道不可隱。則真僞是非者，行於榮華而止於實當，見於小成而滅於大全也。【釋文】（當），丁浪反。後可以意求，不復重出。（見），賢〔二〕遍反。**故有儒墨之是非，以是其所非而非其所是。**【註】儒墨〔三〕更相是非，而天下皆儒墨也。故百家

〔一〕「焉」，原文誤作「烏」。
〔二〕「賢」，原文闕。
〔三〕「儒墨」，原文闕。

並起，各私〔一〕所見，而未始出其方也。【釋文】（更），音庚。**欲是其所非而非其所〔二〕是，則莫若以明。**【註】夫有是有非者，儒墨之所是也；无是无非者，儒墨之所非也。今欲是儒墨之所非〔三〕而非儒墨之所是者，乃欲明無是無非也。欲明無是無非，則莫若還以儒墨反覆相明。反覆相明，則所是者非是而所非者非非矣。非非則無非，非是則無是。【釋文】（覆），芳服反。下同。**物無非彼，物無非是。**【註】物皆自是，故無非是；物皆相彼，故無非彼。無非彼，則天下無是矣；無非是，則天下無彼矣。無彼無是，所以玄同也。**自彼則不見，自知則知之。故曰彼出於是，是亦因彼。**【註】夫物之偏也，皆不見彼之所見，而獨自知其所知。自知其所知，則自以爲是。自以爲是，則以彼爲非矣。故曰彼出於是，是亦因彼，彼是相因而生者也。**彼是方生之説也，雖然，方生方死，方死方生；方可方不可，方不可方可；因是因非，因非因是。**【註】夫死生之變，猶春秋冬夏四時行耳。故死生之狀雖異，其於各安所遇，一也。今生者方自謂生爲生，而死者方自謂生爲死，則無生矣；生者方自謂死爲死，而死者方自謂死爲生，則無死矣。無生無死，無可無不可，故儒墨之非，吾所不能同也；至於各冥其分，吾所不能異也。**是以聖人不由，而照之於天，亦因是也。**【註】

〔一〕「起各私」，原文闕。
〔二〕「其所」，原文闕。
〔三〕「非」，原文闕。

夫懷豁者，因天下之是非而自無是非也。故不由是非之塗而是非無患不當者，直明其天然而无所奪故也。**是亦彼也，**【註】我亦爲彼所彼。**彼亦是也。**【註】彼亦自以爲是。**彼亦一是非，此亦一是非。**【註】此亦自是而〔一〕非彼，彼亦自是而非此，此與彼各有一是一非於體中也。**果且有彼是乎哉？果且無彼是乎哉？**【註】今欲謂彼爲彼，而彼復自是；欲謂是爲是，而是復爲彼所彼；故彼是有無，未果定也。【釋文】（復），扶又反。下同。**彼是莫得其偶，謂之道樞。**【註】偶，對也。彼是相對，而聖人兩順之。故無心者與物冥，而未嘗有對於天下也。此居其樞要而會其玄極，以應夫無方也。【釋文】（樞），尺朱反。樞，要也。（應），應對之應。前註同。後可以意求，不復重音。**樞始得其環中，以應無窮。**【註】夫是非反覆，相尋無窮，故謂之環。環中，空矣；今以是非爲環而得其中者，無是無非也。無是無非，故能應夫是非。是非無窮，故應亦無窮。**是亦一無窮，非亦一無窮也。**【註】天下莫不自是而莫不相非，故一是一非，兩行無窮。唯涉空得中者，曠然無懷，乘之以遊也。**故曰莫若以明。以指喻指之非指，不若以非指喻指之非指也；以馬喻馬之非馬，不若以非馬喻馬之非〔二〕馬也。天地一指也，萬物一馬也。**【註】夫自是而非彼，彼我之

〔一〕「而」，原文誤作「不」。
〔二〕「之非」，原文闕。

常情也。故以我指喻彼指〔一〕，則彼指於我指獨爲非指矣。此以指喻指之非指也。若覆以彼〔二〕指還喻我指，則我指於彼指復爲非指矣。此以非指喻指之非指〔三〕也。將明無是無非，莫若反覆相喻。反覆相喻，則彼之與我，既同於自是，又均於相非。均於相非，則天下無是；同於自是，則天下無非。何以明其然邪？是若果是，則天下不得復有非之者也。非若果非，亦不得復有是之者也。今是非無主，紛然淆亂，明此區區者各信其偏見而同於一致耳。仰觀俯察，莫不皆然。是以至人知天地一指也，萬物一馬也，故浩然大寧，而天地萬物各當其分，同於自得，而無是無非也。【釋文】（天地一指也萬物一馬也），崔云：指，百體之一體；馬，萬物之一物。（浩），户老反。**可乎可，**【註】可於己者，即謂之可。**不可乎不可。**【註】不可於己者，即謂之不可。**道行之而成，**【註】無不成也。**物謂之而然。**【註】無不然也。**惡乎然？然於然。惡乎不然？不然於不然。物固有所然，物固有所可。**【註】各然其所然，各可其所可。**無物不然，無物不可。故爲是舉莛與楹，厲與西施，恢恑憰怪，道通爲一。**【註】夫莛横而楹縱，厲醜而西施好。所謂齊者，豈必齊形狀，同規矩哉。故舉縱横好醜，恢恑憰怪，各然其所然，各可其所可，則形雖萬殊而性同得，故曰道通爲一也。【釋文】（無物不然無物不可），崔本此下更有「可於可，而不可於不可，不可於不可，而可於可」。（爲），于僞

〔一〕「喻彼指」，原文闕。
〔二〕「以彼」，原文闕。
〔三〕「非指」，原文闕。

反。下「爲是」皆同。（莛），徐音庭，李音挺。司馬云：屋梁也。（楹），音盈。司馬云：屋柱也。（厲），如字，惡也。李音賴。司馬云：病癩。（西施），司馬云：夏姬也。案：句踐所獻吴王美女也。（恢），徐苦回反，大也。郭苦虺反。簡文本作「弔」。（恑），九委反，徐九彼反。李云：戾也。（憰怪），音決。李云：憰，乖也。怪，異也。（縱），本亦作「從」，同。將容反。**其分也，成也；**【註】夫物或此以爲散而彼以爲成。【釋文】（分），如字。**其成也，毁也。**【註】我之所謂成而彼或謂之毁。**凡物無成與毁，復通爲一。**【註】夫成毁者，生於自見而不見彼也。故無成與毁，猶無是與非也。【釋文】（復），扶又反。**唯達者知通爲一，爲是不用而寓諸庸。庸也者，用也；用也者，通也；通也者，得也；**【註】夫達者無滯於一方，故忽然自忘，而寄當於自用。自用者，莫不條暢而自得也。**適得而幾矣。**【註】幾，盡也。至理盡於自得也。【釋文】（幾），音機，盡也。下同。徐具衣反。**因是已。**【註】達者因而不作。**已而不知其然，謂之道。**【註】夫達者之因是，豈知因爲善而因之哉？不知所以因而自因耳，故謂之道也。【釋文】（謂之道），向、郭絶句。崔讀謂之道勞，云：因自然是道之功也。**勞神明爲一而不知其同也，謂之朝三。何謂朝三**[一]**？狙公**

[一] 原文「三」字下有一「曰」字。

賦芧，曰：「朝三而〔一〕**莫四。」衆狙皆怒。曰：「然則朝四而莫三。」衆狙皆悦。名實未**〔二〕**虧而喜怒爲用，亦因是也。**【註】夫達者之於一，豈勞神哉？若勞神明於爲一，不足賴也，與彼不一者無以異矣。亦同衆狙之惑〔三〕，因所好而自是也。【釋文】（狙公），七徐反，又緇慮反。司馬云：狙公，典狙官也。崔云：養猨狙者也。李云：老狙也。《廣雅》云：狙，獮猴。（芧），音序，徐食汝反，李音予。司馬云：橡子也。（朝三莫四），司馬云：朝三升，莫四升也。（好），呼報反，下文皆同。**是以聖人和之以是非而休乎天鈞，**【註】莫之偏任，故付之自均而止也。【釋文】（鈞），本又作「均」。崔云：鈞，陶鈞也。**是之謂兩行。**【註】任天下之是非。**古之人，其知有所至矣。惡乎至？有以爲未始有物者，至矣，盡矣，不可以加矣。**【註】此忘天地，遺萬物，外不察乎宇宙，内不覺其一身，故能曠然無累，與物俱往，而無所不應也。**其次以爲有物矣，而未始有封也。**【註】雖未都忘，猶能忘其彼此。**其次以爲有封焉，而未始有是非也。**【註】雖未能忘彼此，猶能忘彼此之是非也。**是非之彰也，道之所以虧也。**【註】无是非乃全也。**道之所以**

〔一〕「三而」，原文闕。
〔二〕「實未」，原文闕。
〔三〕「惑」，原文寫作「或」。

虧，愛之所以成。【註】道虧則情[一]有所偏而愛有所成，未能忘愛釋私，玄同彼我也。**果且有成與虧乎哉？果且無成與虧乎哉？**【註】有之與無，斯不能知，乃至。**有成與虧，故昭氏之鼓琴也；无成與虧，故昭氏之不鼓琴也。**【註】夫聲不可勝舉也。故吹管操弦，雖有繁手，遺聲多矣。而執籥鳴弦者，欲以彰聲也，彰聲而聲遺，不彰聲而聲全。故欲成而虧之者，昭文之鼓琴也；不成而無虧者，昭文之不鼓琴也。【釋文】（勝），音升。（操），七刀反。（籥），羊灼反。（昭文），司馬云：古善琴者。**昭文之鼓琴也，師曠之枝策也，惠子之據梧也，三子之知幾乎，**【註】幾，盡也。夫三子者，皆欲辨非己所明以明之，故知盡慮窮，形勞神倦，或枝策假寐，或據梧而瞑。【釋文】（枝策），司馬云：枝，柱也。策，杖也。崔云：舉杖以擊節。（梧），音吾。司馬云：梧，琴也。崔云：琴瑟也。（知），音智。（瞑），亡千反。**皆其盛者也，故載之末年。**【註】賴其盛，故能久，不爾早困也。【釋文】（故載之末年），崔云：書之於今也。**唯其好之也，以異於彼，**【註】言此三子，唯獨好其所明，自以殊於衆人。**其好之也，欲以明之。**【註】明示衆人，欲使同乎我之所好。**彼非所明而明之，故以堅白之昧終。**【註】是猶對牛鼓簧耳。彼竟不明，故己之道術終於昧然也。【釋文】（堅白），司馬云：謂堅石白馬之辨也。又云：公[二]孫龍有卒劍之法，謂之堅白。崔同。

[一]「情」，原文寫作「憎」。

[二]「公」，原文闕。

又云：或曰，設矛伐之説爲堅，辨白〔一〕馬之名爲白。（簧〔二〕），音黄。**而其子又以文之綸終，終身無成。**【註】昭文之子又乃終文之〔三〕緒，亦卒不成。【釋文】（綸），音〔四〕倫。崔云：琴瑟絃也。**若是而可謂成乎？雖我亦成也。**【註】此三子雖〔五〕求明於彼，彼竟不明，所以終身无成。若三子而可謂成，則雖我之不成亦可謂成也。**若是而不可謂成乎？物與我無成也。**【註】物皆自明而不明彼，若彼不明，即謂不成，則萬物皆相與无成矣。故聖人不顯此以耀彼，不捨己而逐物，從而任之，各冥其所能，故曲成而不遺也。今三子欲以己之所好明示於彼，不亦妄乎。**是故滑疑之耀，聖人之所圖也。爲是不用而寓諸庸，此之謂以明。**【註】夫聖人无我者也。故滑疑之耀，則圖而域之；恢恑憰怪，則通而一之；使群異各安其所安，衆人不失其所是，則已不用於物，而萬物之用用矣。物皆自用，則孰是孰非哉。故雖放蕩之變，屈奇之異，曲而從之，寄之自用，則用雖萬殊，歷然自明。【釋文】（滑），古没反。司馬云：亂也。（屈），求物反。**今且有言於此，不知其與是類乎？其與是不類乎？類與不類，相與爲類，則與彼無以異矣。**【註】今以言无是非，則不知其與言有

〔一〕「辨白」，原文闕。
〔二〕「爲白簧」，原文闕。
〔三〕「終文之」，原文闕。
〔四〕「綸音」，原文闕。
〔五〕「子雖」，原文闕。

者類乎不類乎？欲謂之類，則我以无爲是，而彼以无爲非，斯不類矣。然此雖是非不同，亦固未免於有是非也，則與彼類矣。故曰類與不類又相與爲類，則與彼无以異也。然則將大不類，莫若无心，既遣是非，又遣其遣。遣之又遣之以至於无遣，然後无遣无不遣而是非自去矣。**雖然，請嘗言之。**【註】至理无言，言則與類，故試寄言之。**有始也者，**【註】有始則有終。**有未始有始也者，**【註】謂无終始而一死生。**有未始有夫未始有始也者。**【註】夫一之者，未若不一而自齊，斯又忘其一也。**有有也者，**【註】有有則美惡是非具也。**有无也者，**【註】有无而未[一]知无无也，則是非好惡猶未離懷。【釋文】（好惡），並如字。（離），力[二]智反。**有未始有無也者，**【註】知无无矣，而猶未能无知。**有未始有夫未始有無也者。俄而有無矣，而未知有無之果孰有孰無也。**【註】此都忘其知也，爾乃俄然始了无耳。了无，則天地萬物，彼我是非，豁然確斯也。【釋文】（俄），徐音峨。（確斯），苦角反。斯，又作「澌」，音賜，李[三]思利反。**今我則已有謂矣，**【註】謂无是非，即復有謂。【釋文】（復），扶又反。**而未知吾所謂之其果有謂乎，其果無謂乎？**【註】又不知謂之有无，爾乃蕩然无纖芥於胸中也。【釋文】（芥），古邁反，又音界。**天下莫大於秋豪之末，而大**

[一]「未」，原文誤作「夫」。
[二]「離力」，二字爲墨圍。
[三]「李」，原文誤作「字」。

山爲小；莫壽於〔一〕**殤子，而彭祖爲夭。天地與我並生**〔二〕**，而萬物與我爲一。**【註】夫以形相對，則大山大於秋豪也。若各據其性分，物冥其極，則形大未爲有餘，形〔三〕小不爲不足。苟各足於其性，則秋豪不獨小其小而太山不獨〔四〕大其大矣。若以性足爲大，則天下之足未有過於秋豪也；若性足者非大，則雖太山亦可稱小矣。故曰天下莫大於秋豪之末而太山爲小。太山爲小，則天下无大矣；秋豪爲大，則天下无小也。无小无大，无壽无夭，是以蟪蛄不羨大椿而欣然自得，斥鴳不貴天池而榮願以足。苟足於天然而安其性命，故雖天地未足爲壽而與我並生，萬物未足爲異而與我同得。則天地之生又何不並，萬物之得又何不一哉。【釋文】（秋豪），如字。依字應作「毫」。司馬云：兔毫在秋而成。王逸註〔五〕《楚辭》云：鋭毛也。案：毛至秋而耎細，故以喻小也。（大山），音泰。（殤子），短命者也。或云：年十九以下爲殤。**既已爲一矣，且得有言乎？**【註】萬物萬形，同於自得，其得一也。已自一矣，理无所言。**既已謂之一矣，且得无言乎？**【註】夫名謂生於不明者也。物或不能自明其一而以此逐彼，故謂一以正之。既謂之一，即是有言矣。**一與言爲二，二與**

〔一〕「於」，原文寫作「乎」。
〔二〕「並生」，原文闕。
〔三〕「有餘形」，原文闕。
〔四〕「不獨」，原文闕。
〔五〕「註」，原文誤作「任」。

一爲三。自此以往，巧歷不能得，而况其凡乎。【註】夫以言言一，而一非言也，則一與言爲二矣。一既一矣，言又二之；有一有二，得不謂之三乎？夫以一言言一，猶乃成三，况尋其支流，凡物殊稱，雖有善數，莫之能紀也。故一之者與彼未殊，而忘一者無言而自一。【釋文】（稱），尺證反。（数），色主反。**故自無適有以至於三，而况自有適有乎。**【註】夫一，無言也，而有言則至三。况尋其末數，其可窮乎。**無適焉，因是已。**【註】各止於其所能，乃最是也。**夫道未始有封，**【註】冥然无不在也。【釋文】（夫道未始有封），崔云：《齊物》七章，此連上章，而班固說在《外篇》。**言未始有常，**【註】彼此言之，故是非無定主。**爲是而有畛也，**【註】道無封，故万物得恣其分域。【釋文】（爲），于僞反。（畛），徐之忍反，郭、李音真。謂封域畛陌也。**請言其畛：有左，有右，**【註】各異便也。【釋文】（有左有右），崔本作「宥〔一〕」，在宥也。（便），婢面反。**有倫，有義，**【註】物物有理，事事有宜。【釋文】（有倫有義），崔本作「有論有議」。**有分，有辯，**【註】群分而類別也。【釋文】（分），如字。註〔二〕同。（别），彼列反。下皆〔三〕同。**有競，有爭，**【註】並逐曰競，對辯曰爭。【釋文】（爭），爭鬬之爭。註同。**此之謂八德。**【註】略而判之，有此八德。**六合**

〔一〕「宥」，原文誤作「有」。
〔二〕「註」，原文誤作「往」。
〔三〕「下皆」，原文闕。

之外，聖人存而不論；【註】夫六合之外，謂萬物性分之表耳。夫物之性表，雖有理存焉，而非性分之內，則未嘗以感聖人也，故聖人未嘗論之。若論之，則是引萬物使學其所不能也。故不論其外，而八畛同於自得也。**六合之內，聖人論而不議。**【註】陳其性而安之。**春秋經世先王之志，聖人議而不辯。**【註】順其成迹而凝乎至當之極，不執其所是以非衆人也。**故分也者，有不分也；辯也**〔一〕**者，有不辯也。**【註】夫物物自分，事事自別。而欲由己以分別之者，不見彼之自別也。【釋文】（分），如字。下及註同〔二〕。**曰**〔三〕**：何也？聖人懷之，**【註】以不辨爲懷耳，聖人无懷。**衆人辯之以相示也。故曰辯也者有不見也。**【註】不見彼之自辨，故辨己所知以示之。**夫大道不稱，**【註】付之自稱，无所稱謂。【釋文】（稱），尺證反，註同。**大辯不言，**【註】已自別也。**大仁不仁，**【註】无愛而自存也。**大廉不嗛，**【註】夫至足者，物之去來非我也，故无所容〔四〕其嗛盈。【釋文】（嗛），郭欺簟反。徐音謙。**大勇不忮**〔五〕**。**【註】无〔六〕往而不順，故能无險而不

〔一〕「辯也」，原文闕。
〔二〕「同」，原文闕。
〔三〕「曰」，原文闕。
〔四〕「容」，原文誤作「答」。
〔五〕「忮」，原文寫作「帔」。
〔六〕「无」，原文誤作「元」。

往。【釋文】（忮），徐之豉反，又音跂，李之移反。害也。李云：健也。**道昭而不道，**【註】以此明彼，彼此俱失矣。【釋文】（昭），音照。**言辯而不及，**【註】不能外其自及。**仁常而不成，**【註】物无常愛，而常愛必不周。**廉清而不信，**【註】皦[一]然廉清，貪名者耳，非真廉也。**勇忮而不成。**【註】忮逆之勇，天下共疾之，无敢舉足之地也。**五者园而幾向方矣，**【註】此五者，皆以有爲傷當者也，不能止乎本性，而求外无已。夫外不可求而求之，譬猶以圓學方，以魚慕鳥耳。雖希翼鸞鳳，擬規日月，此愈近彼，愈遠實，學彌得而性彌失。故齊物而偏尚之累去矣。【釋文】（园），崔音刓。徐五丸反。司馬云：圓也。郭音團。（幾），徐其衣反。（向方），本亦作「嚮」，音同。下皆放此。（近），附近之近。（遠），于萬反。**故知止其所不知，至矣。**【註】所不知者，皆性分之外也。故止於所知之内而至也。**孰知不言之辯，不道之道？若有能知，此之謂天府。**【註】浩然都任之也。**註焉而不滿，酌焉而不竭，**【註】至人之心若鏡，應而不藏，故曠然无盈虚之變也。【釋文】（註），徐之喻反。**而不知其所由來，**【註】至理之來，自然無迹。**此之謂葆光。**【註】任[二]其自明，故其光不弊也。【釋文】（葆光），音保。崔云：若有若无，謂之葆光。**故昔者堯問於舜曰：「我欲伐宗、膾、胥敖，南面而不釋然。其故何也？」**【註】於安任之道未弘，故聽朝而不怡

[一]「皦」，原文誤作「激」。
[二]「任」，原文誤作「在」。

也。將寄明齊一之理於大聖，故發自怪之問以起對也。【釋文】（膾），徐古外反。（胥），息徐反。華胥國。（敖），徐五高反。司馬云：宗、膾、胥敖，三國名也。崔云：宗一也，膾二也，胥敖三也。（朝），直遥反。**舜曰：「夫三子者，猶存乎蓬艾之間。**【註】夫物之所安无陋也，則蓬艾乃三子之妙處也。【釋文】（處），昌慮反。**若不釋然，何哉？昔者十日並出，萬物皆照，**【註】夫重明登天，六合俱照，无有蓬艾而不光被也。【釋文】（重），直龍反。（被），皮寄反。**而况德之進乎日者乎。」**【註】夫日月雖无私於照，猶有所不及，德則无不得也。而今欲奪蓬艾之願而伐使從己，於至道豈弘哉。故不釋然神解耳。若乃物暢其性，各安其所安，无遠邇[一]幽深，付之自若，皆得其極，則[二]彼无不當而我無不怡[三]也。【釋文】（解），音蟹。**齧缺問乎王倪曰：「子知物之所同是乎？」曰：「吾[四]惡乎知之。」**【註】所同未必是，所異不獨非，故彼我莫[五]能相正[六]，故无所用其知。【釋文】（齧），五結反。（缺），丘悦反。（王倪），徐五嵇反，李音詣。《高士傳》云：王倪，堯

[一]「邇」，原文寫作「近」。
[二]「極則」，原文闕。
[三]「無不怡」，原文闕。
[四]「乎曰吾」，原文闕。
[五]「莫」，原文誤作「英」。
[六]「正」，原文寫作「止」。

時賢人也。《天地篇》云〔一〕：齧缺之師。（惡），音烏。下皆同。**「子知子之所不知邪？」曰：「吾惡乎知之。」**【註】若自知其所不知，即爲有知。有知則不能任群才之自當。**「然則物無知邪？」曰：「吾惡乎知之。」**【註】都不知，乃曠然无不任矣。**雖然，嘗試言之。**【註】以其不知，故未敢正言，試言之耳。**庸詎知吾所謂知之非不知邪？**【註】魚游於水，水物所同，咸謂之知。然自鳥觀之，則向所謂知者，復爲不知矣。夫蛣蜣之知在〔二〕於轉丸，而笑蛣蜣者乃以蘇合爲貴。故所同之知，未可正據。【釋文】（庸詎），徐本作「巨」，其庶反。郭音鉅。李云：庸，用也；詎，何也；猶言何用也。服虔云：詎，猶未也。（復），扶又反。（蛣），丘一反。（蜣），丘良反。《爾雅》云：蛣蜣，蜣蜋也。**庸詎知吾所謂不知之非知邪？**【註】所謂不知者，直〔三〕是不同耳，亦自一家之知。**且吾嘗試問乎女：**【註】已不知其正，故試問女。【釋文】（女），音汝。註及下同。（已），音紀。**民溼寢則腰疾偏死，鰌然乎哉？木處則惴慄恂懼，猨猴然乎哉？三者孰知正處？**【註】此略舉三者，以明萬物之異便。【釋文】（偏死），司馬云：偏枯死也。（鰌），徐音秋。司馬云：魚名。（惴），之瑞反。（慄），音栗。（恂），郭音荀，徐音峻。恐貌。崔云：戰也。班固作「眴」

〔一〕「云」，原文誤作「去」。
〔二〕「在」，原文寫作「非」。
〔三〕「直」，原文寫作「且」。

也。（猨），音猿。（猴），音侯。（便），婢面反。**民食芻豢，麋鹿食薦，蝍且甘帶，鴟鴉耆鼠，四者孰知正味？**【註】此略舉四者，以明美惡之无主。【釋文】（芻），初俱反，《小爾雅》云：秆謂之芻。秆，音古但反。（豢），徐音患，又胡滿反。司馬云：牛羊曰芻，犬豕曰豢，以所食得名也。（麋），音眉。（薦），牋練反。司馬云：美草也。崔云：甘草也。郭璞云：《三蒼》云，六畜所食曰薦。（蝍），音即。（且），字或作「蛆」，子徐反。李云：蝍且，蟲名也。《廣雅》云：蜈公也。《爾雅》云：蒺藜蝍蛆，郭璞註云：似蝗，大腹，長角，能食蛇腦。蒺[一]，音疾。藜，音梨。（帶），如字。崔云：蛇也。司馬云[二]：小蛇也，蝍蛆好食其眼。（鴟），尺夷反。（鴉），本亦作「鵶」，於加反。崔云：烏也。（耆），市志反。字或作「嗜」。崔本作[三]甘[四]。（惡），烏路反。**猨猵狙以爲雌，麋與鹿交，鰌與魚游。毛嬙麗姬，人之所美也；魚見之深入，鳥見之高飛，麋鹿見之決驟。四者孰知天下之正色哉？**【註】此略舉四者，以明天下所好之不同也。不同者而非之，則无以知所同之必是。【釋文】（猵），篇面反，徐敷面反，又敷畏反，郭、李音偏[五]。（狙），七餘反。司馬云：狙，

[一]「蒺」，原文誤作「疾」。
[二]「云」，原文誤作「公」。
[三]「作」，原文誤作「祚」。
[四]「甘」，原文誤作「其」。
[五]「偏」，原文誤作「之」。

一名獦牂，似猨而狗頭，憙與雌猨交也。崔云：猵狙，一名獦牂，其雄憙与猨雌爲牝牡。向云：猵狙以猨爲雌也。（獦），音葛〔一〕。（雌），音妻，一音如字。（毛嬙），徐在良反。司馬云：毛嬙，古美人，一云越王美〔二〕姬也。（麗姬），力知反。下同。麗姬，晉獻〔三〕公之嬖，以爲夫人。崔本作「西施」。（決〔四〕），喜缺反。李云：疾貌。崔云：疾走不顧爲決。徐古惠反，郭音古穴反。（驟〔五〕），士〔六〕救反，又在遘反〔七〕。（好），呼報反。**自我觀之，仁義之端，是非之塗，樊然殽亂，吾惡能知其辯。**

【註】夫利於彼者或害於此，而天下之彼我无窮，則是非之竟无常。故唯莫之辯而任其自是，然後蕩然俱得。【釋文】（樊），音煩。（殽），徐户交反。郭作「散」，悉旦反。（之竟），音境。今本或作「境」。下放此。**齧缺曰：「子不知利害，則至人固不知利害乎？」**【註】未能妙其不知，故猶嫌至人當知之。斯懸之未解也。【釋文】（解），音蟹。**王倪曰：「至人神矣。**【註】无心而无不

〔一〕「葛」，原文闕。
〔二〕「越王美」，原文闕。
〔三〕「獻」，原文誤作「晉」。
〔四〕「作西施決」，原文闕。
〔五〕「古穴反驟」，原文闕。
〔六〕「士」，原文誤作「上」。
〔七〕「在遘反」，原文闕。

順。**大澤焚而不能熱，河漢沍而不能寒，疾雷破山風振海而不能驚。**【註】夫〔一〕神全形具而體与物冥者，雖涉至變而未始非我，故蕩然无蔕介於胸中也。【釋文】（沍），户故反。徐又户各反。李户格反。向云：凍也。崔云：沍，猶涸也。（蔕），敕邁反，又音豸。（介），古邁反，又音界。**若然者，乘雲氣，**【註】寄物而行，非我動也。**騎日月，**【註】有晝夜而无死生也。**而遊乎四海之外。**【註】夫唯无其知而任天下之自爲，故馳萬物而不窮也。**死生无變於己，**【註】与變爲體，故死生若一。**而况利害之端乎。」**【註】况利害於死生，愈不足以介意。**瞿鵲子問乎長梧子曰：「吾聞諸夫子，聖人不從事於務，**【註】務自來而理自應耳，非從而事之也。【釋文】（瞿），其俱反。（長梧子），李云：居長梧下，因以爲名。崔云：名丘。簡文云：長梧封人也。（夫子），向云：瞿鵲之師。**不就利，不違害，**【註】任而直前，无所避就。**不喜求，**【註】求之不喜，直取不怒。**不緣道；**【註】獨至者也。**无謂有謂，有謂无謂，**【註】凡有稱謂者，皆非吾所謂也，彼各自謂耳，故无彼有謂而有此无謂也。【釋文】（稱），尺正反。下放此。**而遊乎塵垢之外。**【註】凡非真性，皆塵垢也。【釋文】（而遊），崔本作「而施」。**夫子以爲孟浪之言，而我以爲妙道之行也。吾子以爲奚若？」長梧子曰：「是黄帝之所聽熒也，而丘也何足以知之。且女亦大**

〔一〕「夫」，原文誤作「大」。

早計，見卵而求時夜，見彈而求鴞炙。【註】夫〔一〕物有自然，理有至極。循而直往，則冥然自合，非所言也。故言之者孟浪，而聞之者聽熒。雖復黃帝，猶不能使万物无懷，而聽熒至竟。故聖人付當於塵垢之外，而玄合乎視聽之表，照之以天而不逆計，放之自爾而不推明也。今瞿鵲子方聞孟浪之言而便以爲妙道之行，斯亦无異見卵而責司晨之功，見彈而求鴞炙之實也。夫不能安時處順而探變求化，當生而慮死，執是以辯非，皆逆計之徒也。【釋文】（孟），如字。徐武黨反，或武葬反。（浪），如〔二〕字，徐力蕩反。向云：孟浪，音漫瀾，无所趨舍之謂。李云：猶較略也。崔〔三〕云：不精要之貌。（行），如字，又下孟反。（皇〔四〕帝），本又作「黃帝」。（聽），敕定反。（熒〔五〕），音瑩磨之瑩。本亦作「瑩」，於迥〔六〕反。向、司馬云：聽熒，疑惑也。李云〔七〕：不光明貌。崔云：小明不大了也。向、崔本作䔕榮。（女），音汝。下同。（大），音太，徐、李敕佐反。註同。（時夜），崔云：時夜，司夜，謂雞也。（彈），徒旦反。（鴞），于驕反。司馬云：小鳩，可炙。《毛詩草木疏》云：大如斑鳩，綠色，其肉甚

〔一〕「夫」，原文誤作「物」。
〔二〕「浪如」，原文闕。
〔三〕「略也崔」，原文闕。
〔四〕「皇」，原文誤作「黃」。
〔五〕「定反熒」，原文闕。
〔六〕「迥」，原文寫作「[illegible]」。
〔七〕「云」，原文闕。

美。（復），扶又反。下皆同。下章註亦準此。**予嘗爲女妄言之，**【註】言之則孟浪也，故試妄言之。【釋文】（爲），于僞反。**女以妄聽之。奚**【註】若正聽妄言，復爲太[一]早計也。故亦妄聽之，何？**旁日月，挾宇宙？**【註】以死生爲晝夜，旁日月之喻也；以萬物爲一體，挾宇宙之譬也。【釋文】（旁），薄葬反，徐扶葬反。司馬云：依也。崔本作「謗」。（挾），户牒反。崔本作「扶」。（宇[二]宙），治救反。《尸子》云：天地四方曰宇，往古來今曰宙。《説文》云：舟輿[三]所極覆曰宙。**爲其脗合，置其滑涽，以隸相尊。**【註】以有所賤，故尊卑生焉，而滑涽紛亂，莫之能正，各自是於一方矣。故爲脗然自合之道，莫若置之勿言，委之自爾也。脗然，无波[四]際之謂也。【釋文】（脗），本或作「[月昏]」。郭音泯，徐武軫反，李武[五]粉反。无波際之貌。司馬云：合也。向音脣，云：若兩脣之相合也。（滑），徐古没反，亂也。向本作「汩」，音同。崔户八反，云：栝口木也。（涽），徐音昏。向云：汩昏，未定之謂。崔本作「緍」，武巾反，云：繩也。**衆人役役，**【註】馳騖於是非之境也。**聖人愚芚，**【註】芚然无知而直往之貌。【釋文】（芚），徐徒奔反。郭治本反。司馬云：渾沌不分察

[一]「太」，原文寫作「大」。
[二]「宇」，原文误作「字」。
[三]「輿」，原文誤作「與」。
[四]「波」，原文誤作「被」。
[五]「武」，原文誤作「載」。

也。崔云：厚貌也。或云：束也。李丑倫反。**参萬歲而一成純。**【註】純者，不雜者也。夫舉萬歲而参其變，而衆人謂之雜矣，故役役然勞形怵〔一〕心而去彼就此。唯大聖无執，故芚然直往而與變化〔二〕爲一，一變化而常遊〔三〕於獨者也。故雖参糅〔四〕億載〔五〕，千殊萬異，道行之而成，則古今一成也；物謂之而然，則萬物一然也。无物不然，无時不成；斯可謂純也。【釋文】（怵〔六〕），敕〔七〕律反。（糅），如救反。**萬物盡然，**【註】无物不然。**而以是相蘊。**【註】蘊，積也。積是於萬歲，則萬歲一是也；積然於萬物，則萬物盡然也。故不知死生先後之所在，彼我勝負之所如也。【釋文】（蘊），本亦作「緼〔八〕」。徐於憤〔九〕反，郭於本反，李於問反。積也。**予惡乎知説生之非惑邪。**【註】死

〔一〕「怵」，原文誤作「林」。
〔二〕「化」，原文誤作「花」。
〔三〕「遊」，原文寫作「道」。
〔四〕「糅」，原文寫作「楺」。
〔五〕「載」，原文誤作「哉」。
〔六〕「怵」，原文誤作「林」。
〔七〕「敕」，原文寫作「勑」。
〔八〕「緼」，原文誤作「蘊」。
〔九〕「憤」，原文誤作「積」。

生一也，而獨說生，欲與變化相背，故未知其非惑〔一〕也。【釋文】（惡），音烏〔二〕。下「惡乎」皆同。（說），音悦。註同。（背），音佩。**予惡乎知惡死之非弱喪而不知歸者邪。**【註】少而失其故居，名爲弱喪。夫〔三〕弱喪者，遂安於所在而不知歸於故鄉也。焉知生之非夫弱喪，焉知死之非夫還歸而惡之哉。【釋文】（惡死），烏路反。註同。（喪），息浪反。註同。（少），詩照反。（焉），於虔反。下同。**麗之姬，艾封人之子也。晉國之始得之也，涕泣沾襟；及其至於王所，與王同筐牀，食芻豢，而後悔其泣也。**【註】一生之内，情變若此。當此之日，則不知彼，况夫死生之變，惡能相知哉。【釋文】（至於王所），崔云：六国時諸侯僭稱王，因此謂獻公爲王也〔四〕。（筐），本亦作「匡」。徐起狂反。（牀），徐音床。司馬云：筐〔五〕牀，安牀〔六〕也。崔云：筐，方也。一云：正牀也。**予惡乎知夫死者不悔〔七〕其始之蘄生乎。**【註】蘄，求也。【釋文】（蘄），音祈。**夢飲酒者，旦**

〔一〕「惑」，原文寫作「或」。
〔二〕「烏」，原文寫作「鳥」。
〔三〕「夫」，原文寫作「夭」。
〔四〕「王也」，原文闕。
〔五〕「云筐」，原文闕。
〔六〕「牀」，原文誤作「林」。
〔七〕「不悔」，原文闕。

而哭泣；夢哭泣者，旦而田獵。【註】此寤寐之事變也。事苟變，情亦異，則死生之願不得同矣。故生時樂生，則死時樂死矣，死生雖異，其於各得所願一也，則何係哉。【釋文】（樂），音洛。下〔一〕同。**方其夢也，不知其夢也。**【註】由此觀之，當死之時，亦不知其死而自適其志也。**夢之中又占其夢焉，**【註】夫夢者乃復夢中占其夢，則无以異於寤者也。**覺而後知其夢也。**【註】當所遇，無不足也，何爲方生而憂死哉。【釋文】（覺），音教。下及〔二〕註皆同。**且有大覺而後知此其大夢也，**【註】夫大覺者，聖人也。大覺者乃知夫〔三〕患慮在懷者皆未寤也。**而愚者自以爲覺，竊竊然知之。君乎，牧乎，固哉。**【註】夫愚者大夢而自以爲寤，故竊竊然以所好爲君上而所惡爲牧圉，欣然信一家之偏見，可謂固陋矣。【釋文】（竊竊），司馬云：猶察察也。（牧乎），崔本作「跂乎」，云：踶跂，強羊貌。（好），呼報反。（惡），烏路反。**丘也與女，皆夢也；**【註】未能忘言而神解，故非大覺也。【釋文】（解），音蟹〔四〕。下同。**予謂女夢，亦夢也。**【註】即復夢中之占夢也。夫自以爲夢，猶未寤也，況竊竊然自以爲覺哉。**是其言也，其名爲弔詭。**【註】夫非常之談，

〔一〕「下」，原文誤作「反」。
〔二〕「及」，原文誤作「反」。
〔三〕「夫」，原文寫作「大」。
〔四〕「蟹」，原文爲墨圍

故非常人之所知，故謂之弔當卓詭，而不識其懸解。【釋文】（弔），如字，又〔一〕音的，至也。（詭），九委反，異也。萬世之後而一遇大聖，知其解者，是旦暮遇之也。【註】言能蛻然无係而玄同死生者至希也。【釋文】（解），音蟹，徐户解反。（蛻〔二〕），音帨〔三〕，又始鋭反。既使我與若辯矣，若勝我，我不若勝，若果是也，我果非也邪？我勝若，若不吾勝，我果是也，而果非也邪？【註】若、而，皆汝也。其或是也，其或非也邪？其俱是也，其俱非也邪？我與若不能相知也，則人固受其黮闇。吾誰使正之？【註】不知而後推，不見而後辯，辯之而不足以自信，以其與物對也。辯對終日黮闇，至竟莫能正之，故當付之自正耳。【釋文】（黮闇），貪闇反。李云：黮闇，不明貌。使同乎若者正之？既與若同矣，惡能正之。使同乎我者正之？既同乎我矣，惡能正之。【註】同故是之，未足信也。【釋文】（惡），音烏。下皆同。使異乎我與若者正之？既異乎我與若矣，惡能正之。【註】異故相非耳，亦不足據。使同乎我與若者正之？既同乎我與若矣，惡能正之。【註】是若果是，則天下不得復有非之者也；非若信非，則亦無緣〔四〕

〔一〕「又」，原文脱。
〔二〕「蛻」，原文爲墨圍。
〔三〕「帨」，原文誤作「悦」。
〔四〕「亦無緣」，原文闕。

復有是之者也；今是其所同而非其所異，異同既具而是非〔一〕無主。故夫是非者，生於好辯而休乎天均，付之兩行而息乎自正也。**然則我與若與人俱不能相知也，而待彼也邪？**【註】各自正耳。待〔二〕彼不足以正此，則天下莫能相正也，故付之自正而至矣。**何謂和之以天倪？**【註】天倪者，自然之分也。【釋文】（和），如字，崔胡臥反。（天倪），李音崖〔三〕，徐音詣，郭音五底反。李云：分也。崔云：或作「霓」，音同，際也。班固曰：天研。**曰：是不是，然不然。是若果是也，則是之異乎不是也亦无辯；然若果然也，則然之異乎不然也亦无辯。**【註】是非然否，彼我更對，故无辯。无辯，故和之以天倪，安其自然之分而已，不待彼以正此。**化聲之相待，若其不相待。**【註】是非之辯爲化聲　夫化聲之相待，俱不足以相正，故若不相待也。**和之以天倪，因之以曼衍，所以窮年也。**【註】和之以自然之分，任其无極之化，尋斯以往，則是非之境自泯，而性命之致自窮也。【釋文】（曼），徐音萬，郭武半反。（衍），徐以戰反。司馬云：曼衍，無極也。**忘年忘義，振於无竟，故寓諸无竟。**【註】夫忘年故玄同死生，忘義故彌貫是非。是非死生蕩而爲一，斯至理也。至理暢於无極，故寄之者不得有窮也。【釋文】（振），如字。崔云：止也。又之忍反。（竟），

〔一〕「非」，原文闕。
〔二〕「待」，原文誤作「將」。
〔三〕「崖」，原文誤作「崔」。

如字，極也。崔作「境」。**罔兩問景曰：「曩子行，今子止；曩子坐，今子起；何其无特操與？」**【註】罔兩，景外之微陰也。【釋文】（罔兩），向云：景之景也。崔本作「罔浪」，云：有无之狀。（景），映永反，又如字。本或作「影」，俗也。（曩），徐乃蕩反。李云：曏者也。（无特），本或作「持」。崔云：特，辭也。向云：无特者，行止无常[一]也。（與），音餘。**景曰：「吾有待而然者邪？**【註】言天機自爾，坐起无待。无待而獨得者，孰知其故，而責[二]其所以哉？**吾所待又有待而然者邪？**【註】若責其所待而尋其所由，則尋責无極，卒至於无待，而獨化之理明矣。**吾待蛇蚹蜩翼邪？**【註】若待蛇蚹蜩翼，則无特操之所由，未爲難識也。今所以不識，正由不待斯類而獨化故耳。【釋文】（蛇蚹），音附，徐又音敷。司馬云：謂蛇腹下齟齬可以行者也。（齟），音士女反，（齬），音魚女反。（蜩），音條。**惡識所以然。惡識所以不然。」**【註】世或謂罔兩待景，景待形，形待造物者。請問：夫[三]造物者，有耶无耶？无也？則胡能造物哉？有也？則不足以物衆形。故明乎衆形之自物而後始可與言造物耳。是以涉有物之域，雖復罔兩，未有不獨化於玄冥者也。故造物者无主，而物各自造，物各自造而无所待焉，此天地之正也。故彼我相因，形景俱生，雖復玄合，而非

[一]「常」，原文誤作「棠」。
[二]「責」，原文誤作「貴」。
[三]「夫」，原文誤作「丈」。

待也。明斯理也，將使萬物各反所宗於體中而不待乎外，外无所謝而內无所矜，是以誘然皆生而不知所以生，同焉皆得而不知所以得也。今罔兩之〔一〕因景，猶云俱生而非待也，則萬物雖聚而共成乎天，而皆歷然〔二〕莫不獨見矣。故罔兩非景之所制，而景非形之所使，形非无之所化也，則化與不化，然與不然，從人之與由己，莫不自爾，吾安識其所以哉？故任而不助，則本末內外，暢然俱得，泯然无迹。若乃責此近因而忘其自爾，宗物於外，喪主於內，而愛尚生矣。雖欲推而齊之，然其所尚已存乎胸中，何夷之得有哉。【釋文】（喪），息浪反。**昔者莊周夢爲胡蝶，栩栩然胡蝶也，自喻適志與。**【註】自快得意，悅豫而行。【釋文】（胡蝶），徐徒協反。司馬、崔云：蛺〔三〕蝶也。（栩栩），徐況羽反，喜貌。崔本作「翮〔四〕」。（喻），李云：喻，快也。（與），音餘。下同。崔云：與，哉。**不知周也。**【註】方其夢爲胡蝶而不知周，則與殊死不異也。然所在无不適志，則當生而係生者，必當死而戀死矣。由此觀之，知夫在生而哀死者誤也。**俄然覺，則蘧蘧然周也。**【註】自周而言，故稱覺耳，未必非夢也。【釋文】（覺），古孝反。（蘧蘧），徐音渠，又其慮反。李云：有形貌。崔作「據據」，引《大宗師》云：據然覺。**不知周之夢爲胡蝶與，胡蝶之夢爲周與？**【註】今之不知胡

〔一〕「兩之」，原文闕。
〔二〕「然」，原文闕。
〔三〕「蛺」，原文寫作「峽」。
〔四〕「翮」，原文誤作「師」。

蝶，無異於夢之不知周也；而各適一時之志，則无以明胡蝶之不夢爲周矣。世有假寐而夢經百年者，則无以明今之百年非假寐之夢者也。**周與胡蝶，則必有分矣。**【註】夫覺夢之分，无異於死生之辯也。今所以自喻適志，由其分定，非由无分也。**此之謂物化。**【註】夫時不暫〔一〕停〔二〕，而今不遂存，故昨日之夢，於今化矣。死生之變，豈異於此，而勞心於其間哉。方爲此則不知彼，夢爲胡蝶是也。取之於人，則一生之中，今〔三〕不知後，麗姬是也。而愚者竊竊然自以爲知生之可樂，死之可苦，未聞物化之謂也。【釋文】（樂），音洛。

〔一〕「暫」，原文寫作「晢」。
〔二〕「停」，原文誤作「禈」。
〔三〕「一生之中今」，原文闕。

纂圖互註南華真經卷第二

莊子内篇養生主第三

【註】夫生以養存，則養生者理之極也。若乃養過其極，以養傷生，非養生之主也。【釋文】《音義》曰：養生以此爲主也。

吾生也有涯，【註】所稟之分各有極也。【釋文】（涯），本又作「崖」，魚佳反。**而知也無涯。**【註】夫舉重攜輕而神氣自若，此力之所限也。而尚名好勝者，雖復絶膂，猶未足以慊其願，此知之無涯也。故知之爲名，生於失當而滅於冥極。冥極者，任其至分而無豪銖之加。是故雖負萬鈞，苟當其所能，則忽然不知重之在身；雖應萬機，泯然不覺事之在己。此養生之主也。【釋文】（知），音智。注、下同。（好），呼報反。（勝），升證反。（復），扶又反。下皆同。（膂），音旅。（慊），苦簟反，足也。**以有涯隨無涯，殆已；**【註】以有限之性尋無極之知，安得而不困哉？【釋文】（殆已），向云：疲困之謂。**已而爲知者，殆而已矣。**【註】已困於知而不知止，又爲知以救之，斯養而傷之者，真大殆也。**爲善無近名，爲惡無近刑。**【註】忘善惡而居中，任萬物之自爲，悶然與至當爲一，故刑名遠己而全理在身也。【釋文】（近），附近之近。下同。（悶），亡本反，又音門。（遠），于萬反。**緣督以爲經，**【註】順中以爲常也。【釋文】（緣督以爲經），李云：緣，順也。督，中也。經，常也。郭、崔同。**可以保身，可以全生，可以養親，**【註】養親以適。【釋文】（養），羊尚反。註同。**可以盡年。**【註】苟得中而冥度，則事事無不可也。夫養生非求過分，蓋全理盡年而已矣。

庖丁爲文惠君解牛，手之所觸〔一〕，肩之所倚，足之所履，膝之所踦，砉然嚮然，奏刀騞然，莫不中音。合於桑林之舞，乃中經首之會。【註】言其因便施巧，無不閑解，盡理之甚，既適牛理，又合音節。【釋文】（庖丁），崔本作「胞」，同。白交反。庖人，丁其名也。《管子》：有屠牛坦一朝解九牛，刀〔二〕可剃毛。（爲），于僞反。（文惠君），崔、司馬云：梁惠王也。（倚），徐於綺反，向偃彼反，徐又於佇反，李音妖。（踦），徐居彼反，向魚彼反。李云：刺也。（砉然），向呼鵙〔三〕反，崔音畫，又古鵙反，李又呼歷反。司馬云：皮骨相離聲。（嚮然），許丈反，郭許亮反。本或無「然」字。（奏），如字。崔云：聞也。（騞），呼獲反，徐許臂反，向他亦反，又音麥。崔云：音近獲，聲大於砉也。（中），丁仲反。下皆同。（桑林），司馬云：湯樂名。崔云：宋舞樂名。案：即《左傳》舞師題以旌夏是也。（經首），向、司馬云：咸池樂章也。崔云：樂章名也。或云：奏樂名。（便），婢面反。（解），音蟹。**文惠君曰：「譆，善哉。技盖至此乎？」庖丁釋刀對曰：「臣之**

〔一〕「觸」，原文寫作「解」。
〔二〕「刀」，原文寫作「力」。
〔三〕「鵙」，原文寫作「賜」。

所好者道也，進乎技矣。【註】直寄道理於技耳，所好者非技也。【釋文】（譆），徐音熙。李云：歎聲也。（技）〔一〕，具綺反。下同。（好），呼報反。註同。**始臣之解牛之時，所見無非牛者。**【註】未能見其理間〔二〕。**三年之後，未嘗見全牛也。**【註】但見其理間也。**方今之時，臣以神遇而不以目視，**【註】闇與理會。【釋文】（神遇），向云：暗與理會，謂之神遇。**官知止而神欲行。**【註】司察之官廢，縱心而順理。【釋文】（官知），如字。崔云：官知，謂有所掌在也。向音智。專所司察而後動，謂之官智。（而神欲行），如字。向云：從手〔三〕放意，無心而得，謂之神欲。**依乎天理，**【註】不橫截也。**批大郤，**【註】有際之處，因而批之令離。【釋文】（批），備結反，一音鋪迷反。《字林》云：擊也，父迷、父節二反。（郤），徐去逆反，郭音郄。崔、李云：間也。（處），昌慮反。（令），力呈反。下同。（離），力智反。**導大窾，**【註】節解窾空，就導令殊。【釋文】（導），音道。註同。（窾），苦管反，又苦禾〔四〕反。崔、郭、司馬云：空也。向音空。（解），户賣反。**因其固然。**【註】刀不妄加。**技經肯綮之未嘗，**【註】技之妙也，常遊刃於空，未嘗經概於微礙也。【釋

〔一〕「也技」，原文闕。
〔二〕「間」，原文誤作「問」。
〔三〕「手」，原文誤作「于」，
〔四〕「禾」，原文誤作「夭」，

文】（技），本或作「猗」，其綺反。徐音技。（肯），徐苦等反。《説文》作「肎」。《字林》同，口乃反，云：著骨肉也。一曰：骨無肉也。崔云：許叔重曰，骨間肉。肯，肯著也。（綮），苦挺反，崔、向、徐並音啓，李烏係反，又一音罄。司馬云：猶結處也。（概），古代反。（礙），五代反。**而況大軱乎。**【註】軱，戾大骨，衄刀刃也。【釋文】（大軱），音孤。向云：軱，戾大骨也。崔云：槃結骨。（衄），女六反。**良庖歲更刀，割也；**【註】不中其理間也。【釋文】（良庖），司馬云：良，善也。（割），司馬云：以刀割肉，故歲歲更作。崔云：歲一易刀，猶堪割也。**族庖月更刀，折也。**【註】中骨而折刀也。【釋文】（族庖），司馬云：族，雜〔一〕也。崔云：族，衆也。**今臣之刀十九年矣，所解數千牛矣，而刀刃若新發於硎。**【註】硎，砥石也。【釋文】（硎），音刑，磨石也。崔本作「形」，云：新所受形也。（砥），音脂，又之履反。《尚書傳》云：砥細於礪，皆磨石也。**彼節者有間，而刀刃者無厚；以無厚入有間，恢恢乎其於遊刃必有餘地矣，是以十九年而刀刃若新發於硎。雖然，每至於族，吾見其難爲，**【註】交錯聚結爲族。**怵然爲戒，視爲止，**【註】不復屬目於他物也。【釋文】（爲），于僞反。下皆同。（屬），章〔二〕欲反。**行爲遲。**【註】徐其手也。**動刀甚微，謋然已解，**【註】得其宜則用力少。【釋文】（謋），化百反，徐又許百反。（解），音蟹。下皆

〔一〕「雜」，原文誤作「離」。
〔二〕「屬章」，原文爲「××」。

同。**如土委地。**【註】理解而無刀迹，若聚土也。**提刀而立，爲之四顧，爲之躊躇滿志，**【註】逸足容豫自得之謂。【釋文】（提），徐徒稽反。（躊），直留反。（躇），直於反。**善刀而藏之。」**【註】拭刀而弢之也。【釋文】（善刀），善，猶拭也。（拭），音式。（弢），他刀反。**文惠君曰：「善哉。吾聞庖丁之言，得養生焉。」**【註】以刀可養，故知生亦〔一〕可養。**公文軒見右師而驚曰：「是何人也？惡乎介也？**【註】介，偏刖之名。【釋文】（公文軒），司馬云：姓公文氏，名軒，宋人也。（右師），司馬云：宋人也。簡文云：官名。（惡），音烏。（介），音戒，一音兀。司馬云：刖也。向、郭云：偏刖也。崔本作「兀」，又作「𧿹」，云：斷足也。（刖），音月，又五刮反。**天與，其人與？」**【註】知之所無奈何，天也。犯其所知，人也。【釋文】（天與其人與），並音餘，又皆如字。司馬云：爲天命，爲人事也？**曰：「天也，非人也。天之生是使獨也，**【註】偏刖曰獨。夫師一家之知而不能兩存其足，則是知之无所奈何。若以右師之知而必求兩全，則心神內困而形骸外弊矣，豈直偏刖而已哉【釋文】（獨），司馬云：一足曰獨。（知），音智。下「之知」同。**人之貌有與也。**【註】兩足共行曰有與。有與之貌，未有疑其非命也。**以是知其天也，非人也。**【註】以有與者命也，故知獨者亦非我也。是以達生之情者不務生之所無以〔二〕爲，達命之情者不務

〔一〕「亦」，原文闕。
〔二〕「以」，原文寫作「所」。

命之所無奈何也，全其自然而已。**澤雉十步一啄，百步一飲，不蘄畜乎樊中。**【註】蘄，求也。樊，所以籠雉也。夫俯仰乎天地之間，逍遥乎自得之場，固養生之妙處也。又何求於入籠而服養哉。【釋文】（啄），陟角反。（蘄），音祈，求也。（樊中），音煩。李云：藩也，所以籠雉也。向、郭同。崔以爲園中也。（處），昌慮反。**神雖王，不善也。」**【註】夫始乎適而未嘗不適者，忘適也。雖心神長王，志氣盈豫，而自放於清曠之地，忽然不覺善之乎善也。【釋文】（王），于況反，註同。（長），丁亮反，又直良反。**老聃死，秦失弔之，三號而出。**【註】人弔亦弔，人號亦號。【釋文】（老聃），吐藍反。司馬云：老子也。（失[一]），本又作「佚」，各依字讀，亦皆音逸。（號），户羔反。註同。**弟子曰：「非夫子之友邪？」**【註】怪其不倚户觀化，乃至三號也。【釋文】（倚），於綺反。**曰：「然。」「然則弔焉若此，可乎？」曰：「然。**【註】至人無情，與衆號耳，故若斯可也。**始也吾以爲其人也，而今非也。向吾入而弔焉，有老者哭之，如哭其子；少者哭之，如哭其母。彼其所以會之，必有不蘄言而言，不蘄哭而哭者。**【註】嫌其先物施惠，不在理上往[二]，故致此甚愛也。【釋文】（少），詩照反。（先），悉薦反，又如字。（上往），一本「往」作「住」。**是遯**[三]

[一]「失」，原文誤作「宋」。
[二]「往」，原文寫作「住」。
[三]「遯」，原文誤作「道」。

天倍情，忘其所受，【註】天性所受，各有本分，不可逃，亦不可加。【釋文】（遯天），徒遜反。又作「遁」。（倍），音裴，加也。又布對反。本又作「背」。**古者謂之遁天之刑。**【註】感物大深，不止於當，遁[一]天者也。將馳騖於憂樂之境，雖楚戮未加而性情已困，庸非刑哉。【釋文】（大深），音泰。（樂），音洛。下文、註同。**適來，夫子時也；**【註】時自生也。**適去，夫子順也。**【註】理當死也。**安時而處順，哀樂不能入也，**【註】夫哀樂生於失得也。今玄通合變之士[二]，無時而不安，無順而不處，冥然與造化爲一，則无往而非我矣，將何得何失，孰死[三]孰生哉。故任其所受，而哀樂无所錯其間矣。【釋文】（錯），七路反。**古者謂是帝之縣解。」**【註】以有係者爲縣，則無係者縣解也，縣解而性命之情得矣。此養生之要也。【釋文】（縣），音玄。（解），音蟹。註同。崔云，以生爲縣，以死爲解。**指窮於爲薪，火傳也，**【註】窮，盡也；爲薪，猶前薪也。前薪以指，指盡前薪之理，故火傳而不滅；心得納養之中，故命續而不絕；明夫養生乃生之所以生也。【釋文】（指窮於爲薪），如字。絶句。爲，猶前也。（傳），直專反。註同也。傳者，相傳继續也。崔云：薪火，爝火也。傳，延也。（中），丁仲反。**不知其盡也。**【註】夫時不再來，今不一停，故人之生也，一息一得

[一]「遁」，原文誤作「道」。
[二]「士」，原文誤作「上」。
[三]「死」，原文闕。

耳。向息非今息，故納養而命續；前火非後火，故爲薪而火傳，火傳而命續，由夫養得其極也，世豈知其盡而更生哉。

莊子内篇人間世第四

【註】與人群者，不得離人。然人間之變故，世世異宜，唯无心而不自用者，爲能隨變所適而不荷其累也。【釋文】《音義》曰：此人間見事，世所常行者也。（離），力智反。（荷），胡我反，又音何。（累），力僞反。

顔回見仲尼，請行。曰：「奚之？」曰：「將之衛。」曰：「奚爲焉？」曰：「回聞衛君，其年壯，其行獨；【註】不與民同欲也。【釋文】（顔回），孔子弟子，姓顔，名回，字子淵，魯人也。（衛君），司馬云：衛莊公蒯聵也。案：《左傳》，衛莊公以魯哀十五年冬始入國，時顔回已死，不得爲莊公，蓋是出公輒也。（行），下孟反。（獨），崔云：自專也。向云：與人異也。**輕用其國，**【註】夫君人者，動必乘人，一怒則伏尸流血，一喜則軒冕塞路。故君人者之用國，不可輕也。**而不見其過；**【註】莫敢諫也。**輕用民死，**【註】輕用之於死地〔一〕。**死者以國量乎澤若蕉，**【註】舉國而輸之死地，不可稱數，視之若草芥也。【釋文】（量），音亮。李力章反。（蕉），似遥反。徐在堯反。

〔一〕「地」，原文寫作「也」。

向云：草芥也。崔云：芟刈也，其澤如見芟夷，言野無青草。（數），所主反。民其無如矣。【註】無所依歸。回嘗聞之夫子曰：『治國去之，亂國就之，醫門多疾。』願以所聞思其則，庶幾其國有瘳乎。」仲尼曰：「譆。若殆往而刑耳。【註】其道不足以救彼患。【釋文】（治），直吏反。（醫），於其反。（思其則），絶句。崔、李云：則，法也。（瘳），丑由反。李云：愈也。（譆），音熙，又於其反。夫道不欲雜，【註】宜正得其人。雜則多，多則擾，擾則憂，憂而不救。【註】若夫不得其人。則雖百醫守病，適足致疑而不能一愈也。古之至人，先存諸己而後存諸人。【註】有其具，然後可以接物也。所存於己者未定，何暇至於暴人之所行？【註】不虚心以應物，而役思以犯難，故知其所存於己者未定也。夫唯外其知以養真，寄妙當於群才，功名歸物而患慮遠身，然後可以至於暴人之所行也。【釋文】（思），息嗣反。（遠），于萬反。【重意】《記·大學》：君子有諸己而後〔一〕求諸人，無諸己而後非諸人。所藏乎身不恕，而能喻諸人者，未之有也。且若亦知夫德之所蕩而知之所爲出乎哉？德蕩乎名，知出乎爭。【註】德之所以流蕩者，矜名故也；知之所以横出者，爭善故也。雖復桀跖，其所矜惜，无非名善也。【釋文】（知），音智。下及註同。（爲），于僞反。（爭善），此及下「爭名」二字依字讀。（復），扶又反。下皆同。（桀跖），之石反。桀，夏王也。跖，盜跖也。名也者，相軋也；知也者，爭之器也。二者凶器，非所以盡行

〔一〕「後」，原文寫作「治」。

也。【註】夫名智者，世之所用也。而名起則相軋，知用則爭興，故遺名知而後行可尽也。【釋文】（札），徐於八反，又側列反。李云：折也。崔云：夭也。亦作「軋」。崔又云：或作「禮」，相賓禮也。**且德厚信矼，未達人氣，名聞不爭，未達人心。而彊以仁義繩墨之言術暴人之前者，是以人惡有其美也，**【註】夫投人夜光，鮮不案劍者，未達故也。今回之德信與其不爭之名，彼所未達也，而強以仁義準繩於彼，彼將謂回欲毁人以自成也。是故至人不役志以經世，而虚心以應物，誠信著於天地，不爭暢於万物，然後万物歸懷，天地不逆，故德音發而天下響會，景行彰而六合俱應，而後始可以經寒暑，涉治乱，而不與逆鱗迕也。【釋文】（矼），徐古江〔一〕反。崔音控。簡文云：慤實貌。（彊），其兩反。註同。（惡有），烏路反。下「惡不肖」及註同。崔本作「育」，云：賣也。（鮮），息淺反。（治），直吏反。（迕），音誤。**命之曰菑人。菑人者，人必反菑之，**【註】適不信受，則謂與己爭名而反害之。【釋文】（菑），音災。下皆同。**若殆爲人菑夫。且苟爲悦賢而惡不肖，惡用而求有以異？**【註】苟能悦賢惡愚，聞義而服，便爲明君也。苟爲明君，則不苦无賢臣，汝往亦不足復奇；如〔二〕其不尔，往必受害。故以有心而往，无往而可；无心而應，其應自來，則无往而不可也。【釋文】（夫），音符。（肖），音笑，徐蘇叫反。似也。（惡用），音烏。**若唯无詔，王公**

〔一〕「古江」，原文寫作「江若」。
〔二〕「如」，原文誤作「知」。

必將乘人而鬭[一]**其捷。**【註】汝唯有寂然不言耳，言則王公必乘人以君人之勢而角其捷辯，以距諫飾非也。【釋文】（唯），郭如字，一音唯癸反。（詔），絶句。詔，告也，言也。崔本作「詻」，音額，云：逆擊曰詻。（王公必將乘人），絶句。（而鬭其捷），在接反。崔讀「若唯无詻王公」絶句，「必將乘人而鬭」絶句。「捷」作「接」，其接，引續也。**而目將熒之，**【註】其言辯捷，使人眼眩。【釋文】（熒），户扃反。向、崔本作「營」，音熒。（眩），玄遍反。**而色將平之，**【註】不能復自異於彼也。**口將營之，**【註】自救解不暇。**容將形之，心且成之。**【註】乃且釋[二]己以從彼也。【釋文】（容將形之），謂擎跽也。**是以火救火，以水救水，名之曰益多。**【註】適不能救，乃更足以成彼之威[三]。**順始無窮，**【註】尋常守故，未肯變也。**若殆以不信厚言，必死於暴人之前矣。**【註】未信而諫，雖厚言爲害。**且昔者桀殺關龍逢，紂殺王子比干，是皆脩其身以下傴拊人之民，以下拂其上者也，**【註】居下而任上之憂，比干非其事也。【釋文】（關龍逢），夏桀之賢臣。（王子比干），殷紂之叔父。（下），遐嫁反。（傴），紆甫反。（拊），徐、向音撫。李云：傴拊，謂憐愛之也。崔云：猶嘔呴，謂養也。（拂），符弗反。崔云：違也。又芳[四]弗反。**故其君因其脩以擠之。是**

[一]「鬭」，原文寫作「閗」。

[二]「釋」，原文寫作「繹」。

[三]「威」，原文寫作「盛」。

[四]「芳」，原文誤作「劳」。

好名者也。【註】不欲令臣有勝君之名也。【釋文】（擠），徐子計反，又子禮反。司馬云：毒也。一云：陷也。《方言》云：滅也。簡文云：排也。（好），呼報反。（令），力呈反。**昔者堯攻叢枝、胥敖，禹攻有扈，國爲虚厲，身爲刑戮，其用兵不止，其求實無已。是皆求名實者也，而獨不聞之乎？**【註】夫暴君非徒求恣其欲，復求名，但所求者非其道耳。【釋文】（叢），才公反。（扈），音户。司馬云：國名，在始平郡。案：即今京兆鄠縣也。（虚厲），如字，又音墟。李云：居宅无人曰虚，死而无後爲厲。**名實者，聖人之所不能勝也，而况若乎。**【註】惜名貪欲之君，雖復堯禹[一]，不能勝化也，故與衆攻之，而汝乃欲空手而往，化之以道哉？**雖然，若必有以也，嘗以語我來。」顔回曰：「端而虚，**【註】正其形而虚其心也。【釋文】（語），魚豫反。下同。**勉而一，**【註】言遜而不二也。**則可乎？」曰：「惡。惡可。**【註】言未可也。【釋文】（惡惡），皆音烏，下同。**夫以陽爲充孔揚，**【註】言衛君亢陽之性充張於内而甚揚於外，强禦之至也。**采色不定，**【註】喜怒無常。**常人之所不違，**【註】莫之敢逆。**因案人之所感，以求容與其心。**【註】夫頑强之甚，人以快事感己，己陵藉而乃抑挫之，以求從容自放而遂其侈心也。【釋文】（挫），子卧反。（從），七容反。**名之曰日漸之德不成，而况大德乎。**【註】言乃少多，无回降之勝也。**將執而不化，**【註】故守其本意也。**外合而内不訾，其庸詎可乎。」**【註】外合而内不訾，即向之端虚

[一]「禹」，原文寫作「爲」。

而勉一耳，言此未足以化之。【釋文】（訾），向、徐音紫。崔云：毀也。「然則我内直而外曲，成而上比。【註】顔回更説此三條也。【釋文】（上），時掌反。下同。内直者，與天爲徒。與天爲徒者，知天子之與己皆天之所子，而獨以己言蘄乎而人善之，蘄乎而人不善之邪？【註】物無貴賤，得生一也。故善與不善，付之公當耳，一無所求於人也。【釋文】（蘄），音祈。若然者，人謂之童子，是之謂與天爲徒。【註】依乎天理，推己性命，若嬰兒之直往也。外曲者，與人之爲徒也。擎跽曲拳，人臣之禮也，人皆爲之，吾敢不爲邪？爲人之所爲者，人亦无疵焉，是之謂與人爲徒。【註】外形委曲，隨人事之所當爲也。【釋文】（擎），徐其驚反。（跽），徐其里反。《説文》云：長跪也。（拳），音權。（疵），才斯反。成而上比者，與古爲徒。【註】成於今而比於古也。其言雖教，讁之實也。【註】雖是常教，有諷責之旨。【釋文】（讁），直革反。（諷），非鳳反。古之有也，非吾有也。若然者，雖直不爲病，【註】寄直於古，故无以病我也。是之謂與古爲徒。若是則可乎？」仲尼曰：「惡。惡可。大多政，法而不諜，【註】當理無二，而張三條以政之，與事不冥也。【釋文】（大），音泰，徐敕佐反。崔本作「太」。（諜），徐徒叶反，向吐頰反。李云：安也。崔云：間諜也。雖固亦无罪。【註】雖未弘大，亦且不見咎責。雖然，止是耳矣，夫胡可以及化。【註】罪則無矣，化則未也。猶師心者也。」【註】挾三術以適彼，非无心而付之天下也。【釋文】（挾），户牒反。顔回曰：「吾无以進矣，敢問其方。」仲尼曰：「齋〔一〕，吾將語若。有而爲之，其易邪？【註】夫有其心而爲之者，誠未易也。【釋文】（曰齋）本亦作「齊」，同，側〔二〕皆反。下同。（易）以豉反。後皆同。向、崔云：輕易也。易之者，皞天不宜。」【註】以有爲爲易，未見其宜也。【釋文】（皞）徐胡老反。向云：皞天，自然也。顏回曰：「回之家貧，唯不飲酒不茹葷者數月矣。若此，則可以爲齋乎？」曰：「是祭祀之齋，非心齋也。」回曰：「敢問心齋。」仲尼曰：「若一志，【註】去異端而任獨也。【釋文】（茹）徐音汝，食也。（葷）徐許云反。（數）色主反。（去〔三〕）起呂反，下同。无聽之以耳而聽之以心，无聽之以心而聽之以氣。聽止於耳，心止於符。氣也者，虛而待物者也。【註】遺耳目，去心意，而符氣性之自得，此虛以待物者也。唯道集虛。虛者，心齋也。」【註】虛其心則至道集於懷也。顏回曰：「回之未始得使，實自回也；【註】未始〔四〕使心齋，故有其身。【釋文】（未始得使）絕句。崔讀至「實」字絕句。得使之也，未始有回也；【註】既得心齋之使，則无其身。可謂虛乎？」夫子曰：「盡矣。吾語若。若能入遊其樊而无感其名，【註】

〔一〕「齋」，原文寫作「齊」。
〔二〕「側」，原文爲墨圍。
〔三〕「去」，原文誤作「夫」。
〔四〕原文無「始」字。

放[一]心自得之場，當於實而止。**入則鳴，不入則止。**【註】譬之宮商，應而无心，故曰鳴也。夫無心而應者，任彼耳，不強應也。【釋文】（強），其丈反[二]。**无門无毒，**【註】使物自若，無門者也；付天下之自安，无毒者也。毒，治也。【釋文】（毒），如字，治也。崔本作「每」，云：貪也。**一宅而寓於不得已，**【註】不得已者，理之必然者也，體至一之宅而會乎必然之符也。【釋文】（而寓），崔本作「如愚」。**則幾矣。**【註】理盡於斯。**絶迹易，無行地難。**【註】不行則易，欲行而不踐地，不可能也；无爲則易，欲爲而不傷性，不可得也。【釋文】（無），絶句。向、崔皆以「無[三]」字屬下句。**爲人使易以僞，爲天使難以僞。**【註】視聽之所得者粗，故易欺也；至於自然之報細，故難僞也。則失眞少者，不全亦少；失眞多者，不全亦多；失得之報，未有不當其分者也。而欲違天爲僞，不亦難乎。【釋文】（粗），音麁。**聞以有翼飛者矣，未聞以无翼飛者也；聞以有知知者矣，未聞以無知知者也。**【註】言必有其具，乃能其事，今无至虛之宅，无由有化物之實也。【釋文】（知知），上音智，下如字。下句同。**瞻彼闋者，虛室生白，**【註】夫視有若无，虛室者也。室虛而純白獨生矣。【釋文】（闋），徐苦穴反。司馬云：空也。（虛室生白），崔云：白者，日光所照

[一]「放」，原文寫作「敀」。
[二]「強」「反」，原文爲墨圍。「丈」，原文誤作「文」。
[三]「無」，原文寫作「无」。

也。司馬云：室比喻心，心能空虛，則純白獨生也。**吉祥止止。**【註】夫吉祥之所集者，至虛至靜也。**夫且不止，是之謂坐馳。**【註】若夫不止於當，不會於極，此爲以應坐之日而馳騖不息也。故外敵未至而內已困矣，豈能化〔一〕物哉。**夫徇耳目內通而外於心知，鬼神將來舍，而況人乎。**【註】夫使耳目閉而自然得者，心知之用外矣。故將任性直通，無往不冥，尚无幽昧之責，而況人間之累乎。【釋文】（徇），辭俊〔二〕反。徐辭倫反。李云：使也。（知），音智，註同。**是萬物之化也，禹舜之所紐也，伏戲几蘧之所行終，而況散焉者乎。」**【註】言物无貴賤，未有不由心知耳目以自通者也。故世〔三〕之所謂知者，豈欲知而知哉？所謂見者，豈爲見而見哉？若夫知見可以欲爲而得者，則欲賢可以得賢，爲聖可以得聖乎？固不可矣。而世不知知之自知，因欲爲知以知之；不見見之自見，因欲爲見以見之；不知生之自生，又將爲生以生之。故見目而求離婁之明，見耳而責師曠之聰，故心神奔馳於內，耳目竭喪於外，身處不適則與物不冥矣。不冥矣，而能合乎人間之變，應乎世世之節者，未之有也。【釋文】（紐〔四〕），徐女酒反。崔云：系而行之曰紐。簡文云：紐，本也。（戲），本又作「羲」，亦作「犧」，同。許宜反。即大皞，三皇之始也。（几蘧），其居反。向云：古之帝王

〔一〕「化」，原文寫作「外」。
〔二〕「俊」，原文寫作「後」。
〔三〕「世」，原文誤作「出」。
〔四〕「紐」，原文誤作「組」。

也。李云：上古帝王。(散)，悉旦反。李云：放也。崔云：德不及聖王爲散。(聽)，一〔一〕本作聽。(喪)，息浪反。**葉公子高將使於齊，問於仲尼曰：「王使諸梁也甚重，**【註】重其使，欲有所求也。【釋文】(葉)，音攝。(子高)，楚大夫，爲葉縣尹，僭稱公，姓沈，名諸梁，字子高。(將使)，所吏反。下〔二〕「待使」及註同。**齊之待使者，蓋將甚敬而不急。**【註】恐直空報其敬，而不肯急應其求也。**匹夫猶未可動也，而況諸侯乎。吾甚慄之。子嘗語諸梁也曰：『凡事若小若大，寡不道以懽成。**【註】夫事無小大，少有不言以成爲懽者耳。此仲尼之所曾告諸梁也。【釋文】(慄)，音栗。李云：懼也。(語)，魚據反。下同。**事若不成，則必有人道之患；**【註】夫以成爲懽者，不成則怒矣。此楚王之所不能免也。**事若成，則必有陰陽之患。**【註】人患雖去，然喜懼戰於胸中，固已結冰炭於五藏矣。【釋文】(藏)，才浪反。**若成若不成而後无患者，唯有德者能之。』**【註】成敗若任之於彼而莫足以患心者，唯有德〔三〕者乎。**吾食也執粗而不臧，爨无欲清之人。**【註】對火而不思涼，明其所饌儉薄也。【釋文】(執)，衆家本並然。簡文作「熱」。(粗)，音麤，又才古反。(臧)，作郎反，善也。絶句。一音才郎反，句至「爨」字。(爨)，七亂反。(清)，

〔一〕「一」，原文闕。
〔二〕「下」，原文誤作「不」。
〔三〕「德」，原文寫作「悳」。

七性反，字宜從冫。從冫者，假借也。清，涼也。（之人），言爨火爲食而不思清涼，明火微而食宜儉薄。（饌），士戀反。**今吾朝受命而夕飲冰，我其內熱與。**【註】所饌儉薄而內熱飲冰者，誠憂事之難，非美食之爲。【釋文】（與），音餘。下「慎與」同。向云[一]：食美食者必內熱。**吾未至乎事之情，而既有陰陽之患矣；事若不成，必有人道之患。是兩也，**【註】事未成則唯恐不成耳。若果不成，則恐懼結於內而刑網羅於外也。【釋文】（恐），丘勇反。**爲人臣者不足以任之，子其有以語我來。」仲尼曰：「天下有大戒二：其一，命也；其一，義也。子之愛親，命也，不可解於心；**【註】自然結固，不可解也。【釋文】（任），而林反，又而鴆反。**臣之事君，義也，无適而非君也，无所逃於天地之間。**【註】千人聚，不以一人爲主，不亂則散。故多賢不可以多君，无賢不可以無君，此天人之道，必至之宜。**是之謂大戒。**【註】若君可逃而親可解，則不足戒也。**是以夫事其親者，不擇地而安之，孝之至也；夫事其君者，不擇事而安之，忠之盛也；自事其心者，哀樂不易施乎前，知其不可奈何而安之若命，德之至也。**【註】知不可奈何者命也而安之，則無哀无樂，何易施之有哉。故冥然以所遇爲命而不施心於其間，泯然與至當爲一而無休[二]戚於其中，雖事凡人，猶无往而不適，而況於君親乎。【釋文】（樂），音洛。註、下同。

[一] 原文「向云」下又衍「向云」二字。

[二] 「休」，原文寫作「体」。

（施），如字。崔以豉反，云：移也。**爲人臣子者，固有所不得已。行事之情而忘其身，**【註】事有必至，理固常通，故任之則事濟，事濟而身不存者，未之有也，又何用心於其(一)身哉。**何暇至於悅生而惡死。夫子其行可矣。**【註】理無不通，故當任所遇而直前耳。若乃信道不篤而悅惡存懷，不能與至當俱往而謀生慮死，未見能成其事者也。【釋文】（惡），烏路反，下皆同。**丘請復以所聞：凡交近則必相靡以信，**【註】近者得接，故以其信驗親相靡服也。【釋文】（復），扶又反。下註同。**遠則必忠之以言，**【註】遙以言傳意也。【釋文】（傳），丈專反。下文並註同。**言必或傳之。夫傳兩喜兩怒之言，天下之難者也。**【註】夫喜怒之言，若過其實，傳之者宜使兩不失中，故未易也。【釋文】（怒），如字。註同。本又作「怨」。下同。（易），以豉反。下文、註皆同。**夫兩喜必多溢美之言，兩怒必多溢惡之言。**【註】溢，過也。喜怒之言常過其當也。**凡溢之類妄，**【註】嫌非彼言，以傳者妄作。**妄則其信之也莫，**【註】莫然疑之。**莫則傳言者殃(二)。**【註】就傳過言，似於誕妄。受者有疑，則傳言者橫以輕重爲罪也。**故法言曰：『傳其常情，无傳其溢言，則幾乎全。』**【註】雖聞臨時之過言而勿傳也，必稱其常情而要其誠致，則近於全也。【釋文】（要），一遙反。（近），附近之近。**且以巧鬭力者，始乎陽，**【註】本共好戲。【釋文】（好），

(一)「其」，原文寫作「有」。
(二)「殃」，原文誤作「映」。

呼報反。**常卒乎陰，**【註】欲勝情至，潛興害彼。**泰至則多奇巧；**【註】不復循理。【釋文】（大至），音泰，本亦作「泰」。徐敕佐反。下同。（巧），如字，又苦孝反。**以禮飲酒者，始乎治，**【註】尊卑有別，旅酬有次。【釋文】（治），直吏反。（別），彼列反。**常卒乎亂，**【註】湛湎淫液也。【釋文】（湛），直林反，又答南反。（湎），面善反。（液），以隻反。**泰至則多奇樂。**【註】淫流縱橫，无所不至。**凡事亦然。始乎諒，常卒乎鄙；其作始也簡，其將畢也必巨。**【註】夫煩生於簡，事起於微，此必至之势也。**言者，風波也；行者，實喪也。**【註】夫言者，風波也，故行之則實喪矣。【釋文】（喪），息浪反。註、下同。**夫風波易以動，實喪易以危。**【註】故遺風波而弗行，則實不喪矣。夫事得其實，則危可安而蕩可定也。**故忿設无由，巧言偏辭。**【註】夫忿怒之作，无他由也，常由巧言過實，偏辭失當。【釋文】（偏），音篇。崔本作「諞」，音辯。**獸死不擇音，氣息茀然，於是並生心厲。**【註】譬之野獸，趣之窮地，音〔一〕急情尽，則和声不至而氣息不理，茀然暴怒，俱〔二〕生痥疵以相對之。【釋文】（氣息），並如字。向本作「諰器」，云：諰，馬氏音息。器，氣也。崔本作「諰簎」，云：喘息簎不調也。又作「葦」字。（茀），徐符弗反。郭敷末反。李音怫。崔音勃。（厲），如字，李音賴。（趣），子六反。（痥），疑賣反，又音詣。本又作「疣」，音尤。（疵），

〔一〕「音」，原文寫作「意」。
〔二〕「俱」，原文寫作「但」。

士賣反，又齊計反。上若作疣，此則才知反。**剋核太至，則必有不肖之心應之，而不知其然也。**【註】夫寬以容物，物必歸焉。剋核太精，則鄙吝心生而不自覺也。故大人蕩然放物於自得之場，不苦人之能，不竭人之歡，故四海之交可全矣[一]。【釋文】（核），幸格反。**苟爲不知其然也，孰知其所終。**【註】苟不自覺，安能知禍福之所齊詣也。【釋文】（齊），如字，又才計反。**故法言曰：『无遷令，**【註】傳彼實也。**无勸成，**【註】任其自成。**過度益也。』**【註】益則非任實。**遷令勸成殆事，**【註】此事之危殆。**美成在久，**【註】美成[二]者任其時化，譬之種植，不可一朝成。**惡成不及改，**【註】彼之所惡而勸彊成之，則悔敗尋至。【釋文】（惡），烏路反。（彊），其丈反。下「欲彊」同。**可不慎與。且夫乘物以遊心，**【註】寄物以爲意也。**託不得已以養中，至矣。**【註】任理之必然者，中庸之符全矣，斯接物之至也。**何作爲報也。**【註】當任齊所報之實，何爲爲齊作意於其間哉。【釋文】（爲爲），上如字，下于僞反。**莫若爲致命。此其難者。」**【註】直爲致命最易，而以喜怒施心，故難也。**顏闔將傅衛靈公大子，而問於蘧伯玉曰：「有人於此，其德天殺。與之爲无方，則危吾國；與之爲有方，則危吾身。**【註】夫小人之性，引之軌制則憎己，

[一] 原文無「矣」字。
[二] 「成」，原文闕。

縱其无度則亂邦。【釋文】（顏闔），胡臘反。向、崔本作「盧〔一〕」。魯之賢人隱者。（衛靈公），《左傳》云：名元。（大〔二〕子），音泰。司馬云：蒯聵也。（蘧），其居反。（伯玉），名瑗，衛大夫。（天殺），如字，謂如天殺物也。徐所列反。（无方），李云：方，道也。**其知適足以知人之過〔三〕，而不知其所以過。**【註】不知民過之由己，故罪責於民而不自改。【釋文】（其知），音智。**若然者，吾奈之何？」蘧伯玉曰：「善哉問乎。戒之，慎之，正女身也哉。**【註】反覆與會，俱所以爲正身。【釋文】（女），音汝。下同。（覆），芳服反。**形莫若就，心莫若和。**【註】形不乖迕，和而不同。**雖然，之二者有患。就不欲入，**【註】就者形順，入者遂〔四〕與同。**和不欲出。**【註】和者義濟，出者自顯伐。**形就而入，且爲顛爲滅，爲崩爲蹶。**【註】若遂〔五〕與同，則是顛危而不扶持，與彼俱亡矣。故當模格天地，但不立小異耳。【釋文】（蹶），徐其月反。郭音厥。李舉衛反。（模），莫胡反。**心和而出，且爲聲爲名，爲妖爲孽。**【註】自顯和之，且有含垢之声；濟彼之名，彼將惡其勝己，妄生妖孽。故當悶然若晦，玄同光塵，然後不可得而親，不可得而踈，不可得而利，不可得而

〔一〕「盧」，原文寫作「蓋」。
〔二〕「大」，原文寫作「太」。
〔三〕「過」，原文誤作「遇」。
〔四〕「遂」，原文寫作「還」。
〔五〕「遂」，原文寫作「逐」。

害。【釋文】（孽），彥列反　（惡），烏路反。（悶），音門。彼且爲嬰兒，亦與之爲嬰兒；彼且爲无町畦，亦與之爲无町畦；彼且爲无崖，亦與之爲无崖。達之，入於无疵。【註】不小立圭角以逆其鱗也。【釋文】（嬰兒），李云：喻無意也。崔云：喻驕遊也。（町〔一〕），徒頂反。（畦），户圭反。李云：町〔二〕畦，畔埒也。无畔埒，无威儀也。崔云：喻守節。（崖），司馬云：不顧法也。（无疵），似移反。病也。汝不知夫螳蜋乎？怒其臂以當車轍，不知其不勝任也，是其才之美者也。【註】夫螳蜋之怒臂，非不美也；以當車轍，顧非敵耳。今知之所无奈何而欲彊當其任，即螳蜋之怒臂也。【釋文】（勝），音升。戒之，慎之，積伐而美者以犯之，幾矣。【註】積汝之才，伐汝之美，以犯此人，危殆之道。汝不知夫養虎者乎？不敢以生物與之，爲其殺之之怒也；【註】恐其因有殺心而遂怒也。【釋文】（爲），于僞反。下同。不敢以全物與之，爲其決〔三〕之之怒也；【註】方使虎自齧分之，則因用力而怒矣。【釋文】（分），如字。時其飢飽，達其怒心。【註】知其所以怒而順之。虎之與人異類而媚養己者，順也；故其殺者，逆也。【註】順理則異類生愛，逆節則至親交兵。夫愛馬者，以筐盛矢，以蜄盛溺。【註】矢溺至賤，而以寶

〔一〕「町」，原文寫作「叮」。
〔二〕「町」，原文寫作「叮」。
〔三〕「決」，原文寫作「法」。

器盛之，愛馬之至也。【釋文】（盛矢），音成。下及註同。「矢」或作「屎」，同。（蜄），徐市軫反，蛤類。（溺〔一〕），奴〔二〕弔反。**適有蚉虻僕緣，**【註】僕僕然群著馬〔三〕。【釋文】（蚉），音文。本或作「蟁」，同。（虻），孟庚反。（僕緣），普木反，徐敷木反。向云：僕僕然，蚉虻緣馬稠概之貌。崔音如字，云：僕御。（著），直略反。**而拊之不時，**【註】雖救其患，而掩〔四〕馬之不意。【釋文】（拊），李音撫，又音付，一音附。崔本作「府」，音拊。**則缺銜毁首碎胸。**【註】掩其不備，故驚而至此。**意有所至而愛有所亡，可不慎邪。」**【註】意至除患，率然拊之，以至毁碎，失其所以愛矣。故當世接物，逆順之際，不可不慎也。【釋文】（率），踈律反。本或作「卒」，七忽反。**匠石之齊，至於〔五〕曲轅，見櫟社樹。其大蔽數千〔六〕牛，絜之百圍，其高臨山十仞而後有枝，其可以爲舟者旁十數。觀者如市，匠伯不顧，遂行不輟。弟子厭觀之，走及匠石，曰：「自吾執斧斤以隨夫子，未嘗見材如此其美也。先生不肯視，行不輟，何邪？」曰：「已矣，勿言之矣。散**

〔一〕「溺」，原文爲空白。
〔二〕「奴」，原文寫作「徒」。
〔三〕「馬」，原文寫作「爲」。
〔四〕「掩」，原文寫作「備」。
〔五〕「於」，原文寫作「乎」。
〔六〕「數千」，原文闕。

木也，以爲舟則沈，以爲棺椁則速腐，以爲器則速毁，以爲門户則液樠，以爲柱則蠹。是不材之木也，无所可用，故能若是之壽。」【註】不在可用之數，故曰散木。【釋文】（曲轅），音袁[一]。司馬云：曲轅，曲道也。崔云：道名。（櫟），力狄反。李云：木名，一云：梂[二]也。（蔽牛），必世反。李云：牛住[三]其旁而不見。（絜），向、徐户結反，徐又虎結反。約束也。（百圍），李云：徑尺爲圍，盖十丈也（十仞），《小爾雅》云：四尺曰仞。案：七尺曰仞。崔本作「千仞」。或云：八尺曰仞。（旁十数），所具反。崔云：旁，旁枝也。（觀），古奂反，又音官。（匠伯），伯，匠石字也。崔本亦作「石」。（輟），丁劣反。（厭），於艷反，又於蟾反。（散），悉但反，徐悉旦反。下同。（速），如字。向、崔本作「数」。向所禄反。下同。（腐），扶甫反。（液[四]），音亦。（樠），亡言反。向、李莫干反。郭武半反 司馬云：液，津液也。樠，謂脂出樠樠然也。崔云：黑液出也。（蠹），丁故反。匠石歸，櫟社見夢曰：「女將惡乎比予哉？若將比予於文木邪？【註】凡可用之木爲文木。【釋文】（見），胡薦反。（女[五]），音汝。（惡），音烏。下同。夫柤梨橘柚，果蓏之屬，實熟

[一]「袁」，原文誤作「表」。
[二]「梂」，原文寫作「采」。
[三]「住」，原文誤作「桂」。
[四]「液」，原文寫作「夜」。
[五]「女」，原文誤作「受」。

則剝，剝〔一〕則辱；大枝折，小枝泄。此以其能苦其生者也，故不終其天年而中道夭，自掊擊於世俗者也。物莫不若是。【註】物皆以自用傷。【釋文】（柤），側加反。（橘），均必反。（柚），由救反。徐以救反。（蓏），徐力果反。（泄），徐思列反。崔云：泄、洩同。（苦〔二〕），如字。崔本作「枯」。（掊），普口反。徐方垢反。**且予求無所可用久矣，幾死，乃今得之，**【註】數有睥睨己者，唯今匠石明之耳。【釋文】（幾），音祈，又音機。下同。（數），音朔〔三〕。（睥），普係反。（睨〔四〕），五〔五〕係反。**爲予大用。**【註】積无用乃爲濟生之大用。**使予也而有用〔六〕，且得有此大也邪？**【註】若有用，久見伐。**且也若與予〔七〕也皆物也，奈何哉其相物也？而幾死之散人，又惡知散木？」**【註】以戲石匠。【釋文】（而幾死之），絶句，向同。一讀連下「散人」爲句，崔同。**匠石覺而診其夢。弟子曰：「趣取無用，則爲社何邪？」**【註】猶嫌其以爲社自榮，不趣

〔一〕「剝」，原文脱。
〔二〕「苦」，原文誤作「若」。
〔三〕「數音朔」，原文爲墨圍。
〔四〕「睨」，原文誤作「變」。
〔五〕「五」，原文爲墨圍。
〔六〕「用」，原文寫作「相」。
〔七〕「予」，原文寫作「子」。

取於無用而已。【釋文】（覺），古孝反。（診），徐直信反。司馬、向云：診，占夢也。**曰：「密，若無言。彼亦直寄焉，**【註】社自來寄耳，非此木〔一〕求之爲社也。**以爲不知己者詬厲也。**【註】言此木乃以社爲不知己而見辱病者〔二〕也，豈榮之哉。【釋文】（詬），李云：呼豆反。徐音垢。（厲），如字。司馬云：詬，辱也。厲，病也。**不爲社者，且幾有翦乎。**【註】本自以无用爲用，則雖不爲社，亦終不近於翦伐之害。【釋文】（幾），音機，或音祈。（翦乎），子淺反。崔本作「前于」。（近），附近之近。下同。**且也彼其所保與衆異，**【註】彼以無保爲保，而衆以有保爲保。**而以義喻之，不亦遠乎。」**【註】利人長物，禁民爲非，社之義也。夫無用者，泊然不爲而群才自適，用者各得其敘而不與焉，此無用之所以全生〔三〕也。汝以社譽之，无緣近也。【釋文】（譽），音餘。註同。（長），丁兩〔四〕反。（泊），步各反。（與），音餘。**南伯子綦遊乎商之丘，見大木焉有異，結駟千乘，隱將芘其所藾。**【註】其枝所陰，可以隱芘千乘。【釋文】（南伯），李云：即南郭也。伯，長也。（商之丘），司馬云：今梁國睢陽縣是也。（乘），繩證反。（隱），崔云：傷於熱也。（芘），本亦作「庇」。

〔一〕「木」，原文寫作「朩」。
〔二〕「者」，原文脱。
〔三〕「生」，原文脱。
〔四〕「兩」，原文爲墨圍。

徐甫至反，又悲位反。崔本作比〔一〕，云：芘也。（藾），音賴。崔本作「賴」。向云：蔭也，可以隱芘千乘也。李同。（陰），於鴆反。子綦曰：「此何木也哉？此必有異材夫。」仰而視其細枝，則拳曲而不可以爲棟梁；俯而視其大根，則軸解而不可以爲棺槨；咶其葉，則口爛而爲傷；嗅之，則使人狂酲，三日而不已。子綦曰：「此果不材之木也，以至於此其大也。嗟乎神人，以此不材。【註】夫王不材於百官，故百官御其事，而明者爲之視，聰者爲之謀，勇者爲之扞。夫何爲哉？玄默而已。而群材不失其當，則不材乃材之所至賴也。故天下樂推而不厭，乘萬物而無害也。【釋文】（夫），音符。（仰而），向、崔本作「從而」。（拳），本亦作「卷」，音權。（軸），直竹反。（解），李云：如衣軸之直解也。（咶），食紙反。（嗅），崔云：齅，許救反。（狂酲），音呈。李云：狂如酲也。病酒曰酲。（爲之），于僞反。下「爲之」皆同。宋有荊氏者，宜楸柏桑。其拱把而上者，求狙猴之杙者斬之；三圍四圍，求高名之麗者斬之；七圍八圍，貴人富商之家求樿傍者斬之。故未終其天年，而中道之夭於斧斤，此材之患也。【註】有材者未能無惜也。【釋文】（荊氏），司馬云：地名也。一曰里名。（宜楸柏桑），崔云：荊氏之地，宜

〔一〕「比」，原文寫作「芘」。

此三木。李云：三木，文木也。（拱），恭勇反。（把），百雅〔一〕反。司馬云：兩手曰拱，一〔二〕手曰把。（上），時掌反。（狙），七餘反。（猴），音侯。（杙），以職反，又羊植反。郭且〔三〕羊反。司馬作「扒」，音八。李云：欲以栖戲狙猴也。崔本作「柀」，音跋，云：枷〔四〕也。（三圍），崔云：圍環八尺爲一圍。（麗〔五〕），如字，又音礼。司馬云：小船也，又屋櫺〔六〕也。（樿），本亦作「擅」，音膳。（傍），薄剛反。崔云：樿傍，棺也。司馬云：棺之全一邊者，謂之樿傍。**故解之以牛之白顙者與豚之亢鼻者，與人有痔病者不可以適河。**【註】巫祝解除，弃此三者，必妙選騂具，然後敢用。【釋文】（解），徐古賣反，又佳買反。註同。向古邂反。（顙），息黨反。司馬云：額也。（亢），司馬云：高也，額折故鼻高。崔云：仰也。（痔），徐直里反。司馬云〔七〕：隱創也。（適河），司馬云：謂沈人於

〔一〕「雅」，原文誤作「推」。
〔二〕「一」，原文誤作「二」。
〔三〕「且」，原文誤作「具」。
〔四〕「枷」，原文誤作「柳」。
〔五〕「麗」，原文誤作「巖」。
〔六〕「櫺」，原文誤作「隱」。
〔七〕「云」，原文脫。

河祭〔一〕也。（騂）,恤〔二〕營〔三〕反。**此皆巫祝以知之矣,**【註】巫祝於此亦知不材者全。**所以爲不祥也。此乃神人之所以爲大祥也。**【註】夫全生者,天下之所謂祥也,巫祝以不材爲不祥而弗用也,彼乃以不祥全生,乃大祥也。神人者,無心而順物者也。故天下所謂大祥,神人不逆。**支離疏者,頤隱於齊,肩高於頂,會撮指天,五管在上,兩髀爲脇。挫鍼治繲,足以餬口;鼓筴播精,足以食十人。上徵武士,則支離攘臂於其間;**【註】恃其无用,故不自竄匿。【釋文】（支離疏）,司馬云:形體支離不全貌。疏,其名也。（頤）,以之反。（頂）,如字。本作「項」,亦如字。司馬云:言脊曲頸縮也。《淮南》曰:脊管高於頂也。（會）,古外反,徐古活反,向音活。（撮）,子外反。向、徐子活反。崔云:會撮,項椎也。（指天）,司馬云:會撮,髻也。古者髻在項中,脊曲頭低,故髻指天也。向云:兩肩竦而上,會撮然也。（管）,崔本作「筦」。（在上）,李云:管,腧也。五藏之腧皆在上也。（髀）,本又作「脾」,同。音陛。徐又甫婢反。崔云:僂人腹在髀裹也。（脇）,許劫反。司馬云:脊曲髀豎,故與肩並也。（挫）,徐子臥反,郭租禾反。崔云:案也。（鍼）,執金反。司馬云:挫鍼,縫衣也。（繲）,佳賣反。司馬云:浣衣也。向同。崔作「繲」,音綫。（餬）,徐音胡。李云:食也。崔云:字或作「互」,或作「餂」。（鼓筴）,初革反,徐又音頰。司馬云:鼓,簸也,小

〔一〕「祭」,原文誤作「察」。
〔二〕「騂恤」,原文爲墨圍。
〔三〕「營」,原文誤作「管」。

箕曰筴。崔云：鼓筴，揲蓍鑚龜也。（播精），如字。一音所，字則當作「數」。精，司馬云：簡米曰精。崔云：播精，卜卦占兆也。鼓筴播精，言賣卜。（食），音飼。（攘），如羊反。（臂於〔一〕其間），如字。司馬云：間，裏也。崔本作「攘臂於其開」，云：開，門中也。（匿），女力反。**上有大役，則支離以有常疾不受功；**【註】不任作役故。**上與病者粟，則受三鍾與十束薪。**【註】役則不與，賜則受之。【釋文】（三鍾），司馬云：六〔二〕斛四斗曰鍾。（與），音豫。**夫支離其形者，猶足以養其身，終其天年，又況支離其德者乎。」**【註】神人无用於物，而物各得自用，歸功名於群才，與物冥而无迹，故免人間之害，處常美之實，此支離其德也。**孔子適楚，楚狂接輿遊其門曰：「鳳兮鳳兮，何如德之衰也。**【註】當順時直前，盡乎會通之宜耳。世之衰盛，蔑〔三〕然不足覺，故曰何如。**來世不可待，往世不可追也。**【註】趣當盡臨時之宜耳。**天下有道，聖人成焉；天下无道，聖人生焉。**【註】付之自爾，而理自生成。生成非我也，豈爲治亂易節哉。治自求成，故遺成而不敗；亂自求生，故忘生而不死。【釋文】（爲），于僞反。（治），直吏反。下同。**方今之時，僅免刑焉。**【註】不瞻前顧後，而盡當今之會，冥然與時世爲一，而後妙當可全，刑名可免。【釋文】

〔一〕「臂於」，原文爲墨圍。
〔二〕「六」，原文寫作「斛」。
〔三〕「蔑」，原文寫作「茂」。

（僅），音覲。**福輕乎羽，莫之知載；**【註】足能行而放之，手能執而任之，聽耳之所聞，視目之所見，知止其所不知，能止其所不能，用其自用，爲其自爲，恣其性内而无纖芥於分外，此无爲之至易也。无爲而性命不全者，未之有也；性命全而非福者，理未聞也。故夫福者，即向之所謂全耳，非假物也，豈有寄鴻毛之重哉。率性而動，動不過分，天下之至易也；舉其自舉，載其自載，天下之至輕也。然知以无崖傷性，心以欲惡蕩真，故乃釋此无爲之至易而知彼有爲之至難，弃夫自舉之至輕而取夫載彼之至重，此世之常患也。【釋文】（易），以豉反。下同。（知），音智〔一〕。（惡），烏路反。**禍重乎地，莫之知避。**【註】舉其性内，則雖負万鈞〔二〕而不覺其重也；外物寄之，雖重不盈錙〔三〕銖，有不勝任者矣。爲内，福也，故福至輕；爲外，禍也，故禍〔四〕至重。禍〔五〕至重而莫之知避，此世之大迷也。【釋文】（知避），舊本作「寘」，云：置也。（勝），音升。**已乎已乎，臨人以德。殆乎殆乎，畫地而趨。**【註】夫畫地而使人循之，其迹不可掩矣；有其己而臨物，與物不冥矣。故大人不明我以耀彼而任彼之自明，不德我以臨人而付人之自得，故能彌貫万物而玄同彼我，泯然與天下爲一而内外同福

〔一〕「智」，原文誤作「知」。
〔二〕「鈞」，原文誤作「爲」。
〔三〕「錙」，原文誤作「經」。
〔四〕「禍」，原文寫作「福」。
〔五〕「禍」，原文誤作「礼」。

也。【釋文】（畫），音獲　**迷陽迷陽，无傷吾行。**【註】迷陽，猶亡陽也。亡陽任獨，不蕩於外，則吾行全矣。天下皆全其吾，則凡稱吾者莫不皆全也。【釋文】（迷陽），司馬云：迷陽，伏陽也，言詐狂。**吾行郤曲，无傷吾足。」**【註】曲成其行，各自足矣。【釋文】（郤曲），去逆反。字書作「卻」。《廣雅》云：卻，曲也。**山木自寇也，膏火自煎也。桂可食，故伐之；漆可用，故割之。人皆知有用之用，而莫知无用之用也。**【註】有用則與彼爲功，无用則自全其生。夫割肌膚以爲天下者，天下之所知也。使百姓不失其自全而彼我俱適者，悗然不覺妙之在身也。【釋文】（山木自寇也膏火自煎也），煎，子然反。司馬云：木生斧柄，還自伐；膏起火，還自消。崔云：山有木，故火焚也。【釋文】（悗），亡本反。【互註】《語·微子篇》：楚狂接輿歌而過孔子曰：「鳳兮，鳳兮，何德之衰？往者不可諫，來者猶可追。已而。已而。今之從政者殆而。」

莊子内篇德充符第五

【註】德充於内，應物於外，外内玄合，信若符命而遺其形骸也。

【釋文】《音義》曰：崔云：此遺形弃知，以德實之驗也。

魯有兀者王駘，從之遊者與仲尼相若。【註】弟子多少敵孔子。【釋文】（兀），五忽反[一]，又音

[一]「反」，原文誤作「以」。

界。李云：刖足[一]曰兀。案：篆書「兀」「介」[二]字相似。（王駘），音臺，徐又音殆。人姓名也。（從），如字，李才用反。下同。（相若），若，如也，弟子如夫子多少也。常季問於仲尼曰：「王駘，兀者也，從之遊者與夫子中分魯。立不教，坐不議，虛而往，實而歸。【註】各自得而足也。【釋文】（常季），或云：孔子弟子。（立不教坐[三]不議），司馬云：立不教授，坐不議論。固有不言之教，无形而心成者邪？【註】怪其形殘而心乃充足也。夫心之全也，遺身形，忘五藏，忽然獨往，而天下莫能離。【釋文】（藏[四]），才浪反。下同。是何人也？」仲尼曰：「夫子，聖人也，丘也直後而未往耳。丘將以爲師，而況不若丘者乎。奚假魯國？丘將引天下而與從之。」【註】夫神全心具[五]，則體與物冥。與物冥者，天下之所不能遠，奚但一國而已哉。【釋文】（丘也直後而未往耳），李云：自在衆人後，未得往師之耳。（遠），于[六]萬反。常季曰：「彼兀者也，而王先生，其與庸亦遠矣。若然者，其用心也獨若之何？」仲尼曰：「死生亦大矣，

[一]「足」，原文誤作「是」。
[二]「介」，原文寫作「分」。
[三]「教坐」，原文二字倒乙。
[四]「藏」，原文爲墨圍。
[五]「具」，原文誤作「其」。
[六]「于」，原文誤作「子」。

【註】人雖日〔一〕變，然死生之變，變之大也。【釋文】（王），于況反。李云：勝也。崔云：君長也。（其與庸亦遠矣），與凡庸異也。崔云：庸，常人也。**而不得與之變，**【註】彼與變俱，故生死不變於彼。**雖天地覆墜，亦**〔二〕**將不與之遺。**【註】斯順之也。【釋文】（覆），芳服反。（墜），本又作「隊」，直類反。李云：天地猶不能變已，況生死也。**審乎無假，**【註】明性命之固當。**而不與物遷，**【註】任物之自遷。**命物之化，**【註】以化爲命，而無怪迕。【釋文】（迕），五故〔三〕反。本亦作「遻」。下同。**而守其宗也。」**【註】不離至當之極。【釋文】（離），力智反。**常季曰：「何謂也？」仲尼曰：「自其異者視之，肝膽楚越也；**【註】恬苦之性殊，則美惡之情背。【釋文】（惡〔四〕），烏路反。（膽），丁覽反〔五〕。下同。（背），音佩〔六〕。**自其同者視之，萬物皆一也。**【註】雖所美不同，而同有所美。各美其所美，則萬物一美也；各是其所是，則天下一是也。夫因其〔七〕所異

〔一〕「日」，原文誤作「曰」。
〔二〕「亦」，原文寫作「變」。
〔三〕「故」，原文爲墨圍
〔四〕「惡」，原文誤作「膽」。
〔五〕「覽反」，原文闕。
〔六〕「佩」，原文誤作「患」。
〔七〕「其」，原文誤作「奚」。

而異之，則天下莫不異，而浩然大觀者，官天地，府萬物，知異之不足異，故因其所同而同之，則天下莫不皆同；又知同之不足有，故因其所無而無之，則是非美惡，莫不皆無矣。夫是我而非彼，美己而惡人，自中知以下，至于昆蟲，莫不皆然。然此明乎我而不明乎彼者尔。若夫玄通泯合之士，因天下以明天下。天下無曰我[一]非也，即明天下之無非；無曰彼是也，即明天下之無是。無是無非，混而爲一，故能乘變任化，迕物而不慴[二]。【釋文】（中知），音智[三]。（慴[四]），之涉[五]反。**夫若然者，且不知耳目之所宜，**【註】宜生於不宜者也。無美無惡，則無不宜。無不宜，故亡其宜也。**而遊心乎德之和；**【註】都亡宜，故無不任也。都任之而不得者，未之有也；無不得而不和者，亦未聞也。故放心於天地之間，蕩然無不當，而擴然無不適也。**物視其所一而不見其所喪，視喪其足猶遺土也。」**【註】體夫極數之妙心，故能無物而不同，無物而不同，則死生變化，無往而非我矣。故生爲我時，死爲我順；時爲我聚，順爲我散。聚散雖異，而我皆我之，則生故我耳，未始有得；死亦我也，未始有喪。夫死生之變，猶以爲一，既觀其一，則説然無係，玄同彼我，以死生爲寤寐，以形骸爲逆

〔一〕「我」，原文寫作「莫」。
〔二〕「慴」，原文寫作「慴」。
〔三〕「智」，原文誤作「有」。
〔四〕「慴」，原文誤作「體」。
〔五〕「涉」，原文爲墨圍。

旅，去生如脱屣，斷足如遺土，吾未見足以纓茀其心也。【釋文】（喪），息浪反。下及註同。（説），始鋭反，又音悦。（脱屨〔一〕），九具反。本亦作「屣」，所買反。（斷），丁管反。**常季曰：「彼爲己以其知，**【註】嫌王駘未能忘知而自存。【釋文】（爲），于僞反。**得其心以其心。**【註】嫌未能遺心而自得。**得其常心，物何爲最之哉？」**【註】夫得其常心，平往者也。嫌其不能平往而與物遇〔二〕故，常〔三〕使物就之。【釋文】（最），徂會反，徐采會反。下註同。司馬云：聚也。**仲尼曰：「人莫鑑於流水而鑑於止水，**【註】夫止水之致鑑者，非爲止以求鑑也。故王駘之聚衆，衆自歸之，豈引物使從己。【釋文】（鑑），古暫反。（流水），崔本作「沫水」，云：「沫」或作「流」。**唯止能止衆止。**【註】動而爲之，則不能居衆物之止。**受命於地，唯松柏獨也在冬夏青青；**【註】夫松柏特稟自然之鍾氣，故能爲衆木之傑耳，非能爲而得之也。**受命於天，唯舜獨也正，**【註】言特受自然之正氣者至希也，下首則唯爲松柏，上首則唯有聖人，故凡不正者皆來求正耳。若物皆有青全，則無貴於松柏；人各自正，則無羨於大聖而趣之。**幸能正生，以正衆生。**【註】幸自能正耳，非爲正以正之。**夫保始之徵，不懼之實。勇士一人，雄入於九軍。將求名而能自要者，而猶若**

〔一〕「屨」，原文寫作「屣」。
〔二〕「遇」，原文誤作「過」。
〔三〕「故常」二字，原文倒乙。

是，【註】非能遺名而無不任。【釋文】（保始之徵），李云：徵，成也，終始可保成也。（九軍），崔、李云：天子六軍，諸侯三軍，通爲九軍也。簡文云：兵書以攻九天，收九地，故謂之九軍。（要），一遥反。**而況官天地，府萬物，**【註】冥然無不体也。**直寓六骸，**【註】所謂逆旅。【釋文】（六骸），崔云：手足首身也。**象耳目，**【註】人用耳目，亦用耳目，非須耳目。**一知之所知，而心未嘗死者乎。**【註】知與變化俱，則無往而不冥，此知之一者也。心與死生順，則無時而非生，此心之未嘗死也。**彼且擇日而登假，人則從是也。**【註】以不失會爲擇耳，斯人無擇也，任其天行而時動者也。故假借之人，由此而最之耳。【釋文】（且），如字。徐子余反。下同。（假人〔一〕），古雅反，借也。徐音遐，讀連上句，「人」字向下。**彼且何肯以物爲事乎。」**【註】其恬漠故全也。**申徒嘉，兀者也，而與鄭子産同師於伯昏無人。子産謂申徒嘉曰：「我先出則子止，子先出則我止。」**【註】羞與刖者並行。【釋文】（申徒嘉），李云：申徒，氏；嘉，名。（無人），《雜〔二〕篇》作瞀人。（刖），音月，又五刮〔三〕反。**其明日，又與合堂同席而坐。子産謂申徒嘉曰：「我先出**

〔一〕「人」，原文誤作「又」。
〔二〕「雜」，原文誤作「離」。
〔三〕「刮」，原文寫作「乱」。

則子止，子先出則我止。今[一]我將出，子可以止乎，其未邪？【註】質而問之，欲使必不並已。且子見執政而不違，子齊執政乎？」【註】常以執政自多，故直云子齊執政，便謂足以明其不遜。申徒嘉曰：「先生之門，固有執政焉如此哉？【註】此論德之處，非計位也。【釋文】（處），昌慮反。子而説子之執政而後人者也？【註】笑其矜説在位，欲處物先。【釋文】（説），音悦。註同。聞之曰：『鑑明則塵垢不止，止則不明也。久與賢人處則无過。』今子之所取大者，先生也，而猶出言若是，不亦過乎。」【註】事明師而鄙吝之心猶未去，乃真過也。子産曰：「子既若是矣，【註】若是形殘。猶與堯爭善，計子之德不足以自反邪？」【註】言不自顧省，而欲輕蔑在位，與有德者並。計子之德，故不足以補形殘之過。【釋文】（爭善），如字。申徒嘉曰：「自狀其過以不當亡者衆，【註】多自陳其過狀，以己爲不當亡者衆也。不狀其過以不當存者寡。【註】默然爲過，自以爲應死者少也。知不可奈何而安之若命，唯有德者能之。遊於羿之彀中。中央者，中地也；然而不中者，命也。【註】羿，古之善射者。弓矢所及爲彀中。夫利害相攻，則天下皆羿也。自不遺身忘知與物同波者，皆遊於羿之彀中耳。雖張毅之出，單豹之處，猶未免於中地，則中與不中，唯在命耳。而區區者各有所遇，而不知命之自爾。故免乎弓矢之害者，自以爲巧，欣然多己，及至不免，則自恨其謬而志傷神辱，斯未能達命之情者也。夫我之

[一]「今」，原文誤作「令」。

生也，非我之所生也，則一生之內，百年之中，其坐起行止，動静趣舍，性情知能，凡所有者，凡所无者，凡所爲者，凡所遇者，皆非我也，理自爾耳。而橫生休戚乎其中，斯又逆自然而失者也。【釋文】（知），如字，又音智。（羿），音詣，徐胡係反。善射人，唐夏有之。一〔一〕云：有窮之君篡夏者也。（彀），音遘，張弓也。（中），如字。（央），於良反，又於倉反。（中地），丁仲反。下「不中」，註「中地」「中與」「不中」同。（單），音善。**人以其全足笑吾不全足者衆矣，**【註】皆不知命而有斯笑。**我佛然而怒；**【註】見其不知命而怒，斯又未知命也。【釋文】（佛），扶弗反。**而適先生之所，則廢然而反。**【註】見至人之知命遺形，故廢向者之怒而復常。**不知先生之洗我以善邪？**【註】不知先生洗我以善道故耶？我爲能自反耶？斯自忘形而遺累。**吾與夫子遊十九年，而未嘗知吾兀者也。**【註】忘〔二〕形故也。【釋文】（吾介），本又作「兀」，兩通。**今子與我遊於形骸之內，而子索我於形骸之外，不亦過乎。」**【註】形骸外矣，其德內也。今子與我德遊耳，非與我形交，而索我外好，豈不過哉。【釋文】（索），色百反。註同。**子産蹴然改容更貌曰：「子无乃稱。」**【註】已悟則厭其多言也。【釋文】（蹴），子六反。（稱），如字，舉也。又尺證反。**魯有兀者叔山无趾，踵見仲尼。**【註】踵，頻也。【釋文】（叔山无趾），音止。李云：叔山，字，无足趾。

〔一〕「一」，原文誤作「乃」。
〔二〕「忘」，原文誤作「志」。

(踵)，朱勇反。向、郭云：頻也。崔云：无趾，故踵行。(見)，賢遍反。仲尼曰：「子不謹，前既犯患若是矣。雖今來，何及矣。」无趾曰：「吾唯不知務而輕用吾身，吾是以亡足。【註】人之生也，理自生矣，直莫之爲而任其自生，斯重其身而知務者也。若乃忘其自生，謹而矜[一]之，斯輕用其身而不知務也，故五藏相攻於内而手足殘傷於外也。【釋文】(子不謹前)，絶句。一讀以「謹」字絶句。今吾來也，猶有尊足者存，【註】刖一足未足以虧其德，明夫形骸者逆旅也。吾是以務全之也。【註】去其矜謹，任其自生，斯務全也。【釋文】(去)，羌呂反。夫天无不覆，地无不載，【註】天不爲覆，故能常覆；地不爲載，故能常載。使天地而爲覆載，則有時而息矣；使舟能沈而爲人浮，則有時而没矣。故物爲焉則未足以終其生也。【釋文】(爲)，于僞反。下「不爲」「而爲」皆同。吾以夫子爲天地，安知夫子之猶若是也。」【註】責其不謹，不及天地也。【互註】《左·襄二十九年》：季札曰：「如天之无不幬也，如地之无不載也。」孔子曰：「丘則陋矣。夫子胡不入乎，請講以所聞。」无趾出。【註】聞所聞而出，全其无爲也。孔子曰：「弟子勉之。夫无趾，兀者也，猶務學以復補前行之惡，而况全德之人乎。」【註】全德者生便忘生。【釋文】(行)，下孟反。无趾語老聃曰：「孔丘之於至人，其未邪？彼何賓賓以學子爲？【註】怪其方復學於老聃。【釋文】(語)，魚據反。(賓賓)，司馬云：恭貌。張云：猶賢賢也。崔云：有

[一]「矜」，原文誤作「務」。

所親踈也。簡文云：好名貌。**彼且蘄以諔詭幻怪之名聞，不知至人之以是爲己桎梏邪？」**【註】夫无心者，人學亦學。然古之學者爲己，今〔一〕之學者爲人，其弊也遂至乎爲人之所爲矣。夫師人以自得者，率其常然者也；舍己效人而逐物於外者，求乎非常之名者也。夫非常之名，乃常之所〔二〕生也。故學者非爲幻怪也，幻怪之生必由於學；禮者非爲華藻〔三〕也，而華藻〔四〕之興必由於禮。斯必然之理，至人之所无奈何，故以爲己之桎梏。【釋文】（蘄），音祈。（諔），尺叔反。（詭），九委反。李云：諔詭，奇異也。（幻），滑辨反。亦作「幼」。（桎），之實反，郭真一反。木在足也。（梏），古毒反，木在手也。（爲己），于僞反。下者「爲人」同。（舍），音捨。**老聃曰：「胡不直使彼以死生爲一條，以可不可爲一貫者，解其桎梏，其可乎？」**【註】欲以直理冥之，冀其无迹。【釋文】（貫），古亂反。**无趾曰：「天刑之，安可解。」**【註】今仲尼非不冥也。顧自然之理，行則影從，言則響隨。夫順物則名迹斯立，而順物者非爲名也。非爲名則至矣，而終不免乎名，則孰能解之哉。故名者影響也，影響者形聲之桎梏也。明斯理也，則名迹可遺；名迹可遺，則尚彼可絶；尚彼可絶，則

〔一〕「今」，原文誤作「兮」。
〔二〕「所」，原文误作「听」。
〔三〕「藻」，原文誤作「薄」。
〔四〕「藻」，原文誤作「薄」。

性命可全矣。【釋文】（嚮），許丈〔一〕反。本又作「向」。下同。**魯哀公問於仲尼曰：「衛有惡人焉，曰哀駘它。**【註】惡，醜也。【釋文】（惡人），惡，貌醜。（駘），音臺〔二〕，徐又音殆。（它），徒何反。李云：哀駘，醜貌；它，其名。**丈夫與之處者，思而不能去也。婦人見之，請於父母曰『與爲人妻寧爲夫子妾』者，數十而未止也。未嘗有聞其唱者也，常和人而已矣。無君人之位以濟乎人之死，**【註】明物不由權勢而往。【釋文】（和），户臥〔三〕反。下同。**無聚祿望人之腹。**【註】明非求食而往。**又以惡駭天下，**【註】明不以形美故往。【釋文】（駭），胡楷〔四〕反。崔本作「駴〔五〕」。**和而不唱，**【註】非招而致之。**知不出乎四域，**【註】不役思於分外。【釋文】（思），息嗣反。**且而雌雄合乎前。**【註】夫才全者与物无害，故入獸不乱群，入鳥不乱行，而爲万物之灵。【釋文】（雌雄合乎前），李云：禽獸属也。（行），户剛反。**是必有異乎人者也。寡人召而觀之，果以惡駭天下。與寡人處，不至以月數，而寡人有意乎其爲人也；**【註】

〔一〕「丈」，原文誤作「文」。
〔二〕「臺」，原文誤作「牽」。
〔三〕「臥」，原文誤作「匪」。
〔四〕「楷」，原文寫作「皆」。
〔五〕「駴」，原文寫作「賊」。

未〔一〕經月〔二〕已覺其有遠処。**不至乎期年，而寡人信之。國無宰，寡人傳國焉。**【註】委之以国政。【釋文】（期），音基。（傳），丈〔三〕專反。**悶然而後應，**【註】寵辱不足以驚其神。【釋文】（悶），音門。李云：不覺貌。崔云：有頃〔四〕之間也。（應），應對之應。**氾而若辭。**【註】人辭亦辭。【釋文】（氾），浮劍反，不係也。**寡人醜乎，卒授之國。無幾何也，去寡人而行，寡人卹焉若有亡也，若無與樂是國也。是何人者也？」仲尼曰：「丘也嘗使於楚矣，適見㹠〔五〕子食於其死母者，**【註】食乳也。【釋文】（醜），李云：醜，慙也。崔云：愧也。（幾），居豈反。（樂），音洛。（嘗使於楚矣），使，音所吏反。本亦作「遊」，本又直云「嘗於楚矣」。（㹠〔六〕），本又作「豚」，徒門反。（食），音飲，邑錦反。註同。舊如字，簡文同。**少焉眴若皆棄之而走。不見己焉爾，不得類焉爾。**【註】夫生者以才德爲類，死而才德去矣，故生者以失類而走也。故含德之厚，比於赤子，无往而不爲之赤子也，則天下莫之害，斯得類而明己故也。情苟類焉，則虽形不与同而物

〔一〕「未」，原文誤作「木」。
〔二〕「月」，原文誤作「万」。
〔三〕「丈」，原文誤作「大」。
〔四〕「頃」，原文誤作「項」。
〔五〕「㹠」，原文寫作「𥝩」。
〔六〕「㹠」，原文寫作「𥝩」。

无害心；情類苟亡，則虽形同母子而不足以固其志矣。【釋文】（眴〔一〕），本亦作「瞬」，音舜。司馬云：驚貌。崔云：目動也。謂死母目動。**所愛其母者，非愛其形也，愛使其形者也。**【註】使形者，才德也。**戰而死者，其人之葬也不以翣資；**【註】翣者，武所資也〔二〕。戰而死者无武也，翣將安施。【釋文】（翣資），所甲反，扇也，武王〔三〕所造。宋均云：武飾〔四〕也。李云：資，送也。崔本作「翣杴」，音坎，謂先人墳墓也。**刖者之屨，無爲愛之；**【註】所愛屨者，爲足〔五〕故耳。【釋文】（爲足），于僞反。**皆無其本矣。**【註】翣屨者以足武爲本。**爲天子之諸御，不爪翦，不穿耳；**【註】全其形也。**取妻者止於外，不得復使。**【註】恐傷其形。【釋文】（復使），扶又反。章末註同。崔本作「不得復使矣〔六〕」，云：不復入直也。**形全猶足以爲爾，**【註】採擇嬪御及燕尔新婚，本以形好爲意者也　故形之全也，无以降至尊之情，回貞女之操也。【釋文】（好），呼報反。**而况全德之人乎。**【註】德全而物愛之，宜矣。**今哀駘它未言而信，無功而親，使人授己國，**

〔一〕「眴」，原文誤作「恂」。
〔二〕「也」，原文誤作「九」。
〔三〕「王」，原文誤作「士」。
〔四〕「飾」，原文誤作「簡」。
〔五〕「足」，原文誤作「兄」。
〔六〕「矣」，原文误作「天」。

唯恐其不受也，是必才全而德不形者也。」哀公曰：「**何謂才全？**」仲尼曰：「**死生存亡，窮達貧富，賢與不肖毀譽，飢渴寒暑，是事之變，命之行也；**【註】其理固〔一〕當，不可逃也。故人之生也地，非誤生也；生之所有，非妄有也。天地雖大，万物雖多，然吾之所遇適在於是，則雖天地神明，國家聖賢，絶力至知而弗能違也。故凡所不遇，弗能遇也，其所遇，弗能不遇也；比所不爲，弗能違也，其所爲，弗能不爲也；故付之而自當矣。【釋文】（譽），音餘。**日夜相代乎前，**【註】夫命行事變，不舍晝夜，推之不去，留之不停。故才全者，隨所遇〔二〕而任之。【釋文】（舍），音捨。**而知不能規乎其始者也。**【註】夫始非知之所規，而故非情之所留。是以知命之必行，事之必變者，豈於終規始，在新恋故哉？雖有至知而弗能規也。逝者之往，吾奈之何哉？**故不足以〔三〕滑和，**【註】苟知性命之固當，則雖死生窮達，千變万化，淡然自若而和理在身矣。【釋文】（滑），音骨。（淡），徒暫反。**不可入於靈府。**【註】灵府者，精神之宅也。夫至足者，不以憂患經神，若皮外而過去。**使之和豫，通而不失於兑；**【註】苟使和性不滑，灵府間豫，則雖涉乎至變，不失其兑然也。【釋文】（兑），徒外反。李云：悦也。（間），音閑。**使日夜無郤，**【註】泯然常任之。【釋文】（郤），去逆

〔一〕「固」，原文寫作「故」。
〔二〕「遇」，原文誤作「遥」。
〔三〕「以」，原文脱。

反。李云：閑也。而與物爲春，【註】群生之所賴也。是接而生時於心者也。【註】順四時而俱化。【釋文】司馬云：接至道而和氣在心也。李云：接万物而施生[一]，順四時而俱作。是之謂才全。」「何謂德不形？」曰：「平者，水停之盛也。【註】天下之平，莫盛於停水也。其可以爲法也，【註】无情至平，故天下取正焉。内保之而外不蕩也。【註】内保其明，外无情爲，玄鑒洞照，与物无私，故能全其平而行其法也。【釋文】（爲），于僞反。德者，成和之脩也。【註】事得以成，物得以和，謂之德也。德不形者，物不能離也。」【註】无事不成，无物不和，此德之不形也。是以天下樂推而不厭。【釋文】（離），力智反。哀公異日以告閔子曰：「始也吾以南面而君天下，執民之紀而憂其死，吾自以爲至通矣。今吾聞至人之言，恐吾無其實，輕用吾身而亡吾國。吾與孔丘，非君臣也，德友而已矣。」【註】聞德充[二]之風者，雖復哀公，猶欲遺形骸，忘貴賤也。【釋文】（閔子），孔子弟子閔子騫也。闉跂支離无脤說衛靈公，靈公說之；而視全人，其脰肩肩。甕㼜大癭說齊桓公，桓公說之；而視全人，其脰肩肩。【註】偏情一往，則醜者更好而好者更醜也。【釋文】（闉），音因，郭烏年反。（跂），音企，郭其逆反。（支離无脤），徐市軫反，又音脣。司馬云：闉，曲；跂，企也。闉跂支離，言脚常曲，行體不正卷縮也。无脤，

[一]「生」，原文誤作「主」。
[二]「充」，原文誤作「允」。

名也。崔云：闉跂，偃者也。支離，傴者也。脤，脣同。簡文云：跂，行也。脤，臀也。（説衛），始銳反，又如字。下「説齊桓」同。（説之），音悦。下「説之」同。（脰），音豆，頸也。（肩肩），胡田反，又胡恩反。李云：羸小貌。崔云：猶玄玄也。簡文云：直貌。（甕），烏送反，郭於寵反。（盎），烏莽反，郭於兩反。李云：甕盎，大癭貌。崔同。（大癭），一領反。《説文》云：瘤也。**故德有所長而形有所忘，**【註】其德長於順物，忘其醜；長於逆物，忘其好。**人不忘其所忘而忘其所不忘，此謂誠忘。**【註】生則愛之，死則弃之。故德者，世之所不忘也；形者，理之所不存也。故夫忘形者，非忘也；不忘形而忘德者，乃誠忘也。**故聖人有所遊，**【註】遊於自得之場，放之而无不至者，才德全也。**而知爲孽，約爲膠，德爲接，工爲商。**【註】此四者自然相生，其理已具。【釋文】（知），音智，下同。（孽），魚列反。司馬云：智慧生妖孽。（約爲膠），司馬云：約束而後有如膠漆。崔云：約誓所以爲膠固。（德爲接），司馬云：散德以接物也。（工爲商），司馬云：工巧而商賈起。**聖人不謀，惡用知？不斲，惡用膠？無喪，惡用德？不貨，惡用商？**【註】自然已具，故聖人无所用其己也。【釋文】（惡），音烏，下同。（斲），陟角反。（喪），息浪反。**四者，天鬻也。天鬻也者，天食也。**【註】言自然而稟之。【釋文】（鬻），音育，養也。（食），音嗣，亦如字。**既受食於天，又惡用人。**【註】既稟之自然，其理已足。則雖沈思以免難，或明戒以避禍，物无妄然，皆天地之會，至理之趣。必自思之，非我思也；必自不思〔二〕，非我不思也。或思而免之，或思而不免，或不

〔二〕「不思」，原文二字倒乙。

思而免之，或不思而不免。凡此皆非我也，又奚爲哉？任之而自至也。【釋文】（食），如字，又音嗣。（沈思），息嗣反，亦如字　（難），乃旦反。**有人之形，**【註】視其形貌若人。**無人之情。**【註】掘若槁木之枝。【釋文】（掘），其勿反。（槁），苦老反。**有人之形，故群於人，**【註】類聚群分，自然之道。【釋文】（分），如字。**無人之情，故是非不得於身。**【註】無情，故付之於物也。**眇乎小哉，所以屬於人也。**【註】形貌若人。【釋文】（眇），亡小反。簡文云：陋也。**謷乎大哉，獨成其天。**【註】無情，故浩然无不任。無不任者，有情之所未能也，故无情而獨成天也。【釋文】（謷），五羔反，徐五報反　簡文云：放也。今取遨遊義也。（獨成其天），如字。崔本「天」字作「大」，云：類同於人，所以爲小；情合於天，所以爲大。**惠子謂莊子曰：「人故無情乎？」莊子曰：「然。」惠子曰：「人而無情，何以謂之人？」莊子曰：「道與之貌，天與之形，惡得不謂之人？」**【註】人之生也，非情之所生也；生之所知，豈情之所知哉？故有情於爲離曠而弗能也，然離曠以无情而聰明矣；有情以爲賢聖而弗能也，然賢聖以无情而賢聖也。豈直賢聖絶遠而離曠難慕哉？雖下愚聾瞽及雞鳴狗吠，豈有情於爲之，亦終不能也。不問遠之與近，雖去己一分，顏孔之際，終莫之得也。是以關之萬物，反取諸身，耳目不能以易任成功，手足不能以代司致業。故嬰兒之始生也，不以目求乳，不以耳向明，不以足操物，不以手求行。豈百骸无定司，形貌无素主，而專由情以制之哉。【釋文】（惡），音烏。下「惡得」同。（吹），扶廢[一]反。（分），如字。（操），七刀反。**惠子曰：「既謂之人，惡得無情？」**【註】未解形貌之非情也。【釋文】（解），音蟹。**莊子曰：「是非吾所謂情也。**【註】以是非爲情，則无是无非无好无惡者，雖有形貌，直是人耳，情將安寄。**吾所謂無情者，言人之不以好惡内傷其身，**【註】任當而直前者，非情也。**常因自然而不益生也。」**【註】止於當也。**惠子曰：「不益生，何以有其身？」**【註】未明生之自生，理之自足。**莊子曰：「道與之貌，天與之形，**【註】生理已自足於形貌之中，但任之則身存。**無以好惡内傷其身。**【註】夫好惡之情，非所以益生，秖足以傷身，以其生之有分也。【釋文】（好惡），呼報反。下烏路反。註同。（秖），音支。**今子外乎子之神，勞乎子之精，倚樹而吟，據槁梧而瞑。**【註】夫神不休於性分之内，則外矣；精不止於自生之極，則勞矣。故行則倚樹而吟，坐則據梧而睡，言有情者之自困也。【釋文】（倚），於綺反。（槁），苦老反。（梧），音吾。（瞑），音眠。崔云：據琴而睡也。（睡），垂臂反。**天選子之形，子以堅白鳴。」**【註】言凡子所爲，外神勞精，倚樹據梧，且吟且睡，此世之所謂情也。而云天選，明夫情者非情之所生，而况他哉。故雖萬物萬形，云爲趣舍，皆在無情中來，又何用情於其間哉。【釋文】（選），宣轉反，舊思緩反。【互註】《荀・修身篇》：夫堅白同異，有厚無厚之察，非不察也。

[一]「廢」，原文誤作「慶」。

纂圖互註南華真經卷第三

莊子内篇大宗師第六

【註】雖天地之大，万物之富，其所宗而師者无心也。【釋文】《音義》曰：崔云：遺形忘生，當大宗此法也。

知天之所爲，知人之所爲者，至矣。【註】知天人之所爲者，皆自然也；則内放其身而外冥於物，与衆玄同，任之而无不至也。**知天之所爲者，天而生也；**【註】天者，自然之謂也。夫爲爲者不能爲，而爲自爲耳；爲知者不能知，而知自知耳。自知耳，不知也，不知也則知出於不知矣；自爲耳，不爲也，不爲也則爲出於不爲矣。爲出於不爲，故以不爲爲主；知出於不知，故以不知爲宗。是故真人遺知而知，不爲而爲，自然而生，坐忘而得，故知稱絶而爲名去也。【釋文】（天而生）向、崔本作「失而生」。（稱）尺證反。**知人之所爲者，以其知之所知以養其知之所不知，終其天年而不中道夭者，是知之盛也。**【註】人之生也，形雖七尺而五常必具，故雖區區之身，乃舉天地以奉之。故天地万物，凡所有者，不可一日而相无也。一物不具，則生者无由得生；一理不至，則天年无緣得終。然身之所有者，知或不知也；理之所存者，爲或不爲也。故知之所知者寡而身之所有者衆，爲之所爲者少而理之所存者博，在上者莫能器之而求其備焉。人之所知不必同而所爲不敢異，異則僞成矣，僞成而真不喪者，未〔一〕之有也。或好知不倦以困其百體，所好不過一枝而舉根俱弊，斯以其所知而害所不知也。若夫知之盛也，知人之所爲者有分，故任而不彊也，知人之所知者有極，故用而不蕩也。故所知不以无崖自困，則一體之中，知与不知，闇相与會而俱全矣，斯以其所知養所不知者也。【釋文】（喪），息浪反，下皆同。（好），呼報反。下同。（彊），其兩反。**雖然，有患。**【註】雖知盛，未若遺知任天之无患也。**夫知有所待而後當，**【註】夫知者未能无可无不可，故必有待也。若乃任天而生者，則遇物而當也。**其所待者特未定也。**【註】有待則无定也。**庸詎知吾所謂天之非人〔二〕乎？所謂人之非天乎？**【註】我非有崖，天也；必欲盛之，人也。然此人之所謂耳，物无非天也。天也者，自然也；人皆自然，則治亂成敗，遇与不遇，非人爲也，皆自然耳。【釋文】（詎），徐其庶反。（治），直吏反。**且有真人而後有真知。**【註】有真人，而後天下之知皆得其真而不可亂也。**何謂真人？古之真人，不逆寡，**【註】凡寡皆不逆，則所願〔三〕者衆。**不雄成，**【註】

〔一〕「未」，原文誤作「末」。
〔二〕「人」，原文寫作「天」。
〔三〕「願」，原文寫作「順」。

不恃其成而處物先。不謨士。【註】縱心直前而群士[一]自合，非謀謨以致[二]之。【釋文】（謨），没乎反。**若然者，過而弗悔，當而不自得也。**【註】直自全當而无過耳，非以得失經心。**若然者，登高不慄，入水不濡，入火不熱。是知之能登假於道者也若此。**【註】言夫[三]知之登至於道者，若此之遠也。理固自全，非畏死也。故真人陸行而非避濡也，遠火而非逃熱也，无過而非措當也。故雖不以熱爲熱而未嘗赴火，不以濡爲濡未嘗蹈水，不以死爲死未嘗喪生。故夫生者，豈生之而生哉，成者，豈成之而成哉　故任之而无不至者，真人也，豈有概意於所遇哉。【釋文】（慄），音栗。（濡），而朱反。（假），更白反，至也。（遠），于万反。（概），古愛反。**古之真人，其寢不夢，**【註】无意想也。**其覺无憂，**【註】當所遇而安也。【釋文】（覺），古孝反。**其食不甘，**【註】理當食耳。**其息深深。真人之息以踵，**【註】乃在根本中來。【釋文】（深深），李云：内息之貌。（踵），章勇反。王穆夜云：起息於踵，遍體而深。**衆人之息以喉，屈服者，其嗌言若哇。**【註】氣不平暢。【釋文】（喉），向云：喘悸之息，以喉爲節，言情欲奔競所致。（嗌），音益。郭音厄，厄咽喉也。（哇），獲媧反，徐胡卦反，又音絓。崔一音於佳反，結也，言咽喉之氣結礙不通也。簡文云：哇，嘔也。

[一]「士」，原文爲墨圍
[二]「致」，原文爲墨圍
[三]「夫」，原文寫作「天」。

其耆欲深者，其天機淺。【註】深根寧極，然後反一无欲。【釋文】（耆），市志反。**古之真人，不知説生，不知惡死；**【註】与化爲體。【釋文】（説），音悦。（惡），烏路反。**其出不訢，其入不距；**【註】泰然而任之。【釋文】（訢），音欣，又音祈。（距），本又作「拒」，音巨。李云：欣出則營生，距入則惡死。**翛然而往，翛然而來而已矣。**【註】寄之至理，故往來而不難。【釋文】（翛〔一〕然），音蕭。本又作「儵」。徐音叔，郭与久反，李音悠。向云：翛然，自然无心而自尔之謂。郭、崔云：往來不難之貌。司馬云：儵，疾貌。李同。**不忘其所始，不求其所終；**【註】終始變化，皆忘之矣，豈直逆忘其生，而猶復探求死意也。【釋文】（復），扶又反。下「非復」同也。**受而喜之，**【註】不問所受者何物，遇之而无不適也。**忘而復之，**【註】復之不由於識，乃至。**是之謂不以心捐道，不以人助天。是之謂真人。**【註】人生而静，天之性也；感物而動，性之欲也。物之感人无窮，人之逐欲无節，則天理滅矣。真人知用心則背道，助天則傷生，故不爲也。【釋文】（捐），徐以全反。郭作「揖」，一入反。崔云：或作「楫」，所以行舟也。（背），音佩。**若然者，其心志，**【註】所居而安爲志。**其容寂，**【註】雖行而无傷於静。【釋文】（容寂），本亦作「家」。崔本作「宗」。**其顙頯，**【註】頯，大朴之貌。【釋文】（顙），息黨反。崔云：頯也。（頯），徐去軌反，郭苦對反，李音仇，一音逵，權也。王云：質朴无飾也。向本作「魌」，云：魌然，大朴貌。《廣

〔一〕「翛」，原文寫作「翛」。

雅》云：䫥，大也。五罪反。**凄然似秋，**【註】殺物非爲威也。【釋文】（凄），七西反。**煖然似春，**【註】生物非爲仁也。【釋文】（煖），音暄，徐况晚反。**喜怒通四時，**【註】夫體道合變者，与寒暑同其溫嚴，而未嘗有心也。然有溫嚴之貌，生殺之節，故寄名於喜怒。**與物有宜而莫知其極。**【註】无心於物，故不奪物宜；无物不宜，故莫知其極。**故聖人之用兵也，亡國而不失人心；利澤施乎萬世，不爲愛人。**【註】因人心之所欲亡而亡之，故不失人心也。夫白日登天，六合俱照，非愛人而照之也。故聖人之在天下，煖焉若陽春之自和，故蒙〔一〕澤者不謝；凄乎若〔二〕秋霜之自降，故彫落者不怨。【釋文】（亡国而不失人心），崔云：亡敵国而得其人心。**故樂通物，非聖人也；**【註】夫聖人无樂也，直莫之塞而物自通。**有親，非仁也；**【註】至仁无親，任理而自存。**天時，非賢也；**【註】時天〔三〕者，未若忘時而自合之賢也。**利害不通，非君子也；**【註】不能一是非之塗而就利違害，則傷德而累當矣。**行名失己，非士也；**【註】善爲士〔四〕者，遺名而自得，故名當其實而福應其身。【釋文】（應），應對之應。**亡身不真，非役人也。**【註】自失其性而矯以從物，受

〔一〕「蒙」，原文脱。
〔二〕「若」，原文誤作「故」。
〔三〕「天」，原文寫作「之」。
〔四〕「士」，原文誤作「壬」。

役多矣，安能役人？**若狐不偕、務光、伯夷、叔齊、箕子胥餘、紀他、申徒狄，是役人之役，適人之適，而不自適其適者也。**【註】斯皆舍己殉人，徇彼傷我者也。【釋文】（狐不偕），司馬云：古賢人也。（務光），皇甫謐云：黄帝時人，耳[一]長七寸。（伯夷叔齊），孤竹君之二子。（箕子胥餘），司馬云：胥餘，箕子名也，見《尸子》。崔同。又云：《尸子》曰：箕子胥餘，沫身爲厲，被髮佯狂[二]。或云：《尸子》曰：比干也，胥餘其名。（他），徒何反。（申徒狄），殷時人，負石自沈於河。崔本作「司徒狄[三]」。（舍），音捨。下同。**古之真人，其狀義而不朋，**【註】与物同宜而非朋黨。**若不足而不承；**【註】沖[四]虚无餘，如若不足也；下之而无不上[五]，若不足而不承也。【釋文】（承），如字。李云：迎也。又音拯。（上），時掌反。**與乎其觚而不堅也，**【註】常遊於獨而非固守。【釋文】（與），如字，又音豫，同云：疑貌。（觚），音孤。王云：觚，特立不群[六]也。崔云：

[一]「耳」，原文寫作「其」。
[二]「佯狂」，原文誤作「祥在」。
[三]「司徒狄」，原文爲「同■也」。
[四]「沖」，原文誤作「淨」。
[五]「上」，原文誤作「止」。
[六]「群」，原文爲墨圍。

觚，棱〔一〕也。**張乎其虛而不華也；**【註】曠然无懷，乃至於實。**邴邴乎其似喜乎。**【註】至人无喜，暢〔二〕然和適，故似喜也。【釋文】（邴邴），徐音〔三〕丙，郭甫杏反。向云：喜貌。簡文云：明貌。**崔乎其不得已乎。**【註】動靜行止，常居必然之極。【釋文】（崔）千罪反，徐息罪反。郭且雷反。向云：動貌。簡文云：速貌。**滀乎進我色也，**【註】不以物傷己也。【釋文】（滀），本又作「滀」，敕六反。司馬云〔四〕：色憤起貌。王云：富有德充也。簡文云：聚也。**與乎止我德也；**【註】无所〔五〕趨也。**厲乎其似世乎。**【註】至人〔六〕无厲，与世同行，故若厲也。【釋文】（厲），如字。崔本作「廣」，云：苞羅者廣也。**謷乎其未可制也；**【註】高放〔七〕而自得。【釋文】（謷），五羔反，徐五到反。司馬云：志遠貌。王云〔八〕：高邁於俗也。**連乎其似好閉也，**【註】綿邈深遠，莫見其門。

〔一〕「棱」，原文誤作「稜」。
〔二〕「暢」，原文误作「暘」。
〔三〕「音」，原文誤作「旨」。
〔四〕「云」，原文誤作「不」。
〔五〕「所」，原文誤作「听」。
〔六〕「至人」，原文爲墨圍。
〔七〕「放」，原文誤作「效」。
〔八〕「云」，原文誤作「六」。

【釋文】（連），如字。李云：連，綿長貌。崔云：蹇〔一〕連也，音輦。（好），呼報反，下皆同。**悗乎忘其言也，**【註】不識不知而天機自發，故悗然也。【釋文】（悗），亡本反。字或作「免」。李云：无匹貌。王云：廢忘也。崔云：婉順也。**以刑爲體，**【註】刑者，治之體，非我爲。【釋文】（治），直吏反。**以禮爲翼，**【註】礼者，世之所以自行耳，非我制。**以知爲時，**【註】知者〔二〕，時之動，非我唱。**以德爲循。**【註】德者，自彼所循，非我作。【釋文】（循），本亦作「脩」，兩得。**以刑爲體者，綽乎其殺也；**【註】任治之自殺，故虽殺而寬。【釋文】（綽），昌略反。崔本作「淖」。**以禮爲翼者，所以行於世也；**【註】順世之〔三〕所行，故无不行。**以知爲時者，不得已於事也；**【註】夫高下相受，不可逆之流也；小大相群，不得已之勢也；曠然无情，群知之府也。承百流之會，居師人之極者，奚爲哉？任時世之知，委必然之事，付之天下而已。**以德爲循者，言其與有足者至於丘也；**【註】丘者，所以本也；以性言之，則性之本也。夫物各有足，足於本也。付群德之自循，斯与有足者至於本也，本至而理尽矣。**而人真以爲勤行者也。**【註】凡此皆自彼而成，成之不

〔一〕「蹇」，原文寫作「寒」。
〔二〕「者」，原文寫作「自」。
〔三〕「之」，原文寫作「三」。

在己，則雖処万機之極，而常間暇自適，忽然不覺事之經身，悗然不識言之在口。而人之大迷，真謂至人〔一〕之爲勤行者〔二〕也。【釋文】（間），音閑。**故其好之也一，其弗好之也一。**【註】常无心而順便，故好与不好，所善所惡，与彼无二也。**其一也一，其不一也一。**【註】其一也，天徒也；其不一也，人徒也。夫真人同天人，均〔三〕彼我，不以其一異乎不一。**其一與天爲徒，**【註】无有而不一者天也。**其不一與人爲徒。**【註】彼彼而我我者人也。**天與人不相勝也，是之謂真人。**【註】夫真人同天人，齊万致。万致不相非，天人不相勝，故曠然无不一，冥然无不在，而玄同彼我也。**死生，命也，其有夜旦之常，天也。**【註】其有晝夜之常，天之道也。故知死生者命之極，非玄然也，若夜旦耳，奚所係哉。【釋文】（旦），如字。崔本作「鞱〔四〕」，音担。**人之有所不得與，皆物之情也。**【註】夫真人在晝得晝，在夜得夜。以死生爲晝夜，豈有所不得乎？人之有所不得而憂娱在懷，皆物情耳，非理也。**彼特以天爲父，而身猶愛之，而況其卓乎。**【註】卓者，獨化之謂也。夫相因之功，莫若獨化之至也。故人之所因者，天也；天之所生者，獨化也。人皆以天爲父，故晝夜之變，

〔一〕「謂至人」，原文闕。
〔二〕「者」，原文誤作「音」。
〔三〕「均」，原文誤作「拘」。
〔四〕「鞱」，原文爲墨圍。

寒暑之節，猶不敢惡，隨天安之。況乎卓尔獨化，至於玄冥之竟，又安得而不任之哉。既任之，則死生變化，唯命之從也。【釋文】（卓），中學[一]反。（惡），烏路反。（竟），音境。**人特以有君爲愈乎己，而身猶死之，而況其真乎。**【註】夫真者，不假於物而自然也。夫自然之不可避，豈有吾命而已哉。**泉涸，魚相與處於陸，相呴以濕，相瀉以沫，不如相忘於江湖。**【註】与其不足而相愛，豈若有餘而相忘。【釋文】（涸），户各反，郭户格反。《尔雅》云：竭[二]也。（呴），況于、況付二反。（瀉），本又作「濡」，音儒，或一音如戍反。（沫），音末。（忘），音亡。下同。**與[三]其譽堯而非桀也，不如兩忘而化其道。**【註】夫[四]非譽皆生於不足。故至足者，忘善惡，遺死生，与變化爲一，曠然无不適矣，又安知堯桀之所在邪。【釋文】（譽），音餘。註同。**夫大塊載我以形，勞我以生，佚我以老，息我以死。**【註】夫形生老死，皆我也。故形爲我載，生爲我勞，老爲我佚，死爲我息，四者雖變，未始非我，我奚惜哉。【釋文】（塊），苦怪反，又苦對反，徐胡罪反。（佚），音逸。**故善吾生者，乃所以善吾死也。**【註】死与生，皆命也。无善則已，有善則生，不獨善也。故若以吾

〔一〕「學」，原文寫作「至」。
〔二〕「竭」，原文誤作「愼」。
〔三〕「與」，原文寫作「而」。
〔四〕「夫」，原文誤作「大」。

生爲善乎？則吾死亦善也。**夫藏舟於壑，藏山於澤，謂之固矣。**【註】方言死生變化之不可逃，故先〔二〕舉固逃之極，然後明之以必變之符，將任化而无係也。【釋文】（壑），火各反。**然而夜半有力者負之而走，昧者不知也。**【註】夫无力之力，莫大於變化者也；故乃揭天地以趨新，負山嶽以舍故。故不暫停，忽已涉新，則天地万物无時而不移也。世皆新矣，而自〔三〕以爲故；舟日易矣，而視之若舊；山日更矣，而視之若前。今交一臂而失之，皆在冥中去矣。故向者之我，非復今我也。我与今俱往，豈常守故哉。而世莫之覺，不謂今之所遇可係而在，豈不昧哉。【釋文】（揭），其列、其謁二反。**藏小大有宜，猶有所遯。**【註】不知与化爲体，而思藏之使不化，則虽至深至固，各得其所宜，而无以禁其日變也。故夫藏而有之者，不能止其遯也；无藏而任化者，變不能變也。**若夫藏天下於天下而不得所遯，是恆物之大情也。**【註】无所藏而都任之，則与物无不冥，与化无不一。故无外无内，无死无生，体天地而合變化，索所遯而不得矣。此乃常存之大情，非一曲之小意。【釋文】（索），所百反。**特犯人之形而猶喜之。若人之形者，萬化而未始有極也，**【註】人形方是万化之一遇耳，未獨喜也。无極之中，所遇者皆若人耳，豈特人形可喜而餘物无樂耶。【釋文】（樂），音洛。下及註同。**其爲樂可勝計邪。**【註】本非人而化爲人，化爲人，失於故矣。失故而

〔二〕「先」，原文誤作「无」。
〔三〕「自」，原文寫作「曰」。

喜，喜所遇也。變化无穷，何所不遇。所遇而樂，樂豈有極乎。【釋文】（勝），音升。**故聖人將遊於物之所不得遯而皆存。**【註】夫聖人遊於變化之途，放於日新之流，万物万化，亦与之万化，化者无極，亦与之无極，誰得遯之哉。夫於生爲亡而於死爲存，則何時而非存哉。**善夭善老，善始善終，人猶效之，**【註】此自均於百年之内，不善少而否老，未能体變化，齊死生也。然其平粹，猶足以師人也。【釋文】（善妖），崔本作「狡」，同。古卯反。本又作「夭」，於表反。簡文於橋反，云：異也。（少），詩照反。（否），音鄙。本亦作「鄙」。（粹），虽遂反。**又況萬物之所係，而一化之所待乎。**【註】此玄同万物而与化爲体，故其爲天下之所宗也，不亦宜乎。**夫道，有情有信，無爲無形；**【註】有无情之情，故无爲也；有常无之信，故无形也。**可傳而不可受，**【註】古今傳而宅之，莫能受而有之。【釋文】（傳），直專反。註同。**可得而不可見；**【註】咸得自容，而莫見其狀。**自本自根，未有天地，自古以固存；**【註】明无不待有而无也。**神鬼神帝，生天生地；**【註】无也，豈能生神哉？不神鬼帝而鬼帝自神，斯乃不神之神也；不生天地而天地自生，斯乃不生之生也。故夫神之果不足以神，而不神則神矣，功何足有，事何足恃哉。**在太極之先而不爲高，在六極之下而不爲深，先天地生而不爲久，長於上古而不爲〔一〕老。**【註】言道之无所不在也，故在高爲无高，在深爲无深，在久爲无久，在老爲无老，无所不在，而所在皆无也。且上下无不格者，不得以高

〔一〕「爲」，原文脱。

卑称也；内外无不至者，不得以表裏名也；与化俱移者，不得言久也；終始常无者，不可謂老也。【釋文】（大），音泰。（之先），一本作「先之」，崔本同。（先天），悉薦反。（長），丁丈反。（称），尺證反。

狶韋氏得之，以挈天地；伏戲得之，以襲氣母；維斗得之，終古不忒；日月得之，終古不息；堪坏得之，以襲崑崙；馮夷得之，以遊大川；肩吾得之，以處大山；黄帝得之，以登雲天；顓頊得之，以處玄宮；禺強得之，立乎北極；西王母得之，坐乎少廣，莫知其始，莫知其終；彭祖得之，上及有虞，下及五伯；傅説得之，武丁奄有天下，乘東維，騎箕尾，而比於列星。【註】道，无能也。此言得之於道，乃所以明其自得耳。自得耳，道不能使之得也；我之未得，又不能爲得也。然則凡得之者，外不資於道，内不由於己，掘然自得而独化也。夫生之難也，猶独化而自得之矣，既得其生，又何患於生之不得而爲之哉。故爲生果不足以全生，以其生之不由於己爲也，而爲之則傷其真生也。【釋文】（狶韋氏），許豈反，郭褚伊反。李音豕。司馬云：上古帝王名。（挈），徐苦結反，郭苦係反。司馬云：要也，得天地要也。崔云：成也。（伏戲），音羲。崔本作「伏戲氏」。（襲氣母），司馬云〔一〕：襲，入也。氣母，元氣之母也。崔云：取元氣之本。（維斗），李云：北斗，所以爲天下綱維。（終古），崔云：終古，久也。鄭玄註《周礼》云：終

〔一〕「云」，原文脱。

古，猶言常也。（忒），它得反，差也。崔本作「代」。（堪坏），徐扶眉反，郭孚杯〔一〕反。崔作「邳」。司馬云：堪坏，神名，人面獸形。《淮南》作「欽負」。（崑崙），崑，或作「岷」，同。音昆。下力門反。崑崙，山名。（馮夷），司馬云：《清泠傳》曰：華陰潼鄉隄伯人也。服八石，得水仙，是爲河伯。一云以八月庚子浴於河而溺死，一云渡河溺死。（大川），河也。崔本作「泰川」。（肩吾），司馬云：山神，不死，至孔子時。（大山），音〔二〕泰，又如字。（黄帝），崔云：得道而上天也。（顓），音專。（頊），許玉〔三〕反。（玄宫），李云：顓頊，帝高陽氏。玄宫，北方宫也。《月令》曰：其帝顓頊，其神玄冥。（禺強），音虞，郭語龍反。司馬云：《山海經》曰：北海之渚有神，人面鳥身，珥兩青蛇，踐兩赤蛇，名禺強。崔云：《大荒經》曰：北海之神，名曰禺強，灵龜爲之使。《歸藏》曰：昔穆王子筮卦於禺強。案：《海外經》云：北方禺強，黑身手足，乘兩龍。郭璞以爲水神，人面鳥身。簡文云：北海神也，一名禺京，是黄帝之孫也。（西王母），《山海經》云：狀如人，狗尾，逢頭，戴勝，善哨，居洵水之涯。《漢武内傳》云：西王母与上元夫人降帝，美容皃，神仙人也。（少廣），司馬云：穴名。崔云：山名。或西方空界之名。（彭祖），解見《逍遥篇》。崔云：壽七百歲。或以爲仙，不死。（相），息亮反。（武丁至列星），司馬云：傅説，殷相也。武丁，殷王高宗也。東維，箕斗之間，天漢津

〔一〕「杯」，原文誤作「坏」。
〔二〕「音」，原文脱。
〔三〕「玉」，原文寫作「王」。

之東維也。《星經》曰：一星在尾上，言其乘東維，騎箕尾之間也。崔云：傅説死，其精神乘東維，託龍尾〔一〕，乃列宿。今尾上有傅説星。崔本此下更有「其生无父母，死登遐三年而形遯，此言神之无能名者也」，凡二十二字。（掘），其勿反。**南伯子葵問乎女偊曰：「子之年長矣，而色若孺子，何也？」曰：「吾聞道矣。」**【註】聞道則任其自生，故氣色全也。【釋文】（葵），李云：「葵」當作「綦」，声之誤也。（偊〔二〕），徐音禹，李音矩。一云，是婦〔三〕人也。（長），張〔四〕丈反。（孺），本亦作「儒」，如喻反。李云：弱子也。**南伯子葵曰：「道可得學邪？」曰：「惡，惡可。子非其人也。夫卜梁倚有聖人之才而無聖人之道，我有聖人之道而無聖人之才，吾欲以教之，庶幾其果爲聖人乎。不然，以聖人之道告聖人之才，亦易矣。吾猶守而告之，參日而後能外天下；**【註】外，猶遺也。【釋文】（惡惡），並音烏。下「惡〔五〕乎」同。（卜梁倚），魚綺反，又其綺反。李云：卜梁，姓；倚，名。（易），以豉反。（參），音三。**已外天矣，吾又守之，七日而後**

〔一〕「尾」，原文寫作「角」。
〔二〕「偊」，原文誤作「偶」。
〔三〕「婦」，原文寫作「婦」。
〔四〕「張」，原文寫作「丁」。
〔五〕「惡」，原文寫作「烏」。

能〔二〕外物；【註】物者，朝夕所須，切己難忘。已外物矣，吾又守之，九日而後能外生；【註】都遺也。已外生矣，而後能朝徹；【註】遺生則不惡死，不惡死故所遇即安，豁然无滯，見機而作，斯朝徹也。【釋文】（朝），如字。李除遥反。下同。（徹），如字。郭、司馬云：朝，旦也。徹，達妙之道。李云：夫能洞照，不崇朝而遠徹也。（惡），烏路反。下同。（豁），喚活反。朝徹，而後能見獨；【註】當所遇而安之，忘先後之所接，斯見獨者也。見獨，而後能無古今；【註】与獨俱往。無古今，而後能入於不死不生。【註】夫係生故有死，惡死故有生。是以无係无惡，然後能无死无生。殺生者不死，生生者不生。其爲物，無不將也，【註】任其自將，故无不將。【釋文】（殺生者不死）李云：殺，猶亡也，亡生者不死。崔云：除其營生爲殺生。（生生者不生），李云：矜生者不生也。崔云：常營其生爲生生。無不迎也；【註】任其自迎，故无不迎。無不毁也，【註】任其自毁，故无不毁。無不成也。【註】任其自成，故无不成。其名爲攖寧。【註】夫与物冥者，物縈亦縈，而未始不寧也。【釋文】（攖），郭音縈，徐於營反，李於盈反。崔云：有所繫著也。攖寧也者，攖而後成者也。」【註】物縈而独不縈，則敗矣。故縈而任之，則莫不曲成也。南伯子葵曰：「子獨惡乎聞之？」曰：「聞諸副墨之子，副墨之子聞諸洛誦之孫，洛誦之孫聞之瞻明，瞻明聞之聶許，聶許聞之需役，需役聞之於謳，於謳聞之玄冥，【註】玄冥者，所以名无而

〔二〕「能」，原文脱。

非无。【釋文】（副墨），李云：可以副貳玄墨也。崔云：此已下皆古人姓名，或寓之耳，无其人。（洛誦），李云：誦，通也。苞洛无所不通也。（瞻明），音占。李云：神明洞徹也。（聶許），徐乃攝反。李云：許，與也。攝而保之，无所施与也。（需役），徐音須，李音儒，云：儒弱爲役也。王云：需，待也。役，亭毒也。（於），音烏，又如字。（謳），徐烏侯反。李香于反，云：謳，煦也，欲化之皃。王云：謳，歌謠也。（玄冥），李云：強名曰玄，視之冥然。向、郭云：所以〔二〕名无而非无也。玄冥聞之參寥，【註】夫階名以至无者，必得无於名表。故虽玄冥猶未極，而又推寄於參寥，亦玄之又玄也。【釋文】（參），七南反。（寥），徐力彫反。李云：參，高也。高邈寥曠，不可名也。參寥聞之疑始。」【註】夫自〔三〕然之理，有積習而成者。蓋階近以至遠，研粗以至精，故乃七重而後无之名，九重而後疑无是始也。【釋文】（疑始），李云：又疑无是始，則始非无名也。（粗），七胡反。（重），直龍反。下同。子祀、子輿、子犁、子來四人相與語曰：「孰能以無爲首，以生爲脊，以死爲尻，孰知死生存亡之一體者，吾與之友矣。」四人相視而笑，莫逆於心，遂相與爲友。俄而子輿有病，子祀往問之。曰：「偉哉夫造物者，將以予爲此拘拘也。曲僂發背，上有五管，頤隱於齊，肩高於頂，句贅指天。」陰陽之氣有沴，【註】沴，陵乱也。【釋文】（子祀），崔

〔二〕「以」，原文脱。
〔三〕「自」，原文爲墨圍

云：《淮南》作「子永〔一〕」，行〔二〕年五十四而病傴僂。（子輿），本又作「與」，音餘。（犁），礼兮反。（尻），苦羔反。（偉），韋鬼反。向云：美也。崔云：自此至「鑑于井」，皆子祀自説病狀也。（拘拘），郭音駒。司馬云：体拘挛也。王云：不伸也。（僂），徐力主反。（頂〔三〕），本亦作「項」。崔本作「釭」，音項。（句），倶樹反，徐古侯反。（贅），徐之税反。（指天），李云：句贅，項椎也。其形似贅，言其上向也。（沴），音麗，徐又徒〔四〕顯反。郭奴結反，云：陵乱也。李同。崔本作「洗」，云：滿也。**其心間而無事，**【註】不以爲患。【釋文】（間），音閑。崔以「其心」属上句。**跰𨇤而鑑于井，曰：「嗟乎。夫造物者又將以予爲此拘拘也。」**【註】夫任自然之變者，无嗟也，与物嗟耳。【釋文】（跰），步田反，下悉田反。崔本作「邊鮮」。司馬云：病不能行，故跰𨇤也。（鑑），古暫反。（曰嗟乎），崔云：此子輿辭〔五〕。**子祀曰：「女惡之乎？」曰：「亡，予何惡。浸假而化予之左臂以爲雞，予因以求時夜；浸假而化予之右臂以爲彈，予因以求鴞炙；浸假而化**〔六〕

〔一〕「永」，原文寫作「水」。
〔二〕「行」，原文寫作「作」。
〔三〕「頂」，原文寫作「項」。
〔四〕「徒」，原文寫作「待」。
〔五〕「辭」，原文誤作「醉」。
〔六〕「化」，原文脱。

予之尻以爲輪，以神爲馬，予因以〔一〕乘之，豈更駕哉。【註】浸，漸也。夫體化合變，則无往而不因，无因而不可也。【釋文】（女惡），音汝。下同。下烏路反。（亡），如字。絶句，（予何惡），烏路反。下及註同〔二〕。一音如字，讀則連「亡」字爲句。（浸），子鴆反。向云：漸也。（以求時夜），一本无「求」字。（彈），徒旦反。（鴞），户驕〔三〕反。（炙），章夜反。且夫得者，時也，【註】當所遇之時，世謂之得。失者，順也；【註】時不暫停，順往而去，世謂之失。安時而處順，哀樂不能入也。此古之所謂縣解也，而不能自解者，物有結之。【註】一不能自解，則衆物共結之矣。故能解則无所不解，不解〔四〕則无所而解也。【釋文】（樂），音洛。（縣），音玄。（解），音蟹〔五〕，下及註同。向云：縣解，无所係也。且夫物不勝天久矣，吾又何惡焉。」【註】天不能无晝夜，我安能无死生而惡之哉。俄而子來有病，喘喘然將死，其妻子環而泣之。子〔六〕犁往問之，曰：

〔一〕「以」，原文寫作「而」。
〔二〕「同」，原文誤作「間」。
〔三〕「驕」，原文寫作「褱」。
〔四〕「不解」，原文脱。
〔五〕「蟹」，原文寫作「解」。
〔六〕「子」，原文脱。

「叱。避。无怛化。」【註】夫死生猶寤寐〔一〕耳，於理當寐，不願人驚之，將化而叱，无爲怛之也。【釋文】（喘喘），川轉反，又尺軟反。崔本作「惴惴」。（環），如字。徐音患。李云：繞也。（叱），昌失反。（怛），丁〔二〕達反。崔本作「靼」，音怛。案：怛，驚也。鄭玄註《周禮·考工記》：不能驚怛，是也。**倚其户與之語曰：「偉哉造化。又將奚以汝爲，將奚以汝適？以汝爲鼠肝乎？以汝爲蟲臂乎？」子來曰：「父母於子，東西南北，唯命之從。陰陽於人，不翅於父母；**【註】自古或有〔三〕能違父母〔四〕之命者，未有能違陰陽之變而距晝夜之節者也。【釋文】（倚），於綺反。（鼠肝），向云：委弃土壤而已。王云：取微蔑至賤。（臂），亦作「腸」。崔〔五〕本同。（翅），徐詩知反。**彼近吾死而我不聽，我則悍矣，彼何罪焉。**【註】死生猶晝夜耳，未足爲遠也。時當死，亦非所禁，而横有不聽之，則適足悍逆於理以速其死。其死之速，由於我悍，非死之罪也。彼，語死耳；在生，故以死爲彼。【釋文】（彼近），如字。（悍），本亦作「捍」，胡旦反。又音干。《説文》

〔一〕「寤寐」，原文寫作「寐寐」。
〔二〕「丁」，原文誤作「寸」。
〔三〕「有」，原文誤作「尨」。
〔四〕「父母」，原文寫作「久居」。
〔五〕「崔」，原文誤作「雀」。

云：捍〔一〕，抵也。**夫大塊載我以形，勞我以生，佚我以老，息我以死。故善吾生者，乃所以善吾死也。**【註】理常俱也。**今大冶鑄金，金踊躍曰『我且必爲鏌鋣』，大冶必以爲不祥之金。今一犯人之形，而曰『人耳人耳』，夫造化者必以爲不祥之人。**【註】人耳人耳，唯願爲人也。亦猶金之踊躍，世皆知金之不祥，而不能任其自化。夫變化之道，靡所不遇，今一遇人形，豈故爲哉？生非故爲，時自生耳。然而有之，不亦妄乎。【釋文】（且），如字。徐子餘〔二〕反。（鏌），音莫。（鋣），以嗟反。鏌鋣，劍名。**今一以天地爲大鑪，以造化爲大冶，惡乎〔三〕往而不可哉。」**【註】人皆知金之有係爲不祥，故明己之无異於金，則所係之情可解〔四〕，可解則天地可也。【釋文】（鑪），劣奴反。（惡〔五〕），音烏。（解〔六〕），如字〔七〕，下同。**成然寐，蘧然覺。**【註】寤寐自

〔一〕「捍」，原文誤作「持」。
〔二〕「餘」，原文寫作「餘」。
〔三〕「惡乎」，原文脱。
〔四〕「解」，原文寫作「蟹」。
〔五〕「惡」，原文寫作「於」。
〔六〕「解」，原文寫作「觧」。
〔七〕「字」，原文誤作「子」。

若，不以死生累心。【釋文】（成然），如字〔一〕，崔同。李云：成然，縣解之貌。本或作「戌〔二〕」，音恤。簡文又云：當作「滅」。本又作「哄」，呼括反，視高貌。本亦作「俄然」。（蘧然），李音渠。崔本作「據」，又其據反。蘧然，句形之貌。（覺），古孝反。向、崔本此下更有「發然汗〔三〕出」一句，云：无係則津〔四〕液通也。崔本作「衛利通，不以化爲人也」。**子桑户、孟子反、子琴張三人相與友，曰：「孰能相與於无相與，相爲於无相爲？**【註】夫體天地，冥而化者，雖手〔五〕足異任，五藏殊官〔六〕，未嘗相与而百節同和，斯相与於无相与也；未嘗相爲而表裏俱濟，斯相爲於无相爲也。若乃役其心志以恤手足，運其股肱〔七〕以營五藏，則相營愈篤而外内〔八〕愈困矣。故以天下爲一體者，无愛爲於其間也。【釋文】（與），如字。崔云：猶親也。或一音豫〔九〕。（相爲），如字，或一音于僞反。（愛

〔一〕「字」，原文寫作「寐」。
〔二〕「戌」，原文誤作「成」。
〔三〕「汗」，原文誤作「汀」。
〔四〕「津」，原文誤作「律」。
〔五〕「手」，原文誤作「乎」。
〔六〕「官」，原文寫作「管」。
〔七〕「股肱」，原文寫作「肱肱」。
〔八〕「内」，原文誤作「丙」。
〔九〕「豫」，原文誤作「稼」。

爲）,于僞反。**孰能登天遊霧,撓挑无極;**【註】无所不任。【釋文】（撓）,徐而小反,郭許堯反,（挑）,徐徒了反,郭、李徒堯反。又作「兆」。李云:撓挑,猶宛轉也,宛轉玄曠之中。簡文云:循環之名[一]。**相忘以生,无所終窮?」**【註】忘其生,則无不忘矣,故能隨變任化,无所窮竟。**三人相視而笑,莫逆於心,遂相與爲[二]友。**【註】若然者豈友哉?蓋寄明至親而无愛念之近情也。**莫然有間而子桑户死,未葬。孔子聞之,使子貢往侍[三]事焉。或編曲,或鼓琴,相和而歌曰:「嗟來桑户乎。嗟來桑户乎。而已反其真,而我猶爲人猗。」**【註】人哭亦哭,俗内之迹也。齊死生,忘哀樂,臨尸[四]能歌,方外之至也。【釋文】（莫然）,如字。崔云:定也。（有間）,如字。崔、李云[五]:頃[六]也。本亦作「爲間」。（編曲）,必連反,《字林》布千反,郭父珍反,《史記》甫連反。李云:曲,蚕薄。（和）,胡臥反。（猶）,崔本作「獨」。（猗）,於宜[七]反。崔云,辭也。

[一]「名」,原文誤作「各」。
[二]「爲」,原文脱。
[三]「侍」,原文誤作「待」。
[四]「尸」,原文誤作「户」。
[五]「云」,原文誤作「六」。
[六]「頃」,原文誤作「填」。
[七]「宜」,原文寫作「冝」。

（樂），音洛。**子貢趨而進曰：「敢問臨尸而歌，禮乎？」二人相視而笑曰：「是惡知禮意。」**【註】夫知礼意者，必遊外以經內，守母以存子，稱情而直往也。若乃矜乎名声，牽乎形制，則孝不任[一]誠，慈不任實，父子兄弟，懷情相欺，豈礼之大意哉。【釋文】（惡），音烏，下皆[二]同。（稱），尺證反。**子貢反，以告孔子，曰：「彼何人者邪？脩行无有，而外其形骸，臨尸而歌，顏色不變，无以命之。彼何人者邪？」孔子曰：「彼，遊方之外者也；而丘，遊方之內者也。**

【註】夫理有至極，外內相冥，未有極遊外之致而不冥於內者也，未有能冥於內而不遊於外者也。故聖人常遊外以私內，无心以順有，故雖終日揮形而神氣无變，俯仰万機而淡然自若。夫見形而不及神者，天下之常累也。是故睹其与群物並行，則莫能謂之遺物而離人矣；睹其體化而應務，則莫能謂之坐忘[三]而自得矣。豈直謂聖人不然哉？乃必謂至理之无此。是故莊子將明流統之所宗以釋天下之可悟，若[四]直就稱仲尼之如此，或者將據所見以排之，故超聖人之內迹，而寄方外於數子。宜忘其所寄以尋述作之大意，則夫遊外弘內之道坦然自明，而莊子之書，故是涉俗盖世之談矣。【釋文】（无以命之），崔、李云：命，名也。（淡），徒暫反。（離），力知反，下同。（應），應對之應。下同。（數），

[一]「任」，原文寫作「以」。
[二]「下皆」，原文誤作「路之」。
[三]「忘」，原文誤作「志」。
[四]「若」，原文寫作「君」。

所主反。（坦），徒但反。**外内不相及，而丘使女往弔之，丘則陋矣。**【註】夫弔者，方内之近事也，施之於方外則陋矣。【釋文】（女），音汝。下同。**彼方且與造物者爲人，而遊乎天地之一氣。**【註】皆冥之，故无二。**彼以生爲附贅縣疣，**【註】若疣之自縣，贅之自附，此氣之時聚，非所樂也。【釋文】（縣），音玄。註同。（疣），音尤。**以死爲決疣潰癰，**【註】若疣之自決，癰之自潰，此氣之自散，非所惜也。【釋文】（決），徐古穴反。（疣），胡乱反。（潰），胡對反。**夫若然，又惡知死生先後之所在？**【註】死生代〔一〕謝，未始有極，与之俱往，則无往不可，故不知勝負之所在也。**假於異物，託於同體；**【註】假，因也。今死生聚散，變化无方，皆異物也。无異而不假，故所假雖異而共成一體也。**忘其肝膽，遺其耳目；**【註】任之於理而冥往也。**反覆終始，不知端倪；**【註】五藏猶忘，何物足識哉。未始有識，故能放身於變化之塗，玄同於反覆之波，而不知終始之所極也。【釋文】（覆），芳服反。（倪），本或作「淣」，同。音崖。徐音詣。**芒然彷徨乎塵垢之外，逍遥乎无爲之業。**【註】所謂〔二〕无爲之業，非拱默而已；所謂塵垢之外，非伏於山林也。【釋文】（芒然），莫剛反。李云：无係之貌。（彷），薄〔三〕剛反。（徨），音皇。（塵垢），如字。崔本作「塚

〔一〕「代」，原文誤作「伐」。
〔二〕「謂」，原文寫作「爲」。
〔三〕「薄」，原文誤作「善」。

均」，云：塚，音攆；均，垢同。齊人以風塵爲攆堁。**彼又惡能憒憒然爲世俗之禮，以觀衆人之耳目哉。」**【註】其所以觀示於衆人者，皆其覆垢耳，非方外之冥物也。【釋文】（憒），工〔一〕內反，《說文》《蒼頡篇》並云：乱也，（觀），古乱反，示也。註同。**子貢曰：「然則夫子何方之依？」**【註】子貢不聞性与天道，故見其所依而不見其所以依也。夫所以依者，不依也，世豈覺之哉。**曰：「丘，天之戮民也。**【註】以方內爲桎梏，明所貴在方外也。夫遊外者依內，離人者合俗，故有天下者无以天下爲也。是以遺物而後能入群，坐忘而後能應務，愈遺之，愈得之。苟居斯極，則雖欲釋之而理固自來，斯乃天人之所不赦者也。**雖然，吾與汝共之。」**【註】雖爲世所桎梏，但爲与汝共之耳。明己恆自在外也。**子貢曰：「敢問其方。」**【註】問所以遊外而共內之意。**孔子曰：「魚相造乎水，人相造乎道。相造乎水者，穿池而養給；相造乎道者，无事而生定。**【註】所造雖異，其於由无事以得事，自方外以共內，然後養給而生定，則莫不皆然也。俱不自知耳，故成无爲也。【釋文】（造），七報反，詣也。下同。（池），本亦作「地」，崔同。**故曰，魚相忘乎江湖，人相忘乎道術。」**【註】各自足而相忘者，天下莫不然也。至人常足，故常忘也。【釋文】（忘），音亡。下同。**子貢曰：「敢問畸人。」**【註】問向之所謂方外而不耦於俗者，又安在也。【釋文】（畸人），居宜反。司馬云：不耦也。不耦於人，謂闕於礼教也。李其宜反，云：奇異也。**曰：「畸人**

〔一〕「工」，原文誤作「上」。

者，畸於人而侔於天。【註】夫与内冥者，遊於外也。獨能遊外〔二〕以冥内，任万物之自然，使天性各足而帝王道成，斯乃畸於人而侔於天也。【釋文】（侔），音謀。司馬云：等也，亦從也。故曰，天之小人，人之君子；人之君子，天之小人也。」【註】以自然言之，則人无小大；以人理言之，則侔於天者可謂君子矣。顔回問仲尼曰：「孟孫才，其母死，哭泣无涕，中心不慼，居喪不哀。无是三者，以善喪蓋魯國。固有无其實而得其名者乎？回一怪之。」【註】魯國觀其礼，而顔回察其心。【釋文】（孟孫才），李云：三桓後，才其名也。崔云：才，或作「牛」。仲尼曰：「夫孟孫氏盡之矣，進於知矣。【註】盡死生之理，應内外之宜者，動而以天行，非知之匹也。【釋文】（應），應對之應。唯簡之而不得，【註】簡擇死生而不得其異，若春秋冬夏四時行耳。夫已有所簡矣。孟孫氏不知所以生，不知所以死；【註】已簡而不得，故无不安，无不安，故不以生死概意而付之自化也。不知就先，不知就後；【註】所遇而安。若化爲物，【註】不違化也。以待其所不知之化已乎。【註】死生宛轉，与化爲一，猶乃忘其所知於當今，豈待所未知而豫憂者哉。且方將化，惡知不化哉？方將不化，惡知已化哉？【註】已化而生，焉知未生之時哉。未化而死，焉知已死之後哉。故无所避〔三〕就，而与化俱往也。【釋文】（惡），音烏，下同。（焉），於虔

〔二〕「外」，原文寫作「小」。
〔三〕「避」，原文寫作「有」。

反。下皆同。**吾特與汝，其夢未始覺者邪。**【註】夫死生猶覺夢耳，今夢自以爲覺，則无以明覺之非夢也；苟无以明覺之非夢，則亦无以明生之非死矣。死生覺夢，未知所在，當其所遇，无不自得，何爲在此而憂彼哉。【釋文】（覺），古孝反。註、下皆同。**且彼有駭形而无損心，**【註】以變化爲形之駭動耳，故不以死生損累其心。【釋文】（駭形），如字。崔作「咳」，云：有嬰兒之形。**有旦宅而无情死。**【註】似形骸之變爲旦宅之日新耳，其情不以爲死。【釋文】（旦宅），並如字。王云：旦暮改易，宅是神居也。李本作「怛侘」，上丹末[二]反，下陟嫁反，云：驚惋之貌。崔本作「靼宅」。靼，怛也。**孟孫氏特覺，人哭亦哭，是自其所以乃。**【註】夫常覺者，无往而有逆也，故人哭亦哭，正自是其所宜也。【釋文】（乃），崔本乃作「惡」。**且也相與吾之耳矣，**【註】夫死生變化，吾皆吾之。既皆是吾，吾何失哉？未始失吾，吾何憂哉？无逆，故人哭亦哭；无憂，故哭而不哀。**庸詎知吾所謂吾之乎？**【註】靡所不吾也，故玄同外内，弥貫古今，与化日[三]新，豈知吾之所在也。【釋文】（詎），其庶反。下章同。**且汝夢爲鳥而厲乎天，夢爲魚而没於淵。**【註】言无往而不自得也。**不識今之言者，其覺者乎，其夢者乎？**【註】夢之時自以爲覺，則焉知今者之非夢耶，亦焉知其非覺耶？覺夢之化，无往而不可，則死生之變，无時而足惜也。**造適不及笑，獻笑不及排，**

[二]「末」，原文寫作「未」。
[三]「日」，原文寫作「自」。

【註】所造皆適，則忘適矣，故不及笑也。排者，推移之謂也。夫礼哭必哀，獻笑必樂，哀樂存懷，則不能与適推移矣。今孟孫常適，故哭而不哀，与化俱往也。【釋文】（造），七報反。註同。（献笑），向云：献，善也。王云：章也，意有適，章於笑，故曰献笑。（排），皮皆反。（樂），音洛。下同。**安排而去化，乃入於寥天一。」**【註】安於推移而与化俱去，故乃入於寂寥而与天爲一也。自此以上，至於子祀，其致一也。所執之喪異，故歌哭不同。【釋文】（寥），本亦作「廖」，力彫反。李良救反。（天一），崔本作「造敵不及笑，献芥不及鼇，安排而造化不及眇，眇不及雄漂淪，雄漂淪不及簟筵，簟筵乃入於謬天一」。（上），時掌反。**意而子見許由。許由曰：「堯何以資汝？」**【註】資者，給濟之謂。【釋文】（意而子），李云：賢士也。（資），給也。**意而子曰：「堯謂我：『汝必躬服仁義而明言是非。』」許由曰：「而奚來爲軹？夫堯既已黥汝以仁義，而劓汝以是非矣，汝將何以遊夫遥蕩恣睢轉徙之塗乎？」**【註】言其將以刑[一]教自虧殘，而不能復遊夫自得之場，无係之塗也。【釋文】（軹），之是反，郭之忍反。崔云：軹，辭也。李云：是也。（黥），其京反。（劓），魚器反。李云：毁道德以爲仁義，不似黥乎。破玄同以爲是非，不似劓乎。（遥蕩），王云：縱散也。（恣），七咨反，又如字。（睢），郭、李云：許維反，徐許鼻反。李、王皆云：恣睢，自得貌。（復），扶又反。下同。**意而子曰：「雖然，吾願遊於其藩。」**【註】不敢復求涉中道也，且願遊其

〔一〕「刑」，原文寫作「形」。

藩傍而已。【釋文】（藩），甫煩反，李音煩。司馬、向皆云：崖也。崔云：域也。**許由曰：「不然。夫盲者无以與乎眉目顏色之好，瞽者无以與乎青黃黼黻之觀。」意而子曰：「夫无莊之失其美，據梁之失其力，黃帝之亡其知，皆在鑪捶之間耳。**【註】言天下之物，未必皆自成也，自然之理，亦有須冶鍛而爲器者耳。故此之三人，亦皆聞道而後亡其所務也。此皆寄言，以遣云爲之累耳。【釋文】（盲），本又作「眇」。崔本作「目」，云：「目」或作「刑」。刑，黥劓也。（與），音豫。下同。（好），如字，又呼報反。（黼），音甫。（黻），音弗。（觀），古亂反。（无莊據梁），司馬云：皆人名。李云：无莊，无莊飾也。據梁，強梁也。（鑪），音盧。（捶），本又作「錘」。徐之睡反，又之蘂反，一音時蘂反。李云：錘，鴟頭頗口，句鐵以吹火也。崔云：鑪謂之瓮。「捶」當作「甀」。盧甀之間，言小處也。甀音丈僞反。（鍛），丁亂反。**庸詎知夫造物者之不息我黥而補我劓，使我乘成以隨先生邪？」**【註】夫率性直往者，自然也；往而傷性，性傷而能改者，亦自然也。庸詎我知之自然當不息黥補劓，而乘可成之道以隨夫子耶？而欲弃而勿告，恐非造物之至。**許由曰：「噫。未可知也。我爲汝言其大略。吾師乎。吾師乎。䪡萬物而不爲義，澤及萬世而不爲仁，**【註】皆自尔[二]耳，亦无愛爲於其間也，安所寄其仁義。【釋文】（噫），徐音醫。李云：歎声也。崔云：辭也。本亦作「意」，音同。又如字，謂呼意而名也。（爲），于僞反。註同。（䪡），

〔二〕「尔」，原文寫作「亦」。

子兮反。司馬云：碎也。**長於上古而不爲老，**【註】日新也。【釋文】（長），丁丈反。**覆載天地刻彫衆形而不爲巧。**【註】自然，故非巧也。**此所遊已。」**【註】游於不爲而師於无師也。**顔回曰：「回益矣。」**【註】以損之爲益也。**仲尼曰：「何謂也？」曰：「回忘仁義矣。」曰：「可矣，猶未也。」**【註】仁者，兼愛之迹；義者，成物之功。愛之非仁，仁迹行焉；成之非義，義功見焉。存夫仁義，不足以知愛利之由无心，故忘之可也。但忘功迹，故猶未玄達。【釋文】（見），賢遍反。下文同。**它日，復見，曰：「回益矣。」曰：「何謂也？」曰：「回忘禮樂矣。」曰：「可矣，猶未也。」**【註】礼者，形體之用，樂者，樂生之具。忘其〔一〕具，未若忘其所以具也。【釋文】（它日），崔本作「異日」。下亦然。（復），扶又反。下同。（樂），音洛，又音嶽。**它日，復見，曰：「回益矣。」曰：「何謂也？」曰：「回坐忘矣。」仲尼蹴然曰：「何謂坐忘？」顔回曰：「墮枝體，黜聰明，離形去知，同於大通，此謂坐忘。」**【註】夫坐忘者，奚所不忘哉。既忘其迹，又忘其所以迹者，内不覺其一身，外不識有天地，然後曠然与變化爲體而无不通也。【釋文】（蹴然），子六反。崔云：變色貌。（墮），許規反。徐又待果反。（去），起呂反。（知），音智。（坐忘），崔云：端坐而忘。**仲尼曰：「同則无好也，**【註】无物不同，則未嘗不適，未嘗不適，何好何惡哉。【釋文】（好），呼報反。註同。（惡），烏路反。**化則无常也。**【註】同於化者，唯化所適，

〔一〕「其」，原文誤作「具」。

故无常也。而果其賢乎。丘也請從而後也。」子輿與子桑友，而霖雨十日。子輿曰：「子桑殆病矣。」裹飯而往食之。【註】此二人相爲於无相爲者也。今裹飯而相食者，乃任之天理而自尔，非相爲而後往也。【釋文】（霖雨），本又作「淋」，音林。《左傳》云：雨三日以往爲霖。（裹），音果。（食），音嗣。註同。至子桑之門，則若歌若哭，鼓琴曰：「父邪。母邪。天乎。人乎。」有不任其聲而趨舉其詩焉。子輿入，曰：「子之歌詩，何故若是？」【註】嫌其有情，所以趨出遠理。【釋文】（有不任），音壬。（其声而趨），七住〔二〕反。（舉其詩焉），崔云：不任其声，憊也；趨舉其詩，无音曲也。曰：「吾思夫使我至此極者而弗得也。父母豈欲吾貧哉？天无私覆，地无私載，天地豈私貧我哉？求其爲之者而不得也。然而至此極者，命也夫。」【註】言物皆自然，无爲之者也。【互註】《記・孔子閒居》：子夏曰：「敢問何謂三无私？」孔〔三〕子曰：「天无私覆，地无私載，日月无私照。」

〔二〕「住」，原文寫作「隹」。

〔三〕「孔」，原文誤作「番」。

莊子内篇應帝王第七

【註】夫无心而任乎自化者，應爲帝王也。【釋文】《音義》曰：崔云：行不言之教，使天下自以爲牛馬，應爲帝王者也。

齧缺問於王倪，四問而四不知。齧缺因躍而大喜，行以告蒲衣子。蒲衣子曰：「而乃今知之乎？有虞氏不及泰氏。【註】夫有虞氏之与泰氏，皆世事之迹耳，非所以迹也。所以迹者，无迹也，世孰名之哉。未之嘗名，何勝負之有邪。然无迹者，乘群變，履万世，世有夷險，故迹有不及也。【釋文】（齧），五結反。（缺），丘悦反。（倪），五兮反。（四問而四不知），向云：事在《齊物論》中。（蒲衣子），《尸子》云：蒲衣八歲，舜讓以天下。崔云：即被衣，王倪之師也。《淮南子》曰：齧缺問道於被衣。（泰氏），司馬云：上古帝王也。崔云：帝王也。李云：大庭氏；又云：无名之君也。**有虞氏，其猶藏仁以要人；亦得人矣，而未始出於非人。**【註】夫以所好爲是人，所惡爲非人者，唯以是非爲域者也。夫能出於非人之域者，必入於无非人之竟矣，故无得无失，无可无不可，豈直藏仁而要人也。【釋文】（藏仁），才剛反。崔云：懷仁心以結人也。本亦作「臧〔一〕」，作

〔一〕「臧」，原文寫作「藏」。

剛反，善也。簡文同〔一〕。（要），一遥反。註同。（好），呼報反。（惡），烏路反。（之竟），音境。**泰氏，其臥徐徐，其覺于于；一以己爲馬，一以己爲牛；**【註】夫如是，又奚是人非人之有哉。斯可謂出於非人之域。【釋文】（徐徐），如字。崔本作「祛祛」。（覺），古孝反。（于于），如字。司馬云：徐徐〔二〕，安穩〔三〕貌。于于，无所知貌。簡文云：徐徐于于，寐之狀也。**其知情信，**【註】任其自知，故情信。**其德甚真，**【註】任其自得，故无僞。**而未始入於非人。」**【註】不入乎是非之域，所以絶於有虞之世。**肩吾見狂接輿。狂接輿曰：「日中始何以語女？」肩吾曰：「告我君人者以己出經式義度，人孰敢不聽而化諸。」接輿曰：「是欺德也；**【註】以己制物，則物失其真。【釋文】（日），人实反。（中），音仲，亦如字。（始），李云：日中始，人姓名〔四〕，賢者也。崔本无「日」字，云：中始，賢人也。（語），魚據反。（女），音汝。後皆同。（出經），絶句。司馬云：出，行也。經，常也。崔云：出典法也。（式義度人），絶句。式，法也。崔云：式，用也。用仁義以法度人也。（欺），簡文云：欺，妄也。**其於治天下也，猶涉海鑿河而使蚉負山也。**【註】夫寄當於万物，則无事而自成；以一身制天下，則功莫就而任不勝也。【釋文】（鑿），在洛反。下同。

〔一〕「同」，原文誤作「云」。
〔二〕「徐徐」，下「徐」字，應該是重文符號，原文誤作「人」。
〔三〕「穩」，原文誤作「隱」。
〔四〕「名」，原文誤作「各」。

郭粗鶴反。(河)，李云：涉海必陷波，鑿河无成也。(蚉)，音文。本亦作「蝱」，同。(勝)，音升。**夫聖人之治也，治外乎？**【註】全其性分之内而已。**正而後行，**【註】各正性命。**確乎能其事者而已矣。**【註】不爲其所不能。【釋文】(確)，苦學反。李云：堅貌。崔本作「橐」，音託。**且鳥高飛以避矰弋之害，鼷鼠深穴乎神丘之下以避熏鑿之患，**【註】禽獸猶各有以自存，故帝〔一〕王任之而不爲，則自成也。【釋文】(矰)，則能反。李云：罔也。(害)，崔本作「菑」。(鼷)，音兮。**而曾二蟲之无知。」**【註】言汝曾不知〔二〕此二蟲之各存而不待教乎。**天根遊於殷陽，至蓼水之上，適遭无名〔三〕人而問焉，曰：「請問爲天下。」无名人曰：「去。汝鄙人也，何問之不預也。**【註】問爲天下，則非起於大初，止於玄冥也。【釋文】(天根)，崔云：人姓名也。(遊於殷陽)，李云：殷，山名〔四〕。陽，山之陽。崔云：殷陽，地名〔五〕。司馬云：殷，衆也，言向南遊也。或作「殷湯」。(蓼)，音了。李云：水名〔六〕也。(不豫)，司馬云：嫌不漸豫，太倉卒也。簡文云：豫，

〔一〕「帝」，原文誤作「常」。
〔二〕「知」，原文寫作「如」。
〔三〕「名」，原文誤作「各」。
〔四〕「名」，原文誤作「各」。
〔五〕「名」，原文誤作「各」。
〔六〕「名」，原文誤作「各」。

悦也。（大），音泰。**予方將與造物者爲人，**【註】任人之自爲。**厭則又乘夫莽眇之鳥，以出六極之外，而遊无何有之鄉，以處壙埌之野。**【註】莽眇，群碎之謂耳。乘群碎，馳万物，故能出處常通，而无狹滯之地。【釋文】（夫），音符。（莽），莫蕩反。崔本作「猛」。（眇），妙小反。莽眇，輕虛之狀也。崔云：猛眇之鳥首也，取其行而无迹。（壙），徐苦廣反。（埌），徐力黨反。李音浪。壙埌，无滯爲名也。崔云：猶曠蕩也。（狹），户夾反。**汝又〔一〕何帠以治天下感予之心爲？」**【註】言皆放之自得之場，則不治而自治也。【釋文】（帠），徐音藝，又魚例反。司馬云：法也。一本作「寱」，牛世反。崔本作「爲」。（治），直吏反。下文同。**又復問。无名人曰：「汝遊心於淡，**【註】任其性而无所飾焉則淡矣。【釋文】（復），扶又反。（淡），徒暫反，徐大敢反。**合氣於漠，**【註】漠然靜於性而止。【釋文】（漠），音莫。**順物自然而无容私焉，而天下治矣。」**【註】任性自生，公也；心欲益之，私也；容私果不足以生生，而順公乃全也。**陽子居見老聃，曰：「有人於此，嚮疾彊梁，物徹疏明，學道不勸。如是者，可比明王乎？」老聃曰：「是於聖人也，胥易技係，勞形怵心者也。**【註】言此功夫，容身不得，不足以比聖王。【釋文】（陽子居），李云：居，名也。子，男子通稱。（嚮），許亮反。李許兩反。（疾強梁），崔云：所在疾強梁之人也。李云：敏疾如嚮也。簡文云：如嚮，應声之疾，故是強梁之貌。（物徹疏明），司馬云：物，事也；徹，

〔一〕「又」，原文寫作「己」。

通也；事能通而開明也。崔云：无物不達，无物不明。（勑），其眷反。（胥），如字。司馬云：疏也。簡文云：相也。（易），音亦。崔以豉反，相輕易也。簡文同。（技），徐其綺反。簡文云：藝也。（係），如字。崔本作「繫」，或云作「轂〔一〕」。簡文云：音繫。（怵〔二〕），敕律反。**且也虎豹之文來田，猨狙之便執斄之狗來藉。如是者，可比明王乎？」**【註】此皆以其文章技能係累其身，非涉虛以御乎无方也。【釋文】（來田），李云：虎豹以皮有文章見獵也。田，獵也。（猨），音袁。（狙），七餘反。（便〔三〕），毗肩反，舊扶面反。（斄），音來，李音狸。崔云：旄牛也。（藉），司馬云：藉，繩也，由捷見結縛也。崔云：藉，繫也。**陽子居蹴然曰：「敢問明王之治。」老聃曰：「明王之治：功蓋天下而似不自己，**【註】天下若无明王，則莫能自得。令之自得，實明王之功也。然功在无爲而還任天下。天下皆得自任，故似非明王之功。【釋文】（蹴然），子六反，改容之貌。（治），直吏反。下同。**化貸萬物而民弗恃；**【註】夫明王皆就足物性，故人人皆云我自爾，而莫知恃賴於明王。【釋文】（貸〔四〕），吐代反。**有莫舉名，使物自喜；**【註】雖有蓋天下之功，而不舉以爲己名，故物皆自以爲得而喜。**立乎不測，**【註】居變化之塗，日新而无方。**而遊於无有者也。」**

〔一〕「轂」，原文誤作「繫」。
〔二〕「怵」，原文誤作「林」。
〔三〕「便」，原文誤作「吏」。
〔四〕「貸」，原文誤作「賴」。

【註】与万物爲體，則所遊者虛也。不能冥物，則迕物不暇，何暇遊虛哉。**鄭有神巫曰季咸，知人之死生存亡，禍福壽夭，期以歲月旬日，若神。鄭人見之，皆弃而走。**【註】不憙〔一〕自聞死日也。【釋文】（神巫曰季咸），李云：女曰巫，男曰覡。季咸，名。【釋文】（不憙），許忌反。**列子見之而心醉，歸以告壺子，曰：「始吾以夫子之道爲至矣，則又有至焉者矣。」**【註】謂季咸〔二〕之至又過於夫子。【釋文】（心醉），向云：迷惑於其道也。（壺子），司馬云：名林，鄭人，列子師。**壺子曰：「吾與汝既其文，未既其實，而固得道與？衆雌而无雄，而又奚卵焉。**【註】言列子之未懷道也。【釋文】（既其文），李云：既，盡也。（與），音餘。（衆雌而无雄而又奚卵焉），司馬云：言汝受訓未熟，故未成，若衆雌无雄則无卵也。**而以道與世亢，必信，夫故使人得而相汝。**【註】未懷道則有心，有心而亢其一方，以必信〔三〕於世，故可得而相之。【釋文】（亢），苦浪反。（必信），崔云：絶句〔四〕。（相），息亮反，註、下同。**嘗試與來，以予示之。」明日，列子與之見壺子。出而謂列子曰：「嘻。子之先生死矣。弗活矣。不以旬數矣。吾見怪焉，見濕灰**

〔一〕「憙」，原文爲墨圍。
〔二〕「季咸」，原文誤作「李或」。
〔三〕「信」，原文誤作「河」。
〔四〕「云絶句」，原文誤作「力紀向」。

焉。」列子入，泣涕沾襟以告壺子。壺子曰：「鄉吾示之以地文，萌乎不震不正。【註】萌然不動，亦不自正，与枯木同其不華，濕灰均於寂魄，此乃至人无感之時也。夫至人，其動也天，其静也地，其行〔一〕也水流，其止也淵默。淵默之与水流，天行之与地止，其於不爲而自爾，一也。今季咸見其尸居而坐忘〔二〕，即謂之將死；睹其神動而天隨，因謂之有生。誠應不以心而理自玄符，与變化升降而以世爲量，然〔三〕後足爲物主〔四〕而順時无極，故非相者所測〔五〕耳。此應帝王之大意也。【釋文】（示之），本亦作「視」。崔云：示，視之也。（嘻），徐音熙，郭許意反。（數），所主反。（鄉），許亮反。本作「曏」，亦作「向」，同。崔本作〔六〕「康」，云：向也。（地文），与土〔七〕同也。崔云：文，猶理也。（不震不正），並如字。崔本作「不誫不止」，云：如動不動也。（應），應對之應。後同。**是殆見吾杜德機也。**【註】德機不發曰杜〔八〕。【釋文】（杜德機），崔云：塞吾德之機。**嘗又與來。」明**

〔一〕「行」，原文誤作「待」。
〔二〕「坐忘」，原文寫作「外心」。
〔三〕「然」，原文寫作「數」。
〔四〕「主」，原文寫作「生」。
〔五〕「測」，原文寫作「則」。
〔六〕「作」，原文誤作「昨」。
〔七〕「土」，原文誤作「上」。
〔八〕「杜」字下有一墨圍。

日，又與之見壺子。出而謂列子曰：「幸矣子之先生遇我也。有瘳矣，全然有生矣。吾見其杜權矣。」【註】權，機也。今乃自〔一〕覺昨日之所見，見其杜權，故謂之將死。【釋文】（瘳），丑留反。列子入，以告壺子。壺子曰：「鄉吾示之以天壤，【註】天壤之中，覆載之功見矣。比〔二〕之地文，不猶卵乎。此應感之容也。【釋文】（見），賢遍反。名實不入，【註】任自然而覆載，則天機玄〔三〕應，而名利之飾皆爲弃物。而機發於踵。【註】常在極上起。是殆見吾善者機也。【註】機發而善於彼，彼乃見之。嘗又與來。」明日，又與之見壺子。出而謂列子曰：「子之先生不齊，吾无得而相焉。試齊，且復相之。」列子入以告壺子。壺子曰：「吾鄉示之以太沖莫勝。【註】居太沖之極，浩然泊心而玄同万方，故勝負莫得措其間也。【釋文】（齊），側皆反，本又作「齊」。下同。（復），扶又反。（泊），白博〔四〕反，又音魄。（厝〔五〕），七故〔六〕反。字又作「措」，同。是殆見吾衡氣機也。【註】无往不平，混然一之。以管闚天者，莫見其涯，故似不齊。

〔一〕「乃自」，原文誤作「尸音」。
〔二〕「比」，原文寫作「凡」。
〔三〕「玄」，原文誤作「云」。
〔四〕「博」，原文寫作「慱」。
〔五〕「厝」，原文誤作「晉」。
〔六〕「故」，原文誤作「赦」。

【釋文】（闚〔一〕），去規反。**鯢桓之審爲淵，止水之審爲淵，流水之審爲淵。淵有九名，此處三焉。**【註】淵者，静默之謂耳。夫水常無心，委順外物，故雖流之與止，鯢桓之與龍躍，常淵然自若，未始失其静默也。夫至人用之則行，捨之則止，行止雖異而玄默一焉，故略舉三異以明之。雖波流九變，治乱紛如，居其極者，常淡然自得，泊乎忘爲也。【釋文】（鯢），五兮反。（桓），司馬云：鯢桓，二魚名〔二〕也。簡文云：鯢，鯨魚也，桓，盤桓也。崔本作「鯢拒」，云：魚所處之方穴也。又云：「拒」，或作「桓」。（審），郭如字。簡文云：處也。司馬云：「審」當爲「蟠」，蟠，聚也。崔本作「番」，云：回流所鍾之域也。（淵有九名），《淮南子》云：有九旋之淵。許慎註云：至深也。（治），直吏反。**嘗又與來。」明日，又與之見壼子。立未定，自失而走。壼子曰：「追之。」列子追之不及。反以報壼子曰：「已滅矣，已失矣，吾弗及已。」壼子曰：「鄉吾示之以未始出吾宗。**【註】雖變化无常，深根冥〔三〕極也。【釋文】（失而〔四〕走），如字，徐音逸。（滅），崔云：滅，不見也。**吾與之虚而委蛇，**【註】無心而隨物化。【釋文】（委），於危反。（蛇），以支反。委蛇，至順之貌。**不知其誰何，**【註】汎然无所係也。**因以爲弟靡，因以爲波流，故逃也。」**

〔一〕「闚」，原文爲墨圍。
〔二〕「名」，原文誤作「石」。
〔三〕「冥」，原文寫作「寧」。
〔四〕「而」，原文下又衍一「而」字。

【註】變化頹靡，世事波流，无往而不因也。夫至人一耳，然應世變而時動，故相者无所措其目，自失而走。此明應帝王者無方也。【釋文】（爲弟），徐音頹，丈回反。（靡），弟靡，不窮之貌。崔云：猶遜伏也。（波流），如字。崔本作「波隨」，云：常隨從〔一〕之。**然後列子自以爲未始學而歸，三年不出。爲其妻爨，食豕如食人。**【註】忘貴賤也。【釋文】（爲），于僞反。（爨），七判反。（食），音嗣。下同。**於事無與親，**【註】唯所遇耳。**彫琢復朴，**【註】去華取實。【釋文】（琢），竹角反。（去〔二〕），羌呂〔三〕反。**塊然獨以其形立。**【註】外飾去也。【釋文】（塊），徐苦怪反，又苦對反。**紛而封哉，**【註】雖動而真〔四〕不散也。【釋文】（紛），芳云反。崔云：乱貌。（封），崔本作「戎」，云：封戎，散乱也。**一以是終。**【註】使物各自終。**無爲名尸，**【註】因物則物各自當其名也。**無爲謀府，**【註】使物各自謀也。**無爲事任，**【註】付物使各自任。**無爲知主。**【註】無心則物各自主其知也。【釋文】（知），音智。註同。**體盡無窮，**【註】因天下之自爲，故馳萬物而無窮。**而遊無朕，**【註】任物，故無迹。【釋文】（朕），直忍反。崔云：兆也。**盡其所受乎天，**

〔一〕「從」，原文誤作「徒」。
〔二〕「去」，原文誤作「失」。
〔三〕「呂」，原文誤作「召」。
〔四〕「真」，原文誤作「具」。

【註】足則止也。而無見得，【註】見得則不知止。亦虛而已。【註】不虛則不能任群實。至人之用心若鏡，【註】鑒物而無情。不將不迎〔一〕，應而不藏，【註】來即應，去即止。【釋文】（藏），如字。本又作「臧」，亦字讀。故能勝物而不傷。【註】物來即鑒，鑒不以心，故雖天下之廣，而無勞神之累。南海之帝〔二〕爲儵，北海之帝爲忽，中央之帝爲渾沌。儵與忽時相與遇於渾沌之地，渾沌待之甚善。儵與忽謀報渾沌之德，曰：「人皆有七竅以視聽食息，此獨無有，嘗試鑿之。」日鑿一竅，七日而渾沌死。【註】爲者敗之。【釋文】（儵），音叔。李云：喻有象也。（忽），李云：喻无形也。（渾），胡本反〔三〕。（沌），徒本反。崔云：渾沌，无孔竅也。李云：清濁未分也。此喻自然。簡文云：儵忽取神速爲名，渾沌以合〔四〕和爲貌。神速譬有爲，合和譬无爲。（竅），苦叫反。《說文》云：孔也。（七日而渾沌死），崔云：言不順自然，強開耳目也。

〔一〕「迎」，原文寫作「逆」。
〔二〕「帝」，原文誤作「常」。
〔三〕「反」，原文誤作「文」。
〔四〕「合」，原文誤作「今」。

纂圖互註南華真經卷第四

莊子外篇駢拇第八【釋文】《音義》曰：舉事以名篇。

駢拇枝指，出乎性哉。而侈於德。附贅縣疣，出乎形哉。而侈於性。【註】夫長者不爲有餘，短者不爲不足，此則駢贅皆出於形性，非假物也。然駢與不駢，其性〔二〕各足，而此獨駢枝，則於衆以爲多，故曰侈耳。而惑者或云非性，因欲割而棄之，是道有所不存，德有所不載，而人有棄才〔三〕，物有棄用也，豈是至治之意哉。夫物有小大，能有少多，所大即駢，所多即贅。駢贅之分，物皆有之，若莫之任，是都棄万物之性也。【釋文】（駢），步田反。《廣雅》云：並也。李云：併也。（拇），音母，足大指也。司馬云：駢拇，謂足拇指連第二指也。崔云：諸指連大指也。（枝指），如字。《三蒼》

〔二〕「性」，原文寫作「於」。
〔三〕「才」，原文寫作「財」。

云：枝指，手有六指也。崔云：音岐，謂指有岐也。（侈〔一〕），昌是反，徐處豉反。郭云：多貌。司馬云：溢也。崔云：過也。（德），崔云：德，猶容也。（贅），章鋭反。《廣雅》云〔二〕：疣也。《釋名》云：横生一肉，屬著體也。一云：瘤結也。（縣），音玄。（疣），音尤。（而侈於性），司馬云：性，人之本體也。駢拇，枝指，附贅，縣疣，此四者各出於形性，而非形性之正，於衆人爲侈耳。於形爲侈，於性爲多，故在手爲莫用之肉，於足爲無施之指也。王云：性者，受生之質；德者，全生之本。駢枝受生而有，不可多於德；贅疣形後而生，不可多於性。此四者以況才智德行。（夫），音符。發句之端放此〔三〕。（治），直吏反。（分），扶問反。後可以意求。（有之），「之」，或作「定」。**多方乎仁義而用之者，列於五藏哉。而非道德之正也。**【註】夫與物冥者，无多也。故多方於仁義者，雖列於五藏，然自一家之正耳，未能與物無方而各正性命，故曰非道德之正。夫方之少多，天下未之有限。然少多之差，各有定分，豪芒之際〔四〕，即不可以相跂，故各守其方，則少多无不自得。而惑〔五〕者聞多之不足以正少，因欲棄多而任少，是舉天下而棄之，不亦妄乎。【釋文】（五藏），才浪反，後皆同。《黄

〔一〕「侈」，原文誤作「移」。
〔二〕「云」，原文誤作「反」。
〔三〕「發句之端放此」，「句」「端」，原文爲墨圍。「放」，原文誤作「於」。
〔四〕「際」，原文寫作「降」。
〔五〕「惑」，原文寫作「或」。

帝素問》云：肝心脾肺腎爲五藏。**是故駢於足者，連無用之肉也；枝於手者，樹無用之指也；**【註】直自性命不得不然，非以有用故然也。**多方駢枝於五藏之情者，淫僻於仁義之行，**【註】五藏之情，直自多方耳，而少者橫復尚之，以至淫僻，而失至當於體中也。【釋文】（僻），本又作「辟」，匹亦反，徐敷赤反。註及篇末〔一〕同。（於仁義之行），下孟反。崔云：駢枝贅疣，雖非性之正，亦出於形，不可去也。五藏之情，雖非道德之正，亦列於性，不可治也。今設仁義之教以治五藏之情，猶削駢枝贅疣也，既傷自然之理，更益其疾也。（復），扶又〔二〕反。徐篇末註皆同。（當〔三〕），丁浪反。後皆放此。**而多方於聰明之用也。**【註】聰明之用，各有本分，故多方不爲有餘，少方不爲不足。然情欲之所蕩，未嘗不賤少而貴多也，見夫可貴而矯以尚之，則〔四〕自多於本用而困其自然之性。若乃忘其所貴而保其素分，則与性无多而異方俱全矣。**是故駢於明者，亂五色，淫文章，青黃黼黻之煌煌非乎？而離朱是已。多於聰明者，亂五聲，淫六律，金石絲竹黃鐘大呂之聲非乎？而師曠是已。**【註】夫有耳目者，未嘗以慕聾盲自困也，所困常在於希離慕曠，則離曠雖性聰

〔一〕「末」，原文誤作「未」。
〔二〕「復扶又」，原文爲墨圍。
〔三〕「當」，原文爲墨圍。
〔四〕「則」，原文闕。

明，乃是亂耳目之主也。【釋文】（黼黻），音甫，下音弗。《周禮》云：白與黑謂之黼，黑與青[一]謂之黻。（煌煌），音皇。《廣雅》云：光光也。向、崔本作「韹」。向云：馬氏音煌。《毛詩傳》云：皇皇，猶煌煌也。煌，又音晃。（非乎），向云：非乎，言是也。（離朱），司馬云：黃帝時人，百步見秋豪之末，一云：見千里針鋒。《孟子》作「離婁」。（是已），向云：猶是也。（五聲），本亦作「五音」。（師曠），司馬云：晉賢大夫也，善音律，能致鬼神。《史記》云：冀州南和人，生而无目。【互註】《孟・離婁上》：離婁之明，公輸之巧，不以規矩，不能成方圓；師曠之聰，不以六律，不能正五音。**枝於仁者，擢德塞性以收名聲，使天下簧鼓以奉不及之法非乎？而曾、史是已。**【註】夫曾、史性長於仁耳，而性不長者橫復慕之，慕之而仁，仁已僞矣。天下未嘗慕桀、跖而必慕曾、史，則曾、史之簧鼓天下，使失其真性，甚於桀、跖也。【釋文】（擢），音濯。司馬云：拔也。（簧），音黃，謂笙簧也。鼓，動也。（曾史），曾參、史鰌也。曾參行仁，史鰌行義。（跖），之石反。**駢於辯者，纍瓦結繩竄句，遊心於堅白同異之間，而敝跬譽無用之言非乎？而楊、墨是已。**【註】夫騁其奇辯，致其危辭者，未曾[二]容思於檮杌之口，而必競辨於楊、墨之間，則楊、墨乃亂群言之主也。【釋文】（纍），劣彼反。（瓦），危委反，向同，崔如字。一云：「瓦」當作「丸」。（結繩），李云：言小辯

[一] 「青」，原文誤作「音」。
[二] 「曾」，原文誤作「豊」。

危辭，若結繩之纍瓦也。崔云：聚无用之語，如瓦之纍，繩之結也。（竄），七乱反。《尔雅》云：微也。一云藏也。（句），紀具反。司馬云：竄句〔一〕，謂邪說微隱，穿鑿文句也。一音鉤。（敝），本亦〔二〕作「蹩」。徐音婢，郭父結反，李步計反。司馬云：罷也。（跬），徐丘婢反，郭音屑。向、崔本作「趌」。向丘氏反，云：近也。司馬同。李却垂反。一云〔三〕：敝跬，分外用力之貌。（譽），音于。（楊墨），崔、李云：楊朱、墨翟也。（思），息嗣反。（檮），徒刀反。（杌），音兀。**故此皆多駢旁枝之道，非天下之至正也。**【註】此数子〔四〕皆師其天性，直自多駢旁枝，各自是一家之正耳。然以一正萬，則萬不正矣。故至正者不以己正天下，使天下各得其正而已。【釋文】（數〔五〕），色主反。下文「此數」音同。**彼正正者，不失其性命之情。**【註】物各〔六〕任性，乃正正也。自此已下觀之，至正可見矣。**故合者不爲駢，**【註】以枝正合，乃謂合爲駢。**而枝者不爲跂；**【註】以合正枝，乃謂枝爲跂。【釋文】（跂），其知反。崔本作「枝」，音同。或渠支反。**長者不爲有餘，**【註】以短正

〔一〕「句」，原文誤作「向」。
〔二〕「亦」，原文誤作「入」。
〔三〕「云」，原文寫作「音」。
〔四〕「子」，原文寫作「字」。
〔五〕「數」，原文爲墨圍。
〔六〕「物各」，原文寫作「任名」。

長，乃謂長有餘。**短者不爲不足。**【註】以長正短，乃謂短不足。**是故鳧脛雖短，續之則憂；鶴脛雖長，斷之則悲。**【註】各自有正，不可以此正彼而損益之。【釋文】（鳧），音符。（脛），形定反。《釋名》云：莖也，直而長，如物莖也。本又作「踁」。（鶴），户各反。（断），丁管反。下及註同。**故性長非所斷，性短非所續，無所去憂也。**【註】知其性分非所斷續而任之，則无所去憂而憂自去也。【釋文】（去），起呂反。註「去憂」「去也〔二〕」同。**意仁義其非人情乎。**【註】夫仁義自是人之情也，但當任之耳。【釋文】（意），如字。下同。亦作「醫」。**彼仁人何其多憂也？**【註】恐仁義非人情而憂之者，真可謂多憂也。**且夫駢於拇者，決之則泣；枝於手者，齕之則啼。二者，或有餘於數，或不足於數，其於憂一也。**【註】謂之不足，故泣而決之；以爲有餘，故啼而齕之。夫如此，雖群品萬殊，无釋憂之地矣。唯各安其天性，不決駢而齕枝，則曲成而无傷，又何憂哉。【釋文】（齕），李音紇，齒斷也。徐胡切反。郭胡突反。（啼），音提。崔本作「諦」。**今世之仁人，蒿目而憂世之患；**【註】兼愛之迹可尚，則天下之目乱矣。以可尚之迹，蒿令有患而遂憂之，此爲陷〔三〕人於難而後拯之也。然今世正謂此爲仁也。【釋文】（蒿目），好羔反。司馬

〔二〕「也」，原文誤作「甚」。
〔三〕「陷」，原文誤作「蹈」。

云：亂也。李云：蒿目，快性之貌。（令），力呈反，下同。（難〔一〕），乃旦〔二〕反。（拯），拯救之拯。**不仁之人，決性命之情而饕貴富。**【註】夫貴富所以可饕，由有蒿之者也。若乃无可尚之迹，則人安其分，將量力受任，豈有決己效彼〔三〕以饕竊非望哉？【釋文】（饕），吐刀反。杜預註《左傳》云：貪財曰饕。**故意仁義其非人情乎。自三代以下者，天下何其囂囂也？**【註】夫仁義自是人情也。而三代以下，横共囂囂，棄情逐迹，如將不及，不亦多憂乎。【釋文】（囂囂），許橋反，又五羔反。《字林》云：声也。崔云：憂世之貌。**且夫待鉤繩規矩而正者，是削其性也；待繩約膠漆而固者，是侵其德也；屈折禮樂，呴俞仁義，以慰天下之心者，此失其常然也。天下有常然。常然者，曲者不以鉤，直者不以繩，圓者不以規，方者不以矩，附離不以膠漆，約束不以纆索。故天下誘然皆生而不知其所以生，同焉皆得而不知其所以得。**【註】夫〔四〕物有常然，任而不助，則泯然自得而不自覺也。【釋文】（屈），崔本作「詘」。（折），之熱反，謂屈折〔五〕支體爲礼樂也。（呴），况於反，李况付反。本又作「傴」，於禹反。（俞），音臾，李音喻。本又作

〔一〕「難」，原文爲墨圍。
〔二〕「旦」，原文誤作「且」。
〔三〕「彼」，原文寫作「被」。
〔四〕「夫」，原文寫作「主」。
〔五〕「折」，原文誤作「拆」。

「呴」，音詡，謂呴喻顔色爲仁義之貌。（纆），音墨。《廣雅》云：索也。（索），悉各反。下同。**故古今不二，不可虧也。**【註】同物，故與物無二而常全。**則仁義又奚連連如膠漆纆索而遊乎道德之間爲哉，**【註】任道而得，則抱朴獨往，連連假物，无爲其間也。【釋文】（連連），司馬云：謂連續仁義，遊道德間也。**使天下惑也。**【註】仁義連連，祇足以惑物，使喪其真。【釋文】（祇），音支。（喪），息浪反。下「已喪」同。**夫小惑易方，大惑易性。**【註】夫東西易方，於体未虧；矜仁尚義，失其常然，以之死地，乃大惑也。**何以知其然邪？自虞氏招仁義以撓天下也，天下莫不奔命於仁義，**【註】夫與物無傷者，非爲仁也，而仁迹行焉；令万理皆當者，非爲義也，而義功見焉；故當而无傷者，非仁義之招也。然而天下奔馳，弃我徇〔一〕彼以失其常然。故乱心不由於醜而恆在美色，撓世不出於惡而恆由仁義，則仁義者，撓天下之具也。【釋文】（撓），而小反，郭呼堯反，又許羔反。《廣雅》云：亂也。又奴爪反。（見），賢遍反。**是非以仁義易其性與？**【註】雖虞氏无易之情，而天下之性固以異矣。【釋文】（與），音餘。此可以意消息，後皆倣此。【互註】《孟·離婁下》：舜明於庶物，察於人倫，由仁義行非仁義也。**故嘗試論之，自三代以下者，天下莫不以物易其性矣。**【註】自三代以上，實有無爲之迹。無爲之迹，亦有爲者之所上也，尚之則失其自然之素。故雖聖人有不得已，或以槃夷之事易垂拱之性，而况悠悠哉者。【釋文】（三代），夏殷周也。

〔一〕「徇」，原文寫作「殉」。

（上），時掌反。（槃夷），並如字，謂創傷也。依字應作「瘢痍」。**小人則以身殉利，士則以身殉名，大夫則以身殉家，聖人則以身殉天下。**【註】夫鶉居而鷇食，鳥行而无章者，何惜〔一〕而不殉哉。故與世常冥，唯變所適，其迹則殉世之迹也；所遇者或時有槃夷禿脛之變，其迹則傷性之迹也。然而雖揮斥〔二〕八極而神氣无變，手足槃夷而居形者不憂，則奚殉哉？無殉也，故乃不殉其所殉，而迹與世同殉也。【釋文】（殉），辭俊反，徐辭倫反。司馬云：營也。崔云：殺身從之曰殉。（鶉〔三〕），音純，又音敦。（鷇），口豆反。（禿），吐木反。（揮），音輝。（斥），音赤。**故此數子者，事業不同，名聲異號，其於傷性以身爲殉，一也。臧與穀，二人相與牧羊而俱亡其羊。問臧奚事，則挾筴讀書；問穀奚事，則博〔四〕塞以遊。二人者，事業不同，其於亡羊均也。伯夷死名於首陽之下，盜跖死利於東陵之上，二人者，所死不同，其於殘生傷性均也，奚必伯夷之是而盜跖之非乎。**【註】天下之所惜者生也，今殉之太甚，俱殘其生，則所殉是非，不足復論。【釋文】（臧），作郎反。崔云：好書曰臧。《方言》云：齊之北鄙，燕之北郊，凡民男而婿婢謂之臧，女而婦奴謂之獲。張揖云：婿婢之子謂之臧，婦奴之子謂之獲。（穀），如字。《爾雅》云：善也。崔

〔一〕「惜」，原文寫作「措」。
〔二〕「斥」，原文誤作「斤」。
〔三〕「鶉」，原文寫作「鵰」。
〔四〕「博」，原文寫作「愽」。

本作「㲉[一]」，云：孺子曰㲉[二]。（牧），牧養之牧。（挾），音協。（筴），字又作「策」，初革反。李云：竹簡也。古以寫書，長二尺四寸。（博[三]塞），悉代反。塞，博[四]之類也。《漢書》云：吾丘壽王以善格五待詔，謂博塞也（首陽），山名，在河東蒲坂縣。死，謂餓而死。（東陵），李云：謂泰山也。一云：陵名，今名東平陵，屬濟南郡。【互註】《語·微子篇》：伯夷叔齊餓于首陽之下，民到于今稱之。**天下盡殉也。彼其所殉仁義也，則俗謂之君子；其所殉貨財也，則俗謂之小人。其殉一也，則有君子焉，有小人焉。若其殘生損性，則盜跖亦伯夷已，又惡取君子小人於其間哉。**【註】天下皆以不殘爲善，今均於殘生，則雖所殉不同，不足復計也。夫生奚爲殘，性奚爲易哉？皆由乎尚无爲之迹也。若知迹之由乎无爲而成，則絶尚去甚而反冥我極矣。堯桀將均於自得，君子小人奚辨哉。【釋文】（惡），音烏。（君子小人於其間），崔本无「小人於」三字。**且夫屬其性乎仁義者，雖通如曾、史，非吾所謂臧也；**【註】以此係彼爲屬。屬性於仁，殉仁者耳，故不善也。【釋文】（屬），郭時欲反，謂係屬也。徐音燭，謂屬，著也。下皆同。**屬其性於五味，雖通**

〔一〕「㲉」，原文寫作「穀」。
〔二〕「㲉」，原文寫作「谷」。
〔三〕「博」，原文寫作「愽」。
〔四〕「博」，原文寫作「愽」。

如俞兒，非吾所謂臧也；【註】率性通味乃善。【釋文】（雖通如楊墨），一本无此句。（俞兒），音榆，李式榆反。司馬云：古之善識味人也。崔云：《尸子》曰：膳俞兒和之以薑桂，爲人主上食。《淮南》云：俞兒狄牙，嘗淄澠之水而別之。一云：俞兒，黄帝時人。狄牙則易牙，齊桓[一]公時識味人也。一云：俞兒亦齊人。《淮南子》一本作「申兒」，疑「申」當爲「臾」。屬其性乎五聲，雖通如師曠，非吾所謂聰也；屬其性乎五色，雖通如離朱，非吾所謂明也。【註】不付之於我而屬之於彼，則雖通之如彼，而我已喪矣。故各任其耳目之用，而不係於離曠，乃聰明也。吾所謂臧，非仁義之謂也，臧於其德而已矣；【註】善於自得，忘仁而仁。吾所謂臧者，非所謂仁義之謂也，任其性命之情而已矣；【註】謂仁義爲善，則損身以殉之，此於性命還自不仁也。身且不仁，其如人何？故任其性命，乃能及人，及人而不累於己，彼我同於自得，斯可謂善也。【釋文】（累），劣僞反。後皆放此。吾所謂聰者，非謂其聞彼也，自聞而已矣；吾所謂明者，非謂其見彼也，自見而已矣。【註】夫絶離棄曠，自任聞見，則萬方之聰明莫不皆全也。夫不自見而見彼，不自得而得彼者，是得人之得而不自得其得者也，適人之適而不自適其適者也。【註】此舍己效人者也，雖效之若人，而己已亡矣。【釋文】（舍），音捨。夫適人之適而不自適其適，雖盜跖與伯夷，是同爲淫僻也。【註】苟以失性爲淫僻，則雖所失之塗異，其於失之一也。

[一]「桓」，原文誤作「相」。

余愧乎道德，是以上不敢爲仁義之操，而下不敢爲淫僻之行也。【註】愧道德之不爲，謝冥復之無迹，故絶操行，忘名利，從容吹累，遺我忘彼，若斯而已矣。【釋文】（愧），崔本作「醜」，云：醜，愧同。（行），下孟反。註同。（復），音服。（從），七容反。（吹），如字，又昌僞反。字亦作「炊[一]」。

莊子外篇馬蹄第九【釋文】《音義》曰：舉事以名篇。

馬，蹄可以踐霜雪，毛可以禦風寒，齕草飲水，翹足而陸，此馬之真性也。【註】駑驥各[二]適於身而足。【釋文】（馬），《釋名》云：武也。王弼註《易》云：在下而行者也。（蹄），音提。司馬云：馬足甲也。（禦），魚呂反。《廣雅》云：敵也。崔本作「辟」。（齕），恨[三]發反，又胡切反。（翹），祁饒反。（足），崔本作「尾」。（陸），司馬云：陸，跳也。《字書》作「踛」。踛，馬健也。（駑），音奴，惡馬也。（驥），音冀，千里善馬也。**雖有義臺路寢，無所用之。**【註】馬之真性，

[一]「炊」，原文闕。
[二]「各」，原文誤作「名」。
[三]「恨」，原文寫作「根」。

非辭鞍而惡乘，但無羨於榮華。【釋文】（義），許宜反，又如字。徐音儀，崔本同。一本作「羲」。（臺），崔云：義臺，猶靈臺也。（路寢），路，正也，大也。崔云：路寢，正室。（惡），烏路反。**及至伯樂，曰：「我善治馬。」燒之，剔之，刻之，雒之，連之以羈馽，編之以皁棧，馬之死者十二三矣；**【註】有意治之，則不治矣。治之爲善，斯不善也。【釋文】（伯樂），音洛，下同。伯樂，姓孫，名陽，善馭馬。《石氏星經》云：伯樂，天星名，主典天馬。孫陽善馭，故以爲名。（剔），敕歷[一]反。《字林》云：剃也。徐詩赤反。向、崔本作「鬄」。向音郝。（雒），音洛。司馬云：燒，謂燒鐵以爍之；剔，謂翦其毛；刻，謂削其甲；雒，謂羈雒其頭也。（羈），居宜反。《廣雅》云：勒也。（馽），丁邑反，徐丁立反，絆也。李音述。本亦作「馵[二]」，非也。馵[三]，之樹反。司馬、向、崔本並作「馽[四]」。向云：馬氏音竦。崔云：絆前兩足也。（編），必然反。（皁），才老反。櫪也。一云槽也。崔云：馬閑也。（棧），士板反。徐在簡反，又士諫反。編木作檯似牀曰棧，以禦濕[五]也。崔云：木棚也。（治），直吏反。**飢之，渴之，馳之，驟之，整之，齊之，前有橛飾之患，而後有鞭筴之**

〔一〕「敕歷」，原文誤作「救整」。
〔二〕「馵」，原文誤作「馽」。
〔三〕「馵」，原文誤作「馽」。
〔四〕「馽」，原文寫作「縝」。
〔五〕「濕」，原文誤作「溫」。

威，而馬之死者已過半矣。【註】夫善御者，將以盡其能也。盡能在於自任，而乃走作馳〔一〕步，求其過能之用，故有不堪而多死焉。若乃任駑驥之力，適遲疾之分，雖則足迹接乎八荒之表，而衆馬之性全矣。而惑〔二〕者聞任馬之性，乃謂放而不乘；聞無爲之風，遂云行不如臥；何其往而不返哉。斯失乎莊生之旨遠矣。【釋文】（驟），士救反。（橛），向、徐其月反。司馬云：銜也。崔云：鑣也。（飾），徐音式。司馬云：排銜也，謂加飾於馬鑣也。（鞭），必然反。（筴），初革反。杜註《左傳》云：馬檛也。檛，竹瓜反。**陶者曰：「我善治埴，圓者中規，方者中矩。」**【互註】《荀·賦篇》：圓者中規，方者中矩。**匠人曰〔三〕：「我善治木，曲者中鉤，直者應繩。」夫埴木之性，豈欲中規矩鉤繩哉？然且世世稱之曰「伯樂善治馬而陶匠善治埴木」，此亦治天下者之過也。**【註】世以任自然而不加巧者爲不善於治也，揉曲爲直，厲駑習驥，能爲規矩以矯拂其性，使死而後已，乃謂之善治也，不亦過乎。【釋文】（陶），道刀反，謂窰也。窰，音弋消反。（埴），徐時力反。崔云：土也。司馬云：埴土可以爲陶器。《尚書傳》云：土黏曰埴。《釋名》云：埴，膱也。膱，音之食反。（中），丁仲反。下皆同。（應），應對之應。後不音者放此。（揉），汝久反。（矯），居兆反。

〔一〕「馳」，原文寫作「驅」。
〔二〕「惑」，原文寫作「或」。
〔三〕「曰」，原文寫作「者」。

（拂），房弗反。吾**意善治天下者不然。**【註】以不治治之，乃善治也。**彼民有常性，織而衣，耕而食，是謂同德；**【註】夫民之德，小異而大[一]同。故性之不可去者，衣食也；事之不可廢者，耕織也；此天下之所同而爲本者也。守斯道者，无爲之至也。【釋文】（去），羌呂反。**一而不黨，命曰天放。**【註】放之而自一耳，非黨也，故謂之天放。【釋文】（放），如字。崔本作「牧」，云：養也。**故至德之世，其行填填，其視顛顛。**【註】此自足於内，无所求及之貌。【釋文】（填填），徐音田，又徒偃反。質重貌。崔云：重遲也。一云：詳徐貌。《淮南》作「莫莫」。（顛顛），丁田反。崔云：專一也。《淮南》作「瞑瞑[二]」。**當是時也，山无蹊隧，澤无舟梁；**【註】不求非望之利，故止於一家而足。【釋文】（蹊），徐音兮。李云：徑也。（隧），徐音遂。崔云：道也。**萬物群生，連屬其鄉；**【註】混芒而同得也，則與一世而淡漠焉，豈國異而家殊[三]也。【釋文】（連屬其鄉），王云：既无國異家殊，故其鄉連屬。（混），胡本反。（芒），莫剛反。（淡），徒暫反。（漠），音莫。**禽獸成群，草木遂長。**【註】足性而止，无吞夷之欲，故物全。【釋文】（長），丁丈反，又直

〔一〕「大」，原文誤作「犬」。
〔二〕「瞑瞑」，原文寫作「溟溟」。
〔三〕「殊」，原文誤作「珠」。

良反。(吞)，敦[一]恩反，又音天。**是故禽獸可係羈而遊，鳥鵲之巢可攀援而闚。**【註】與物无害，故物馴也。【釋文】(攀)，本又作「扳[二]」，普班反。(援)，音袁。《廣雅》云：牽也，引也。(闚)，去規反。(馴)，似遵反，或音純。**夫至德之世，同與禽獸居，族與萬物並，惡乎知君子小人哉。同乎无知，其德不離；**【註】知則離道以善也。【釋文】(惡)，音烏。(離)，力智反。註皆同。**同乎无欲，是謂素樸；**【註】欲則離性以飾也。【釋文】(樸)，普剝反。**素樸而民性得矣。**【註】无煩乎知欲也。【重意】《老・三章》：常使民无知无欲。**及至聖人，**【註】聖人者，民得性之迹耳，非所以迹也。此云及至聖人，猶云及至其迹也。**蹩躠爲仁，踶跂爲義，而天下始疑矣；澶漫爲樂，摘僻爲禮，而天下始分矣。**【註】夫聖迹既彰，則仁義不真而礼樂離性，徒得形表而已矣。有聖人即有斯弊，吾若是何哉。【釋文】(蹩)，步結反。向、崔本作「弊」，音同。(躠)，本又作「薛」，悉結反。向、崔本作「殺」，音同。又音素葛反。(踶)，直氏反，向同，崔音緹。(跂)，丘氏反，一音呂氏反，崔音枝。李云：蹩躠踶跂，皆用心爲仁義之貌。(澶)，本又作「儃」，徒旦反。又吐旦反。向、崔本作「但」，音憚。(漫)，武半反。向、崔本作「曼」，音同。李云：澶漫，猶縱逸也。崔云：但曼，淫衍也。一云：澶漫，牽引也。(摘)，敕歷反，又涉革反。(辟)，匹壁反，向音檗，

[一]「敦」，原文誤作「敕」。
[二]「扳」，原文寫作「板」。

徐敷歷反，李父歷反。本或作「僻」，音同。李云：糾擿邪辟而爲礼也。一音婦赤反，法也。崔云：擿辟，多節。（分），如字[一]。下「分」皆同。故純樸不殘，孰爲犧樽；白玉不毁，孰爲珪璋；道德不廢，安取仁義；【互註】《老・十八章》：大道廢有仁義。性情不離，安用禮樂；五色不亂，孰爲文采；五聲不亂，孰應六律。【註】凡此皆變樸爲華，弃本崇末，於其天素，有殘廢矣，世雖貴之，非其貴也。【釋文】（犧尊），音義。「尊」或作「樽」。司馬云：畫犧牛象以飾樽也。王肅云：刻爲牛頭。鄭玄云：畫鳳皇羽飾尊，婆娑然也。音先河反。（珪璋），音章。李云：皆器名也。鋭上方下曰珪，半珪曰璋。（情性不離），如字。別離也。夫殘樸以爲器，工匠之罪也；毁道德以爲仁義，聖人之過也。【註】工匠則有規矩之制，聖人則有可尚之迹。夫馬，陸居則食草飲水，喜則交頸相靡，怒則分背相踶。馬知已此矣。【註】御其真知，乘其自陸，則萬里之路可致，而群馬之性不失。【釋文】（頸），領也。居郢反，又祁盈反。（靡），如字。李云：摩也。一云：愛也。（踶），大計反，又徒兮反，又徒祁反。李云：踶，蹋[二]也。《廣雅》《字韻》《聲類》並同。《通俗文》云：小蹋謂之踶。（知），李音智。下同。夫加之以衡扼，齊之以月題，而馬知介

[一]「字」，原文誤作「之」。

[二]「蹋」，原文誤作「謂」。

倪闉扼鷙曼詭銜竊轡。故馬之知而態〔一〕**至盜者，伯樂之罪也。**【註】馬性不同而齊求其用，故有力竭而態作者。【釋文】（扼），於革反。衡，轅前横木，縛軛者也。扼，义〔二〕馬頸者也。（月題），徒兮反。司馬、崔云：馬額上當顱如月形者也。（介），徐古八反。（倪），徐五圭反，郭五第反。李云：介倪，猶睥睨〔三〕也。崔云：介出俾倪也。（闉），音因。（鷙），徐敕二反，郭音躓。（曼），武半反，郭武諫反。李云：闉，曲也。鷙，抵也。曼，突也。崔云：闉扼鷙曼，距扼頓遲也。司馬云：言曲頸於扼以抵突也。一云：鷙曼，旁出也。（詭），九彼反。（銜），口中勒也。或云：詭銜，吐出銜也。（竊轡），齧轡也。崔云：詭銜竊轡，戾銜橛，盜韁轡也。（態），吐代反。**夫赫胥氏之時，民居不知所爲，行不知所之，含哺而熙，鼓腹而遊，民能以此矣。**【註】此民之真能也。【釋文】（赫），本或作「焃」，呼百反。（胥氏），司馬云：赫胥氏，上古帝王也。一云：有赫然之德，使民胥附，故曰赫胥，盖炎帝也。（哺），音步。**及至聖人，屈折禮樂以匡天下之形，縣跂仁義以慰天下之心，而民乃始踶跂好知，爭歸於利，不可止也。此亦聖人之過也。**【註】其過皆由乎迹之可尚也。【釋文】（縣），音玄。（踶），直氏反。（跂），丘氏反。（好），呼報反。（知），音智。

〔一〕「態」，原文寫作「能」。
〔二〕「义」，原文寫作「又」。
〔三〕「睨」，原文寫作「倪」。

莊子外篇胠篋第十【釋文】《音義》曰：舉事以名篇。

將爲胠篋探囊發匱之盜而爲守備，則必攝緘縢，固扃鐍，此世俗之所謂知也。然而巨盜至，則負匱揭篋擔囊而趨，唯恐緘縢扃鐍之不固也。然則鄉之所謂知者，不乃爲大盜積者也？【註】知之不足恃也如此。【釋文】（胠），李起居反。《史記》作「㥠」。徐起法反，一音虛乏反。司馬云：從旁開爲胠。一云：發也。（篋），苦協反。（探），吐南反。（囊），乃剛反。（匱），其位反，檻也。（攝），如字。李云：結也。崔云：收也。（緘），古滅反。（縢），向、崔本作「𦅸」，同。徒登反。崔云：約也。案：《廣雅》云：緘縢，皆繩也。（扃），古熒反。崔、李云：關[二]也。（鐍），古穴反。李云：紐也。崔云：環舌也。（知），如字，又音智。下同。（揭），徐其謁反，又音桀。《三蒼》云：舉也，擔也，負也。（擔），丁[三]甘反。（趨），七須反。李云：走也。（恐），丘用反。（鄉），本又作「向」，亦作「嚮」，同。許亮反。（爲），于僞反。下及下註「而爲」同。（積），如字，李子賜反。故嘗試論之，世俗所謂知者，有不爲大盜積者乎？所謂聖者，有不爲大盜守者乎？何

[二]「關」，原文誤作「開」。
[三]「丁」，原文誤作「下」。

以知其然邪？昔者齊國鄰邑相望，雞狗之音相聞，【互註】《孟·公孫丑上》：鷄鳴犬吠相聞而達乎四境而齊有其民矣。罔罟之所布，耒耨之所刺，方二千餘里。闔四竟之内，所以立宗廟社稷，治邑屋州閭鄉曲者，曷嘗不法聖人哉。然而田成子一旦殺齊君而盜其國。【註】法聖人者，法其迹耳。夫迹者，已去之物，非應變之具也，奚足尚而執之哉。執成迹以御乎无方，无方至而迹滯矣，所以守國而爲人守之也。【釋文】（罔罟），音古，罔之通名。（耒），力對反，徐力猥反，郭呂匱反。李云：犁也。一云：耜柄也。（耨[一]），乃豆反。李云：耡也。或[二]云：以木爲耡柄。（刺），徐七智反。（闔），户臘反。（竟），音境。下「之竟」同。（治），直吏反。（屋），《周禮》：夫三爲屋。（州），五黨爲州，二千五百家也。（閭），五比爲閭，二十五家也。（鄉），五州爲鄉，萬二千五百家也。（田成子），齊大夫陳恆也。（一旦），宋元嘉中本作「一日」。（殺），音試。（齊君），簡公也。春秋哀公十四年，陳恆殺之于舒州。（盜其國），司馬云：謂割安邑以東至琅邪自爲封邑也。所盜者豈獨其國邪？并與其聖知之法而盜之。【註】不盜其聖法，乃无以取其國也。【釋文】（知），音智。下同。故田成子有乎盜賊之名，而身處堯舜之安；小國不敢非，大國不敢誅，十二世有齊國。則是不乃竊齊國，并與其聖知之法以守其盜賊之身乎？【註】言聖法唯人

[一]「耨」，原文誤作「搙」。

[二]「或」，原文誤作「成」。

所用，未足以爲全當之具。【釋文】（十二世有齊國），自敬仲至莊子，九世知齊政；自太公和至威王，三世爲齊侯，故云十二世也。（守），如字，舊音狩。**嘗試論之，世俗之所謂至知者，有不爲大盜積者乎？所謂至聖者，有不爲大盜守者乎？何以知其然邪？昔者龍逢斬，比干剖，萇弘胣，子胥靡，故四子之賢而身不免乎戮。**【註】言暴亂之君，亦得據君人之威以戮賢人而莫之敢亢者，皆聖法之由也。向无聖法，則桀紂焉得守斯位而放其毒，使天下側目哉？【釋文】（比干剖），普口反，謂劑心也。崔本作「節」，云：支解也。（萇〔二〕），直良反。（弘胣），本又作「肔」。徐敕紙反，郭詩氏反。崔云：讀若拖，或作「施」字。胣，裂也。《淮南子》曰：萇弘鈹裂而死。司馬云：胣，剔也。萇弘，周靈王賢臣也。案：《左傳》是周景王、敬王之大夫，魯哀公三年六月，周人殺萇弘。一云：刳腸曰胣。（子胥靡），密池反，司馬如字，云：縻也。崔云：爛之於江〔三〕中也。案：子胥，伍員也，諫夫差，夫差不從，賜之屬鏤以死，投之江也。（焉），於虔反。**故跖之徒問於跖曰：「盜亦有道乎？」跖曰：「何適而無有道邪。」夫妄意室中之藏，聖也；入先，勇也；出後，義也；知可否，知也；分均，仁也。五者不備而能成大盜者，天下未之有也。**【註】五者所以禁盜，而反爲盜資也。【釋文】（跖），之石反。（藏），才浪反，又如字。（知可），如

〔二〕「萇」，原文寫作「長」。
〔三〕「江」，原文寫作「池」。

字，本或作「知可否」。（分），符問反，又如字。**由是觀之，善人不得聖人之道不立，跖不得聖人之道不行。天下之善人少而不善人多，則聖人之利天下也少而害天下也多。**【註】信哉斯言。斯言雖信，而猶不可亡聖者，猶天下之知未能都亡，故須聖道以鎮之也。群知不亡而獨亡聖知，則天下之害又多於有聖矣。然則有聖之害雖多，猶愈於亡聖之无治也。雖愈於亡聖，故未若都亡之无害也。甚矣，天下莫不求利而不能一亡其知，何其迷而失致哉。【釋文】（治），直吏反。下文「始治」同。**故曰，脣竭則齒寒，魯酒薄而邯鄲圍，聖人生而大盜起。**【註】夫竭脣非以寒齒而齒寒，魯酒薄非以圍邯鄲而邯鄲圍，聖人生非以起大盜而大盜起。此自然相生，必至之勢也。夫聖人雖不立尚於物，而亦不能使物不尚也。故人无貴賤，事无真僞，苟效聖法，則天下吞聲而闇服之，斯乃桀跖之所至賴而以成其大盜者也。【釋文】（邯），音寒。（鄲），音丹。邯鄲，趙國都也。（圍），楚宣王朝諸侯，魯恭公後至而酒薄，宣王怒，欲辱之。恭公不受命，乃曰：「我周公之胤，長於諸侯，行天子礼樂，動在周室。我送酒已失禮，方責其薄，無乃太甚。」遂不辭而還。宣王怒，乃發兵與齊攻魯。梁惠王常欲擊趙，而畏楚救。楚以魯爲事，故梁得圍邯鄲。言事相由也，亦是感應。宣王，名熊良夫，悼王之子。恭公，名奮，穆公之子。許慎註《淮南》云：楚會諸侯，魯、趙俱献酒於楚王。魯酒薄而趙酒厚，楚之主酒吏求酒於趙，趙不與。吏怒，乃以趙厚酒易魯薄酒，奏之。楚王以趙酒薄，故圍邯鄲也。**掊擊聖人，縱舍盜賊，而天下始治矣。**【註】夫聖人者，天下之所尚也。若乃絶其所尚而守其素朴，弃其禁令而代以寡欲，此所以掊擊聖人而我素朴自全，縱舍盜賊而彼姦自息也。故古人有言曰，閑邪存誠，不在善察；息淫去華，不在嚴刑；此之謂也。【釋文】（掊），普口反。（擊），徐古歷反。（舍），音捨，註同。（邪），似嗟反。（去），起呂反。下註「去欲」「去其」皆同。**夫川竭而谷虛，丘夷而淵實。聖人已死，則大盜不起，**【註】竭川非以虛谷而谷虛，夷丘非以實淵而淵實，絶聖非以止盜而盜止。故止盜在去欲，不在彰聖知。【釋文】（聖人已死則大盜不起），向云〔一〕：事業日新，新者爲生，故者爲死，故曰聖人已死也。乘天地之正，御日新之變，得實而損其名，歸真而忘〔二〕其途，則大盜息矣。**天下平而無故矣。**【註】非惟息盜，爭尚之迹故都去矣。【釋文】（爭），爭鬭之爭。後皆同。**聖人不死，大盜不止。雖重聖人而治天下，則是重利盜跖也。**【註】將重聖人以治天下，而桀跖之徒亦資其法。所資者重，故所利不得輕也。【釋文】（聖人不死大盜不止），向云：聖人不死，言守故而不日新，牽名而不造實也。大盜不止，不亦宜乎。**爲之斗斛以量之，則并與斗斛而竊之；爲之權衡以稱之，則并與權衡而竊之；爲之符璽以信之，則并與符璽而竊之；爲之仁義以矯之，則并與仁義而竊之。**【註】小盜之所困〔三〕，乃大盜〔四〕之所資而利也。【釋文】（爲之斗斛以量之），向云：自此以下，皆所以明苟非其人，雖法无益。（權衡），

〔一〕「向云」，原文誤作「句六」。
〔二〕「忘」，原文寫作「妄」。
〔三〕「困」，原文寫作「因」。
〔四〕「盜」，原文誤作「小」。

李云：權，稱錘；衡，稱衡也。錘[一]，音直僞反。（璽），音徙。（矯），居表反。何以知其然邪？彼竊鉤者誅，竊國者爲諸侯，諸侯之門而仁義存焉，則是非竊仁義聖知邪？故逐於大盜，揭諸侯，竊仁義并斗斛權衡符璽之利者，雖有軒冕之賞弗能勸，斧鉞之威弗能禁。【註】夫軒冕斧鉞，賞罰之重者也　重賞罰以禁盜，然大盜者又逐而竊之，則反爲盜用矣。所用者重，乃所以成其大盜也。大盜也者，必行以仁義，平以權衡，信以符璽，勸以軒冕，威以斧鉞，盜此公器，然後諸侯可得而揭也。是故仁義賞罰者，適足以誅竊鉤者也。【釋文】（鉤），謂帶也。（揭），其謁、其列二反。（鉞），音越。（禁），音今[二]，又居鴆反。下「不可禁」同。此重利盜跖而使不可禁者，是乃聖人之過也。【註】夫跖之不可禁，由所盜之利重也。利之所以重，由聖人之不輕也。故絶盜在賤貨，不在重聖也。故曰：「魚不可脱於淵，國之利器不可以示人。」【註】魚失淵則爲人禽，利器明則爲盜資，故不可示人。彼聖人者，天下之利器也，【註】夫聖人者，誠能絶聖棄知而反冥物極，物極各冥，則其迹利物之迹也。器猶迹耳，可執而用曰器也[三]。非所以明天下也。【註】示利器於天下，所以資其盜賊　【互註】《老・三十六章》：魚不可脱於淵，國之利器不可以示人。故絶

[一]「錘」，原文寫作「雖」。
[二]「今」，原文誤作「令」。
[三]「也」，原文脱。

聖棄知，大盜乃止；【註】去其所資，則未施禁而自止也。【互註】《老·十九章》：絶聖棄智，民利百倍。擿玉毁珠，小盜不起；【註】賤其所寶，則不加刑而自息也。【釋文】（擿〔一〕），持赤反，義與「擲」字同。崔云：猶投弃之也。郭都革反。李云：刻也。焚符破璽，而民朴鄙；【註】除矯詐之所賴者，則無以行其姦巧。掊斗折衡，而民不爭；【註】夫小平乃大不平之所用也。殫殘天下之聖法，而民始可與論議。【註】外无所矯，則内全我朴，而无自失之言也。【釋文】（殫），音丹，盡也。擢亂六律，鑠絶竽瑟，塞曠之耳，而天下始人含其聰矣；滅文章，散五采，膠離朱之目，而天下始人含其明矣；【註】夫声色離曠，有耳目者之所貴也。受生有分，而以所貴引之，則性命喪矣。若乃毁其所貴，弃彼任我，則聰明各全，人含其真也。【釋文】（鑠絶），郭、李詩灼反，向、徐音藥。崔云：燒斷之也。（竽），徐音于。（瑟），本亦作「笙」。（塞），崔本「塞」作「杜」，云：塞也。（膠），音交，徐古孝反。（喪矣），息浪反。毁絶鉤繩而弃規矩，攦工倕之指，而天下始人有其巧矣。故曰「大巧若拙。」【註】夫以蜘蛛蛣蜣之陋，而布網轉丸，不求之於工匠，則萬物各有能也。所能雖不同，而所習不敢異，則若巧而拙矣。故善用人者，使能方者爲方，能圓者爲圓，各任其所能，人安其性，不責萬民以工倕之巧。故衆技以不相能似拙，而天下皆自能則大巧矣。夫用其自能，則規矩可弃而妙匠之指可攦也。【釋文】（攦），郭呂係反，又力結反，

〔一〕「擿」，原文寫作「撻」。

徐所綺反。李云〔一〕：折也。崔云：撕之也。（倕），音垂，堯時巧者也。一音〔二〕睡。（蜘），音知。（蛛），音誅。（蛣），起一反。（蜣），音羌。**削曾、史之行，鉗楊、墨之口，攘弃仁義，而天下之德始玄同矣。**【註】去其亂群之率，則天下各復其所而同於玄德也。【釋文】（行），下孟反。（鉗），李巨炎反，又其嚴反。（攘），如羊反。（帥），本又作「率」，同。所類反。**彼人含其明，則天下不鑠矣；人含其聰，則天下不累矣；人含其知，則天下不惑矣；人含其德，則天下不僻矣。彼曾、史、楊、墨、師曠、工倕、離朱者，皆外立其德而以爚亂天下者也，**【註】此數人者，所稟多方，故使天下躍而效之　效之則失我，我失由彼，則彼爲亂主矣。夫天下之大患者，失我也。【釋文】（不鑠），失灼反。崔云：不消壞也。向音燿。（僻），匹亦反。（爚），徐音藥。《三蒼》云：火光銷也。司馬、崔云：散也。（數），所主〔三〕反。**法之所無用也。**【註】若夫法之所用者，視不過於所見，故衆目無不明；聽不過於所聞，故衆耳无不聰；事不過於所能，故衆技无不巧；知不過於所知，故群性无不適；德不過於所得，故群德无不當。安用立所不逮於性分之表，使天下奔馳而不能自反哉？**子獨不知至德之世乎？昔者容成氏、大庭氏、伯皇氏、中央氏、栗陸氏、驪畜氏、軒**

〔一〕「云」，原文誤作「去」。
〔二〕「音」，原文誤作「名」。
〔三〕「主」，原文爲墨圍。

轅氏、赫胥氏、尊盧氏、祝融氏、伏戲氏、神農氏，當是時也，民結繩而用之，【註】足以紀要而已。【釋文】（容成氏），司馬云：此十二氏皆古帝王。（驪），徐力池〔二〕反，李音犁。（畜），徐敕六反。（戲），音義。**甘其食，美其服，**【註】適故常甘，當故常美。若思夫侈靡，則无時慊矣。【釋文】（慊），口簟反。**樂其俗，安其居，鄰國相望，雞狗之音相聞，民至老死而不相往來。**【註】無求之至。【釋文】（樂），音洛。（而不相往來），一本作「不相與往來」。檢元嘉中郭註本及崔、向永和中本，並無「與」字。**若此之時，則至治已。今遂至使民延頸舉踵曰，「某所有賢者」，贏糧而趣之，則內弃其親而外去其主之事，足跡接乎〔三〕諸侯之境，車軌結乎千里之外。**【註】至治之迹，猶致斯弊。【釋文】（治），直吏反。註同。（頸），如字。李巨盈反。（贏），音盈。崔云：裹也。《廣雅》云：負也。（糧），音良。（趣），七于反，徐七喻反。**則是上好知之過也。**【註】上，謂好知之君。知而好之，則有斯過矣。【釋文】（好），呼報反。註、下皆同。**上誠好知而無道，則天下大亂矣。何以知其然邪？夫弓弩畢弋機變之知多，則鳥亂於上矣；鉤餌**

〔二〕「池」，原文寫作「也」。

〔三〕「乎」，原文脫。

罔〔一〕罟罾笱之知多，則魚亂於水矣；削格羅落罝〔二〕罘之知多，則獸亂於澤矣；【註】攻〔三〕之愈密，避之愈巧，則雖禽獸猶不可圖之以知，而况人哉。故治天下者唯不任知，任知无妙也。【釋文】（弩），音怒。（畢弋機變），李云：兔網曰畢，繳射曰弋，弩牙曰機。（知），音智，下及註並下「知詐」皆同。（餌），如志反。（罾），音曾。（笱），音鉤，釣鉤也。餌，魚餌也。《廣雅》云：罟謂罔。罾，魚網也。《爾雅》云：嫠婦之笱謂之罶。（削），七妙反。（格），古百反。李云：削格，所以施羅網也。（罝〔四〕），子斜反。（罘），本又作「罦」，音浮。《爾雅》云：鳥罟謂之羅，兔罟謂之罝〔五〕，罬謂之罦，罦〔六〕，覆車也。郭璞云：今翻車也。知詐漸毒頡滑堅白解垢同異之變多，則俗惑於辯矣。【註】上之所多者，下不能安其少也，性少而以逐多則迷也。【釋文】（漸毒），李云：漸漬之毒，不覺深也。崔云：漸毒，猶深害。（頡），户結反。（滑），子八反。頡滑，謂難料理也。崔云：纏屈也。李音〔七〕骨，滑稽也。一云：頡滑，不正之語也。（解），苦懈反。（垢），苦豆反。司馬、崔云：

〔一〕「罔」，原文寫作「網」。
〔二〕「罝」，原文寫作「置」。
〔三〕「攻」，原文寫作「政」。
〔四〕「罝」，原文寫作「置」。
〔五〕「罝」，原文寫作「置」。
〔六〕「罦」，原文寫作「孚」。
〔七〕「音」，原文寫作「云」。

解垢，隔角也。或云：詭曲之辭。**故天下每每大亂，罪在於好知。故天下皆知求其所不知而莫知求其所已知者，**【註】不求所知而求所不知，此乃舍己效人而不止其分也。【釋文】（每每），李云：猶昏昏也。（舍），音捨，下文同。**皆知非其所不善而莫知非其所已善者，**【註】善其所善，爭尚之所由生也。**是以大亂。故上悖日月之明，下爍山川之精，中墮四時之施；惴耎之蟲，肖翹之物，莫不失其性。甚矣夫好知之亂天下也。**【註】夫吉凶悔吝，生於動也。而知之所動，誠能搖蕩天地，運御群生，故君人者，胡可以不忘其知哉。【釋文】（悖），李、郭云：必內反，又音佩。司馬云：薄食也。（爍），失約反。崔云：消也。司馬云：崩竭也。崔、向本作「櫟」，同。徐音藥。（墮），許規反，毀也。（施），始豉反。（惴），本亦作「端」，又作「喘」，川兗反。向音揣。（耎），耳轉反。崔云：蠉蝡動蟲也。一云：惴耎，謂無足蟲。（肖翹），音消，下音祁饒反。崔云：肖翹，植物也。李云：翾飛之屬也〔二〕。**自三代以下者是已，舍夫種種之民而悅夫役役之佞，釋夫恬淡無爲而悅夫啍啍之意，啍啍已亂天下矣。**【註】啍啍，以己誨人也。【釋文】（種種），向章勇反。李云：謹慤貌。一云：淳厚也。（説），音悅。下同。（役役），李云：鬼黠貌。一云：有爲人也。（恬），徒謙反。（淡），徒暫反。徐大敢反。（啍啍），李之閏反，又之純反。郭音惇，下同。司馬云：少智

〔二〕「也」，原文脫。

貌。徐許彭反，又〔二〕許剛反。向本作「哼」，音亨。崔本上句作「哼哼」，少知而芒也。一云：哼哼，壯健之貌。

莊子外篇在宥第十一

【釋文】《音義》曰：以義名篇。

聞在宥天下，不聞治天下也。【註】宥使自在則治，治之則亂也。人之生也直，莫之蕩，則性命不過，欲惡不爽。在上者不能無爲，上之所爲而民皆赴之，故有誘慕好欲而民性淫矣。故所貴聖王者，非貴其能治也，貴其無爲而任物之自爲也。【釋文】（宥），音又，寬也。（則治），直吏反。下「治乱」同。（惡），烏路反。（好），呼報反。**在之也者，恐天下之淫其性也；宥之也者，恐天下之遷其德也。天下不淫其性，不遷其德，有治天下者哉。**【註】无治乃不迁淫。【釋文】（有治天下者哉），崔本作「有治天下者材失」，云：强治之，是材之失也。**昔堯之治天下也，使天下欣欣焉人樂其性，是不恬也；桀之治天下也，使天下瘁瘁焉人苦其性，是不愉也。**【註】夫堯虽在宥天下，其迹則治也。治乱虽殊，其於失後世之〔三〕恬愉，使物爭尚畏鄙而不自得則同耳。故譽堯

〔二〕「又」，原文闕。
〔三〕「世之」，二字原文倒乙。

而非桀，不如兩忘也。【釋文】（樂），音洛。（恬），徒謙反。（瘁瘁），在季反，病也。《廣雅》云：憂也。崔本作「醉」。（愉），音瑜，徐音喻。（譽），音餘。**夫不恬不愉，非德也。非德也而可以長久者，天下無之。**【註】恬愉自得，乃可長久。**人大喜邪？毗於陽；大怒邪？毗於陰。陰陽并毗，四時不至，寒暑之和不成，其反傷人之形乎。使人喜怒失位，居處無常，思慮不自得，中道不成章，**【註】此皆堯桀之流，使物喜怒大過，以致斯患也。人在天地之中，最能以灵知喜怒擾亂群生而振蕩陰陽也。故得失之間，喜怒集乎百姓之懷，則寒暑之和敗，四時之節差，百度昏亡，万事失落也。【釋文】（毗），如字。司馬云：助也。一云：并也。（思），息嗣反。（大過），音泰。**於是乎天下始喬詰卓鷙，而後有盜跖、曾、史之行。故舉天下以賞其[一]善者不足，**【註】慕賞乃善，故賞不能供。【釋文】（喬），向欽消反，或去夭反，郭音矯，李音驕。（詰），李去吉反，徐起列反。崔云：喬詰，意不平也。（卓），敕角反，郭丁角反，向音⿱⺮早。（鷙），敕二反，李猪立反，又敕栗反。崔云：卓鷙，行不平也。（行），下孟反。**舉天下以罰其惡者不給，**【註】畏罰乃止，故罰不能勝。【釋文】（勝），音升。**故天下之大不足以賞罰。自三代以下者，匈匈焉終以賞罰爲事，彼何暇安其性命之情哉。**【註】忘賞罰而自善，性命乃大足耳。夫賞罰者，聖王之所以當功過，非著勸

[一]「其」，原文脫。

畏也。故理至則遺之，然後至一可反也。而三代以下，遂尋其事迹，故匈匈焉与迹競逐[二]，終以所寄爲事，性命之情何暇而安哉。【釋文】（匈），音凶。**而且說明邪？是淫於色也；說聰邪？是淫於聲也；說仁邪？是亂於德也；說義邪？是悖於理也；說禮邪？是相於技也；說樂邪？是相於淫也；說聖邪？是相於藝也；說知邪？是相於疵也。**【註】當理无說，說[三]之則致淫悖之患矣。相，助也。【釋文】（且），如字，徐子餘反。（說），音悅。下同。（悖），必內反，徐蒲没反。（相），息亮反，下及註皆同。（技），其綺反，李音岐。崔、向云：不端也。（知），音智。（疵），疾斯反。**天下將安其性命之情，之八者，存可也，亡可也；**【註】存亡無所在，任其所受之分，則性命安矣。**天下將不安其性命之情，之八者，乃始臠卷傖囊而亂天下也。**【註】必存此八者，則不能縱任自然，故爲臠卷傖囊也。【釋文】（臠），力轉反。崔本作「欒」。（卷），卷勉反，徐居阮反。司馬云：臠卷，不伸舒之狀也。崔同。一云：相牽引也。（傖），音倉。崔本作「戕」。（囊），如字。崔云：戕囊，猶搶攘。**而天下乃始尊之惜之，甚矣天下之惑也。**【註】不能遺之，已爲誤矣。而乃復尊之以爲貴，豈不甚惑矣。【釋文】（復），扶又反。**豈直過也而去之邪。乃齊戒以言之，跪坐以進之，鼓歌以儛之，吾若是何哉。**【註】非直由寄而過去也，乃珍

〔二〕「逐」，原文誤作「遂」。

〔三〕兩「說」字，原文寫作「悅」。

貴之如此。【釋文】（去），起慮反。（邪），崔本唯此一字作「邪」，餘皆作「咫」。（齊），本又作「齋」，同。側皆反。（跪），其詭反，郭音危。**故君子不得已而臨莅天下，莫若無爲。無爲也而後安其性命之情。**【註】无爲者，非拱默之謂也，直各任其自爲，則性命安矣。不得已者，非迫於威刑也，直抱道懷朴，任乎必然之極，而天下自賓也。【釋文】（莅），音利，又音類。**故貴以身於爲天下，則可以託天下；愛以身於爲天下，則可以寄天下。**【註】夫輕〔一〕身以赴利，弃我而殉物，若身且不能安，其如天下何。【互註】《老·十三章》：故貴以身爲天下者，則可以寄於天下；愛以身爲天下者，乃可以託於天下。**故君子苟能無解其五藏，無擢其聰明；**【註】解擢則傷也。【釋文】（解），如字。一音蟹，散也。**尸居而龍見，淵默而雷聲，**【註】出處默語〔二〕，常无其心而付之自然。【釋文】（見），賢遍反。向、崔本作晛〔三〕，向音見，崔音晛。**神動而天隨，**【註】神順〔四〕物而動，天隨理而行。**從容無爲而萬物炊累焉。**【註】若游塵之自動。【釋文】（從），七容反。（炊），昌瑞反，又昌規反。本或作「吹」，同。（累），劣僞反。司馬云：炊累，猶動升也。向、郭云：如塵埃之自動也。**吾又何暇治天下哉。**【註】任其自然而已。**崔瞿問於老聃曰：「不治天**

〔一〕原文「輕」下有一墨圍。

〔二〕「默語」，二字原文倒乙。

〔三〕「晛」，原文寫作「鵙」。

〔四〕「順」，原文誤作「動」。

下，安藏人心？」老聃曰：「汝愼無攖人心。【註】攖之則傷其自善也。【釋文】（崔瞿），向、崔本作「臞」。向求朱反。崔瞿，人姓名也。（聃），吐藍反。（女），音汝。（攖），於營反，又於盈反。司馬云：引也。崔云：羈落也。**人心排下而進上，**【註】排之則下，進之則上，言其易揺蕩也。【釋文】（排），皮皆反。崔本作「俳〔一〕」。（上），時掌反。註及下同。（易），以豉反。**上下囚殺，**【註】無所排進，乃安全耳。【釋文】（囚殺），如字，徐所例反。言囚殺万物也。**淖約柔乎剛強。**【註】言能淖約，則剛強者柔矣。【釋文】（淖〔二〕），昌略反，又直角反。**廉劌彫琢，其熱焦火，其寒凝冰。**【註】夫焦火之熱，凝冰之寒，皆喜怒并積之所生。若乃不彫不琢，各全其朴，則何冰炭之有哉。【釋文】（劌〔三〕），居衛反。司馬云：傷也。《廣雅》云：利也。（琢），丁〔四〕角反。**其疾俛仰之間而再撫四海之外，**【註】風俗之所動也。**其居也淵而静，其動也縣而天。**【註】静之可使如淵，動之則係天而踊躍也。【釋文】（縣而天），音玄。向本无「而」字，云：希高慕遠之故也，曰縣天也。**僨驕而不可係者，其唯人心乎。**【註】人心之變，靡所不爲。順而放之，則静而通；治而

〔一〕「俳」，原文寫作「排」。
〔二〕原文「淖」字上有墨圍。
〔三〕「劌」，原文寫作「歲」。
〔四〕「丁」，原文爲墨圍。

係之，則跂〔一〕而僨驕。僨驕者，不可禁之勢也。【釋文】（僨），粉問反。《廣雅》云：僵也。郭音奔。（驕），如字，又居表反。**昔者黄帝始以仁義攖人之心，**【註】夫黄帝非爲仁義也，直与物冥，則仁義之迹自見。迹自見，則後世之心必自殉之，是亦黄帝之迹使物攖也。【釋文】（見），賢遍反。下同。**堯舜於是乎股無胈，脛無毛，以養天下之形，愁其五藏以爲仁義，矜其血氣以規法度。然猶有不勝也，堯於是〔二〕放讙兜於崇山，投三苗於三峗，流共工於幽都，此不勝天下也。夫施及三王而天下大駭矣。**【註】夫堯舜帝王之名，皆其迹耳，我寄斯迹而迹非我也，故駭者自世。世弥駭，其迹愈粗，粗之与妙，自塗之夷險耳，遊者豈常改其足哉。故聖人一也，而有堯舜湯武之異。明斯異者，時世之名耳，未足以名聖人之實也。故夫堯舜者，豈直堯舜而已哉。是以虽有矜愁之皃，仁義之迹者，故全也。【釋文】（股），音古。（脛），本曰「股」。（胈），畔末〔三〕反，向父末〔四〕反。李扶蓋反，云：白肉也。或云：字當作「紱」。紱，蔽膝也。崔云：胈，[illegible]也。（脛），刑定反。（讙），音歡。（兜），下侯反。（崇山），南裔也。堯六十年，放讙兜于崇山。（投三苗），崔本「投」作「殺」，《尚書》作「竄」。三苗者，縉雲氏之子，即饕餮也。（三峗），音危。本亦作「危」。三危，西

〔一〕「跂」，原文寫作「跋」。
〔二〕「是」，原文脱。
〔三〕「末」，原文寫作「未」。
〔四〕「末」，原文寫作「未」。

裔之山也，今屬天水。堯六十六年，竄三苗于三危。（共工），音恭。共工，官名，即窮奇也。（幽都），李云〔一〕：即幽州也。《尚書》作「幽州」，北裔也。堯六十四年，流共工于幽州。（施〔二〕），以智反。崔云：延也。（駭），驚也。（粗），音麄。下同。【互註】《書·舜典》：流共工于幽州，放驩兜于崇山，竄三苗于三危，殛鯀于羽山，四罪而天下咸服。又《孟·万章上》：万章曰：「舜流共工于幽州，放驩兜于崇山，殺三苗于三危，殛鯀于羽山，四〔三〕罪而天下咸服。」**下有桀、跖，上有曾、史，而儒墨畢起。於是乎喜怒相疑，愚知相欺，善否相非，誕信相譏，而天下衰矣；**【註】莫能齊於自得。【釋文】（知），音智。下及註同。**大德不同，而性命爛漫矣；**【註】立小異而不止於分。**天下好知，而百姓求竭矣。**【註】知无涯而好之，故无以供其求。【釋文】（好），呼報反。註同。**於是乎釿鋸制焉，繩墨殺焉，椎鑿決焉。**【註】彫琢性命，遂至於此。【釋文】（釿），音斤，本亦作「斤」。（鋸），音據。（釿鋸制），謂如肉刑也。（繩墨殺焉），並如字。崔云：謂彈正杀之。（椎），直追反。（鑿），在洛反。（決），古穴反，又苦穴反。崔云：肉刑，故用椎鑿。**天下脊脊大亂，罪在攖人心。故賢者伏處大山嵁岩之下，而萬乘之君憂慄〔四〕乎廟堂之上。**【註】故夫任自然而

〔一〕「李云」，原文誤作「秀伝」。
〔二〕「施」，原文誤作「智」。
〔三〕「四」，原文誤作「西」。
〔四〕「慄」，原文誤作「慓」。

居當，則賢愚襲情而貴賤履位，君臣上下，莫匪尔極，而天下无患矣。斯迹也，攖天下之心，使奔馳而不可止〔一〕。故中之以下，莫不外飾〔二〕其性以眩惑衆人，惡直醜正，蕃徒相引。是〔三〕以任真者失其據，而崇僞者竊其柄，於是主憂於上，民困於下矣。【釋文】（脊脊），音藉，在亦反，相踐藉也。本亦作「肴肴」。《廣雅〔四〕》云：肴，亂也。（大山），音泰，亦如字。（嵁），苦岩反，一音苦咸反，又苦嚴反。（岩），音嚴，語銜反。一音嵒，語咸反。（眩），玄遍反。（惡），烏路反。（蕃），音煩。**今世殊死者相枕也，桁楊者相推也，刑戮者相望也，而儒墨乃始離跂攘臂乎桎梏之間。意，甚矣哉。其無愧而不知恥也甚矣。**【註】由腐儒守迹，故致斯禍。不思捐迹反一，而方復攘臂用迹以治迹，可謂無愧而不知恥之甚也。【釋文】（殊死），如字。《廣雅》云：殊，断也。司馬云：決也。一云：誅也。《字林》云：死也。《説文》同。又云：漢令曰：蠻夷長有罪，當殊之。崔本作「殀死〔五〕」。（枕），之鴆反。（桁），户剛反。司馬云：胠長械也。（楊），向音陽。崔云：械錮頸及脛〔六〕者，皆曰桁

〔一〕「止」，原文寫作「正」。
〔二〕「飾」，原文寫作「節」。
〔三〕「是」，原文闕。
〔四〕「雅」，原文誤作「韻」。
〔五〕「死」，原文寫作「也」。
〔六〕「脛」，原文寫作「踁」。

楊。（離），力氏反，又力智反。（跂），丘氏反，又丘豉反。（攘），如羊反。（桎），之實反。（梏），古毒反。（意），如字，又音醫。（愧），崔本作「魄」。（腐），音輔。（復），扶又反。**吾未知聖知之不爲桁楊椄槢也，仁義之不爲桎梏鑿枘也，**【註】桁楊以椄槢爲管，而桎梏以鑿枘爲用。聖知仁義者，遠於罪之迹〔一〕也。迹遠罪則民思尚之，尚之則矯〔二〕詐生焉，矯〔三〕詐生而禦奸之器不具者，未之有也。故弃所尚則矯〔四〕詐不作，矯〔五〕詐不作則桁楊桎梏廢矣，何鑿枘椄槢之爲哉。【釋文】（椄），李如字，向、徐音變，郭慈接反。（槢），郭、李音習，徐徒余反。司馬云：椄槢，械楔〔六〕。音息節反。崔本作「摺」，云：讀爲牒，或作「謵」字。椄槢，桎梏梁也。《淮南》曰：大者爲柱梁，小者爲椄槢也。（鑿），在洛反，又在報反。（枘），人鋭反。向本作「内」，音同。《三蒼》云：柱頭枘也。鑿頭厠木，如柱頭枘。（遠），于〔七〕万反。下同。（禦），魚呂反。本作「御」，音同。**焉知曾、史之不爲桀、跖嚆矢也。**【註】嚆矢，矢之猛者，言曾、史爲桀、跖之利用也。【釋文】（焉），於虔反。（嚆矢），許本

〔一〕「迹」，原文誤作「亦」。
〔二〕「矯」，原文寫作「驕」。
〔三〕「矯」，原文寫作「驕」。
〔四〕「矯」，原文寫作「驕」。
〔五〕「矯」，原文寫作「驕」。
〔六〕「楔」，原文寫作「者」。
〔七〕「于」，原文誤作「力」。

亦作「嗃」。向云：嗃矢，矢之鳴者也。《字林〔二〕》云：嗃，大呼也。崔本作「高」，云：蕭高可以爲箭。或作「矯」，矯，揉也。崔本此下更有「有无之相生也則甚，曾、史与桀、跖皆有无也，又惡得无相轂也」，凡二十四字。故曰『絶聖棄知而天下大治。』」【註】去其所以攖也。【釋文】（治），直吏反。（去），起呂反。黄帝立爲天子十九年〔三〕，令行天下，聞廣成子在於空同之上，故往見之，曰：「我聞吾子達於至道，敢問至道之精。吾欲取天地之精，以佐五穀，以養民人，吾又欲官陰陽，以遂群生，爲之奈何？」廣成子曰：「而所欲問者，物之質也；【註】問至道之精，可謂質也。【釋文】（廣成子），或云：即老子也。（空同），司馬云：當北斗下山也。《爾雅》云：北戴斗極爲空同。一曰在梁国虞城東三十里。（質），《廣雅》云：質，正也。而所欲官者，物之殘也。【註】不任其自尔而欲官之，故殘也。自而治天下，雲氣不待族而雨，草木不待黄而落，日月之光益以荒矣。而佞人之心翦翦者，又奚足以語至道。」黄帝退，捐天下，築特室，席白茅，間居三月，復往邀之。廣成子南首而臥，黄帝順下風膝行而進，再拜稽首而問曰：「聞吾子達於至道，敢問治身奈何而可以長久？」廣成子蹶然而起，曰：「善哉問乎。【註】人皆自修而不治天下，則天下治矣，故善之也。【釋文】（雲氣不待族而

〔二〕「字林」，原文寫作「朴」。
〔三〕「年」，原文脱。

雨），司馬云：族，聚也。木聚而雨，言澤少。（草木不待黃而落），司馬云：言殺氣多也。《尔雅》云：落，死也。（益以），崔本作「盖以」。（佞），如字。郭音寧。（翦翦），如字。郭、司馬云：善辯也。一曰：佞貌。李云：淺短貌。或云：狹小之貌。（捐），悦全反。（間），音閑。下註同。（復），扶又反。（邀），古堯反，要也。（首），音狩。（蹶），其月反，又音厥，驚而起也。（治），直吏反。**來。吾語女至道。至道之精，窈窈冥冥；至道之極，昏昏默默。**【註】窈冥昏默，皆了无也。夫莊老之所以屢稱无者，何哉？明生物者无物而物自生耳。自生耳，非爲生也，又何有爲於已生乎。【釋文】（語），魚據反。下同。（女），音汝。後放此。（窈），烏了反。【互註】《老·二十一章》：窈兮冥兮，其中有精。**無視無聽，抱神以靜，形將自正。**【註】忘視而自見，忘聽而自聞，則神不擾而形不邪也。【釋文】（邪），似嗟反。**必靜必清，無勞女形，無摇女精，乃可以長生。**【註】任其自動，故間靜而不夭也。**目無所見，耳無所聞，心無所知，女神將守形，形乃長生。**【註】此皆率性而動，故長生也。**慎女内，**【註】全其真也。**閉女外，**【註】守其分也。**多知爲敗。**【註】知无崖，故敗。**我爲女遂於大明之上矣，至彼至陽之原也；爲女入於窈冥之門矣，至彼至陰之原也。**【註】夫極陰陽之原，乃遂於大明之上，入於窈冥之門也。【釋文】（爲），于僞反。下同。**天地有官，陰陽有藏，**【註】但當任之。**慎守女身，物將自壯。我守其一以處其和，故我脩身千二百歲矣，吾形未常衰。」**【註】取於尽性命之極，極長生之致耳。身不夭乃能及物也。【釋文】（物將自壯），則亮反。謂不治天下，則衆物皆自任，自任而壯也。**黃帝再拜稽首曰：**

「廣成子之謂天矣。」【註】天，无爲也。廣成子曰：「來。余語女。彼其物無窮，而人皆以爲終；彼其物無測，而人皆以爲極。【註】徒見其一變也。得吾道者，上爲皇而下爲王；【註】皇王之稱，隨世之上下耳，其於得通變之道以應无窮，一也。【釋文】（稱），尺證反。失吾道者，上見光而下爲土。【註】失无窮之道，則自信於一變而不得均同上下，故俯仰異心。今夫百昌皆生於土而反於土，故余將去女，【註】土，无心者也。生於无心，故當反守无心而獨往也。【釋文】（百昌），司馬云：猶百物也。入無窮之門，以遊無極之野。【註】與化俱也。吾與日月參光，吾與天地爲常。【註】都任之也。當我，緡乎。遠我，昏乎。【註】物之去來，皆不覺也。【釋文】（當），如字。（緡），武巾反。郭音泯，泯合也。（遠），于万反。（昏），如字，暗也。司馬云：緡昏，並无心之謂也。人其盡死，而我獨存乎。」【註】以死生爲一體，則无往而非存。雲將東遊，過扶搖之枝而適遭鴻蒙。鴻蒙方將拊脾雀躍而遊。雲將見之，倘然止，贄然立，曰：「叟何人邪？叟何爲此？」鴻蒙拊脾雀躍不輟，對雲將曰：「遊。」雲將曰：「朕願有問也。」鴻蒙仰而視雲將曰：「吁。」雲將曰：「天氣不和，地氣鬱結，六氣不調，四時不節。今我願合六氣之精以育群生，爲之奈何？」鴻蒙拊脾雀躍掉頭曰：「吾弗知。吾弗知。」雲將不得問。又三年，東遊，過有宋之野而適遭鴻蒙。雲將大喜，行趨而進曰：「天忘朕邪？天忘朕邪？」再拜稽首，願聞於鴻蒙。鴻蒙曰：「浮遊，不知所求；

【註】而自得所求也。【釋文】（雲將），子匠反。下同。李云：雲主帥也。（扶摇），扶，亦作「夫」，音符[一]。李云：扶摇，神木也，生東海。一云：風也。（鴻蒙），如字。司馬云：自然元氣也。一云：海上氣也。（拊），孚甫反，一音甫[二]。（脾），本又作「髀」，音陛。徐甫婢反，又甫娣反。（雀），本又作「爵」，同。將略反。（躍），司馬云：雀躍，若雀浴[三]也。一云：如雀之跳躍也。（倘），尺掌反，又一吐郎反，李吐黨反。司[四]馬云：欲止[五]皃。李云：自失皃。（贄），之二反，又猪立反，又魚列反。李云：不動皃。（叟），本又作「傁」，素口反，郭疏溝反。司[六]馬云：長者称。（輟），丁劣反。李云：止也。（吁），况于反。亦作呼。（結），如字。崔本作「絔」，音結。（掉），徒弔反。（宋），如字，国名也。本作「宗」者非。**猖狂，不知所往；**【註】而自得所往也。**遊者鞅掌，以觀无妄。**【註】夫内足者，舉目[七]皆自正也。【釋文】（鞅掌），於丈反。《毛詩傳》云：鞅掌[八]，失容也。今

[一]「符」，原文誤作「林」。
[二]「甫」，原文爲墨圍。
[三]「浴」，原文寫作「俗」。
[四]「司」，原文誤作「同」。
[五]「止」，原文脱。
[六]「司」，原文誤作「同」。
[七]「目」，原文誤作「自」。
[八]「掌」，原文誤作「李」。

此言自得而正也。**朕又何知。」**【註】以斯而已矣。**雲將曰：「朕也自以爲猖狂，而民隨予所往；朕也不得已於民，今則民之放也。**【註】夫乘物非爲迹而迹自彰，猖狂非招民而民自往，故爲民所放效而不得已也。【釋文】（放），方往反，效也。註同。**願聞一言。」鴻蒙曰：「亂天**[一]**之經，逆物之情，玄天弗成；**【註】若夫順物性而不治，則情不逆而經不亂，玄默成而自然得也。**解獸之群，而鳥皆夜鳴；**【註】离其所以静也。**災及草木，禍及止蟲。**【註】皆坐而受害也。【釋文】（止蟲），如字。本亦作「昆虫」。崔本作「正虫」。（坐），才臥反。**意，治人之過也。」**【註】夫有治之迹，乱之所由生也。【釋文】（意），音醫。本又作「噫」。下皆同。**雲將曰：「然則吾奈何？」鴻蒙曰：「意，毒哉。**【註】言治人之過深。**僊僊乎歸矣。」**【註】僊僊，坐起之皃。嫌不能隤然通放，故遣使歸。【釋文】（僊），音仙。**雲將曰：「吾遇天難，願聞一言。」鴻蒙曰：「意。心養。**【註】夫心以用傷，則養心者，其唯不用心乎。**汝徒處無爲，而物自化。墮爾形體，吐爾聰明，倫與物忘；**【註】理与物皆不以存懷，而闇付自然，則无爲而自化矣。【釋文】（墮），音許規反。**大同乎涬溟，**【註】与物无際。【釋文】（涬），户頂[二]反，又音幸。（溟），亡

[一] 原文「天」字下有一「下」字。
[二] 「頂」，原文寫作「項」。

頂〔一〕反。司〔二〕馬云：涬溟，自然氣也。**解心釋神，莫然無魂。**【註】坐忘〔三〕任獨。**萬物云云，各復其根，各復其根而不知；**【註】不知而復，乃真復也。**渾渾沌沌，終身不離；**【註】渾沌无知而任其自復，乃能終身不离其本也。【釋文】（渾），户本反。（沌），徒本反。（离），力智反。下及註皆同。**若彼知之，乃是離之。**【註】知而復知，与復乖矣。**無問其名，無闚其情，物故自生。」**【註】闚問則失其自生也。**雲將曰：「天降朕以德，示朕以默；躬身求之，乃今也得。」**【註】知而不默，常〔四〕自失也。**再拜稽首，起辭而行。世俗之人，皆喜人之同乎己而惡人之異於己也。同於己而欲之，異於己而不欲者，以出乎衆爲心也。**【註】心欲出群爲衆雋〔五〕也。【釋文】（惡），烏路反。**夫以出乎衆爲心者，曷常出乎衆哉。**【註】衆皆以出衆〔六〕爲心，故所以爲衆人也。若我亦欲出乎衆，則与衆无異而不能相出矣。夫衆皆以相出爲心，而我獨无往而不同，乃大殊於衆而爲衆主也。**因衆以寧所聞，不如衆技衆矣。**【註】吾一人之所聞，不如衆技多，

〔一〕「頂」，原文寫作「項」。
〔二〕「司」，原文誤作「同」。
〔三〕「忘」，原文寫作「亡」。
〔四〕「常」，原文寫作「當」。
〔五〕「雋」，原文寫作「携」。
〔六〕「衆」，原文脱。

故因衆則寧也。若不因衆，則衆之千万，皆我敵也。【釋文】（因衆以寧所聞），因衆人之所聞見，委而任之，則自寧安（不如衆技），音其綺反。（衆矣〔一〕），若役我之知達衆人，衆人之技多於我矣，安得而不自困哉。**而欲爲人之國者，此攬乎三王之利而不見其患者也。**【註】夫欲爲人之国者，不因衆之爲而以己爲之者，此爲徒求三王主物之利而不見己爲之患也。然則三王之所以利，豈爲之哉？因天下之自爲而任耳。【釋文】（攬），音覽。本亦作「覽」。**此以人之國僥倖也，幾何僥倖而不喪人之國也。無萬分之一，而喪人之國也，一不成而萬有餘喪矣。**【註】与天下，相因而成者也。今以一己而專制天下，則天下塞矣，己豈通哉。故一身既〔二〕不成，而万方有餘喪矣。【釋文】（僥），古堯反。徐古了〔三〕反，字或作「儌」。（倖），音幸。一云：僥倖，求利不止之皃。（幾），居豈反。郭巨機〔四〕反。（喪），息浪反。下及註同。（分），如字，又扶問反。**悲夫，有土者之不知也。夫有土者，有大物也。有大物者，不可以物；物**【註】不能用物而爲物用，即是物耳，豈能物物哉。不能物物，則不足以有大物矣。**而不物，故能物物。**【註】夫用物者，不爲物用

〔一〕「矣」，原文誤作「以」。
〔二〕「既」，原文寫作「故」。
〔三〕「了」，原文誤作「子」。
〔四〕「機」，原文誤作「幾」。

也。不爲物用，斯不物〔一〕矣，不物〔二〕，故物天下之物，使各自得也。明乎物物者之非物也，豈獨治天下而已哉。出入六合，遊乎九州，【註】用天下之自爲，故馳万物而不穷。獨往獨來，是謂獨有。【註】人皆自異而已独群遊，斯乃独往独來者也。独有斯独，可謂独有矣。獨有之人，是之謂至貴。【註】夫与衆玄同，非求貴於衆，而衆人不能不貴，斯至貴也。若乃信其偏見而以獨異爲心，則虽同於一致，故是俗中之一物耳，非独有者也。未能独有，而欲饕竊軒冕，冒取非分，衆豈歸之哉。故非至貴也。【釋文】（饕），吐刀反。（冒），亡報反，又亡北反。大人之教，若形之於影，聲之於嚮。【註】百姓之心，形声也；大人之教，影響也。大人之於天下何心哉？猶影響之隨形声耳。【釋文】（嚮），許丈反。本又作「響」。註及下同。有問而應之，盡其所懷，【註】使物之所懷各得自尽也。爲天下配。【註】問者爲主，應故爲配。處乎無響〔三〕，【註】寂以待物。行乎無方。【註】隨物轉化。挈汝適復之撓撓，【註】撓撓，自動也。提挈万物，使復歸自動之性，即无爲之至也。【釋文】（挈），苦結反。《廣雅》云：持也。（撓），而小反。以遊無端；【註】與化俱，故无端。出入無旁，【註】玄同无表。與日無始；【註】與日新俱，故無始也。頌論形軀，合乎

〔一〕「物」，原文寫作「勿」。
〔二〕原文下又衍「不物」二字。
〔三〕「響」，原文寫作「嚮」。

大同，【註】其形容與天地无異。大同而無己。【註】有己則不能大同也。無己，惡乎得有有。【註】天下之難无者己也。己既无矣，則群有不足復有之。【釋文】（惡），音烏。（復），扶又反。睹有者，昔之君子；【註】能美其名[一]者耳。睹无者，天地之友。【註】睹无則任其獨生也。賤而不可不任者，物也；卑而不可不因者，民也；【註】因其性而任之則治，反其性而淩之則乱。夫民物之所以卑而賤者，不能因任故也。是以任賤者貴，因卑者尊，此必然之符也。【釋文】（治），直吏反。匿而不可不爲者，事也；【註】夫事藏於彼，故匿也。彼各自爲，故不可不爲，但當因任耳。【釋文】（匿），女力反。麤而不可不陳者，法也；【註】法者妙事之迹也，安可以迹麤而不陳妙事哉。遠而不可不居者，義也；【註】當乃居之，所以爲遠。親而不可不廣者，仁也；【註】親則苦偏，故廣乃仁耳。節而不可不積者，禮也；【註】夫礼節者，患於係一，故物物體之，則積而周矣。中而不可不高者，德也；【註】事之下者，雖中非德。【釋文】（中而不可不高者德也），中者，順也。順其性而高也。一而不可不易者，道也；【註】事之難者，雖一非道，况[二]不一哉。【釋文】（易），以豉反。下註同。神而不可不爲者，天也。【註】執意不爲，雖神非天，况不神哉。故聖人觀於天而不助，【註】順自爲而已。成於德而不累，【註】自然与高會也。出於道而不

[一]「名」，原文誤作「各」。
[二]「况」，原文寫作「説」。

謀，【註】不謀而一，所以爲易。**會於仁而不恃，**【註】恃則不廣。**薄於義而不積，**【註】率性居遠，非積也。**應於禮而不諱，**【註】自然應礼，非由忌諱。**接於事而不辭，**【註】事以理接，能否自任，應動而動，无所辭讓。【釋文】（應），憶升反。**齊於法而不亂，**【註】御粗以妙，故不乱也。**恃於民而不輕，**【註】恃其自爲耳，不輕用也。**因於物而不去。**【註】因而就任之，不去其本也。**物者莫足爲也，而不可不爲。**【註】夫爲者，豈以足〔一〕爲故爲哉？自體此爲，故不可〔二〕得而止也。【釋文】（物者莫足爲也），分外也。（而不可不爲），分内也。**不明於天者，不純於德；**【註】不明自然則有爲，有爲而德不純也。**不通於道者，無自而可；**【註】不能虚己以待物，則事事失會。**不明於道者，悲夫。何謂道？有天道，有人道。無爲而尊者，天道也；**【註】在上而任万物之自爲也。**有爲而累者，人道也。**【註】以有爲爲累者，不能率其自德也。**主者，天道也；**【註】同乎天之任物，則自然居物上。**臣者，人道也。**【註】各當所任。**天道之與人道也，相去遠矣，**【註】君位〔三〕无爲而委百官，百官有所司而君不與焉。二者俱以不爲而自得，則君道逸，臣道勞，勞逸之際，不可同日而論之也。【釋文】（與焉），音豫。**不可不察也。**【註】不察則君臣之位乱矣。

〔一〕「以足」，原文二字倒乙。
〔二〕「可」，原文脱。
〔三〕「位」，原文寫作「任」。

纂圖互註南華真經卷第五

莊子外篇天地第十二【釋文】《音義》曰：以事名篇。

天地雖大，其化均也；【註】均於不爲而自化也。【釋文】（天地），《釋名》云：天，顯也，高顯在上也；又坦也，坦然高遠也；地，底也，其體底下，載萬物也。《禮統》云：天地者，元氣之所生，萬物之祖也。《易説》云：元氣初分，清輕上爲天，濁重下爲地。**萬物雖多，其治一也；**【註】一以自得爲治。【釋文】（治），直吏反。註同，下「官治」并註亦同。**人卒雖衆，其主君也。**【註】天下異心，無心者主也。【釋文】（卒），尊忽反。**君原於德而成於天，**【註】以德爲原，無物不得。得者自得，故得而不謝，所以成天。【釋文】（原），原本也。**故曰，玄古之君天下，无爲也，天德而已矣。**【註】任自然之運動。**以道觀言而天下之君正，**【註】無爲者，自然爲君，非邪也。【釋文】（邪），似嗟反。本又作「爲」。**以道觀分而君臣之義明，**【註】各當其分，則〔一〕無爲位上，有

〔一〕「則」，原文寫作「別」。

爲位下也。以道觀能而天下之官治，【註】官各當其所能則治矣。以道汎觀而萬物之應備。【註】無爲也，則天下各以其天爲應之。故通於天地者，德也；【註】萬物莫不能得，則天地通。行於萬物者，道也；【註】道不塞其所由也，萬物自得其行矣。上治人者，事也；【註】使人人自得其事。能有所藝者，技也。【註】技者，萬物之未用也。【釋文】（技），其綺反。註、下同。技〔一〕兼於事，事兼於義，義兼於德，德兼於道，道兼於天。【註】夫本末之相兼，猶手臂之相包，故一身和則百節皆適，天道順則本末俱暢。故曰，古之畜天下者，无欲而天下足，无爲而萬物化，淵靜而百姓定。《記》曰：「通於一而萬事畢。無心得而鬼神服。」【註】一無爲而群理都舉。《記》，書名也，云老子所作。夫子曰：「夫道，覆載萬物者也，洋洋乎大哉。君子不可以不刳心焉。【註】有心則累其自然，故當刳而去之。【釋文】（夫子），司馬云：莊子也。一云：老子也。此兩夫子曰，元嘉本皆爲别章，崔本亦爾。（覆），芳富反。（洋洋），音羊，又音詳。（刳），口吴反，又口侯反　崔本作「軒」，云：寬悦之貌。（去），起呂反。【互註】《記·中庸》：大哉，聖人之道，洋洋乎發育萬物，峻極于天。无爲爲之之謂天，【註】不爲此爲，而此爲自爲，乃天道。无爲言之之謂德，【註】不爲此言，而此言自言，乃真德。愛人利物之謂仁，【註】此任其性命之情也。不同同之之謂大，【註】萬物萬形，各止其分，不引彼以同我，乃成大耳。行不崖異之

〔一〕「技」，原文寫作「枝」。

謂寬，【註】玄同彼我，則萬物自容，故有餘。**有萬不同之謂富。**【註】我无不同，故能獨有斯萬。**故執德之謂紀，**【註】德者，人之綱要。**德成之謂立，**【註】非德而成者，不可謂立。**循於道之謂備，**【註】夫道非偏物也。【釋文】（循），音旬，或作「脩」。**不以物挫志之謂完。**【註】内自得也。【釋文】（挫〔一〕），竹臥反〔二〕。**君子明於此十者，則韜乎其事心之大也，**【註】心大，故事无不容也。【釋文】（韜），吐刀反。《廣雅》云：藏〔三〕也。**沛乎其爲萬物逝也。**【註】德澤滂沛，任萬物之自往也。【釋文】（沛），普貝反。《字林》云：流也。（逝），崔本「逝」作「啓」，云：開也。（滂），普旁〔四〕反。**若然者，藏金於山，藏珠於淵，**【註】不貴難得之物。**不利貨財，**【註】乃能忘我，况貨財乎。**不近貴富；**【註】自來寄耳，心常去之遠也。【釋文】（近），附近之近。**不樂壽，不哀夭；**【註】所謂縣解。【釋文】（樂），音洛。（縣解），上音玄，下音蟹〔五〕。**不榮通，不醜窮；**【註】忘壽夭於胸中，况窮通之間〔六〕哉。**不拘一世之利以爲己私分，**【註】皆委之萬物也。

〔一〕「挫」，原文誤作「軽」。
〔二〕「反」，原文脱。
〔三〕「藏」，原文寫作「載」。
〔四〕「旁」，原文誤作「滂」。
〔五〕「蟹」，原文誤作「蛮」。
〔六〕「間」，原文寫作「問」。

不以王天下爲已處顯。【註】忽然不覺榮之在身。【釋文】（王），于况反。下「王德」並同。顯則明，【註】不顯則默而已。萬物一府，死生同狀。」【註】蜕然無所在也。【釋文】（蜕），始鋭反，又音悦。夫子曰：「夫道，淵乎其居也，漻乎其清也。金石不得，无以鳴。【註】聲由寂彰。【釋文】（漻），李良由反，徐力蕭反，《廣雅》下巧反，云：清貌。故金石有聲，不考不鳴。【註】因以明體道者物流而後德也。萬物孰能定之。【註】應感無方。夫王德之人，素逝而恥通於事，【註】任素而往耳，非好通於事也。【釋文】（好），呼報反。立之本原而知通於神。【註】本立而知不逆。【釋文】（知），音智。註同。故其德廣，【註】任素通神，而後弥〔一〕廣。其心之出，有物採之。【註】物採之而後出耳，非先物而唱也。故形非道不生，生非德不明。存形窮生，立德明道，非王德者邪。蕩蕩乎。忽然出，勃然動，而萬物從之乎。此謂王德之人。【註】忽、勃，皆無心而應之貌。動出無心，故萬物從之，斯蕩矣。故能存形窮生，立德明道而成王德也。視乎冥冥，聽乎无聲。冥冥之中，獨見曉焉；無聲之中，獨聞和焉。【註】若夫視聽而不寄之於寂，則有闇昧而不和也。故深之又深而能物焉，【註】窮其原而後能物物。神之又神而能物焉；【註】極至順而後能盡妙。故其與萬物接也，至无而供其求，【註】我確斯而都

〔一〕「弥」，原文寫作「㳽」。

任彼，則彼求自供。【釋文】（供），音恭，本亦作「恭」。（確），苦學反。（斯），音賜，又如字。**時騁而要其宿，大小，長短，脩遠。」**【註】皆恣而任之，會其所極而已。**黄帝遊乎赤水之北，登乎崑崙之丘而南望，還歸，遺其玄珠。**【註】此寄明得真之所由。【釋文】（赤水），李云：水出[一]崑崙山下。（還），音旋。（玄珠），司馬云：道真也。**使知索之而不得，**【註】言用知不足以得真。【釋文】（知），音智。註及下皆[二]同。（索），所白反。下同。**使離朱索之而不得，使喫詬索之而不得也。**【註】聰明喫詬，失真愈遠。【釋文】（喫），口懈反。（詬），口豆反。司馬云：喫詬，多力也。**乃使象罔，象罔得之。黄帝曰：「異哉。象罔乃可以得之乎？」**【註】明得真者非用心也，象罔然即真也。**堯之師曰許由，許由之師曰齧缺，齧缺之師曰王倪，王倪之師曰被衣。堯問於許由曰：「齧缺可以配天乎？**【註】謂爲天子。【釋文】（倪），徐五兮反。（被），音披。**吾藉王倪以要之。」**【註】欲因其師以要而使之。【釋文】（要），一遥反。註同。**許由曰：「殆哉圾乎天下。**【註】圾，危也。【釋文】（圾），本又作「岌」，五急反，又五合反。郭、李云：危也。**齧缺之爲人也，聰明叡知，給數以敏，其性過人，**【註】聰敏過人，則使人跂之，屢傷於人也。【釋文】（數），音朔。**而又乃以人受天。**【註】用知以求復其自然。**彼審乎禁過，而**

[一]「出」，原文誤作「在」。
[二]「皆」，原文誤作「音」。

不知過之所由生。【註】夫過生於聰知，而又役知以禁之，其過弥甚矣。故曰，无過在去知，不在於強禁。【釋文】（去），起呂反。（強），其丈反。**與之配天乎？彼且乘人而无天，**【註】若與之天下，彼且遂使後世任知而失真。**方且本身而異形，**【註】夫以萬物爲本，則群變可一而異形可同。斯迹也，將遂使後世由己以制物，則萬物乖矣。【釋文】（且），如字。凡言方且者，言方將有所爲也。**方且尊知而火馳，**【註】賢者當位於前，則知見尊於後，奔競而火馳也。**方且爲緒使，**【註】將興後世事役之端。**方且爲物絯，**【註】將遂使後世拘牽而制物。【釋文】（絯），徐户隔反，《廣雅》公才反，云：束也。與郭義同。今用《廣雅》音。**方且四顧而物應，**【註】將遂使後世指麾以動物，令應上務。【釋文】（令），力呈反。**方且應衆宜，**【註】將遂使後世不能忘善，而利仁以應宜也。**方且與物化**【註】將遂使後世與物相逐，而不能自得於內。**而未始有恆。**【註】此皆盡當時之宜也，然今日受其德，而[一]明日承其弊矣，故曰未始有恆。**夫何足以配天乎？雖然，有族，有祖，**【註】其事類可得而祖效。**可以爲衆父，而不可以爲衆父父。**【註】衆父父者，所以迹也。**治，亂之率也，**【註】言非但治主，乃爲亂率。【釋文】（治），直吏反。註同。（率），色類反。註同。又色律反。**北面之禍也，**【註】夫桀紂非能殺賢臣，乃賴聖知之迹以禍之。**南面之賊也。」**

〔一〕原文「而」下衍一「而」字。

【註】田桓〔一〕非能殺君，乃資仁義以賊之。【釋文】（殺），音試。本又作「弒」，音同。**堯觀乎華。華封人曰：「嘻，聖人。請祝聖人。」「使聖人壽。」堯曰：「辭。」「使聖人富。」堯曰：「辭。」「使聖人多男子。」堯曰：「辭。」封人曰：「壽，富，多男子，人之所欲也。女獨不欲，何邪？」堯曰：「多男子則多懼，富則多事，壽則多辱。是三者，非所以養德也，故辭。」封人曰：「始也我以女爲聖人邪，今然君子也。天生萬民，必授之職。多男子而授之職，則何懼之有。**【註】物皆得所而志定也。【釋文】（華），胡化反，又胡花反。司馬云：地名也。（封人），司馬云：守封疆人也。（嘻），音熙。（祝），之又反，又州六反。（女），音汝。後同。**富而使人分之，則何事之有。**【註】寄之天下，故无事也。**夫聖人，鶉居**【註】无意而期安也。【釋文】（鶉），音淳。（居），鶉居，謂无常處也。又云：如鶉之居，猶言野處。**而鷇食，**【註】仰物而足。【釋文】（鷇），口豆反。（食），《爾雅》云：主哺，鷇。鷇食者，言仰物而足也。**鳥行而无彰；**【註】率性而動，非常迹也。**天下有道，則與物皆昌；**【註】猖狂妄〔二〕行而自蹈大方也。**天下无道，則脩德就閒；**【註】雖湯武之事，苟順天應人，未爲不閒也。故无爲而无不爲者，非不閒也。【釋文】（閒），音閑。註同。**千歲厭世，去而上僊；**【註】夫至人極壽命之長，任窮里之變，其生也天行，其

〔一〕「桓」，原文誤作「恒」。
〔二〕「妄」，原文誤作「忘」。

死也物化，故云厭世而上僊也。【釋文】（僊），音仙。乘彼白雲，至于帝鄉；【註】氣之散，无不之。三患莫至，身常无殃；則何辱之有。」封人去之。堯隨之，曰：「請問。」封人曰：「退已。」

堯治天下，伯成子高立爲諸侯。堯授舜，舜授禹，伯成子高辭爲諸侯而耕。禹往見之，則耕在野。禹趨就下風，立而問焉，曰：「昔堯治天下，吾子立爲諸侯。堯授舜，舜授予，而吾子辭爲諸侯而耕，敢問其故何也？」子高曰：「昔堯治天下，不賞而民勸，不罰而民畏。今子賞罰而民且不仁，德自此衰，刑自此立，後世之亂自此始矣。夫子闔行邪？无落吾事。」俋俋乎耕而不顧。【註】夫禹時三聖相承，治成德備，功美漸去，故史籍无所載，仲尼不能間，是以雖有天下而不與焉，斯乃有而无之也。故考其時而禹爲最優，計其人則雖三聖，故一堯耳。時无聖人，故天下之心俄然歸啓。夫至公而居當者，付天下於百姓，取與之非己，故失之不求，得之不辭，忽然而往，侗然而來，是以受非毀於廉節之士而名列於三王，未足怪也。莊子因斯以明堯之弊，弊起於堯而釁成於禹，況後世之无聖乎。寄遠迹於子高，便棄而不治，將以絶聖而反一，遺知而寧極耳。其實則未聞也。夫莊子之言，不可以一塗詰，或以黄帝之迹秃堯舜之脛，豈獨貴堯而賤禹哉。故當遺其所寄，而錄其絶聖棄知之意焉。【釋文】（伯成子高），《通變經》云：老子從此天地開闢以來，吾身一千二[一]百變，後世得道，伯成子高是也。（闔），本亦作「盍」，胡臘反。（落），猶發也。

[一]「千二」，原文誤作「壬三」。

（佁佁），徐於執反，又〔二〕直立反。李云：耕皃。一云：耕人行貌。又音秩，又於十反。《字林》云：勇壯貌。（治），直吏反。（間），間厠之間。（與），音預。（侗），音洞，又音同。**泰初有无，无有无名；**【註】无有，故无所名。【釋文】（泰初），《易説》云：氣之始也。**一之所起，有一而未形。**【註】一者，有之初，至妙者也，至妙，故未有物理之形耳。夫一之所起，起於至一，非起於无也。然莊子之所以屢稱无於初者，何故？初者，未生而得生〔三〕，得生之難，而猶上不資於无，下不待於知，突然而自得此生矣，又何營生於已生以失其自生哉。**物得以生謂之德；**【註】夫无不能生物，而云物得以生，乃所以明物生之自得，任其自得，斯可謂德也。**未形者有分，且然无間，謂之命；留動而生物，物成生理，謂之形；形體保神，各有儀則，謂之性。**【註】夫德形性命，因變立名，其於自爾一也。【釋文】（分），符問反。（間），如字。（留），或作「流」。**性脩反德，德至同於初。**【註】恆以不爲而自得之。**同乃虛，虛乃大。**【註】不同於初，而中道有爲，則其懷中故爲有物也，有物而容養之德小矣。**合喙鳴；**【註】无心於言而自言者，合於喙鳴。【釋文】（喙），丁豆反，又充芮、喜穢二反。**喙鳴合，與天地爲合。**【註】天地亦无心而自動。**其合緡緡，若愚若昏，**【註】坐忘而自合耳，非照察以合之。【釋文】（緡），武巾反。**是謂玄德，同乎大順。**【註】德玄而所順

〔二〕「又」，原文寫作「徐」。
〔三〕「生」，原文誤作「主」。

者大矣。夫子問于老聃曰：「有人治道若相放，可不可，然不然。【註】若相放效，強以不可爲可，不然爲然，斯〔一〕矯其性情也。【釋文】（夫子），仲尼也。（相放），甫往反，註同。本亦作「方」，如字，又甫往反。（強），其兩反。辯者有言曰：『離堅白若縣寓。』【註】言其高顯易見。【釋文】（縣），音玄。（寓），音宇〔二〕。司馬云：辯明白若縣室在人前也。（易），以豉反。若是則可謂聖人乎？」老聃曰：「是胥易技〔三〕係勞形怵心者也。執留之狗成思，猨狙之便自山林來。【註】言此皆失其常然也。【釋文】（技），其綺反。（執留），如字。本又作「留」，音同。一本作「狸」，亦如字。司馬云：𤠣，竹鼠也。一云：執留之狗，謂有能故被留係，成愁思也。（猨），音袁。（狙），七徐反。（便），婢面反，徐扶面反。司馬云：言便捷見捕。丘，予告若，而所不能聞與而所不能言。凡有首有趾无心无耳者衆，【註】首趾，猶始終也。无心无耳，言其自化。有形者與无形无狀而皆存者盡无。【註】言有形者善變，不能與无形无狀者並存也。故善治道者，不以故自持也，將順日新之化而已。其動，止也；其死，生也；其廢，起也。此又非其所以也。

〔一〕「斯」，原文寫作「則」。
〔二〕「宇」，原文誤作「字」。
〔三〕「技」，原文誤作「枝」。

【註】此言動止死生，盛衰廢〔二〕興，未始有恆，皆自然而然，非其所用而然，故放之而自得也。**有治在人，**【註】不在乎主自用。**忘乎物，忘乎天，其名爲忘己。**【註】天物皆忘，非獨忘己，復何所有哉？【釋文】（復），扶又反。**忘己之人，是之謂入於天。」**【註】人之所不能忘者，己也，己猶忘之，又奚識哉。斯乃不識不知而冥於自然。**將閭葂見季徹曰：「魯君謂葂也曰：『請受教。』辭不獲命，既已告矣，未知中否，請嘗薦之。吾謂魯君曰：『必服恭儉，拔出公忠之屬而无阿私，民孰敢不輯。』」季徹局局然笑曰：「若夫子之言，於帝王之德，猶螳蜋之怒臂以當車軼，則必不勝任矣。**【註】必服恭儉，非忘儉而儉也；拔出公忠，非忘忠而忠也。故雖无阿私，而不足以勝矯詐之任也。【釋文】（將），一本作「蔣」。（閭），力〔三〕於反。（葂），字亦作「菟」，音免，又音晚，郭音問。將閭葂，人姓名也。一云：姓將閭，名菟。或云：姓蔣，名閭葂也。（季徹），人姓名也，盖季氏之族。（魯君），或云：定公。（中），丁仲反。（輯），音集。《爾雅》云：和也。又側立反。郭思魚反。（局局），其玉反。一云：大笑之貌。（螳蜋），音堂郎。（軼），音轍。（勝），音升。註同。**且若是，則其自爲遽危，其觀臺**【註】此皆自處高顯，若臺觀之可睹也。【釋文】（遽），其據反。本又作「處」。（觀），古亂反。註同。**多，物將往，**【註】將使物不止於本性之

〔二〕「廢」，原文寫作「發」。

〔三〕「力」，原文誤作「万」。

分，而矯跂自多以附之　投迹者衆。」【註】亢足投迹，不安其本步也。將閭葂覤覤然驚曰：「葂也汒若於夫子之所言矣。　雖然，願先生之言其風也。」季徹曰：「大聖之治天下也，搖蕩民心，使之成教易俗，舉滅其賊心而皆進其獨志，若性之自爲，而民不知其所由然。【註】夫志各有趣，不可相效也。故因其自搖而搖之，則雖〔一〕搖而非爲也；因其自蕩而蕩之，則雖蕩而非動也。故其賊心自滅，獨志自進，教成俗易，悶然無迹，履性自爲而不知所由，皆云我自然矣。舉，皆也。【釋文】（覤），許逆反，又生責反。或云：驚懼之貌。（汒），本或作「芒」。武剛反，郭武蕩反。（悶），音〔二〕門。　若然者，豈兄堯舜之教民，溟涬然弟之哉？【註】溟涬，甚貴之謂也。不肯多謝堯舜而推之爲兄也。【釋文】（兄），元嘉本作「足」。（溟），亡頂反。（涬〔三〕），户頂反。欲同乎德而心居矣。」【註】居者，不逐於外也，心不居則德不同也。子〔四〕貢南遊於楚，反於晉，過漢陰，見一丈人方將爲圃畦，鑿隧而入井，抱甕而出灌，搰搰然用力甚多而見功寡。子〔五〕貢曰：「有械於此，一日浸百畦，用力甚寡而見功多，夫子不欲乎？」爲圃者卬

〔一〕「雖」，原文寫作「䧺」。
〔二〕「音」，原文誤作「首」。
〔三〕「涬」，原文誤作「達」。
〔四〕「子」，原文誤作「于」。
〔五〕「子」，原文誤作「丁」。

而視之曰：「奈何？」曰：「鑿木爲機，後重前輕，挈水若抽，數如泆湯，其名爲槔。」爲圃者忿然作色而笑曰：「吾聞之吾師，有機械者必有機事，有機事者必有機心。機心存於胸中，則純白不備；純白不備，則神生不定；神生不定者，道之所不載也。吾非不知，羞而不爲也。」【註】夫用時之所用者，乃純備也。斯人欲脩純備，而抱一守古，失其旨也。【釋文】（圃），布户反，又音布，園也。李云：菜蔬曰圃。（畦），户圭反。李云：埒〔一〕中曰畦。《説文》云：五十畝曰畦。（隧），音遂。李云：道也。（甕），烏送反。字亦作「瓮」。（搰〔二〕），苦骨反，徐、李苦滑反，郭忽滑反。用力貌。一音胡没反。（械），户戒反。《字林〔三〕》作「械」。李云：器械也。（浸），子鴆〔四〕反。司馬云：灌也。（卬），音仰〔五〕。本又作「仰」。（挈），口節反。（抽），敕留反。李云：引也。司馬、崔本作「流」。（數），所角反，徐所録反。（泆湯），音逸。本或作「溢」。李云：疾速如湯沸溢也。司馬本作「佚蕩」，亦〔六〕言其往來數疾如佚蕩。佚蕩，唐佚也。（槔），本又作「橋」，

〔一〕「埒」，原文誤作「呼」。
〔二〕「搰」，原文寫作「⿰巾骨」。
〔三〕「林」，原文誤作「亦」。
〔四〕「鴆」，原文寫作「鶴」。
〔五〕「仰」，原文誤作「伯」。
〔六〕「亦」，原文寫作「云」。

或作「皋」，同。音羔，徐居橋反。司馬、李云：桔槔也。（吾師），謂老子也。子貢瞞然慚，俯而不對。有間，爲圃者曰：「子奚爲者邪？」曰：「孔丘之徒也。」爲圃者曰：「子非夫博學以擬聖，於于以蓋衆，獨弦哀歌以賣名聲於天下者乎？汝方將忘汝神氣，墮汝形骸，而庶幾乎。【註】不忘不墮，則無庶幾之道。【釋文】（瞞），武版反，又亡安反。《字林》云：目眥〔一〕平貌。李天典反，慚貌。一音門，又亡干反。司馬本作「憮」，音武。崔本作「撫」。（於于），並如字。本或作「於吁」，音同。司馬云：夸誕貌。一云：行仁恩之貌。（蓋），司馬本作「善」。（墮），許規反。而身之不能治，而何暇治天下乎。子往矣，無乏吾事。」子貢卑陬失色，頊頊然不自得，行三十里而後愈。其弟子曰：「向之人何爲者邪？夫子何故見之變容失色，終日不自反邪？」曰：「始吾以爲天下一人耳，【註】謂孔子也。【釋文】（乏），廢也。（陬），走侯反，徐側留反。李云：卑陬，愧懼貌。一云：顏色不自得也。（頊頊），本又作「旭旭」，許玉反。李云：自失貌。（向），許亮反，本又作「鄉」，音同。後倣此。不知復有夫人也。吾聞之夫子，事求可，功求成。用力少，見功多者，聖人之道。【註】聖人之道，即用百〔二〕姓之心耳。【釋文】（復），扶又反。（夫），音符。下「夫人」同。今徒不然。執道者德全，德全者形全，形全者神

〔一〕「眥」，原文誤作「皆」。
〔二〕「百」，原文誤作「自」。

全。神全者，聖人之道也。託生與民並行而不知其所之，汒乎淳備哉。功利機巧必忘夫人之心。【註】此乃聖王之道，非夫人也。子貢聞其假脩之説而服之，未知純白者之同乎世也。【釋文】（汒），莫剛反。（心），或作「道」。若夫人者，非其志不之，非其心不爲。雖以天下譽之，得其所謂，謷然不顧；以天下非之，失其所謂，儻然不受。天下之非譽，無益損焉，是謂全德之人哉。我之謂風波之民。」【註】此宋榮子之徒，未足以爲全德。子貢之迷没於此人，即若列子之心醉於季咸也。【釋文】（譽），音餘，下同。（謷），五羔反。司馬本作「警」〔二〕。（儻），本亦作「黨」。司馬本作「倘」，同。敕蕩反，郭吐更反。反於魯，以告孔子。孔子曰：「彼假脩渾沌氏之術者也；【註】以其背今向古，羞爲世事，故知其非真渾沌也。【釋文】（渾），胡本反。（沌），徒本反。（背），音佩。識其一，不知其二；【註】徒識脩古抱灌之朴，而不知因時任物之易也。【釋文】（易），以豉反。治其內，而不治其外。【註】夫真渾沌，都不治也，豈以其〔三〕外內爲異而偏有所治哉。夫明白入素，無爲復朴，體性抱神，以遊世俗之間者，汝將固驚邪？【註】此真渾沌也，故与世同波而不自失，則雖遊於世俗而泯然無迹，豈必使汝驚哉。且渾沌氏之術，予與汝何足以識之哉。」【註】在彼爲彼，在此爲此，渾沌玄同孰識之哉？所識者常識其迹耳。諄

〔二〕「謷」，原文寫作「警」。
〔三〕「其」，原文脱。

芒將東之大壑，適遇苑風於東海之濱。苑風曰：「子將奚之？」曰：「將之大壑。」曰：「奚爲焉？」曰：「夫大壑之爲物也，註焉而不滿，酌焉而不竭；吾將遊焉。」苑風曰：「夫子無意於橫目之民乎？願聞聖治。」諄芒曰：「聖治乎？官施而不失其宜，拔舉而不失其能，畢見其情事而行其所爲，【註】皆因而任之。【釋文】（諄），郭之倫反，又述倫反。（芒），本或作「汒」，武剛反。李云：望之諄諄，察之芒芒，故曰諄芒。一云：姓名也。或云：霧氣也。（壑），火各反。李云：大壑，東海也。（苑風），本亦作「宛」。徐於阮反。李云：小貌，謂遊世俗也。一云：苑風，姓名。一云：扶搖大風也。（濱），音賓。（酌），一本作「取」。（橫目之民），李云：倮虫之屬，欲令其治之也。（聞），本或依司馬本〔二〕作「問」，下同。（治），直吏〔三〕反。下皆同。（施），始支反，又始智反。司馬云：施政布教，各得其宜。行言自爲而天下化，【註】使物爲之，則不化也。手撓顧指，四方之民莫不俱至，此之謂聖治。」【註】言其指麾顧眄而民各至其性也，任其自爲故。【釋文】（手撓），而小反，又而了反。司馬云：動也。一云：謂指麾四方也。（顧指），如字。向云：顧指者，言指麾顧盼而治也。或音頤。本亦作「頤」，以之反，謂舉頤指麾也。「願聞德人。」曰：「德人者，居無思，行無慮，【註】率自然耳。不藏是非美惡。【註】無是非於胸

〔二〕「本」，原文寫作「云」。
〔三〕「吏」，原文寫作「史」。

中而任之天下。【釋文】（惡），烏路反。四海之内共利之之謂悦，共給之之爲安；【註】無自私之懷也。怊乎若嬰兒之失其母也，儻乎若行而失其道也。財用有餘而不知其所自來，飲食取足而不知其所從，此謂德人之容。」【註】德者，神人迹也，故曰容。【釋文】（怊），音超。《字林》云：悵也。徐尺遥反，郭音條。（儻），敕黨反。司馬本作「儻」。（容），羊〔一〕凶反。或云：依註〔二〕當作「客」。「願聞神人。」【註】願聞所以迹也。曰：「上神乘光，與形滅亡，【註】乘光者乃無光。此謂照曠。【註】無我而任物，空虚无所懷〔三〕者，非闇塞也。致命盡情，天地樂而萬事銷亡，【註】情盡命至，天地樂矣。事不妨樂，斯無事矣。【釋文】（樂），音洛。註同。（銷），徐音消。萬物復情，此之謂混冥。」【註】情復而混冥無迹也。【釋文】（混），胡本反。門無鬼與赤張滿稽觀於武王之師。赤張滿稽曰：「不及有虞氏乎。故離此患也。」門無鬼曰：「天下均治而有虞氏治之邪？其亂而後治之與？」【註】言二聖俱以亂故治之，則揖讓之與用師，直是時異耳，未有勝負於其間也。【釋文】（門無鬼），司馬本作「無畏」，云：門，姓；無畏，字也。（滿），本或作「蒲」。（稽），古奚反。李云：門、赤張，氏也。無鬼、滿稽，名也。（治），直

〔一〕「羊」，原文寫作「牟」。
〔二〕「注」，原文寫作「住」。
〔三〕「懷」，原文寫作「攘」。

吏反。下及註「均治」並同。（與），音餘。本又作「邪」。**赤張滿稽曰：「天下均治之爲願，而何計以有虞氏爲。**【註】均治則願各足矣，復何爲計有虞氏之德而推以爲君哉。許無鬼之言是也。【釋文】（復），扶又反。下章註同。**有虞氏之藥瘍也，**【註】天下皆患創亂，故求虞氏之藥。【釋文】（瘍），音羊。李云：頭創也。言創以喻亂，求虞氏藥治之。司馬云：疕瘍也。（創），初良反。**禿而施髢，病而求醫。孝子**〔一〕**操藥以脩慈父，其色燋然，聖人羞之。**【註】明治天下者，非〔二〕以爲榮。【釋文】（禿），吐木反。（髢），大細反。司馬云：髲也。又吐帝反。郭音毛。李云：髦，髮也。（操），七刀反。（燋），將遥反，又音樵。**至德之世，不尚賢，**【註】賢當其位，非尚之也。**不使能；**【註】能者自爲，非使之也。**上如標校，**【註】出物上而不自高也。【釋文】（標），方小反，徐方遥反，又方妙反。言樹標之枝無心在上也。（校），胡孝反，李音較。一本作「枝」。**民如野鹿；**【註】放而自得也。【重意】《老・三章》：不尚賢，使民不爭；不貴難得之貨，使民不爲盜。**端正而不知以爲義，相愛而不知以爲仁，實而不知以爲忠，當而不知以爲信，**【註】率性自然，非由知也。**蠢動而相使，不以爲賜。**【註】用其自動，故動而不謝。【釋文】（蠢），郭處允反，動也。**是故行而無迹，**【註】王能任其自行，故無迹也。**事而無傳。」**【註】各正其分，故不

〔一〕「孝子」，原文誤作「故手」。
〔二〕「非」，原文寫作「故」。

傳教於彼也。【釋文】（傳），丈〔一〕專反。**孝子不諛其親，忠臣不諂其君，臣子之盛也。親之所言而然，所行而善，則世俗謂之不肖子；君之所言而然，所行而善，則世俗謂之不肖臣。而未知此其必然邪？**【註】此直違俗而從君親，故俗謂不肖耳，未知至當正在何許。【釋文】（諛），羊朱反，郭貽附反。（諂），敕檢反。（肖），音笑。**世俗之所謂然而然之，所謂善而善之，則不謂之道諛之人也。然則俗故嚴於親而尊於君邪？**【註】言俗不爲尊嚴於君親而從俗，俗不謂之諂，明〔二〕尊嚴不足以服物，則服物者更在於從俗也。是以聖人未嘗獨異於世，必與時消息，故在〔三〕皇爲皇，在王爲王，豈有背俗而用我哉。【釋文】（之道），音〔四〕導。下同。（背），音佩。**謂己道人，則勃然作色；謂己諛人，則怫然作色。**【註】世俗遂以多同爲正，故謂之道諛，則作色不受。【釋文】（勃），步忽反。（謂己諛人），本又〔五〕作「衆人」。下同。司馬云：衆人，凡人也。（怫），符弗反，郭敷謂反。**而終身道人也，終身諛人也，**【註】亦不問道理〔六〕，期於相善耳。**合譬**

〔一〕「丈」，原文寫作「文」。
〔二〕「明」，原文寫作「門」。
〔三〕「在」，原文寫作「有」。
〔四〕「音」，原文誤作「昔」。
〔五〕「又」，原文誤作「多」。
〔六〕「理」，原文寫作「望」。

飾辭聚衆也，是終始本末不相坐。【註】夫合譬飾辭，應受道諛之罪，而世復以此得人，以此聚衆，亦爲從俗者，恆不見罪坐也。【釋文】（坐），才臥反。註同。**垂衣裳，設采色，動容貌，以媚一世，而不自謂道諛，與夫人之爲徒，通是非，而不自謂衆人，愚之至也。**【註】世皆至愚，乃更不可不從。【釋文】（夫），音符。**知其愚者，非大愚也；知其惑者，非大惑也。大惑者，終身不解；大愚者，終身不靈。**【註】夫聖人道同而帝王殊迹者，誠世俗之惑不可解，故隨而任之。【釋文】（解），音蟹，又佳買反。（不靈），本又作「无靈」。司馬云：靈，曉也。**三人行而一人惑，所適者猶可致也，惑者少也；二人惑則勞而不至，惑者勝也。而今也以天下惑，予雖有祈嚮，不可得也。不亦悲乎。**【註】天下都惑，雖我有求嚮至道之情而終不可得。故堯舜湯武，隨時而已。【釋文】（祈嚮），許亮反。司馬云：祈，求也。**大聲不入於里耳，**【註】非委巷之所尚也。【釋文】（大聲），司馬云：謂咸池六英之樂也。**折楊皇荂，則嗑然而笑。**【註】俗人得嘖曲，則同聲動笑也。【釋文】（折），之列反。（皇荂），況于〔一〕反，又撫于反。本又作「華」，音花。司馬本作「里華」。（嗑），許甲反。李云：折楊皇華，皆古歌曲也。嗑，笑聲也。本又作「嗌」，烏邈

〔一〕「于」，原文寫作「花」。

反。司馬本作「榼」。（嘖），仕〔一〕責反。本又作「嗑」。是故高言不止〔二〕於衆人之心，【註】不以存懷。至言不出，俗言勝也。【註】此天下所以未曾用聖而常自用也。以二缶鍾惑，而所適不得矣。【註】各自信據，故不知所之。【釋文】（以二缶鍾），「缶」應作「垂」，「鍾」應作「踵」，言垂脚空中，必不得有之適也。司馬本作「二垂鍾」，云：鍾，註意也。（適），司馬云：至也。而今也以天下惑，予雖有祈嚮，其庸可得邪。知其不可得也而強之，又一惑也，故莫若釋之而不推。【註】即而同之。【釋文】（強），其丈反。下註同。不推，誰其比憂。【註】趣令得當時之適，不強推之令解也，則相与无憂於一世矣。【釋文】（比），毗至反。司馬本作「鼻」，云：始也。（令），力呈反，下同。（解），音蟹。厲之人夜半生子，遽取火而視之，汲汲然唯恐其似己也。【註】厲，惡人也。言天下皆不願爲惡，及其爲惡，或迫於苛役，或迷而失性耳。然迷者自思復，而厲者自思善，故我无爲而天下自化。【釋文】（厲），音賴，又如字。（遽），巨據反。本或作「蘧」，音同。（汲），音急。（苛），音何。百年之木，破爲犧樽，青黃而文之，其斷在溝中。比犧樽於溝中之斷，則美惡有間矣，其於失性一也。跖與曾、史，行義有間矣，然其失性均也。且夫失性有五：一曰五色亂目，使目不明；二曰五聲亂耳，使耳不聰；三曰五臭薰鼻，困惾中顙；四曰五味濁口，使口厲爽；五曰趣舍滑心，使性飛揚。此五者，皆生之害也。

〔一〕「仕」，原文寫作「苦」。
〔二〕「止」，原文寫作「上」。

而楊、墨乃始離跂自以爲得，非吾所謂得也。夫得者困，可以爲得乎？則鳩鴞之在於籠也，亦可以爲得矣。且夫趣舍聲色以柴其内，皮弁鷸冠搢笏紳脩以約其外，内支盈於柴柵，外重纆繳，睆睆然在纆繳之中而自以爲得，則是罪人交臂歷指而虎豹在於囊檻，亦可以爲得矣。【釋文】（犧），音義，又素河反。（斷），徒乱反。下同。本或作「故」。（困），如字。本或作「悃」，音同。（惾），子公反。郭音俊，又素奉〔一〕反。李云：困惾，猶刻賊不通也。（中），丁仲反。（顙），桑蕩反。（濁），本又作「噣」，音同。（滑），李音骨。本亦作「噣」。（離），力智反。（跂〔二〕），丘豉反。（鷸），尹必反，徐音述。本又作「⿺辶鳥」，音同，鳥名也。一名翠，似燕，紺色，出鬱林，取其羽毛以飾冠。（笏），音忽。（紳），音申，帶也。（柵），楚格反，郭音策。（重），直龍反。（纆），音墨。（繳），音灼，郭古弔反。（睆睆），環版反，又户鰥〔三〕反。李云：窮視貌。一云：眠目貌。（交臂歷指），司馬云：交臂，反縛也。歷指，猶歷樓貌。（檻），户覽反。【互註】《老·十二章》：五色令人目盲，五音令人耳聾，五味令人口爽，馳騁田獵令人心發狂，難得之貨令人行妨。是〔四〕以聖人爲腹不爲目，故去彼取此。

〔一〕「奉」，原文寫作「奏」。
〔二〕「跂」，原文誤作「践」。
〔三〕「鰥」，原文爲墨圍。
〔四〕原文「是」下衍「也」字。

莊子外篇天道第十三【釋文】《音義》曰：以義名篇。

天道運而無所積，故萬物成；帝道運而無所積，故天下歸；聖道運而無所積，故海内服。【註】此三者，皆恣物之性而无所牽滯也。【釋文】（積），謂滯積不通。明於天，通於聖，六通四辟於帝王之德者，其自爲也，昧然無不静者矣。【註】任其自爲，故雖六通四辟而无傷於静也。【釋文】（六通），謂六氣，陰陽風雨晦明。（四辟），毗赤反，謂四方開也。（昧），音妹。聖人之静也，非曰静也善，故静也；【註】善之乃静，則有時而動也。萬物無足以鐃心者，故静也。【註】斯乃自得也。【釋文】（鐃），乃孝反，又女交反，一音而小反。水静則明燭鬚眉，平中准，大匠取法焉。水静猶明，而况精神。聖人之心静乎。天地之鑒也，萬物之鏡也。【註】夫有其具而任其自爲，故所照无不洞明。【釋文】（中），丁[一]仲反。（大匠），或云：天子也。夫虚静恬淡寂漠無爲者，天地之平而道德之至，【註】凡不平不至者，生於有爲。【釋文】（淡），徒暫反。故帝王聖人休焉。【註】未嘗動也。休則虚，虚則實，實者倫矣。【註】倫，理也。虚則

〔一〕「丁」，原文寫作「下」。

靜，靜則動，動則得矣。【註】不失其所以動。**靜則無爲，無爲也則任事者責矣。**【註】夫无〔一〕爲也，則群才萬品，各任其事而自當其責矣。故曰巍巍乎舜禹之有天下而不與焉，此之謂也。【釋文】（巍），魚歸反。（與），音預。**無爲則俞俞，俞俞者憂患不能處，年壽長矣。**【註】俞俞然，從容自得之貌。【釋文】（俞俞），羊朱反，《廣雅》云：喜也。又音喻。（從），七容反。**夫虛靜恬淡寂漠無爲者，萬物之本也。**【註】尋其本皆在不爲中來。**明此以南鄉，堯之爲君也；明此以北面，舜之爲臣也。以此處上，帝王天子之德也；以此處下，玄聖素王之道也。**【註】此皆無爲之至也。有其道爲天下所歸而無其爵者，所謂素王自貴也。【釋文】（鄉），許亮反。本亦作「嚮」。（王），往〔二〕況反。註同。**以此退居而閒游江海，山林之士服；以此進爲而撫世，則功大名顯而天下一也。**【註】此又其次也。故退則巢、許之流，進則伊、望之倫也。夫無爲之體大矣，天下何所不爲哉。故主上不爲冢宰之任，則伊、呂靜而司尹矣，冢宰不爲百官之所執，則百官靜而御事矣；百官不爲萬民之所務，則萬民靜而安其業矣；萬民不易彼我之所能，則天下之彼我靜而自得矣。故自天子以下至于庶人，下及昆蟲，孰能有爲而成哉。是故彌無爲而彌尊也。【釋文】（閒），音閑。**靜而聖，動而王，**【註】時行則行，時止則止。**無爲也而尊，**【註】自然爲物所尊奉。

〔一〕「无」，原文寫作「天」。
〔二〕「往」，原文寫作「于」。

樸素而天下莫能與之爭美。【註】夫美配天者，唯樸素也。夫明白於天地之德者，此之謂大本大宗，與天和者也；【註】天地以無爲爲德，故明其宗本，則與天地無逆也。所以均調天下，與人和者也。【註】夫順天所以應人也，故天和至而人和盡也。與人和者，謂之人樂；與天和者，謂之天樂。【註】天樂適則人樂足矣。【釋文】（樂），音洛，下同。莊子曰：「吾師乎。吾師乎。齏萬物而不爲戾，【註】變而相雜，故曰齏。自齏耳，非吾師之暴戾。【釋文】（齏），子兮反。（戾），力計反，暴也。澤及萬世而不爲仁，【註】仁者，兼愛之名耳；無愛，故無所稱仁。長於上古而不爲壽，【註】壽者，期之遠耳；無期，故無所稱壽。【釋文】（長），丁丈反。章末〔一〕同。〔二〕覆載天地刻彫衆形而不爲巧，【註】巧者，爲之妙耳；皆自耳，故無所稱巧。此之謂天樂。【註】忘樂而樂足。【釋文】（樂），音洛。章内同。故曰：『知天樂者，其生也天行，其死也物化。靜而與陰同德，動而與陽同波。』故知天樂者，無天怨，無人非，無物累，無鬼責。故曰：『其動也天，其靜也地，【註】動靜雖殊，无心一也。一心定而王天下；其鬼不祟，其魂不疲，【註】常無心，故王天下而不疲病。【釋文】（王），往況反。註及下「王天」同。（祟），雖遂反，徐息類反。李云：禍也。一心定而萬物服。』言以虛靜推於天地，通於萬物，

〔一〕「末」，原文誤作「未」。
〔二〕「同」，原文寫作「反」。

此之謂天樂。【註】我心常静，則萬物之心通矣。通則服，不通則叛。**天樂者，聖人之心，以畜天下也。」**【註】聖人之心所以畜天下者奚爲哉？天樂而已。【釋文】（畜），許六反。註同。**夫帝王之德，以天地爲宗，以道德爲主，以無爲爲常。无爲也，則用天下而有餘；**【註】有餘者，閒暇之謂也。**有爲也，則爲天下用而不足。**【註】不足者，汲汲然欲爲物用也。欲爲物用，故可得而臣也，及其爲臣，亦有餘也。**故古之人貴夫无爲也。上无爲也，下亦无爲也，是下與上同德，下與上同德則不臣；下有爲也，上亦有爲也，是上與下同道，上與下同道則不主。**【註】夫工人無爲於刻木而有爲於用斧，主上无爲於親事而有爲於用臣。臣能親事，主能用臣；斧能刻木而工能用斧；各當其能，則天理自然，非有爲也。若乃主代臣事，則非主〔一〕矣；臣秉主用，則非臣矣。故各司其任，則上下咸得而无爲之理至矣。**上必無爲而用天下，下必有爲爲天下用，此不易之道也。**【註】無爲之言，不可不察也。夫用天下者，亦有用之爲耳。然自得此爲，率性而動，故謂之無爲也。今之爲天下用者，亦自得耳。但居下者親事，故雖舜禹爲臣，猶稱有爲。故對上下，則君静而臣動；比古今，則堯舜无爲而湯武有事。然各用其性而天機玄發，則古今上下无爲，誰有爲也。**故古之王天下者，知雖落天地，不自慮也；辯雖彫萬物，不自説也；能雖窮海内，不自爲也。**【註】夫在上者，患於不能无爲而代人臣之所司。使咎繇不得行其明断，后稷不得施其播

〔一〕「主」，原文寫作「王」。

殖，則群才失其任而主上困於役矣。故冕旒垂目而付之天下，天下皆得其自爲，斯乃无爲而无不爲者也，故上〔一〕下皆無爲矣。但上之无爲則用下，下之無爲則自用也。【釋文】（知），音智。下「愚知」同。（説），音悦。（咎），音羔。（繇），音〔二〕遥。（断），丁亂反。**天不産而萬物化，地不長而萬物育，**【註】所謂自爾。**帝王無爲而天下功。**【註】功自彼成。**故曰莫神於天，莫富於地，莫大於帝王。故曰帝王之德配天地。**【註】同乎天地之无爲也。**此乘天地，馳萬物，而用人群之道也。本在於上，末在於下；要在於主，詳在於臣。三軍五兵之運，德之末也；賞罰利害，五刑之辟，教之末也；禮法度數，形〔三〕名比詳，治之末也；鐘鼓之音，羽旄之容，樂之末也；哭泣衰絰，隆殺之服，哀之末也。此五末者，須精神之運，心術之動，然後從之者也。**【註】夫精神心術者，五末之本也。任自然運動，則五事之末不振而自舉也。【釋文】（本在於上末在於下），李云：本，天道；末，人道也。（辟），毗赤反。（比），毗至反。下同〔四〕。一音如字，云：比校詳審。（治），直吏反。下「治之至」、註「治〔五〕之道」同。（衰），音崔。（絰），田結反。

〔一〕「上」，原文寫作「之」。

〔二〕「音」，原文脱。

〔三〕「形」，原文寫作「刑」。

〔四〕原文「同」下又衍一「同」字。

〔五〕「治」，原文誤作「始」。

(殺),所界反。末學者,古人有之,而非所以先也。【註】所以先者本也。君先而臣從,父先而子從,兄先而弟從,長先而少從,男[一]先而女從,夫先而婦從。夫尊卑先後,天地之行也,故聖人取象焉。【註】言此先後雖是人事,然皆在至理中來,非聖人之所作也。【釋文】(少),詩照反。天尊,地卑,神明之位也;春夏先,秋冬後,四時之序也。萬物化作,萌區有狀;盛衰之殺,變化之流也。夫天地至神,而有尊卑先後之序,而况人道乎。【註】明夫尊卑先後之序,固有物之所不能无也。【釋文】(區),曲俱反。【互註】《易·繫辭》:天尊地卑,乾坤定矣;卑高以陳,貴[二]賤位矣。宗廟尚親,朝廷尚尊,鄉黨尚齒,行事尚賢,大道之序也。【註】言非但人倫所尚也。【釋文】(朝),直遥反。語道而非其序者,非其道也;語道而非其道者,安取道。【註】所以取道,爲有序也。是故古之明大道者,先明天而道德次之,【註】天者,自然也。自然既明,則物得其道也。道德已明而仁義次之,【註】物得其道而和,理自適也。仁義已明而分守次之,【註】理適而不失[三]其分也。分守已明而形名次之,【註】得分而物物

[一]「男」,原文誤作「卑」。
[二]「貴」,原文誤作「責」。
[三]「失」,原文誤作「夫」。

之名[一]各當其形也。形名已明而因任次之，【註】无所復改。因任已明而原省次之，【註】物各自任，則罪責除也。【釋文】（原省），所景反。原，除；省，廢也。原省已明而是非次之，【註】各以得性爲是，失性爲非。是非已明而賞罰次之。【註】賞罰者，失得之報也。夫至治之道，本在於天而末[二]極於斯。賞罰已明而愚知處宜，貴賤履位；【註】官各當其才也。仁賢不肖襲情，【註】各自行其所能之情。必分其能，【註】无相易業。【釋文】（分），方云反。必由其名。【註】名當其實，故由名而實不濫也。以此事上，以此畜下，以此治物，以此脩身，知謀不用，必歸其天，此之謂太平，治之至也。故書曰：「有形有名。」形名者，古人有之，而非所以先也。古之語大道者，五變而形名可舉，九變而賞罰可言也。【註】自先明天以下，至形名而五，至賞罰而九，此自然先後之序也。【釋文】（知），音智。（太平[三]），音泰。驟而語形名，不知其本也；驟而語賞罰，不知其始也。倒道而言，迕道而説者，人之所治也，安能治人。【註】治人者必順序。【釋文】（迕），音悟。司馬云：横也。（説），徐音悦，又如字。驟而語形名賞罰，此有知治之具，非知治之道；【註】治道先明天，不爲弃賞罰也，但當不失其先後之序耳。

[一]「名」，原文誤作「各」。
[二]「末」，原文誤作「未」。
[三]「太平」，原文誤作「天序」。

可用於天下，不足以用天下，此之謂辯士，一曲之人也。【註】夫用天下者，必大通順序之道。【重意】《荀・解蔽篇》：凡人之患蔽於一曲而闇於大理。禮法數度，刑名比詳，古人有之，此下之所以事上，非上之所以畜下也。【註】寄此事於群才，斯乃畜下也。昔者舜問於堯曰：「天王之用心何如？」堯曰：「吾不敖無告，【註】無告者，所謂頑民也。【釋文】（敖），五報反。不廢窮民，【註】恆加恩也。苦死者，嘉孺子而哀婦人。此吾所以用心已。」【互註】《書・大禹謨》：不虐无告，不廢困窮。舜曰：「美則美矣，而未大也。」堯曰：「然則何如？」舜曰：「天德而出寧，【註】與天合德，則雖出而靜。日月照而四時行，若晝夜之有經，雲行而雨施矣。」【註】此皆不爲而自然也。【釋文】（施），始豉反。堯曰：「膠膠擾擾乎。【註】自嫌有事。【釋文】（膠膠），交卯反。司馬云：和也。（擾擾），而小反。司馬云：柔也。案：如註意，膠膠擾擾，動亂之貌。子，天之合也；我，人之合也。」夫天地者，古之所大也，而黃帝堯舜之所共美也。故古之王天下者，奚爲哉？天地而已矣。孔子西藏書於周室。子路謀曰：「由聞周之徵藏史有老聃者，免而歸居，夫子欲藏書，則試往因焉。」孔子曰：「善。」往見老聃，而老聃不許，於是繙十二經以說。老聃中其說，曰：「大謾，願聞其要。」孔子曰：「要在仁義。」老聃曰：「請問，仁義，人之性邪？」孔子曰：「然。君子不仁則不成，不義則不生。仁義，真人之性也，又將奚爲矣？」老聃曰：「請問，何謂仁義？」孔

子曰：「中心物愷，兼愛無私，此仁義之情也。」【註】此常人之所謂仁義者也，故寄孔老以正之。【釋文】（王），往况反。（藏書），司馬云：藏其所著書也。（徵藏），才浪反。司馬云：徵藏，藏名也。一云：徵，典也。（史），藏府之史。（老聃），吐甘反。或云：老聃是孔子時老子號也。（免而歸），言老子見周之末不復可匡，所以辭去也。（繙），敷袁反。徐又音盤，又音煩。司馬：煩冤也。（十二經），説者云：《詩》《書》《禮》《樂》《易》《春秋》六經，又加六緯，合爲十二經也。一説云：《易》上下經並十翼爲十二。又一云：《春秋》十二公經也。（説），如字，又始鋭反。絶句。（中），丁仲反。（其説），如字。絶句。（大），音泰，徐敕佐反。（謾），末旦反，郭武諫反。（物），本亦作「勿」。（愷），開待反。司馬云：樂也。**老聃曰：「意，幾乎後言。夫兼愛，不亦迂乎。**【註】夫至仁者，无愛而直前也。【釋文】（意），於其反。司馬云：不平〔一〕声也。下同。（幾），音機。司馬本作「頎」，云：頎，長也，復言長也。（迂乎），音于。**無私焉，乃私也。**【註】世所謂無私者，釋己而愛人。夫愛人者，欲人之愛己，此乃甚私，非忘公而公也。**夫子若欲使天下无失其牧乎？則天地固有常矣，日月固有明矣，星辰固有列矣，禽獸固有群矣，樹木固有立矣。**【註】皆已自足。【釋文】（牧），司馬云：牧，養也。**夫子亦放德而行，循道而趨，已至矣；**【註】不待於兼愛也。【釋文】（放），方往反。**又何偈偈乎揭仁義，若擊鼓而求亡子焉？**【註】

〔一〕「平」，原文誤作「乎」。

無由得之。【釋文】（偈偈），居謁反，又巨謁反。或云：用力之貌。（揭），其謁反，又音傑。**意，夫子亂人之性也。」**【註】事至而愛，當義而止，斯忘仁義者也，常念之則亂真矣。**士成綺見老子而問曰：「吾聞夫子聖人也，吾固不辭遠道而來願見，百舍重趼而不敢息。今吾觀子，非聖人也。鼠壤有餘蔬，**【註】言其不惜物也。【釋文】（士成綺），如字，又魚紙反。士成綺，人姓名也。（見），賢遍反。下同。（百舍），司馬云：百日止宿也。（重），直龍反。（趼），古顯反。司馬云：胝也。胝，音陟其反。許慎云：足指約中斷傷爲趼。（餘蔬），所居反，又音所。司馬云：蔬讀曰糈。糈，粒也。鼠壤內有遺餘之粒，穢惡過甚也。一云：如鼠之堆壤，餘益蔬外也。**而棄妹不仁也，**【註】无近恩，故曰弃。【釋文】（弃妹），一本作「妹之者」。（不仁），《釋名》云：妹，末也。謂末學之徒，須慈誘之，乃見弃薄，不仁之甚也。**生熟不盡於前，**【註】至足，故恆有餘。【釋文】（生熟），司馬云：生，膾也。一云：生熟，謂好惡也。**而積斂無崖。」**【註】萬物歸懷，來者受之，不小立界畔也。【釋文】（積），子亦反，李[一]子賜反。（斂），力檢反，李狸艷反。**老子漠然不應。**【註】不以其言概意。**士成綺明日復見，曰：「昔者吾有刺於子，今吾心正郤矣，何故也？」**【註】自怪刺譏之心，所以壞也。【釋文】（復），扶又反。（刺），千賜反。（郤），去逆反。或云：息也。**老子曰：「夫巧知神聖之人，吾自以爲脱焉。**【註】脱，過去也。【釋文】（巧），苦教反，又

[一]「李」，原文誤作「季」。

如字。（知），音智。（脱），徒活反。註同。昔者子呼我牛也而謂之牛，呼我馬也而謂之馬。【註】隨物所名。苟有其實，人與之名而弗受，【註】有實故不以毁譽經心也。【釋文】（譽），音餘，下同。再受其殃。【註】一毁一譽，若受之於心，則名實俱累，斯所以再受其殃也。吾服也恆服，【註】服者，容行之謂也。不以毁譽自殃，故能不變其容。【釋文】（行），如字。吾非以服有服。」【註】有爲爲之，則不能恆服。士成綺鴈行避影，履行遂進而問：「脩身若何？」老子曰：「而容崖然，【註】進趨不安之貌。而目衝然，【註】衝出之貌。而顙頯然，【註】高露發美之貌。【釋文】（顙頯），上息黨反，下去軌反。本又作「顯」，如字。司〔二〕馬本作「頯」。而口闞然，【註】虓豁之貌。【釋文】（闞），郭許覽反，又火斬反，又火暫反〔三〕。（虓），火交反。（豁），火括反。而狀義然，【註】踶跂自持之貌。【釋文】（踶），直氏反。（跂），去氏反。似繫馬而止也。【註】志在奔馳。動而持，【註】不能自舒放也。發也機，【註】趣舍速也。察而審，【註】明是非也。知巧而睹於泰，【註】泰者，多於本性之謂也。巧於見泰，則拙於抱朴。凡以爲不信。【註】凡此十事，以爲不信性命而蕩夫毁譽，皆非脩身之道也。邊竟有人焉，其名爲竊。」【註】亦知汝所行，非正人也。【釋文】（邊竟），音境。（有人焉其名爲竊），邊垂之人，不聞知礼樂之正，縱

〔二〕「司」，原文誤作「同」。
〔三〕「反」，原文誤作「云」。

有言語，偶會墳典，皆是竊盜所得，其道何足語哉。司馬云：言遠方嘗有是人。**老子曰：「夫道，於大不終，於小不遺，故萬物備。廣廣乎其无不容也，淵乎其不可測也。形德仁義，神之末也，非至人孰能定之。夫至人有世，不亦大乎。而不足以爲之累。**【註】用世，故不患其大也。**天下奮棅而不與之偕，**【註】静而順之。【釋文】（棅），音柄。司馬云：威權也。李丑倫反。一本作「棟」。**審乎無假而不與利遷，**【註】任真而直往也。**極物之真，能守其本，故外天地，遺萬物，而神未嘗有所困也。通乎道，合乎德，退仁義，**【註】進道德也。**賓禮樂，**【註】以情性爲主也。**至人之心有所定矣。」**【註】定於无爲也。**世之所貴道者書也，書不過語，語有貴也。語之所貴者意也，意有所隨。意之所隨者，不可以言傳也，而世因貴言傳書。世雖貴之哉，我[一]猶不足貴也，爲其貴非其貴也。**【註】其貴恆在意言之表。【釋文】（傳），丈[二]專反。後同。（爲），于僞反。**故視而可見者，形與色也；聽而可聞者，名與聲也。悲夫，世人以形色名聲爲足以得彼之情。夫形色名聲果不足以得彼之情，**【註】得彼情，唯忘言遺書者耳。**則知者不言，言者不知，而世豈識之哉。**【註】此絶學去知[三]之意也。【釋文】

[一]「我」，原文脱。
[二]「丈」，原文誤作「大」。
[三]「知」，原文誤作「尚」。

（知），如字。下同。或並音智。（去），起呂反。**桓公讀書於堂上。輪扁斲輪於堂下，釋椎鑿而上，問桓公曰：「敢問公之所讀爲何言邪？」公曰：「聖人之言也。」曰：「聖人在乎？」公曰：「已死矣。」曰：「然則君之所讀者，古人之糟魄已夫。」桓公曰：「寡人讀書，輪人安得議乎。有説則可，无説則死。」輪扁曰：「臣也以臣之事觀之。斲輪，徐則甘而不固，疾則苦而不入。不徐不疾，得之於手而應於心，口不能言，有數存焉於其間。臣不能以喻臣之子，臣之子亦不能受之於臣，是以行年七十而老斲輪。**【註】此言物各有性，教學之无益也。【釋文】（桓公），李云：齊桓公也，名小白。（輪扁），音篇，又符殄反。司馬云：斲輪人也，名扁。（斲），陟角反。（椎），直追反。（上），時掌反。（糟），音遭。李云：酒滓也。（魄），普各反。司馬云：爛食曰魄。一云：糟爛爲魄。本又作「粕」，音同。許慎云：粕，已漉麤糟也。或普白反，謂魂魄也。（已夫），音符。絶句。或如字。（甘），如字，又音酣。司馬云：甘者，緩也。苦者，急也。（數），李云：色註反，數，術也。**古之人與其不可傳也死矣，然則君之所讀者，古人之糟魄已夫。」**【註】當古之事，已滅於古矣，雖或傳之，豈能使古在今哉。古不在今，今事已變，故絶學任性，與時變化而後至焉。【釋文】（人與），如字，又一音餘。（傳），直專反。註同。

莊子外篇天運第十四

【釋文】《音義》曰：以義名篇。「天運」，司馬作「天員」。

「天其運乎？【註】不運而自行也。【釋文】（運），《爾雅》云：運，徙也。《廣雅》云：轉也。**地其處乎？**【註】不處而自止也。**日月其爭於所乎？**【註】不爭所而自代謝也。**孰主張是？孰維綱是？**【註】皆自爾。**孰居無事推而行是？**【註】無則無所能推，有則各自有事。然則无事而推行是者誰乎哉？各自行耳。【釋文】（推），如字，一音吐回反。司馬本作「誰」。**意者其有機緘而不得已邪？意者其運轉而不能自止邪？**【註】自爾，故不可知也。【釋文】（緘），古咸反，徐古陷反。司馬本作「咸」，云：引也。**雲者爲雨乎？雨者爲雲乎？**【註】二者俱不能相爲，各自爾也。【釋文】（爲），于僞反。下及註同。**孰隆施是？孰居無事淫樂而勸是？風起北方，一西一東，有上彷徨，孰噓吸是？孰居無事而披拂是？敢問何故？」**【註】設問所以自爾之故。【釋文】（施），音弛，式氏反。（樂），音洛，又音嶽。（勸），司馬本「勸」作「倦」，云：讀曰隨〔一〕，言誰无所作，在隨〔二〕天往來，運轉无已也。（上），時掌反。（彷），薄皇反。（徨），音皇。司馬本

〔一〕「隨」，原文寫作「送」。
〔二〕「在隨」，原文寫作「主送」。

作「旁皇」，云：旁皇，飆風也。（噓），音虚。（吸），許急反。（披），芳皮反。（拂），芳弗反，郭扶弗反。披拂，風貌。司馬本作「翇」。**巫咸祒曰：「來。吾語女。天有六極五常，**【註】夫物事之近，或知其故，然尋其原以至乎極，則無故而自爾也。自爾則無所稍問其故也，但當順之。【釋文】（巫咸祒），赤遥[一]反，郭音條，又音紹。李云：巫咸，殷相也。祒，寄名也。（語），魚據反。（女），音汝。後皆同。（六極），司馬云：四方上下也。**帝王順之則治，逆之則凶。**【註】夫假學可變，而天性不可逆也。**九洛之事，治成德備，監照下土，天下戴[二]之，此謂上皇。」**【註】順其自爾故也。**商大宰蕩問仁於莊子。莊子曰：「虎狼，仁也。」曰：「何謂也？」莊子曰：「父子相親，何爲不仁？」曰：「請問至仁。」莊子曰：「至仁無親。」**【註】無親者，非薄惡之謂也。夫人之一體，非有親也；而首自在上，足自處下，府藏居内，皮毛在外；外内上下，尊卑貴賤，於其體中各任其極，而未有親愛於其間也。然至仁足矣，故五親六族，賢愚遠近，不失分於天下者，理自然也，又奚取於有親哉。【釋文】（大），音泰，下文「大息」同。（宰蕩），司馬云：商，宋[三]也，大宰，官也，蕩，字也。（藏），才浪反。**大宰曰：「蕩聞之，無親則不愛，不愛則不孝。謂至仁不孝，可乎？」莊子曰：「不然。夫至仁尚矣，孝固不足以言之。**【註】必言之於忘仁忘孝之

[一]「遥」，原文寫作「逕」。
[二]「戴」，原文寫作「載」。
[三]「宋」，原文寫作「末」。

地，然後至矣。【釋文】（蕩），一本「蕩」作「盈」，崔本同。或云：盈，大宰字。**此非過孝之言也，不及孝之言也。**【註】凡名生於不及者，故過仁孝之名而涉乎無名之境，然後至焉。**夫南行者至於郢，北面而不見冥山，是何也？則去之遠也。**【註】冥山在乎北極，而南行以觀之；至仁在乎無親，而仁愛以言之；故郢雖見而愈遠冥山，仁孝雖彰而愈非至理也。【釋文】（郢），以井反，又以政反，楚都也，在江陵北。（冥），司馬云：北海山名。（遠），于萬反。**故曰：以敬孝易，以愛孝難；以愛孝易，而忘親難；忘親易，使親忘我難；使親忘我易，兼忘天下難；兼忘天下易，使天下兼忘我難。**【註】夫至仁者，百節皆適，則終日不自識也。聖人在上，非有爲也，恣之使各自得而已耳。自得其爲，則衆務自適，群生自足，天下安得不各自忘我哉。各自忘矣，主其安在乎？斯所謂兼忘也。【釋文】（易），以豉反。下皆同。**夫德遺堯舜**〔一〕**而不爲也，**【註】遺堯舜，然後堯舜之德全耳；若係之在心，則非自得也。**利澤施於萬世，天下莫知也，**【註】泯然常適。**豈直太息而言仁孝乎哉。**【註】失於江湖，乃思濡沫。**夫孝悌仁義，忠信貞廉，此皆自勉以役其德者也，不足多也。故曰，至貴，國爵并焉；**【註】并者，除弃之謂也。夫貴在於身，身猶忘之，況國爵乎。斯貴之至也。【釋文】（并），必領反。弃，除也。**至富，國財并焉；**【註】至富者，自足而已，故除天下之財也。**至願，名譽并焉。**【註】所至願者適也，得適而仁孝之名都去

〔一〕「舜」，原文誤作「愛」。

矣。是以道不渝。」【註】去華取實故也。北門成問於黃帝曰：「帝張咸池之樂於洞庭之野，吾始聞之懼，復聞之怠，卒聞之而惑；蕩蕩默默，乃不自得。」【註】不自得，坐忘之謂也。【釋文】（北門成），人姓名也。（懼），如字。或音句，下同。一本作「戄」，音況縛反。案：《説文》「懼」是正字，「戄」古文。帝曰：「女殆其然哉。吾奏之以人，徵之以天，行之以禮義，建之以大[一]清。【註】由此觀之，知夫至樂者，非音聲之謂也；必先順乎天，應乎人，得於心而適於性，然後發之以聲，奏之以曲耳。故咸池之樂，必待黃帝之化而後成焉。【釋文】（徵），如字。古本多作「徵」。（大），音泰。夫至樂者，先應之以人事，順之以天理，行之以五德，應之以自然，然後調理四時，太和萬物。四時迭起，萬物循生；一盛一衰，文武倫經；一清一濁，陰陽調和，流光其聲；【註】自然律呂以滿天地之間，但當順而不奪，則至樂全。【釋文】（迭），大節反。一本作「遞」，大計反。蟄蟲始作，吾驚之以雷霆；【註】因其自作而用其所以動。【釋文】（蟄），沈執反，郭音執。《爾雅》云：静也。（霆），音廷，又音挺，徒佞反。電也。其卒無尾，其始無首；【註】運轉無極。一死一生，一僨一起；所常無窮，【註】以變化爲常，則所常者无窮也。【釋文】（僨），方問反。司馬云：仆也。而一不可待。女故懼也。【註】初聞无窮之變，不能待之以一，故懼然悚聽。吾又奏之以陰陽之和，燭之以日月之明；【註】所謂用天

[一]「大」，原文寫作「太」。

之道。**其聲能短能長，能柔能剛；變化齊一，不主故常；**【註】齊一於變化，故不主故常。**在谷滿谷，在阬滿阬；**【註】至樂之道，无不周也。【釋文】（阬），苦庚反。《爾雅》云：虛也。**塗郤守神，**【註】塞其兑也。【釋文】（郤），去逆反，與「隙」義同。（兑），徒外反。**以物爲量。**【註】大制不割。【釋文】（量），音亮。**其聲揮綽，**【註】所謂闡諧。**其名高明。**【註】名當其實，則高明也。**是故鬼神守其幽，**【註】不離其所。【釋文】（離），力智反。**日月星辰行其紀。**【註】不失其度。**吾止之於有窮，**【註】常在極上住也。**流之於無止。**【註】隨變而往也。**予欲慮之而不能知也，望之而不能見也，逐之而不能及也；**【註】故闇然恣使化去。**儻然立於四虛之道，**【註】弘敞無偏之謂。【釋文】（儻），敕黨反，一音敞。**倚於槁梧而吟。**【註】无所復爲也。【釋文】（倚），於綺反。（槁），枯老反。**目知窮乎所欲見，力屈乎所欲逐，吾既不及已夫。**【註】言物之知力各有所齊限。【釋文】（知），音智。（齊），才細反。**形充空虛，乃至委蛇。女委蛇，故怠。**【註】大形充空虛，无身也，无身故能委蛇。委蛇任性，而悚懼之情怠也。【釋文】（委），於危反。徐如字。（蛇），以支反。又作「施」，徐音絁。**吾又奏之以無怠之聲，**【註】意既怠矣，乃復無怠，此其至也。**調之以自然之命，**【註】命之所有者，非爲也，皆自然耳。**故若混逐叢生，**【註】混然無係，隨叢而生。【釋文】（叢），才公反。**林樂而無形；**【註】至樂者，適而已。適在體中，故无別形。【釋文】（樂），音洛，亦如字。**布揮而不曳，**【註】自布耳。【釋文】（揮），音輝。《廣雅》云：振也。幽昏而無聲。【註】所謂至樂。動於無方，【註】夫動者豈有方而後動哉。居於窈冥；【註】所謂寧極。【釋文】（窈），烏了反。或謂之死，或謂之生；或謂之實，或謂之榮；行流散徙，不主常聲。【註】隨物變化〔一〕。世疑之，稽於聖人。【註】明聖人應世非〔二〕唱也。【釋文】（稽），古兮反。聖也者，達於情而遂於命也。【註】故有情有命者，莫不資焉。天機不張而五官皆備，此之謂天樂，【註】忘樂而樂足，非張而後備。無言而心説。【註】心説在適，不在言也。【釋文】（説），音悦。註同。故有焱氏爲之頌曰：『聽之不聞其聲，視之不見其形，充滿天地，苞裹六極。』女欲聽之而無接焉，而故惑也。【註】此乃無樂之樂，樂之至也。【釋文】（焱），必遥反。本亦作「炎」。（苞），音包。本或作「包」。樂也者，始於懼，懼故祟；【註】懼然竦聽，故是祟〔三〕耳，未大和也。【釋文】（祟），雖遂反。吾又次之以怠，怠故遁；【註】迹稍滅也。卒之於惑，惑故愚；愚故道，道可載而與之俱也。」【註】以無知爲愚，愚乃至也。【重意】《記·中庸》：鬼神視之而弗見，聽之而弗聞。《大學》：心不在焉，視而不見，聽而不聞。《莊·天運篇》：聽之不聞其聲，視之不見其形。孔子西遊於衛。顏淵問師

〔一〕「化」，原文寫作「也」。
〔二〕原文「世非」二字倒乙。
〔三〕「祟」，原文誤作「崇」。

金曰：「以夫子之行爲奚如？」師金曰：「惜乎，而夫子其窮哉。」顔淵曰：「何也？」師金曰：「夫芻狗之未陳也，盛以篋衍，巾以文繡，尸祝齊戒以將之。及其已陳也，行者踐其首脊，蘇者取而爨之而已；將復取而盛以篋衍，巾以文繡，遊居寢臥其下，彼不得夢，必且數眯焉。【註】廢弃之物，於時無用，則更致他妖也。【釋文】（師金），李云：師，魯太〔一〕師也。金，其名也。（行），下孟反。（芻狗），李云：結芻爲狗，巫祝用之。（盛），音成。下同。（篋），苦牒反。本或作「筐」。（衍），延善反，郭怡面反。李云：笥也，盛狗之物也。司馬云：合也。（齊戒），側皆反。本亦作「齋」。（蘇），李云：蘇，草也，取草者得以炊也。案：《方言》云：江淮南楚之間謂之蘇。《史記》云：樵蘇後爨，註云：蘇，取草也。（爨），七丸反。（復），扶又反。（且），如字。徐子餘反。（數），音朔。（眯），李音米，又音美。《字林》云：物入眼爲病也。司馬云：厭也。音一琰反。**今而夫子，亦取先王已陳芻狗，聚〔二〕弟子遊居寢臥其下。故伐樹於宋，削迹於衛，窮於商周，是非其夢邪？圍於陳蔡之間，七日不火食，死生相與鄰，是非其眯邪？**【註】此皆絶聖弃〔三〕知之意耳，无所稍嫌也。夫先王典礼，所以適時用也。時過而不弃，即爲民妖，所以興矯效之端也。【互註】《老·五章》：天地不仁，以萬物爲芻狗，聖人不仁，以百姓爲芻狗。**夫水**

〔一〕「太」，原文寫作「大」。
〔二〕「聚」，原文寫作「取」。
〔三〕「弃」，原文誤作「充」。

行莫如用舟，而陸行莫如用車。以舟之可行於水也而求推之於陸，則没世不行尋常。古今非水陸與？周魯非舟車與？今蘄行周於魯，是猶推舟於陸也，勞而無功，身必有殃。彼未知夫無方之傳，應物而不窮者也。【註】時移世異，礼亦宜變，故因物而無所係焉，斯不勞而有功也。【釋文】（推），郭吐回反，又如字。下同。（與），音餘。下同。（蘄），音祈，求也。（無方之傳），直專反，下註同。司馬云：方，常也。且子獨不見夫桔槔者乎？引之則俯，舍之則仰。彼，人之所引，非引人也，故俯仰而不得罪於人。故夫三皇五帝之禮義法度，不矜於同而矜於治。【註】期於合時宜，應治體而已。【釋文】（桔），音結。（槔），音羔。（治），直吏反，註同。故譬三皇五帝之禮義法度，其猶柤梨橘柚邪。其味相反而皆可於口。故禮義法度者，應時而變者也。【註】彼以爲美而此或以爲惡，故當應時而變，然後皆適〔一〕也。【釋文】（柤），側加反。（柚），由救反。今取猨狙而衣以周公之服，彼必齕齧挽裂，盡去而後慊。觀古今之異，猶猿狙之異乎周公也。故西施病心而矉其里，其里之醜人見而美之，歸亦捧心而矉其里。其里之富人見之，堅閉門而不出，貧人見之，挈妻子而去之走。彼知矉美〔二〕而不知矉之所以美。【註】況夫禮義，當其時而用之，則西施也；時過而不棄，則醜人也。【釋文】（猨），

〔一〕「適」，原文寫作「通」。
〔二〕原文「矉美」二字倒乙。

音袁。（狙），七餘反。（衣），於既反。（齕），音紇。（挽），音晚。（去），起呂反。（慊），苦牒反。李云：足也。本亦作「嗛」，音同。（矉），徐扶真反，又扶人反。《通俗文》云：蹙額曰矉。（其里），絶句。（捧），敷勇反，郭音奉。（挈），苦結反。惜乎，而夫子其窮哉。」孔子行年五十有一而不聞道，乃南之沛見老聃。老聃曰：「子來乎？吾聞子，北方之賢者也，子亦得道乎？」孔子曰：「未得也。」老子曰：「子惡乎求之哉？」曰：「吾求之於度數，五年而未得也。」老子曰：「子又惡乎求之哉？」曰：「吾求之於陰陽，十有二年而未得。」【註】此皆寄孔老以明絶學之義也。【釋文】（沛），音貝。司馬云：老子，陳國相人。相，今屬苦縣，與沛相近。（惡），音烏，下同。老子曰：「然。使道而可獻，則人莫不獻之於其君；使道而可進，則人莫不進之於其親；使道而可以告人，則人莫不告其兄弟；使道而可以與人，則人莫不與其子孫。然而不可者，无他也，中无主而不止，【註】心中无[二]受道之質，則雖聞道而過去也。外无正而不行。【註】中无主，則外物亦无正己者也，故未嘗通也。由中出者，不受於外，聖人不出；【註】由中出者，聖人之道也，外有能受之者乃出耳。由外入者，无主於中，聖人不隱。【註】由外入者，假學以成性者也。雖性可[三]學成，然要當内有其質，若无主於中，則无以藏聖道也。

[二]「无」，原文誤作「天」。
[三]「性可」，原文寫作「由假」。

名，公器也，【註】夫名者，天下之所共用。【釋文】（名公器），《釋名》云：名，鳴也。公〔一〕，平也。器，用也。尹文子云：名有三科：一曰命物之名，方圜是也；二曰毀譽之名，善惡是也；三曰〔二〕況謂之名，愛憎是也。今〔三〕此是毀譽之名也。不可多取。【註】矯飾過實，多取者也，多取而天下亂也。仁義，先王之蘧廬也，【註】猶傳舍也。【釋文】（蘧），音渠。司〔四〕馬、郭云：蘧廬，猶傳舍也。止可以一宿而不可久處，覯而多責。【註】夫仁義者，人之性也。人性有變，古今不同也。故遊寄而過去則冥，若无滯而舍於一宿則見。見則僞生，僞生而責多矣。【釋文】（覯），古且反，見也，遇也。古之至人，假道於仁，託宿於義，【註】隨時而變，无常迹也。以遊逍遥之虚，食於苟簡之田，立於不貸之圃。逍遥，无爲也；【註】有爲則非仁義。【釋文】（虚），音墟。本亦作「墟」。（苟簡），王云：苟，且也。簡，略也。司馬本「簡」作「間」，云：分别也。（貸），敕敗反。司馬云：施惠也。（圃），音補。苟簡，易養也；【註】且從其簡，故易養也。【釋文】（易），以豉反。註同。不貸，无出也。【註】不貸者，不損己以爲物也。【釋文】（爲），于僞反。古者謂是采

〔一〕「公」，原文誤作「名」。
〔二〕「曰」，原文寫作「者」。
〔三〕「今」，原文寫作「凡」。
〔四〕「司」，原文誤作「同」。

真之遊。【註】遊而任之，則真采也。采真則色出僞入。**以富爲是者，不能讓祿；以顯爲是者，不能讓名；親權者，不能與人柄。**【註】天下未有以所非自累[一]者，而各没命於所是。所是而以没其命者，非立乎不貸之圃也。**操之則慄，舍之則悲，**【註】舍之悲者，操之不能不慄也。【釋文】（操），七刀反。（舍），音捨。註同。**而一無所鑒，以闚其所不休者，是天之戮民也。**【註】言其知進而不知止，則性命喪矣，所以爲戮。【釋文】（喪），息浪反。**怨恩取與諫教生殺，八者，正之器也，唯循大變無所湮者爲能用之。故曰，正者，正也。其心以爲不然者，天門弗開矣。」**【註】守故不變，則失正矣。【釋文】（湮），音因。李云：塞也，亦滯也。郭音煙，又烏節反。司馬本作「歅」，疑也。簡文作「甄」，云：隔也。（天門），一云：謂心也，一云：大道也。**孔子見老聃而語仁義。老聃曰：「夫播穅眯目，則天地四方易位矣；蚊虻噆膚，則通昔不寐矣。**【註】外物加[二]之雖小，而傷性已大也。【釋文】（播），甫佐反，又彼我反。（穅），音康。字亦作「康」。（蚊），音文。字亦作「蟁」。（虻），音盲，字亦作「蝱」。（噆），子盍反。郭子合反。司馬云：齧也。（通昔），昔，夜也。**夫仁義憯然乃憤吾心，亂莫大焉。**【註】尚之以加其性，故乱。

[一] 「累」，原文寫作「果」。
[二] 「加」，原文寫作「物」。

【釋文】（憯），七感〔一〕反。（憒），扶粉反。本又〔二〕作「憒」，古内反。**吾子使天下无失其朴，**【註】質全而仁義著。**吾子亦放風而動，總德而立矣，**【註】風自動而依之，德自立而秉之，斯易持易行之道也。【釋文】（放），方往反。（風而動），司馬云：放，依也。依无爲之風而動也。（易持易行），並以豉反。**又奚傑然若負建鼓而求亡子者〔三〕邪？**【註】言夫揭仁義以趨道德之鄉，其猶擊鼓而求逃者，无〔四〕由得也。【釋文】（傑），郭居竭反，又居謁反、巨竭反。（揭），其列、其謁二反。**夫鵠不日浴而白，烏不日黔而黑。**【註】自然各已足。【釋文】（鵠），本又作「鶴」，同。胡洛反。（黔），巨淹反，徐其金反。司馬云：黑也。**黑白之朴，不足以爲辯；**【註】俱自然耳，无所偏尚。**名譽之觀，不足以爲廣。**【註】夫至足者忘名譽，忘名譽乃廣耳。【釋文】（觀），古乱反。司馬本作「讙」。**泉涸，魚相與處於陸，相呴以濕，相濡以沫，**【註】言仁義之譽，皆生於不足。【釋文】（涸），胡洛反。（呴），況付反，又況于反。（濡），如主反，又如羽反。（沫），音末〔五〕。**不若相忘於江湖。」**【註】斯乃忘仁而仁者也。【釋文】（相忘），並如字。**孔子見老聃歸，三日不談。弟子問**

〔一〕「感」，原文誤作「惑」。
〔二〕「又」，原文誤作「人」。
〔三〕「者」，原文誤作「皆」。
〔四〕「无」，原文誤作「天」。
〔五〕「末」，原文誤作「未」。

曰：「夫子見老聃，亦將何規哉？」孔子曰：「吾乃今於是乎見龍。龍，合而成體，散而成章，【註】謂老聃能變化。【釋文】（不談），本亦作「不言」。乘乎雲氣而養乎陰陽。【註】言其因御无方，自然已足。予口張而不能嗋，予又何規老聃哉。」子貢曰：「然則人固有尸居而龍見，雷聲而淵默，發動如天地者乎？賜亦可得而觀乎？」遂以孔子聲見老聃。老聃方將倨堂而應，微曰：「予年運而往矣，子將何以戒我乎？」子貢曰：「夫三王五帝之治天下不同，其係聲名一也。而先生獨以爲非聖人，如何哉？」老聃曰：「小子少進。子何以謂不同？」對曰：「堯授舜，舜授禹，禹用力而湯用兵，文王順紂而不敢逆，武王逆紂而不肯順，故曰不同。」老聃曰：「小子少進。余語女三皇五帝之治天下。黃帝之治天下，使民心一，民有其親死不哭而民不非也。【註】若非之，則強哭。【釋文】（嗋），許劫反，合也。（見），賢遍反。（賜亦），本又作「賜也」。（倨），居慮反，踞也。（三王），本或作「三皇」，依註作「王」是也。餘皆作「三皇」。（語），魚據反。下同。（強），其丈反。堯之治天下，使民心親，民有爲其親殺其殺而民不非也。【註】殺，降也。言親疏者降殺。【釋文】（爲），于僞反。（殺其殺），並所戒反，降也。註同。舜之治天下，使民心競，民孕婦十月生子，子生五月而能言，【註】教之速也【釋文】（孕），以證反。不至乎孩而始誰，【註】誰者，別人之意也。未孩已擇人，言其競教速成也。【釋文】（孩），亥才反。《說文》云：笑也。（別），彼列反。下同。

則人始有夭矣。【註】不能同彼我，則心競於親疏，故不終其天〔一〕年也。**禹之治天下，使民心變，人有心而兵有順，**【註】此言兵有順，則天下已有不順故也。**殺盜非殺，**【註】盜自應死，殺之順也，故非殺。**人自爲種而天下耳，**【註】不能大齊萬物而人人自別，斯人自爲種也。承百代之流而會乎當今之變，其弊至於斯者，非禹也，故曰天下耳。言聖知之迹非乱天下，而天下必有斯亂。【釋文】（種），章勇反。註同。**是以天下大駭，儒墨皆起。**【註】此乃百代之弊。【釋文】（駭），胡楷反。**其作始有倫，而今乎婦女，**【註】今之以女爲婦而上下悖逆者，非作始之无理，但至理之弊，遂至於此。**何言哉。**【註】弊生於理，故无所復言。【釋文】（復），扶又反。**余語女，三皇五帝之治天下，名曰治之，而亂莫甚焉。**【註】必弊故也。**三皇之知，上悖日月之明，下睽山川之精，中墮四時之施。其知憯於蠣蠆之尾，鮮規之獸，莫得安其性命之情者，而猶自以爲聖人，不可恥乎，其无恥也？」子貢蹴蹴然立不安。**【註】子貢本謂老子獨絕三王，故欲同三王於五帝耳。今又見老子通毀五帝，上及三皇，則失其所以爲談矣。【釋文】（知），音智，下同。（悖），補對反。（睽），苦圭反，又音圭，乖也。（墮），許規反。（施），式豉反。（憯），七感反。（蠣），敕邁反，又音例。本又作「厲」。郭音賴，又敕界反。（蠆），許謁反，或敕邁反。或云：依字，上當作「蠆」，下當作「蠍」。《通俗文》云：長尾爲蠆，短尾爲蠍。（鮮規之獸），李云：鮮規，明貌。一云：

〔一〕「天」，原文誤作「夫」。

小蟲也。一云：小獸也。（蹴），子六反。孔子謂老聃曰：「丘治《詩》《書》《禮》《樂》《易》《春秋》六經，自以爲久矣，孰知其故矣。以奸者七十二君，論先王之道而明周召之迹，一君無所鉤用。甚矣夫。人之難説也，道之難明邪？」老子曰：「幸矣子之不遇治世之君也。夫六經，先王之陳迹也，豈其所以迹哉。【註】所以迹者，真性也。夫任物之真性者，其迹則六經也。【釋文】（奸），音干。《三蒼》云：犯也。（鉤），取也。（矣夫），音符，篇末同。（説），始鋭反。（治），直吏反。今子之所言，猶迹也。夫迹，履之所出，而迹豈履哉。【註】况今之人事，則以自然爲履，六經爲迹。夫白鶂之相視，眸子不運而風化；蟲，雄鳴於上風，雌應於下風而化；【註】鶂以眸子相視。蟲以鳴聲相應，俱不待合而便生子，故曰風化。【釋文】（鶂），五歷反。《三蒼》云：鶂鶂也。司馬云：鳥子也。（相視眸），茂侯反。（子不運而風化），司馬云：相待風氣而化生也。又云：相視而成陰陽。（蟲雄鳴於上風雌應於下風而化），一本作「而風化」。司馬云：雄者，黿類；雌者，鱉類。類自爲雌雄，故風化。【註】夫同類之雌雄，各自有以相感。相感之異，不可勝極，苟得其類，其化不難，故乃有遥感而風化也。【釋文】（類自爲雌雄故風化），或説云：方之物類，猶如草木〔二〕異種而同類也。《山海經》云：亶爰之山有獸焉，其

〔二〕「木」，原文誤作「土」。

狀如狸而有髮，其名曰師類；帶山有鳥，其狀如鳳〔一〕，五采文，其名曰奇類，皆自牝牡〔二〕也。（勝），音升。**性不可易，命不可變，時不可止，道不可壅。**【註】故至人皆順而通之。【釋文】（壅），於勇反。**苟得於道，无自而不可；**【註】雖化者无方而皆可也。**失焉者，无自而可。」**【註】所在皆不可也。**孔子不出三月，復見曰：「丘得之矣。烏鵲孺，魚傅沫，細要者化，**【註】言物之自然，各有性也。【釋文】（復），扶又反。（見），賢遍反，又如字。（烏鵲孺），如喻反。李云：孚乳而生也。（傅），音附，又音付。本亦作「傳」，直專反。（沫），音末。司馬云：傅沫者，以沫相育也。一云：傅口中沫，相與而生子也。（細要），一遥反。（者化），蜂之屬也。司馬云〔三〕：取桑蟲祝使似己也。案：即《詩》所謂「螟蛉有子，果蠃負之」。**有弟而兄啼。**【註】言人之性舍長而視幼，故啼也。【釋文】（舍），音捨。（長），張丈反。**久矣夫丘不與化爲人。不與化爲人，安能化人。」**【註】夫與化爲人者，任其自化者也。若播〔四〕六經以説則疏也。**老子曰：「可。丘得之矣。」**

〔一〕「鳳」，原文誤作「鳥」。
〔二〕「牝牡」，原文誤作「牡牡」。
〔三〕「云」，原文誤作「去」。
〔四〕「播」，原文寫作「繙」。

纂圖互註南華真經卷第六

莊子外篇刻意第十五【釋文】《音義》曰：以義名篇。

刻意尚行，離世異俗，高論怨誹，爲亢而已矣，此山谷之士，非世之人，枯槁赴淵者之所好也；語仁義忠信，恭儉推讓，爲脩而已矣，此平世之士，教誨之人，遊居學者之所好也；語大功，立大名，禮君臣，正上下，爲治而已矣，此朝廷之士，尊主彊國之人，致功并兼者之所好也；就藪澤，處閒曠，釣魚閒處，無爲而已矣，此江海之士，避世之人，閒暇者之所好也；吹呴呼吸，吐故納新，熊經鳥申，爲壽而已矣，此道引之士，養形之人，彭祖壽考者之所好也。【註】此數子者，所好不同，恣其所好，各之其方，亦所以爲逍遥也。然此僅各自得，焉能靡所不樹哉。若夫使萬物各得其分而不自失者，故當付之无所執爲也。【釋文】（刻意），司馬云：刻，削也，峻其意也。案：謂削意令峻也。《廣雅》云：意，志也。（行），下孟反。（離），力智反。（論），力困反。（怨誹），非謂反，徐音非。李云：非世无道，怨己不遇也。（亢〔二〕），苦浪反。李云：窮高曰亢。（槁），苦老反。（赴淵），司馬云：枯槁，若鮑焦、介推；赴淵，若申徒狄。（好），呼報反。下及註皆同。（治），直吏反。下同。（朝），直遥反。（藪），素口反。（間），音閑。下同。（釣），本或作「魡」，同。彫叫反。（呴），況于反，字亦作「煦」。（吸），許及反。（吐故納新），李云：吐故氣，納新氣也。（熊經），如字，李古定反。司馬云：若熊之攀樹而引氣也。（鳥申），如字，郭音信。司馬云：若鳥之嚬呻也。（道引），音導。下同。李云：導氣令和，引體令柔。（數），所主〔三〕反。（僅），其靳反。（焉），於虔反。**若夫不刻意而高，無仁義而脩，无功名而治，无江海而間，不道引而壽，**【註】所謂自然。**无不忘也，无不有也，**【註】忘故能有，若有之，則不能救其忘矣。故有者，非有之而有也，忘而有之也。**澹然無極而衆美從之。**【註】若厲己以爲之，則不能无極而衆惡生。【釋文】（澹），大暫反，徐音談。（然），一本作「澹而」。**此天地之道，聖人之德也。**【註】不爲萬物而萬物自生者，天地也；不爲百行而百行自成者，聖人也。【釋文】（行），下孟反。下及篇末「百行」同。**故曰，夫恬惔寂漠，虚无无爲，此天地之平而道德之質也。**【註】非夫寂漠无爲也，則危其平而喪其質也。【釋文】（惔），大暫反，徐音談。下皆同。（質），正也。（喪），

〔二〕「亢」，原文誤作「元」。
〔三〕「主」，原文誤作「王」。

息浪反。下同[一]。**故曰，聖人休休焉則平易矣，**【註】休乎恬惔寂漠，息乎虛无无爲，則雖歷乎阻險之變，常平夷而无難。【釋文】（休），虛求反，息也。下及註同。（易），以豉反。下及註皆同。（難），乃旦反。下同。**平易則恬惔矣。**【註】患難生於有爲，有爲亦生於患難，故平易恬惔交相成也。**平易恬惔，則憂患不能入，邪氣不能襲，**【註】泯然與正理俱往。【釋文】（邪），似嗟反。下同。**故其德全而神不虧。**【註】夫不平不惔者，豈唯傷其形哉？神德並喪於內也。**故曰，聖人之生也天行，**【註】任自然而運動。**其死也物化；**【註】蜕然无所係。【釋文】（蜕），音帨[二]，又始鋭反。**靜而與陰同德，動而與陽同波；**【註】動靜无心而付之陰陽也。**不爲福先，不爲禍始；感而後應，**【註】无所唱也。**迫而後動，**【註】會至乃動。**不得已而後起。**【註】任理而起，吾不得已也。**去知與故，循天之理。**【註】天理自然，知故无爲乎其間。【釋文】（去），起呂反。**故無天災，**【註】災生於違天。**無物累，**【註】累生逆物。**無人非，**【註】與人同者，衆必是焉。**无鬼責。**【註】同於自得，故无責。**其生若浮，其死若休。**【註】汎然无所惜[三]也。**不思慮，**【註】付之天理。**不豫謀。**【註】理至而應。**光矣而不耀，**【註】用天下之自光，非吾耀也。

[一]「同」，原文誤作「道」。
[二]「帨」，原文寫作「悅」。
[三]「惜」，原文寫作「措」。

信矣而不期。【註】用天下之自信，非吾期也。其寢不夢，其覺无憂。其神純粹，【註】一无所欲。【釋文】（覺），古孝反。（粹），雖遂反。其魂不罷。【註】有欲乃疲。【釋文】（罷），音皮。虛無恬惔，乃合天德。【註】乃與天地合恬惔之德也。故曰，悲樂者，德之邪；喜怒者，道之過；好惡者，德之失。故心不憂樂，德之至也；【註】至德常適，故情无所槪。【釋文】（樂），音洛。下同。（惡），烏路反。一而不變，靜之至也；【註】靜而一者，不可變也。无所於忤，虛之至也；【註】其心豁然確盡，乃无纖介之違。【釋文】（忤），五故反。（確），苦角反。（介），音界。不與物交，淡之至也；【註】物自來耳，至淡者无交物之情。无所於逆，粹之至也。【註】若雜乎濁欲，則有所不順。故曰，形勞而不休則弊，精用而不已則勞，勞則竭。【註】物皆有當，不可失也。水之性，不雜則清，莫動則平；鬱閉而不流，亦不能清；天德之象也。【註】象天德者，无心而偕[二]會也。故曰，純粹而不雜，【註】无非至當之事也。靜一而不變，【註】常在當上往。淡而无爲，【註】與會俱而已矣。動而以天行，【註】若夫逐欲而動，人行也。此養神之道也。夫有干越之劍者，柙而藏之，不敢用也，寶之至也。【註】況敢輕用其神乎。【釋文】（干越之劍），司馬云：干，吴也。吴越出善劍也。李[三]云：干谿越山出名劍。案：吴有谿名干

[二]「偕」，原文誤作「階」。
[三]「李」，原文誤作「季」。

谿，越有山名若耶，並出善鐵，鑄爲名劍也。（柙），户甲反。**精神四達並流，无所不極，上際於天，下蟠於地，**【註】夫體天地之極應萬物之數以爲精神者，故若是矣。若是而有落天地之功者，任天行耳，非輕用也。【釋文】（蟠），音盤，郭音煩。**化育萬物，不可爲象，**【註】所育无方。**其名爲同帝。**【註】同天帝之不爲。**純素之道，唯神是守；守而勿失，與神爲一；**【註】常以純素守乎至寂而不蕩於外，則冥也。**一之精通，合于天倫。**【註】精者，物之真也。**野語有之曰：「衆人重利，廉士重名，賢士尚志，聖人貴精。」**【註】與神爲一，非守神也；不遠其精，非貴精也；然其迹則貴守之迹。**故素也者，謂其無所與雜也；純也者，謂其不虧其神也。**【註】苟以不虧爲純，則雖百行同舉，萬變參備，乃至純也；苟以不雜爲素，則雖龍章鳳姿，倩乎有非常之觀，乃至素也。若不能保其白然之質而雜乎外飾，則雖犬羊之鞹，庸得謂之純素哉。【釋文】（倩），七練反。（觀），古喚反。（鞹），苦郭反。**能體純素，謂之真人。**

莊子外篇繕性第十六

【釋文】《音義》曰：以義名篇。

繕性於俗，俗學以求復其初；【註】已治性於俗矣，而欲以俗學復性命之本，所以求者愈非其道也。【釋文】（繕），善戰反。崔云：治也。或云：善也。（性），性，本也。**滑欲於俗，思以求致其**

明；【註】已亂其心於欲，而方復役思以求明，思之愈精，失之愈遠。【釋文】（滑），音骨，亂也。崔云：治也。（思），李息吏反。註役思同。（復），扶又反。下「無復」「雖復」同。**謂之蔽蒙之民。**【註】若夫發蒙者，必離俗去欲而後幾焉。【釋文】（離），力智反。下文同。（去），起呂反。**古之治道者，以恬養知；**【註】恬静而後知不蕩，知不蕩而性不失也。【釋文】（治），如[一]字，又直吏反。（知），音智。下以意求之。**生而無以知爲也，謂之以知養恬。**【註】夫无以知爲而任其自知，則雖知周萬物而恬然自得也。**知與恬交相養，而和理出其性。**【註】知而非爲，則无害於恬；恬而自爲，則無傷於知；斯可謂交相養矣。二者交相養，則和理之分，豈出他哉。**夫德，和也；道，理也。**【註】和，故無不得；道，故無不理。**德無不容，仁也；**【註】無不容者，非爲仁也，而仁亦行焉。**道無不理，義也；**【註】無不理者，非爲義也，而義功著焉。**義明而物親，忠也；**【註】若夫義明而不由忠，則物愈疎。**中純實而反乎情，樂也；**【註】仁義發中，而還任本懷，則志得矣，志得矣，其迹則樂也。【釋文】（樂），音洛。註同。**信行容體而順乎文，禮也。**【註】信行容體而順乎自然之節文者，其迹則禮也。【釋文】（行），下孟反。註同。下「以行」「小行」，註「行者」「行立」皆放此。**禮樂偏行，則天下亂矣。**【註】以一體之所履，一志之所樂，行之天下，則一方得而萬方失也。【釋文】（偏），音遍。**彼正而蒙己德，德則不冒，冒則物必失其性也。**【註】各正

[一]「如」，原文誤作「始」。

性命而自蒙己德，則不以此冒彼也。若以此冒彼，安得不失其性哉。【釋文】（冒），莫報反。崔云：覆也。古之人，在混芒之中，與一世而得澹漠焉。當是時也，陰陽和静，鬼神不擾，四時得節，萬物不傷，群生不夭，人雖有知，無所用之，【註】任其自然而已。【釋文】（混），胡本反。（芒），莫剛反。崔云：混混芒芒，未分時也。（澹），徒暫反。此之謂至一。當是時也，莫之爲而常自然。【註】物皆自然，故至一〔一〕也。逮德下衰，【註】夫德之所以下衰者，由聖人不繼〔二〕世，則在上者不能無爲而羨無爲之迹，故致斯弊也。及燧人伏戲始爲天下，是故順而不一。【註】世已失一，惑〔三〕不可解，故釋而不推，順之而已。【釋文】（燧），音遂。德又下衰，及神農黄帝始爲天下，是故安而不順。【註】安之於其所安而已。德又下衰，及唐虞始爲天下，興治化之流，澆淳散朴，【註】聖人無心，任世之自成。成之淳薄，皆非聖也。聖能任世之自得耳，豈能使世得聖哉。故皇王之迹，與世俱遷，而聖人之道未〔四〕始不全也。【釋文】（澆），古堯反〔五〕。本亦作「澆」。（淳），本亦作「醇」，音純。離道以善，【註】善者，過於適之稱，故有善如道不全。【釋文】（稱），

〔一〕「一」，原文爲墨圍。
〔二〕「繼」，原文誤作「維」。
〔三〕「惑」，原文寫作「或」。
〔四〕「未」，原文寫作「来」。
〔五〕「反」，原文誤作「灰」。

尺證反。**險德以行，**【註】行者，違性而行之，故行立而德不夷。**然後去性而從於心。**【註】以心自役，則性去也。**心與心識**【註】彼我之心，競爲先識，無復任性也。【釋文】（心與心識），如字。衆本悉同。向本作「職」，云：彼我之心，競爲先職矣。郭註既與向同，則亦當作「職」也。**知而不足以定天下，**【註】忘知任性，斯乃定也。**然後附之以文，益之以博。文滅質，博溺心，**【註】文博者，心質之飾也。【釋文】（溺），乃歷反，郭奴學反。**然後民始惑亂，无以反其性情而復其初。**【註】初謂性命之本。**由是觀之，世喪道矣，道喪世矣。世與道交相喪也，**【註】夫道以不貴，故能存世。然世存則貴之，貴之，道斯喪矣。道不能使世不貴，而世亦不能不貴於道，故交相喪也。【釋文】（喪），息浪反。下及註皆同[一]。**道之人何由興乎世，世亦何由興乎道哉。**【註】若不貴，乃交相興也。**道无以興乎世，世无以興乎道，雖聖人不在山林之中，其德隱矣。**【註】今所以不隱，由其有情以興也。何由而興？由无貴也。**隱，故不自隱。**【註】若夫自隱而用[二]物，則道世交相興矣，何隱之有哉。**古之所謂隱士者，非伏其身而弗見也，非閉其言而不出也，非藏其知而不發也，時命大謬也。**【註】莫知反一以息迹而逐迹以求一，愈[三]得迹，愈

[一]「同」，原文誤作「桐」。
[二]「用」，原文誤作「鬼」。
[三]「愈」，原文寫作「然」。

失一，斯大謬矣。雖復起身以明之，開言以出之，顯知以發之，何由而交興哉。祇所以交喪也。【釋文】（見），音賢遍反。（祇），音支。**當時命而大行乎天下，**【註】此澹漠之時也。**則反一無迹；**【註】反任物性而物性自一，故无迹。**不當時命而大窮乎天下，**【註】此不能澹莫之時也。**則深根寧極而待；**【註】雖有事之世，而聖人未始不澹漠也，故深根寧極而待其自爲耳〔一〕，斯道之所〔二〕以不喪也。**此存身之道也。**【註】未有身存而世不興者也。**古之存身者，不以辯飾知，**【註】任其真知而已。**不以〔三〕知窮天下，**【註】此淡泊之情也。【釋文】（淡），大暫反。（泊），音薄〔四〕。**不以知窮德，**【註】守其自德〔五〕而已。**危然處其所而反其性已，又何爲哉。**【註】危然，獨正之貌。【釋文】（危然），如字。郭〔六〕云：獨正貌。司馬本作「垝」，云：獨立貌。崔本作「垝」，音如累垝之垝。垝然，自持〔七〕安固貌。**道固不小行，**【註】遊於坦塗。【釋文】（坦），敕但

〔一〕「耳」，原文寫作「且」。
〔二〕「所」，原文誤作「听」。
〔三〕「以」，原文脱。
〔四〕「薄」，原文誤作「傅」。
〔五〕「德」，原文寫作「得」。
〔六〕「郭」，原文寫作「郋」。
〔七〕「自持」，原文寫作「皆待」。

反。德固不小識。【註】塊然大通。【釋文】（塊），苦對反。小識傷德，小行傷道。故曰，正己而已矣。樂全之謂得志。【註】自得其志，獨夷〔一〕其心，而无哀樂之情，斯樂之全者也。【釋文】（樂），音洛。註、下皆同。古之所謂得志者，非軒冕之謂也，謂其无以益其樂而已矣。【註】全其内而足。今之所謂得志者，軒冕之謂也。軒冕在身，非性命也，物之儻來，寄也。寄之，其來不可圉，其去不可止。【註】在外物耳，得失之非我也。【釋文】（儻），吐黨反。崔本作「黨」，云：衆也。（圉），魚呂反。本又作「禦」。故不爲軒冕肆志，【註】淡然自若，不覺寄之在身。【釋文】（爲），于僞〔二〕反。下同〔三〕。不爲窮約趨俗，【註】曠然自〔四〕得，不覺窮〔五〕之在身。其樂彼與此同，【註】彼此，謂軒冕與窮約。故无憂而已矣。【註】亦无欣〔六〕歡之喜也。今寄去則不樂，由是觀之，雖樂，未嘗不荒也。【註】夫寄去〔七〕則不樂者，寄來則荒矣，斯以外易内

〔一〕「夷」，原文寫作「使」。
〔二〕「僞」，原文誤作「爲」。
〔三〕「同」，原文誤作「司」。
〔四〕「自」，原文寫作「而」。
〔五〕「窮」，原文誤作「及」。
〔六〕「欣」，原文寫作「大」。
〔七〕「去」，原文誤作「兀」。

也。故曰，喪己於物，失性於俗者，謂之倒置之民。【註】營外虧內，其置倒也。【釋文】（倒置〔一〕之民），崔云：逆其性命而不順也。向〔二〕云：以外易內，可謂倒置。

莊子外篇秋水第十七【釋文】《音義》曰：借物〔三〕名篇。

秋水時至，百川灌河，涇流之大，兩涘渚崖之間，不辯牛馬。【註】言其廣也。【釋文】（秋水），李云：水生於春，壯於秋。《白虎通》云：水準。（灌河〔四〕），古亂反。（涇〔五〕），音〔六〕經。司馬云：涇〔七〕，通也。崔本作「徑」，云：直度曰徑。又云：字或作「涇〔八〕」。（涘），音俟，涯也。（渚），

〔一〕「置」，原文誤作「肯」。
〔二〕「向」，原文誤作「句」。
〔三〕「借物」，原文誤作「昔物」。
〔四〕「河」，原文誤作「灌」。
〔五〕「涇」，原文寫作「巠」。
〔六〕「音」，原文誤作「者」。
〔七〕「涇」，原文寫作「巠」。
〔八〕「涇」，原文誤作「淫」。

司〔一〕馬云：水中可居曰渚。《釋名》云：渚，遮也，體高，能遮水使從旁回也。（崖），字又作「涯」，亦作「厓〔二〕」，並同。（辯），別也。言廣大，故望不分別也。**於是焉河伯欣然自喜，以天下之美爲盡在己。順流而東行，至於北海，東面而視，不見水端，於是焉河伯〔三〕始旋其面目，望洋向若而歎曰：「野語有之曰，『聞道百以爲莫己若者』，我之謂也。且夫我嘗聞少仲尼之聞而輕伯夷之義者，始吾弗信；今我睹〔四〕子之難窮也，吾非至於子之門則殆矣，吾長見笑於大方之家。」**【註】知其小而不能自大，則理分有素，故尚之皆无爲乎其間。【釋文】（河伯），姓冯，名夷，一名冰夷，一名馮遲〔五〕，已見《大宗師〔六〕篇》。一云：姓呂，名公子，馮夷是公子之妻。（尽），津〔七〕忍反。（北海），李〔八〕云：東海之北是也。（目盳），莫剛反，又音旁，又音望。本亦作

〔一〕「司」，原文誤作「同」。
〔二〕「厓」，原文誤作「涯」。
〔三〕「河」，原文誤作「何」。
〔四〕「睹」，原文誤作「暗」。
〔五〕「馮遲」，原文在「大宗」二字之下。
〔六〕「師」，原文誤作「命」。
〔七〕「津」，原文誤作「注」。
〔八〕「李」，原文誤作「故」。

「望」。（洋〔一〕），音羊。司馬、崔云：盳洋，猶望羊，仰視貌。（向若），向、徐音嚮，許亮反。司馬云：若，海神。（聞道百），李云：萬分之一也。（今我睹），舊音覩。案：《説文》，「睹」今字，「覩」古〔二〕字，睹，見也。崔本作「今睹我」，云：睹，示〔三〕也。（大方），司馬云：方，道也。（分），扶問反，後同。**北海若曰：「井鼃不可以語於海者，拘於虛也；夏蟲不可以語於冰〔四〕者，篤於時也；曲士不可以語於道者，束於教也。**【註】夫物之所生而安者，趣各有極。【釋文】（語），如字，下同。（虛），音墟。本亦作「墟」。《風俗通》云：墟，虛也。崔云：拘於井中之空也。（夏），户嫁反。（曲士），司馬云：鄉曲之士也。**今爾出於崖涘，觀於大海，乃知爾醜，爾將可與語大理矣。**【註】以其知分，故可与言理也。**天下之水，莫大於海，萬川歸之，不知何時止而不盈；尾閭泄之，不知何時已而不虛。春秋不變，水旱不知。此其過江河之流，不可爲量數。而吾未嘗以此自多者，自以比形於天地而受氣於陰陽，吾在於天地之間，猶小石小木之在大山也，方存乎見少，又奚以自多。**【註】窮百川之量而縣於海，海縣於天地，則各有量也。此發辭氣者，有似乎觀大可以明小，尋其意則不然。夫世之所患者，不夷也，故謂大者快然謂小者爲

〔一〕「洋」，原文誤作「詳」。
〔二〕「古」，原文誤作「右」。
〔三〕「示」，原文誤作「大」。
〔四〕「冰」，原文誤作「水」。

无餘，質小者塊然謂大者爲至足，是以上下夸跂，俯仰自失，此乃生民之所惑也。惑者求正，正之者莫若先極其差而因其所謂。所謂大者至足也，故秋豪无以累乎天地矣；所謂小者无餘也，故天〔一〕地无以過乎秋豪矣；然後惑者有由而反，各知其極，物安其分，逍遥者用其本步而遊乎自得之場矣。此莊子之所以發德音也。若如惑者之説，轉以小大相傾，則相傾者无窮矣。若夫睹大而不安其小，視少而自以爲多，將奔馳於勝負之竟而助天民之矜夸，豈達乎莊生之旨哉。【釋文】（尾閭），崔云：海東川名。司馬云：泄海水出外者也。（泄），息列反，又與世反。（量），音亮。註及下同。（縣），音玄。下同。（快），於亮反，又於良反。（竟），音境。**計四海之在天地之間也，不似礨空之在大澤乎？計中國之在海内，不似稊米之在大倉乎？號物之數謂之萬，人處一焉；人卒九州，穀食之所生，舟車之所通，人處一焉。此其比萬物也，不似豪末之在於馬體乎？**【註】小大之辨，各有階級，不可相跂。【釋文】（礨），力罪反，向同，崔音壘，李力對反。（空），音孔。壘孔，小穴也。李云：小封也。一云：蟻〔二〕冢也。（稊），徒兮反。司馬云：稊米，小米也。李云：稊草也。案：郭註《爾雅》，稊似稗，稗音蒲賣反。（大倉），音泰。（卒），尊忽反。司馬云：衆也。崔子恤反，云：盡也。**五帝之所連，三王之所爭，仁人之所憂，任士之所勞，盡此矣。**【註】不出乎一域。【釋文】（五帝之所連），司馬云：謂連續仁義也。崔云：連，續也。本亦作「五帝」。（爭），側

〔一〕「天」，原文誤作「大」。
〔二〕「蟻」，原文誤作「蛾」。

耕反。（任士之所勞），李云：任，能也。勞，服也。伯夷辭之以爲名，仲尼語之以爲博，此其自多也，不似爾向之自多於水乎？」【註】物有定域[一]，雖至知不能出焉。故起大小之差，將以申明至理之無辯也。河伯曰：「然則吾大天地而小豪末，可乎？」北海若曰：「否。夫物，量无窮，【註】物物各有量。時无止，【註】死與生皆時行。分无常，【註】得與失皆分。終始无故。【註】日新也。是故大知觀於遠近，故小而不寡，【註】各自足也。大而不多，【註】亦无餘也。知量无窮；【註】攬而觀之，知遠近大小之物各有量。證曏今故，【註】曏，明也。今故，猶古今。【釋文】（曏），許亮反。崔云：往也。向、郭云[二]：明也。又虛丈反。故遥而不悶，【註】遥，長也。掇而不跂，【註】掇，猶短也。【釋文】（掇），專劣反。（跂），如字。一本作「企」。下註亦然。知時无止；【註】證明古今，知變化之不止於死生也，故不以長而悒悶，短故爲跂也。察乎盈虛，故得而不喜，失而不憂，知分之无常也；【註】察其一盈一虛，則知分之不常於得也，故能忘其憂喜。明乎坦塗，【註】死生者，日新之正道。【釋文】（坦），吐但反。故生而不説，死而不禍，知終始之不可故也。【註】明終始之日新也，則知故之不可執而留矣，是以涉日新而不愕，舍故而不驚，死生之化若一。【釋文】（説），音悦。（愕），五各反。（舍），音捨。計人之所知，

[一]「域」，原文誤作「或」。
[二]「云」，原文誤作「也」。

不若其所不知；【註】所知各有限也。其生之時，不若未生之時；【註】生時各有年也。以其至小求窮其至大之域，是故迷亂而不能自得也。【註】莫若安於所受之分而已。由此觀之，又何以知豪末之足以定至細之倪？又何以知天地之足以窮至大之域？」【註】以小求大，理終不得，各安其分，則大小俱足矣。若豪末[一]不求天地之功，則周身之餘，皆爲弃物；天地不見大於秋豪，則顧其形象，裁自足耳；將何以知細之定細，大之定大也。【釋文】（倪），五厓[二]反，徐音詣。郭五米反。下同。河伯曰：「世之議者皆曰：『至精无形，至大不可圍。』是信情乎？」北海若曰：「夫自細視大者不盡，自大視細者不明。【註】目之所見有常極，不能无窮也，故於大則有所不盡，於細則有所不明，直是目之所不逮耳。精與大皆非无也，庸詎知无形而不可圍者哉。夫精，小之微也；垺，大之殷也；故異便。【註】大小異，故所便不得同。【釋文】（垺），李普回反　徐音孚，謂盛也。郭芳尤反，崔音裒。（殷），衆也。（便），婢面反。徐扶面反。註皆同。此勢之有也。【註】若无形而不可圍，則无此異便之勢也。夫精粗者，期於有形者也；【註】有精粗矣，故不得无形。【釋文】（粗），此胡反。下同。无形者，數之所不能分也；不可圍者，數之所不能窮也，可以言論者，物之粗也；可以意致者，物之精也；言之所不能

[一]「末」，原文誤作「未」。
[二]「厓」，原文寫作「佳」。

論，意之所不能察致者，不期精粗焉。【註】唯无〔一〕而已，何精粗之有哉。夫言意者有也，而所言所意者无也，故求之於言意之表，而入乎无言无意之域，而後至焉。【釋文】（分），如字。（能論），本或作「諭」。是故大人之行，不出乎害人，【註】大人者，无意而任天行也。舉足而投諸古地，豈出害人之塗哉。不多仁恩；【註】无害而不自多其恩。動不爲利，【註】應理而動，而理自无害。【釋文】（爲），于僞反。不賤門隸；【註】任其所能而位當於斯耳，非由賤之故措之斯職。【釋文】（措），七故反　貨財弗爭，【註】各使分定。不多辭讓；【註】適中而已。事焉不借人，【註】各使自任。不多食乎力，【註】足而已。不賤貪污；【註】理自无欲。行殊乎俗，【註】己獨无可无不可，所以與俗殊。【釋文】（行），下孟反。下「堯桀之行」同。不多辟異；【註】任理而自殊。【釋文】（辟），匹〔二〕亦反。爲在從衆，【註】從衆之所爲。不賤佞諂；【註】自然正直。世之爵祿不足以爲勸，戮恥不足以爲辱；【註】外事不接〔三〕於心。知是非之不可爲分，細大之不可爲倪。【註】故玄同也。聞曰：『道人不聞，【註】任物而物性自通，則功名

〔一〕「无」，原文誤作「天」。
〔二〕「匹」，原文誤作「四」。
〔三〕「接」，原文誤作「椄」。

歸物矣，故不聞。至德不得，【註】得者，生於失也；物〔一〕各无失，則得名去也。大人无己。』【註】任物而已。【釋文】（无己），音紀。約分之至也。」【註】約之以至其分〔二〕，故冥也，夫唯極乎无形而不可圍者爲然。河伯曰：「若物之外，若物之内，惡至而倪貴賤？惡至而倪小大？」北海若曰：「以道觀之，物无貴賤；【註】各自足也。【釋文】（惡），音烏。下同。以物觀之，自貴而相賤；【註】此區區者，乃道之所錯綜而齊之也。以俗觀之，貴賤不在己。【註】斯所謂倒置也。以差觀之，因其所大而大之，則萬物莫不大；因其所小而小之，則萬物莫不小。知天地之爲稊米也，知豪末之爲丘山也，則差數睹矣。【註】所大者，足也；所小者，无餘也。故因其性足以名大，則豪末〔三〕丘山不得異其名；因其无餘以稱小〔四〕，則天地稊米无所殊其稱。若夫觀差而不由斯道，則差數相加，幾微相傾，不可勝察也。【釋文】（稱〔五〕），尺證反。（勝），音升。以功觀之，因其所有而有之，則萬物莫不有；因其所无而无之，則萬物莫不无。知東西之相反而不可以相无，則功分定矣。【註】天下莫不相與爲彼我，而彼我皆欲自

〔一〕「物」，原文闕。
〔二〕「分」，原文誤作「小」。
〔三〕「末」，原文誤作「未」。
〔四〕「小」，原文誤作「卜」。
〔五〕「稱」，原文誤作「綜」。

爲，斯東西之相反也。然彼我相與爲脣齒，脣齒者未嘗相爲，而脣亡則齒寒。故彼之自爲，濟我之功弘矣〔一〕，斯相反而不可以相无者也。故因其自爲而无其功，則天下之功莫不皆无矣；因其不可相无而有其功，則天下之功莫不皆有矣。若乃忘其自爲之功而思夫相爲之惠，惠之愈勤而僞薄滋甚，天下失業而情性瀾漫矣，故其功分无時可定也。【釋文】（自爲），于僞反。註內「自爲」「相爲」皆同。餘如字。**以趣觀之，因其所然而然之，則萬物莫不然；因其所非而非之，則萬物莫不非；知堯桀之自然而相非，則趣操睹矣。**【註】物皆自然，故无不然；物皆相非，故无不非。无不非，則无然矣；无不然，則无非矣。无然无非者，堯也；有然有非者，桀也。然此二君，各受天素，不能相爲，故因堯桀以觀天下之趣操，其不能相爲也可見矣。**昔者堯舜讓而帝，之噲讓而絶；湯武爭而王，白公爭而滅。**【註】夫順天應人而受天下者，其迹則爭讓之迹也。尋其迹者，失其所以迹矣，故絶滅也。【釋文】（之噲），音快，又古邁反，又古會反。之者，燕相子之也。噲，燕王名也。司馬云：燕王噲拙於謀，用蘇代之說，效〔二〕堯舜讓位與子之，三年而國亂。（而王），往況反。（白公），名勝，楚平王之孫，白縣尹，僭稱公，作乱而死。事見《左傳·哀公十六年》。**由此觀之，爭讓之禮，堯桀之行，貴賤有時，未可以爲常也。梁麗可以衝城，而不可以窒穴，言殊器也；**

〔一〕「弘矣」，原文寫作「之入」。
〔二〕「效」，原文寫作「教」。

騏驥驊騮，一日而馳千里，捕鼠不如狸狌，言殊技也；鴟鵂夜撮蚤，察豪末，晝出瞋目而不見丘山，言殊性也。【註】就其殊而任之，則萬物莫不當也。【釋文】（梁麗）司馬、李音礼，一音如字。司馬云：梁麗，小船也。崔云：屋棟也。（窒），珍〔一〕悉反。《爾雅》云：塞也。崔、李同。《説文》都節反。（騏），音其。（驥），音冀。（驊），户花反。（騮），音留。李云：騏驥驊騮，皆駿馬也。（捕），音步。本又作「搏」。徐音付。（狸），力之反〔二〕。（狌〔三〕），音姓，向同。又音生。崔本作「鼬」，由又反。（技），其綺反。（鴟），尺夷反。崔云：鴟，鵂鶹〔四〕；與委梟同。（撮），七括反。崔本作「最」，音同。（蚤），音早。《説文》：跳蟲齧人者也。《淮南子》：鴟夜聚蚤，察分豪末。許慎云：鴟夜聚食蚤蝨不失也。司馬本作「蚉」，音文，云：鴟，鵂鶹，夜取蚉食。今郭本亦有作「蚉」者。崔本作「爪」，云：鵂鶹夜聚人爪於巢中也。（瞋），尺夷反，向處辰反。司馬云：張也。崔音眩，又師慎反。本或作「瞑」。**故曰，蓋師是而无非，師治而无亂乎？是未明天地之理，萬物之情者也。**【註】夫天地之理，萬物之情，以得我爲是，失我爲非，適性爲治，失和爲乱。然物无定極，我无常適，殊性異便，是非无主。若以我之所是，則彼不得非，此知我而不見彼者耳。故以道觀者，於是

〔一〕「珍」，原文誤作「玲」。
〔二〕「反」，原文誤作「而」。
〔三〕「狌」，原文誤作「往」。
〔四〕「鶹」，原文誤作「鼬」。

非无當也，付之天均，恣之兩行，則殊方異類，同焉皆得也。【釋文】（師是），或云：師，順也。（治），直吏反。註皆同。**是猶師天而无地，師陰而无陽，其不可行明矣。然且語而不舍，非愚則誣也。**【註】天地陰陽，對生也；是非治亂，互有也；將奚去哉？【釋文】（舍），音捨。下同。**帝王殊禪，三代殊繼。**【互註】《孟·萬章上》：孔子曰：「唐虞禪夏后，殷周继，其義一也。」**差其時，逆其俗者，謂之簒夫；當其時，順其俗者，謂之義之徒。默默乎河伯。女惡知貴賤之門，小大之家？」**【註】俗之所貴，有時而賤；物之所大，世或小之。故順物之迹，不得不殊，斯五帝三王之所以不同也。【釋文】（簒夫），初患反，取也。下如字。（女惡），音汝。後放此。下音烏。**河伯曰：「然則我何爲乎，何不爲乎？吾辭受趣舍，吾終奈何？」北海若曰：「以道觀之，何貴何賤，是謂反衍；**【註】貴賤之道，反覆相尋。【釋文】（反衍），如字〔二〕，又以戰反。崔云：無所貴賤，乃反爲美也。本亦作「畔衍」，李云：猶漫衍合爲一家。（覆），芳服反。**無拘而志，與道大蹇。**【註】自拘執則不夷於道。【釋文】（與道大蹇），向紀輦反，徐紀偃反。本或作「與天道蹇」。崔本「蹇」作「浣」，云：猶洽也。**何少何多，是謂謝施；**【註】随其分，故所施無常。【釋文】（謝施），如字。司馬云：謝，代也。施，用也。崔云：不代其德，是謂謝施。**無一而行，與道參差。**【註】不能隨變，則不齊於道。【釋文】（參），初林反。（差），初宜反。**嚴乎若國之有**

〔二〕「如字」，原文脱。

君，其無私德；【註】公當而已。【釋文】（嚴），魚檢反，又如字。繇繇乎若祭之有社，其無私福；【註】天下之所同求。【釋文】（繇），音由。泛泛乎其若四方之無窮，其無所畛域。【註】泛泛然無所在。【釋文】（泛），孚噞反。字又作「汎」。（畛），之忍反。（域），于逼反，舊于目反。兼懷萬物，其孰承翼？【註】掩御群生，反之分[一]內而平往者也，豈扶疏而承翼哉。是謂無方。【註】無方，故能以萬物爲方。萬物一齊，孰短孰長？【註】莫不皆足。道無終始，物有死生，【註】死生者，無窮之變耳，非終始也。不恃其成；【註】成無常處。一虛一滿，不位乎其形。【註】不以形爲位，而守之不變。年不可舉，【註】故舉之令去而不能。【釋文】（令），力呈反。時不可止；【註】欲止之使停又不可。消息盈虛，終則有始。【註】變化日新，未嘗守故。【互註】《易·豐卦》：天地盈虛，與時消息。是所以語大義之方，論萬物之理也。物之生也，若驟若馳，【註】但當就用耳。無動而不變，無時而不移。【註】故[二]不可執而守。何爲乎，何不爲乎？夫固將自化。」【註】若有爲不爲於其間，則敗其自化[三]矣。河伯曰：「然則何貴於道邪？」【註】以其自化。北海若曰：「知道者必達於理，達於理者必明於權，明於權者不以

[一]「分」，原文寫作「公」。
[二]「故」，原文寫作「欲」。
[三]「化」，原文誤作「死」。

物害己。【註】知道者，知其無能也；無能也，則何能生我？我自然而生耳，而四支百體，五藏精神，已不爲而自成矣，又何有意乎生成之後哉。達乎斯理者，必能遺過分之知，遺〔一〕益生之情，而乘變應權，故不以外傷內，不以物害己而常全〔二〕也。【釋文】（藏），才浪反。**至德者，火弗能熱，水弗能溺，寒暑弗能害，禽獸弗能賊。**【註】夫心之所安，則危不能危；意無不適，故苦不能苦也。**非謂其薄之也，**【註】雖心所安，亦不使犯之。【釋文】（薄），如字。崔云：謂以體著之。**言察乎安危，**【註】知其不可逃也。**寧於禍福，**【註】安乎命之所遇。**謹於去就，**【註】審去就之是非。**莫之能害也。**【註】不以害爲害，故莫之能害。**故曰，天在內，人在外，**【註】天然在內，而天然之所順者在外，故《大〔三〕宗師》曰：知天人之所爲者至矣，明內〔四〕外之分皆非爲也。**德在乎天。**【註】恣人任知，則流蕩失素也。**知天人之行，本乎天，位乎得；**【註】此天然之知，自行而不出乎分者也，故雖行於外，而常本乎天而位乎得矣。【釋文】（行），如字。**蹢躅而屈伸，**【註】與機〔五〕會相應者，有斯變也。【釋文】（蹢），丈益反，又持革反。（躅），丈綠反，又音濁。（伸），音申。**反要**

〔一〕「遺」，原文寫作「遣」。
〔二〕「全」，原文誤作「企」。
〔三〕「大」，原文寫作「太」。
〔四〕「內」，原文誤作「之」。
〔五〕「機」，原文寫作「幾」。

而語極。」【註】知雖落天地，事雖接萬物〔一〕，而常不失其要極，故天人之道全也。【釋文】（要），於妙反。曰：「何謂天？何謂人？」北海若曰：「牛馬四足，是謂天；落馬首，穿牛鼻，是謂人。【註】人之生也，可不服牛乘馬乎？服牛乘馬，不可穿落之乎？牛〔二〕馬不辭穿落者，天命之固當也。苟當乎天命，則雖寄之人事，而本在乎天也。故曰，無以人滅天，【註】穿落之可也，若乃走作過分，驅步失節，則天理滅矣。無以故滅命，【註】不因其自爲而故爲之者，命其安在乎。無以得殉名。【註】所得有常分，殉名則過也。謹守而勿失，是謂反其真。」【註】真在性分之内。

夔憐蚿，蚿憐蛇，蛇憐風，風憐目，目憐心。夔謂蚿曰：「吾以一足跉踔而行，予無如矣。今子之使萬足，獨奈何？」蚿曰：「不然。子不見夫唾者乎？噴則大者如珠，小者如霧，雜而下者不可勝數也。今予動吾天機，而不知其所以然。」蚿謂蛇曰：「吾以衆足行，而不及子之無足，何也？」蛇曰：「夫天機之所動，何可易邪？吾安用足哉。」【註】物之生也，非知生而生也。則生之行也，豈知行而行哉。故足不知所以行，目不知所以見，心不知所以知，俛然而自得矣。遲速之節，聰明之鑒，或能或否，皆非我也。而惑〔三〕者因欲有其身而矜其能，所以逆其

〔一〕「萬物」，原文寫作「禺湯」。
〔二〕「牛」，原文寫作「午」。
〔三〕「惑」，原文寫作「或」。

天機而傷其神器也。至人知天機之不可易也，故捐聰明，弃知慮，魄然忘其爲而任其自動，故万物无動而不逍遥也。【釋文】（夔），求龜反，一足獸也。李云：黄帝在位，諸侯於東海流山得奇獸，其狀如牛，蒼色，无角，一足，能〔一〕走，出入水即風雨，目光如日月，其音如雷，名曰夔。黄帝殺之，取皮以冒鼓，声聞五百里。（憐），音蓮。（蚿），音賢，又音玄。司馬云：馬蚿蟲也。《廣雅》云：蛆渠馬蚿。（蚿憐蛇蛇憐風風憐目目憐心），司馬云：夔，一足；蚿，多足；蛇，无足；風，无形；目，形綴於此，明流於彼；心則質幽，爲神遊外。（跉），敕甚反，郭菟減〔二〕反，一音初稟反。（踔），本亦作「卓」，同。敕角反。李云：跉卓，行貌。（唾），吐臥反。（噴），普悶反，又芳奔反，又孚問反。（霧），音務，郭武貢反。（勝），音升。（俛），亡本反。**蛇謂風曰：「予動吾脊脅而行，則有似也。今子蓬蓬然起於北海，蓬蓬然入於南海，而似无有，何也？」風曰：「然。予蓬蓬然起於北海而入於南海也，然而指我則勝我，鰌我亦勝我。雖然，夫折大木，蜚大屋者，唯我能也，故以衆小不勝爲大勝也。爲大勝者，唯聖人能之。」**【註】恣其天機，无所与争，斯小不勝者也。然乘万物御群才之所爲，使群才各自得，万物各自爲，則天下莫不逍遥矣，此乃聖人所以爲大勝也。【釋文】（蓬蓬），步東反，徐扶公反。李云：風貌。（鰌），音秋。李云：藉也。藉則削也。本又作「䤈」，子

〔一〕「能」，原文寫作「龍」。
〔二〕「減」，原文寫作「咸」。

六反，又七六反，迫也。（折），之舌反。（蜚），音飛，又扶貴反。**孔子遊於匡，宋人圍之數匝，而弦歌不惙。子路入見，曰：「何夫子之娛也？」孔子曰：「來。吾語女。我諱窮久矣，而不免，命也；求通久矣，而不得，時也。**【註】將明時命之固當，故寄之求諱。【釋文】（孔子遊於匡宋人圍之數），色主反。（匝），子合反。司馬云：「宋」當〔一〕作「衛」。匡，衛邑也。衛人誤圍孔子，以爲陽虎。虎嘗暴於匡人，又孔子弟子顔剋，時与虎俱，後剋爲孔子御，至匡，匡人共識剋，又孔子容貌与虎相似，故匡人共圍之。（惙〔二〕），本又作「輟」，同。丁劣反。（見），賢遍反。（語），魚據反。**當堯舜而天下无窮人，非知得也；當桀紂而天下无通人，非知失也；時勢適然。**【註】无爲勞心於窮通之間。**夫水行不避蛟龍者，漁父之勇也；陸行不避兕虎者，獵夫之勇也；白刃交於前，視死若生者，烈士之勇也；**【註】情各有所安。【釋文】（蛟），音交。（父），音甫。（兕），徐履反。**知窮之有命，知通之有時，臨大難而不懼者，聖人之勇也。**【註】聖人則无所不安。【釋文】（難），乃旦反。**由處矣，吾命有所制矣。」**【註】命非己制，故无所用其心也。夫安於命者，无往而非逍遥矣，故雖匡陳羑〔三〕里，无異於紫極間堂也。【釋文】（間），音閑。**无幾何，**

〔一〕「當」，原文誤作「常」。
〔二〕「惙」，原文寫作「叕」。
〔三〕「羑」，原文誤作「姜」。

將甲者進，辭曰：「以爲陽虎也，故圍之。今非也，請辭而退。」【互註】《語．子罕篇》：子畏於匡，曰：「文王既没，文不在兹乎？」《先進篇》：子畏於匡，顔淵後。公孫龍問於魏牟曰：「龍少學先王之道，長而明仁義之行；合同異，離堅白；然不然，可不可；困百家之知，窮衆口之辯；吾自以爲至達已。今吾聞莊子之言，汒焉異之。不知論之不及與，知之弗若與？今吾无所開吾喙，敢問其方。」公子牟隱机大息，仰天而笑曰：「子獨不聞夫埳井之鼃乎？謂東海之鱉曰：『吾樂與。出[一]跳梁乎井幹之上，入休乎缺甃之崖；赴水則接腋[二]持頤，蹶泥則没足滅跗；還虷蟹與科斗，莫吾能若也。且夫擅一壑之水，而跨跱埳井之樂，此亦至矣，夫子奚不時來入觀乎。』」【註】此猶小鳥之自足於蓬蒿。【釋文】（幾），居豈反。（將甲），如字。本亦作「持甲」。（公孫龍問於魏牟），司馬云：龍，趙人。牟，魏之公子。（少），詩照反。（長），張丈[三]反。（行），下孟反。（知），音智。（汒），莫剛反，郭音莽。（論），力困反。（与），音余。下助句放此。（開），如字。本亦作「闓」，兩通。本或作「閿」。（喙），許穢反，又昌鋭反。（隱），於靳反。（大），音泰。（埳），音坎，郭音啗。（鼃），本亦作「蛙」，户媧反。司馬云：

[一]「出」，原文寫作「吿」。
[二]「腋」，原文誤作「掖」。
[三]「丈」，原文誤作「文」。

埳井，壞井也。鼃，水蟲，形似蝦蟆。（鱉），必滅反。字亦作「鼈」。（吾樂），音洛。下之「樂」「大樂」同。（跳），音條。（井幹），古旦反。司馬云：井欄也。褚[一]詮之音。《西京賦》作韓音。（甃），側救反。李云：如闌，以塼爲之，著井底闌也。《字林》壯謬反，云：井壁也。（赴水），如字。司馬本作「踣」，云：赴也。（蹶），其月反，又音厥。（泥則没足滅跗），方于反，郭音附。司馬云：滅，没也。跗，足[二]跗也。李云：言踊躍於塗中。（還），音旋。司馬云：顧視也。（虷），音寒，井中赤蟲也。一名蜎。《爾雅》云：蜎，蠉。郭註云：井中小蛣蟩赤蟲也。蜎，音求兗反，蠉，音況兗反。蛣蟩，音吉厥。（蟹），户買反。（科斗），苦禾反。科斗，蝦蟆子也。（擅），市戰反，專也。（壑），火各反。**東海之鱉左足未入，而右膝已縶矣。**【註】明大之不遊於小，非樂然。【釋文】（縶），猪立反。司馬云：拘也。《三蒼》云：絆也。（樂），音岳，又五教反。**於是逡巡而却，告之海曰：『夫千里之遠，不足以舉其大；千仞之高，不足以極其深。禹之時十年九潦，而水弗爲加益；湯之時八年七旱，而崖不爲加損。夫不爲頃久推移，不以多少進退者，此亦東海之大樂也。』於是埳井之鼃聞之，適適然驚，規規然自失也。**【註】以小羨大，故自失。【釋文】（逡），七旬反。（潦），音老。（弗爲），于僞反。下同。（頃久），司馬云：猶早晚也。（適適），始赤

[一]「褚」，原文誤作「諸」。
[二]「足」，原文誤作「兄」。

反，又丈革反，郭菟狄反。（規規），如字。又虛役反，李、徐紀睡反。適適、規規，皆驚視自失貌。且夫知不知是非之竟，而猶欲觀於莊子之言，是猶使蚊負山，商蚷馳河也，必不勝任矣。【註】物各有分，不可強相希效。【釋文】（竟），音境，後同。（蚊），音文。（商蚷），音渠，郭音巨。司馬云：商蚷，蟲名，北燕謂之馬蚿。一本作「蝂」，徐市軫反。（勝），音升。（強），其丈反。且夫知不知論極妙之言而自適一時之利者，是非埳井之鼃與？且彼方跐黃泉而登大皇，无南无北，奭然四解，淪於不測；无東无西，始於玄冥，反於大通。【註】言其无不至也。【釋文】（跐），音此。郭時紫反，又側買反。《廣雅》云：蹋也，蹈也，履也。司馬云：測[一]也。（大皇），音泰。（奭），音釋。（解），戶買反。子乃規規然而求之以察，索之以辯，【註】夫遊無窮者，非察辯所得。【釋文】（索），所白反。是直用管闚天，用錐指地也，不亦小乎。子往矣。【註】非其任者，去之可也。且子獨不聞夫壽陵餘子之學行於邯鄲與？未得國能，又失其故行矣，直匍匐而歸耳。【註】以此效彼，兩失之。【釋文】（壽陵餘子），司馬云：壽陵，邑名。未應丁夫爲餘子。（邯），音寒。（鄲），音丹。趙國都也，邯鄲。（匍），音蒲，又音符。（匐），蒲北反，又音服。今子不去，將忘子之故，失子之業。」公孫龍口呿而不合，舌舉而不下，乃逸而走。莊子釣於濮水，楚王使大夫二人往先焉，曰：「願以竟內累矣。」莊子持竿不顧，曰：「吾聞楚

[一]「測」，原文寫作「則」。

有神龜，死已三千歲矣，王巾笥而藏之廟堂之上。此龜者，寧其死爲留骨而貴乎？寧其生而曳尾於塗中乎？」二大夫曰：「寧生而曳尾塗中。」莊子曰：「往矣。吾將曳尾於塗中。」【註】性各有所安也。【釋文】（口呿），起據反。司馬云：開也。李音祛，又巨劫反。（濮水），音卜，陳地水也。（楚王），司馬云：威王也。（先焉），先，謂宣其言也。（笥），息嗣反，或音司。（藏之），李云：藏之以笥，覆之以巾。惠子相梁，莊子往見之。或謂惠子曰：「莊子來，欲代子相。」於是惠子恐，搜於國中三日三夜。【註】揚兵整旅。【釋文】（相），息亮反。下同。（梁），相梁惠王。（恐），丘勇反。（搜），字又作「摉」，或作「廋」，所求反，李悉溝反，云：索也。《說文》云：求也。莊子往見之，曰：「南方有鳥，其名爲〔二〕鵷鶵，子知之乎？夫鵷鶵，發於南海而飛於北海，非梧桐不止，非練實不食，非醴泉不飲。於是鴟得腐鼠，鵷鶵過之，仰而視之曰：『嚇。』今子欲以子之梁國而嚇我邪？」【註】言物嗜好不同，願各有極。【釋文】（鵷），於袁反。（鶵），仕俱反。李云：鵷鶵，鸞鳳之屬也。（醴泉），音禮。李云：泉甘如醴。（嚇），本亦作「呼」，同。許嫁反，又許伯反。司馬云：嚇怒其声，恐其奪己也。《詩箋》云：以口拒人曰嚇。（嗜），時志反。（好），呼報反。莊子與惠子遊於濠梁之上。莊子曰：「儵魚出游從容，是魚樂也。」惠子曰：「子非魚，安知魚之樂？」莊子曰：「子非我，安知我不知魚之

〔二〕「爲」，原文脱。

樂？」【註】欲以起明相非而不可以相知之義耳。子非我，尚可以知我之非魚，則我非魚，亦可以知魚之樂也。【釋文】（豪梁），本亦作「濠」，音同。司馬云：濠，水名也。石絶水曰梁。（鯈魚），徐音條。《説文》直留反。李音由，白魚也。《爾雅》云：鮂，黑鰦。郭註：即白鯈魚也。一音篠，謂白鯈魚也。（從），七容反。（樂），音洛。註、下同。惠子曰：「我非子，固不知子矣；子固非魚也，子之不知魚之樂，全矣。」【註】舍其本言而給辯以難也。【釋文】（難），乃旦反。莊子曰：「請循其本。子曰『女安知魚樂』云者，既已知吾知之而問我，我知之濠上也。」【註】尋惠子之本言云：「非魚則無緣相知耳。今子非我也，而云女安知魚樂者，是知我之非魚也。苟知我之非魚，則凡相知者，果可以此知彼，不待是魚然後知魚也。故循子安知之云，已知吾之所知矣。而方復問我，我正知之於濠上耳，豈待入水哉。」夫物之所生而安者，天地不能易其處，陰陽不能回其業；故以陸生之所安，知水生之所樂，未足稱妙耳。【釋文】（復），扶又反。（處），昌慮反。

莊子外篇至樂第十八

【釋文】《音義》曰：以義名篇。（樂），音洛。

天下有至樂無有哉？有可以活身者無有哉？【註】忘歡而後樂足，樂足〔一〕而後身存。將以爲

〔一〕「足」，原文誤作「是」。

有樂耶？而至樂無歡；將以爲無樂耶？而身以存而無憂。【釋文】（樂），音洛。篇內不出者皆同。至，極也。樂，歡也。今奚爲奚據？奚避奚處？奚就奚去？奚樂奚惡？【註】擇此八者，莫足以活身，唯無擇而任其所遇者乃全耳。【釋文】（惡），烏路反。夫天下之所尊者，富貴壽善也；所樂者，身安厚味美服好色音聲也；所下者，貧賤夭惡也；所苦者，身不得安逸，口不得厚味，形不得美服，目不得好色，耳不得音聲；若不得者，則大憂以懼。其爲形也亦愚哉。【註】凡此，失之無傷於形而得之有損於性，今反以不得爲憂，故愚。夫富者，苦身疾作，多積財而不得盡用，其爲形也亦外矣。【註】內其形者，知足而已。夫貴者，夜以繼日，思慮善否，其爲形也亦疏矣。【註】故親其形者，自得於身中而已。人之生也，與憂俱生，壽者惛惛，久憂不死，何之苦也。其爲形也亦遠矣。【註】夫遺生然後能忘憂，忘憂而後生可樂，生可樂而後形是我有，富是我物，貴是我榮也。【釋文】（惛），音昏，又音門。烈士爲天下見善矣，未足以活身。吾未知善之誠善邪，誠不善邪？若以爲善矣，不足活身；以爲不善矣，足以活人。【註】善則適[一]當，故不周濟。故曰：「忠諫不聽，蹲循勿爭。」【註】唯中庸之德爲然。【釋文】（蹲），七旬反。郭音存，又趣允反。（循），音旬，又音脣。（爭），爭鬭之爭。下同。故夫子胥爭之以殘其形，不爭，名亦不成。誠有善無有哉？【註】故當緣督以爲經也。今俗之所爲

〔一〕「適」，原文寫作「過」。

與其所樂，吾又未知樂之果樂邪，果不樂邪？吾觀夫俗之所樂，舉群趣者，誙誙然如將不得已，【註】舉群趣其所樂，乃不避死也。【釋文】（誙誙），户〔二〕耕反，徐苦耕反，又胡挺反。李云：趣死貌。崔云：以是爲非，以非爲是〔三〕。「誙誙」，本又作「脛脛」。而皆曰樂者，吾未之樂也，亦未之不樂也。【註】無懷而恣物耳。果有樂無有哉？吾以無爲誠樂矣，【註】夫无爲之樂，无憂而已。又俗之所大苦也。故曰：「至樂無樂，至譽無譽。」【註】俗以鏗鎗爲樂，美善爲譽。【釋文】（鏗），苦耕反。（鎗），七羊反。天下是非果未可定也。雖然，无爲可以定是非。【註】我无爲而任天下之是非，是非者各自任則定矣。至樂活身，唯無爲幾存。【註】百姓足則吾身近乎存也。【釋文】（近），附近之近。請嘗試言之。天无爲以之清，地無爲以之寧，【註】皆自清寧耳，非爲之所得。【互註】《老·三十九章》：天得一以清，地得以一寧。故兩無爲相合，萬物皆化。【註】不爲而自合，故皆化，若有意乎爲之，則有時而滯也。芒乎芴乎，而無從出乎。【註】皆自出耳，未有爲而出之也。【釋文】（芒），李音荒，又乎晃反。下同。（芴），音忽。下同。芴乎芒乎，而無有象乎。【註】无有爲之象。萬物職職，皆從无爲殖。【註】皆自殖耳。【釋文】（萬物職職），司馬云：職職，猶祝祝也。李云：繁殖貌。案：《爾雅》，職，主也。謂各有主而

〔二〕「户」，原文寫作「亡」。
〔三〕原文「是」下衍「爲」。

區別。故曰天地無爲也而無不爲也，【註】若有爲則有不齊也。人也孰能得無爲哉。【註】得无爲則無樂而樂至矣。莊子妻死，惠子弔之，莊子則方箕踞鼓盆而歌。惠子曰：「與人居，長子老身，死不哭亦足矣，又鼓盆而歌，不亦甚乎？」莊子曰：「不然。是其始死也，我獨何能無概然。察其始而本無生，非徒無生也而本無形，非徒無形也而本無氣。雜乎芒芴之間，變而有氣，氣變而有形，形變而有生，今又變而之死，是相與爲春秋冬夏四時行也。人且偃然寢於巨室，而我噭噭然隨而哭之，自以爲不通乎命，故止也。」【註】未明而概，已達而止，斯所以誨有情者，將令推至理以遣累也。【釋文】（踞），音據。（盆），謂瓦缶也。（長），丁丈反。（概），古代反。司馬云：感也。又音骨，哀亂貌。（巨室），巨，大也。司馬云：以天地〔一〕爲室也。（噭），古弔反，又古堯反。（令），力呈反。支離叔與滑介叔觀於冥伯之丘，崑崙之虛，黄帝之所休。俄而柳生其左肘，其意蹶蹶然惡之。支離叔曰：「子惡之乎？」滑介叔曰：「亡，予何惡。生者，假借也；假之而生生者，塵垢也。死生爲晝夜。且吾與子觀化而化及我，我又何惡焉。」【註】斯皆先示有情，然後尋至理以遣之。若云我本无情，故能无憂，則夫有情者，遂自絶於遠曠之域，而迷困於憂樂之竟矣。【釋文】（支離叔與滑），音骨。崔本作「溷」。（介），音界。（叔），李云：支離忘形，滑介忘智，言二子乃識化也。（冥伯之丘），李云：丘名，

〔一〕「地」，原文誤作「也」。

喻杳冥也。（崙），力門反。（虛），音墟。（休），息也。（肘），竹九反。司馬本作「胕」，音趺，云：胕，足上也。（蹶蹶），紀衛反，動也。（惡之），烏路反。後皆同。（垢），音苟。（竟），音境。莊子之楚，見空髑髏，髐然有形，撽以馬捶，因而問之，曰：「夫子貪生失理，而爲此乎？將子有亡國之事，斧鉞之誅，而爲此乎？將子有不善之行，愧遺父母妻子之醜，而爲此乎？將子有凍餒之患，而爲此乎？將子之春秋故及此乎？」於是語卒，援髑髏，枕而臥。夜半，髑髏見夢曰：「子之談者似辯士。視〔一〕子所言，皆生人之累也，死則無此矣。子欲聞死之説乎？」莊子曰：「然。」髑髏曰：「死，無君於上，無臣於下；亦無四時之事，從然以天地爲春秋，雖南面王樂，不能過也。」莊子不信，曰：「吾使司命復生子形，爲子骨肉肌膚，反子父母妻子閭里知識，子欲之乎？」髑髏深矉蹙頞曰：「吾安能弃南面王樂而復爲人間之勞乎。」【註】舊説云莊子樂死惡生，斯説謬矣。若然，何謂齊乎？所謂齊者，生時安生，死時安死，生死之情既齊，則無爲當生而憂死耳。此莊子之旨也。【釋文】（髑），音獨。（髏），音樓。（髐），苦堯反，徐又許堯反，李呼交反。司馬、李云：白骨貌有枯形也。（撽），苦弔反，又古的反。《説文》作「擊」，云：旁擊也。（捶），拙鬼反，又之睡反，馬杖也。（遺），唯季反。（凍），丁貢反。（餒），奴罪反。（援），音袁。（枕），針鴆反。（見），賢遍反。（從），七容反，從容也。李、徐子用反，

〔一〕「視」，原文寫作「諸」。

縱逸也。(復),音服,又扶又反。(矉),音頻[一]。(蹙),本又作「顣」,又作「蹴」,同。子六反。(頞),於葛反。李云:矉蹙者,愁貌。(復),扶又反。顔淵東之齊,孔子有憂色。子貢下席而問曰:「小子敢問,回東之齊,夫子有憂色,何邪?」孔子曰:「善哉女問。昔者管子有言,丘甚善之,曰:『褚小者不可以懷大,綆短者不可以汲深。』夫若是者,以爲命有所成而形有所適也,夫不可損益。【註】故當任之而已。【釋文】(褚),猪許反。(綆),格猛反,汲索也。(汲),居及反。(適),或作「通」。吾恐回與齊侯言堯舜黄帝之道,而重以燧人神農之言。彼將内求於己而不得,不得則惑,人惑則死。【註】内求不得,將求於外。舍内求外,非惑如何。【釋文】(皇帝),謂三皇五帝也。司馬本作「黄帝」。(重),直用反。(舍),音捨。且女獨不聞邪?昔者海鳥止於魯郊,魯侯御而觴之于廟,奏九韶以爲樂,具太牢以爲膳。鳥乃眩視憂悲,不敢食一臠,不敢飲一杯,三日而死。此以己養養鳥也,非以鳥養養鳥也。夫以鳥養養鳥者,宜栖之深林,遊之壇陸,浮之江湖,食之鰌鰷,隨行列而止,委蛇而處。彼唯人言之惡聞,奚以夫譊譊爲乎。咸池九韶之樂,張之洞庭之野,鳥聞之而飛,獸聞之而走,魚聞之而下入,人卒聞之,相與還而觀之。魚處水而生,人處水而死,彼必相與異,

[一] 「頻」,原文寫作「枕」。

其好惡故異也。故先聖不一其能，不同其事。【註】各隨其情。【釋文】（女），音汝。後同。（海鳥），司馬云：《國語》曰爰居也。止魯東門之外三日，臧文仲使国人祭之，不云魯侯也。爰居，一名雜縣，舉頭高八尺。樊光註《爾雅》云：形似明皇。（御〔一〕），音訝。（觴），音傷。（于廟），司馬云：飲之于廟中也。（九韶），常遥反。（膳），如字。（眩），玄〔二〕遍反。司馬本作「玄」，音眩。（視），如字。徐市至反。（鬱），里轉反。（壇），大旦反。司馬本作「澶」，音但，云：水沙澶也。（食之），音嗣。（鰷），音條，又音篠，又徒由反，一音由。（行），户剛反。（委），於危反。（蛇），以支反，又如字。（譊），乃交反。（咸池），堯樂名。（樂），如字。（卒），寸忽反。司馬音子忽反，云：衆也。（還），音患〔三〕，又旋面反。（好），呼报反。**名止於實，義設於適，是之謂條達而福持。」**【註】實而適，故條達；性常得，故福持。**列子行食於道從，見百歲髑髏，攓蓬而指之曰：「唯予與女知而未嘗死，未嘗生也。**【註】各以所遇爲樂。【釋文】（道從），如字。司馬云：從，道旁也。本或作「徒」。（攓），居輦反，徐紀偃反，又起虔反。司馬云：扶也。或音厥。（蓬），步東反，徐音扶公反。**若果養乎？予果歡乎？」**【註】歡養之實，未有定在。【釋文】（若果），一本作「汝果」，

〔一〕「御」，原文誤作「邪」。
〔二〕「玄」，原文寫作「七」。
〔三〕「還音患」，原文寫作「彼音僊」。

元嘉本作「汝過」。（養），司馬本作「暮」，云：死也。（予果），元嘉本作「子〔一〕過」。（歡乎），司馬本作「嚾」，云：呼声，謂生也。**種有幾？**【註】變化種數，不可勝計。【釋文】（種），章勇反。註同。（幾），居豈反。（勝），音升。**得水則爲㡭，得水土之際則爲鼃蠙之衣，生於陵屯則爲陵舄，陵舄得鬱棲則爲烏足，烏足之根爲蠐螬，其葉爲胡蝶。胡蝶胥也化而爲蟲，生於竈下，其狀若脱，其名爲鴝掇。鴝掇千日爲鳥，其名爲乾餘骨。乾餘骨之沫〔二〕爲斯彌，斯彌爲食醯。頤輅生乎食醯，黄軦〔三〕生乎九猷，瞀芮生乎腐蠸。羊奚比乎不箰，久竹生青寧；青寧生程，程生馬，馬生人，人又反入於機。萬物皆出於機，皆入於機。**【註】此言一氣而萬形，有變化而无死生也。【釋文】（得水則爲㡭），此古絶字。徐音絶，今讀音繼。司馬本作「繼」，云：萬物雖有兆朕，得水土〔四〕氣乃相繼而生也。本或作「斷」，又作「續斷」。（得水土〔五〕之際則爲鼃），户媧反。（蠙），步田反，徐扶〔六〕賢反，郭父因反，又音賓，李婢軫反。（之衣），司馬云：言

〔一〕「作子」，原文誤作「音予」。
〔二〕「沫」，原文誤作「涞」。
〔三〕「軦」，原文誤作「軓」。
〔四〕「土」，原文誤作「上」。
〔五〕「土」，原文誤作「七」。
〔六〕「扶」，原文誤作「我」。

物根在水土際，布在水中，就水上視不見，按〔一〕之可得，如張綿在水中，楚人謂〔二〕之鼃蠙之衣。（生於陵屯），司馬音徒門反，云：阜也。郭音純。（則爲陵舄），音昔〔三〕。司馬云：言物因水成而陸産，生於陵屯，化作車前，改名陵舄也。一名澤舄，隨燥〔四〕溼變也。然不知其祖，言物化无常形也。人之死也，亦或化爲草木，草木之精或化爲人也。（陵舄〔五〕得鬱栖則爲烏足），司馬云：鬱〔六〕栖，蟲名；烏足，草名；生水邊也。言鬱栖在陵舄之中則化爲烏足也。李云：鬱栖，糞壤也。言陵舄在糞化爲烏足也。（烏足之根爲蠐），音齊。（螬），音曹。司馬本作「螬蠐」，云：蝎也。（其葉爲胡蝶），音牒。司馬云：胡蝶，蛺蝶也。草化爲蟲，蟲化爲草，未〔七〕始有極。（胡蝶胥也），一名胥也。（化而爲蟲生於竈下），司馬云：得熱氣而生也。（其狀若脱），它括反。司馬音〔八〕悦，云：新出皮悦好也。（鴝），其俱反。（掇），丁活反。（乾），音干。（沫），音末。李云：口中汁也。（斯弥），李云：蟲也。（食），

〔一〕「按」，原文誤作「抄」。
〔二〕「謂」，原文誤作「請」。
〔三〕「昔」，原文誤作「音」。
〔四〕「燥」，原文寫作「𧕿」。
〔五〕「舄」，原文誤作「馬」。
〔六〕「鬱」，原文寫作「𩰪」。
〔七〕「未」，原文誤作「木」。
〔八〕「音」，原文誤作「管」。

如字。司馬本作「蝕」。（醯），許兮反，李音濠。司馬云：蝕醯，若酒上蠛蠓也。蠛，音眠結反，蠓，音无孔反。（頤），以之反。（輅），音路，一音洛。（黄軦），音况，徐、李休往反。司馬云：頤輅〔一〕黄軦，皆蟲名。（九猷），音由。李云：九宜爲久。久，老也。猷，蟲名也。（瞀），莫豆〔二〕反，又莫住反，又亡角反。（芮），如鋭反，徐如悦反。（腐），音輔〔三〕。（蠸〔四〕），音權，郭音歡。司馬云：亦蟲名也。《爾雅》云：一名守爪，一云蚡〔五〕鼠也。（羊奚比），毗志反。（箰），息尹反。司馬云：羊奚，草名，根似蕪菁，与久竹比〔六〕合而爲物，皆生於非類也。（青寧），司馬云：蟲名。（青寧生程），李云：未聞。（程生馬馬生人），俗本多誤，故具錄之。

〔一〕「輅」，原文闕。
〔二〕「豆」，原文闕。
〔三〕「輔」，原文寫作「補」。
〔四〕「蠸」，原文寫作「爟」。
〔五〕「蚡」，原文寫作「岔」。
〔六〕「比」，原文誤作「此」。

纂圖互註南華真經卷第七

莊子外篇達生第十九【釋文】《音義》曰：以義名篇。

達生之情者，不務生之所無以爲；【註】生之所無以爲者，分外物也。【釋文】（達生），達，暢也，通也。《廣雅》云：生，出也。達命之情者，不務知之所無奈何。【註】知之所無奈何者，命表事也。養形必先之物，物有餘而形不養者有之矣；【註】知止其分，物稱其生，生斯足矣，有餘則傷也。【釋文】（稱），尺證反。有生必先無離形，形不離而生亡者有之矣。【註】守形大甚，故生亡也。【釋文】（離），力智反，下同。（大），音泰。生之來不能却，其去不能止。【註】非我所制，則无爲有懷於其間。悲夫，世之人以爲養形足以存生；【註】故彌養之而彌失之。而養形果不足以存生，【註】養之彌厚，則死地彌至。則世奚足爲哉。【註】莫若放而任之。雖不足爲而不可不爲者，其爲不免矣。【註】性分各自爲者，皆在至理中來，故不可免也，是以善養生者，從而任之。夫欲免爲形者，莫如棄世。棄世則無累，無累則正平，正平則與彼更

生，更生則幾矣。【註】更生者，日新之謂也。付之日新，則性命盡矣。【釋文】（幾），徐其依反。**事奚足棄而生奚足遺？棄事則形不勞，遺生則精不虧。**【註】所以遺棄之。**夫形全精復，與天爲一。**【註】俱不爲也。**天地者，萬物之父母也，**【註】無所偏爲，故能子萬物。**合則成體，散則成始。**【註】所在皆成，無常處[一]。【釋文】（處），昌慮反。**形精不虧，是謂能移；**【註】與化俱也。**精而又精，反以相天。**【註】還輔其自然也。【釋文】（相），息亮反。【互註】《書·泰誓[二]上》：惟天地万物父母。**子列子問關尹曰：「至人潛行不窒，**【註】其心虛，故能御群實。【釋文】（關尹），李云：關令尹喜也。（窒），珍悉反。**蹈火不熱，行乎萬物之上而不慄。**【註】至適，故無不可耳，非物往可之。【釋文】（蹈），徒報反。**請問何以至於此？」關尹曰：「是純氣之守也，非知巧果敢之列。居，予語女。凡有貌象聲色者，皆物也，物與[三]物何以相遠？**【註】唯無心者獨遠耳。【釋文】（知），音智。（列），音例。本或作「例[四]」。（語），魚據反。（女），音汝。後同。（遠），于萬反。**夫奚足以至乎先？是色而已。**【註】同是形色之物

[一]「處」，原文誤作「起」。
[二]「誓」，原文誤作「哲」。
[三]「物與」，原文脱。
[四]「例」，原文誤作「所」。

耳，未足以相先也。**則物之造乎不形而止乎無所化，**【註】常遊於極。**夫得是而窮之者，物焉得而止焉。**【註】大至極者，非物所制。【釋文】（焉），於虔反。**彼將處乎不淫之度，**【註】止於所受之分。**而藏乎無端之紀，**【註】冥然與變化日新。**遊乎萬物之所終始，**【註】終始者，物之極。**壹其性，**【註】飾[一]則二矣。**養其氣，**【註】不以心使之。**合其德，**【註】不以物離性。**以通乎物之所造。**【註】萬物皆造於自爾。**夫若是者，其天守全，其神無郤，物奚自入焉。夫醉者之墜車，雖疾不死。骨節與人同而犯害與人異，其神全也，乘亦不知也，墜亦不知也，死生驚懼不入乎其胸中，是故遻物而不慴。彼得全於酒而猶若是，**【註】醉故失其所知耳，非自然無心者也。【釋文】（郤），去逆反。（墜），字或作「隊」，同。直類反。後皆同。（乘），音繩，又繩證反。（遻），音悟，郭音愕。《爾雅》云：遻，忤也。郭註云：謂干觸。（慴），之涉反，懼也。李、郭音習。**而况得全於天乎？聖人藏於天，故莫之能傷也。**【註】不闚[二]性分之外，故曰藏。**復讎者不折鏌干，**【註】夫干[三]將鏌鋣，雖與讎爲用，然報讎者不事折之，以其無心。【釋文】（鏌），音莫。本亦作「莫」。（干），李云：鏌耶干將，皆古之利劍名。《吳越春秋》云：吳王闔閭使

[一]「飾」，原文誤作「餘」。
[二]「闚」，原文寫作「闗」。
[三]「干」，原文誤作「丅」。

干將造劍，劍有二狀，一曰干將，二曰鏌耶。鏌耶、干將妻，名也。**雖有忮心者不怨飄瓦，**【註】飄落之瓦，雖復中人，人莫之怨者，由其無情。【釋文】（忮），之豉反，郭、李音支。害也。《字書》云：很也。（飄），匹遥反，郭、李云：落也。（復），扶又反。下章同。（中），丁仲反。**是以天下平均。**【註】凡不平者，由有情。**故无攻戰之亂，無殺戮之刑者，由此道也。**【註】無情之道大矣。**不開人之天，而開天之天，**【註】不慮而知，開天也；知而後感，開人也。然則開天者，性〔一〕之動也；開人者，知之用也。**開天者德生，**【註】性動者，遇物而當足〔二〕則忘餘，斯德生也。**開人者賊生。**【註】知用者，從感而求，倦〔三〕而不已，斯賊生也。**不厭其天，不忽於人，**【註】任其天性而動，則人理亦自全矣。【釋文】（厭），李於豔反，徐於瞻反。**民幾乎以其真。」**【註】民之所患，僞之所生，常在於知用，不在於性動也。【釋文】（幾），音機，或音祈。**仲尼適楚，出於林中，見痀僂者承蜩，猶掇之也。仲尼曰：「子巧乎。有道邪？」曰：「我有道也。五六月累丸二而不墜，則失者錙銖；**【註】累二丸於竿頭，是用手之停審也。其承蜩，所失者不過錙銖之間也。【釋文】（痀），郭於禹反，李徐居具反，又其禹反。（僂），郭音縷，李、徐良付反。（承），一本作「美」。

〔一〕「性」，原文誤作「徃」。
〔二〕「足」，原文誤作「是」。
〔三〕「倦」，原文寫作「勸」。

（蜩），音條，蟬也。（掇），丁活反，拾也。（五六月），司馬曰：黏蟬時也。（累），劣彼〔一〕反。下同。司馬云：謂累之於竿頭也。（錙），側其反。（銖），音殊。**累三而不墜，則失者十一；**【註】所失愈少。**累五而不墜，猶掇之也。**【註】停審之至，故乃無所復失。**吾處身也，若厥株拘；吾執臂也，若槁木之枝；**【註】不動之至。【釋文】（厥），本或作「橛」，同。其月反。（株〔二〕），音誅。（拘），其俱反，郭音俱。李云：厥，豎也，豎若株拘也。（槁），苦老反。**雖天地之大，萬物之多，而唯蜩翼之知。吾不反不側，不以萬物易蜩之翼，何爲而不得。」**【註】遺彼故得此。**孔子顧謂弟子曰：「用志不分，乃凝於神，其痀僂丈人之謂乎。」顏淵問仲尼曰：「吾嘗濟乎觴深之淵，津人操舟若神。吾問焉，曰：『操舟可學邪？』曰：『可。善游者數能。**【註】言物雖有性，亦須數習而後能耳。【釋文】（分），如字。（操），七曹反。下章同。（數〔三〕），音朔。註、下同。**若乃夫没人，則未嘗見舟而便操之也。』**【註】没人，謂能鶩没於水底。【釋文】（鶩），音木，鴨也。**吾問焉而不吾告，敢問何謂也？」仲尼曰：「善游者數能，忘水也。**【註】習以成性，遂若自然。**若乃夫没人之未嘗見舟而便操之也，彼視淵若陵，視舟之覆猶其車却**

〔一〕「彼」，原文寫作「被」。
〔二〕「株」，原文誤作「洙」。
〔三〕「數」，原文誤作「愬」。

也。【註】視淵若陵，故視舟之覆於淵，猶車之却退於坂也。【釋文】（覆），芳服反。註、下同。（猶其車却也），元嘉本無「車」字。覆却萬方陳乎前而不得入其舍，【註】覆却雖多而猶不以經懷，以其性便故也。惡往而不暇。【註】所遇皆閒暇也。【釋文】（惡），音烏。（閒），音閑。以瓦註者巧，以鉤註者憚，以黄金注者殙。【註】所要愈重，則其心愈矜也。【釋文】（注），之樹反。李云：擊也。（憚），徒丹反，又音丹，又丈旦反。忌惡也。一曰難也。（殙），武典反，又音昏，又音門。本亦作「殙」。《説文》云：殙，矜也。元嘉本作「昏」。（要），一遥反。其巧一也，而有所矜，則重外也。凡外重者内拙。」【註】夫欲養生全内者，其唯無所矜重也。田開之見周威公。威公曰：「吾聞祝腎學生，【註】學生者務中適。【釋文】（田開之），李云：開之，其名也。（周威公），崔本作「周威公竈」。（祝腎），上之六反，下市軫反。字又作「緊」，音同。本或作「賢」。（學生），司馬云：學養生之道也。（中），丁仲反。下章註「而中適」同。吾子與祝腎遊，亦何聞焉？」田[一]開之曰：「開之操拔篲以侍門庭，亦何聞於夫子。」威公曰：「田子無讓，寡人願聞之。」開之曰：「聞之夫子曰：『善養生者，若牧羊然，視其後者而鞭之。』」威公曰：「何謂也？」田開之曰：「魯有單豹者，岩居而水飲，不與民共利，行年七十而猶有嬰兒之色，不幸遇餓虎，餓虎殺而食之。有張毅者，高門縣薄，無不走也，行年四十

[一]「田」，原文誤作「曰」。

而有内熱之病以死。豹養其内而虎食其外，毅養其外而病攻其内，此二子者，皆不鞭其後者也。」【註】夫守一方之事至於過理者，不及於會通之適也。鞭其後者，去其不及也。【釋文】（吾子與祝腎遊），司馬本以「吾子」屬上句，更云「子與祝腎遊」。（操），七曹反。（拔），蒲末反，徐甫末反。李云：把也。（篲），似歲反，徐以醉反，郭予稅反，李尋恚〔一〕反，信醉反，或〔二〕蘇忽反。帚也。（亦何聞於夫子），絶句。（鞭），如字。崔本作「趨」，云：匿也。視其羸瘦在後者，匿著牢中養之也。（單豹），音善。李云：單豹，隱人姓名也。（水飲），元嘉本作「飲水」。（縣），音玄。（薄），司馬云：簾也。（無不走也），司馬云：走，至也。言無不至門奉貴富也。李云：走，往也。（去），起呂反。**仲尼曰：「無入而藏，**【註】藏既内矣，而又入之，此過於入也。**無出而陽，**【註】陽既外矣，而又出之，是過於出也。**柴立其中央。**【註】若槁木之無心而中適，是立也。**三者若得，其名必極。**【註】名極而實當也。**夫畏塗者，十殺一人，則父子兄弟相戒也，必盛卒徒而後敢出焉，不亦知乎。人之所取畏者，衽席之上，飲食之間；而不知爲之戒者，過也。」**【註】十殺一耳，便〔三〕大畏之；至於色欲之害，動皆之死地而莫不冒之，斯過之甚也。【釋文】（畏塗），司馬云：阻險道可畏懼者也。（卒），子忽反。（知），音智。（衽），而甚反，徐而鴆反。李云：卧衣也。鄭

〔一〕「恚」，原文誤作「志」。
〔二〕「或」，原書爲墨圍。
〔三〕「便」，原文寫作「使」。

註《禮記》云：卧席也。（動皆之死地），一本无「地」字。（冒），音墨。**祝宗人玄端以臨牢筴，説彘曰：「汝奚惡死？吾將三月豢汝，十日戒，三日齊，藉白茅，加汝肩尻乎彫俎之上，則汝爲之乎？」爲彘謀，曰不如食以糠糟而錯之牢筴之中，自爲謀，則苟生有軒冕之尊，死得於腞楯之上、聚僂之中則爲之。爲彘謀則去之，自爲謀則取之，所異彘者何也？**【註】欲瞻則身亡，理常俱耳，不問人獸也。【釋文】（筴），初革反。李云：牢，豕室也。筴，木欄也。（説），如字，又始鋭反。（彘），直例反。本亦作「豕」。（惡），烏路反。（豢），音患。司馬云：養也。本亦作「犧」。（齊），側皆反。後章同。（藉），在夜反，又在亦反。（尻），苦羔反。（俎），莊呂反。畫[一]飾之俎也。（爲彘），于僞反。下「自爲」「爲彘」同。（食），音嗣。（糠），音康。（糟），音遭。（錯），七故反，置也。又如字。本又作「措」。（腞），直轉反，又敕轉反。（楯），食準反，徐敕荀反，司馬云[二]：腞，猶篆也。楯，猶案也。（聚僂），力主反。司馬云：聚僂，器名也，今冢壙中註爲之。一云：聚僂，棺槨也。一云：「聚」當作「菆」，才官反；「僂」當作「蔞」，力久反；謂殯於菆塗蔞翣之中。**桓公田於澤，管仲御，見鬼焉。公撫管仲之手[三]曰：「仲父何見？」對曰：「臣無所見。」公反，誒詒爲病，數日不出。齊士有皇子告敖者曰：「公則自傷，鬼惡能傷公。**

[一]「畫」，原文誤作「晝」。
[二]「云」上衍「云腞猶篆」四字。
[三]「手」，原文誤作「予」。

夫忿滀之氣，散而不反，則爲不足；上而不下，則使人善怒；下而不上，則使人善忘；不上不下，中身當心，則爲病。」桓公曰：「然則有鬼乎？」曰「有。沈有履，竈有髻。户内之煩壤，雷霆處之；東北方之下者，倍阿鮭蠪躍之；西北方之下者，則泆陽處之。水有罔象，丘有峷，山有夔，野有彷徨，澤有委蛇。」公曰：「請問，委蛇之狀何如？」皇子曰：「委蛇，其大如轂，其長如轅，紫衣而朱冠。其爲物也，惡聞雷車之聲，則捧其首而立。見之者殆乎霸。」桓公囅然而笑曰：「此寡人之所見者也。」於是正衣冠與之坐，不終日而不知病之去也。【註】此章言憂來而累生者，不明也；患去而性[一]得者，達理[二]也。【釋文】（去反），一本作「公反」。（誒），於代反，郭音熙。《説文》云：可惡之辭也。李呼該反，一音哀。（詒），吐代反，郭音怡，李音臺。司馬云：懈倦貌。李云：誒詒，失魂魄也。（數日），所主反。司馬本作「數月」。（皇子告敖），如字。司馬云：皇，姓；告敖，字；齊之賢士也。（鬼惡），音烏。（忿），拂粉反，李房粉反　（滀），敕六反。（之氣散而不反則爲不足），李云：忿，滿也。滀，結聚也。精神有逆，則陰陽結於内，魂魄散於外，故曰不足。（上），音時掌反。下同。（而不下則使人善怒下

〔一〕「性」，原文誤作「生」。
〔二〕「達理」，二字原文闕。

而不上則使〔一〕人善忘），亡〔二〕尚反。李云：陽散陰凝，故怒；陰發陽伏，故忘也。（不上不下〔三〕中），丁仲反。（身當心則爲病），李云：上下不和，則陰陽爭而攻心〔四〕。心，精神主，故病也。（沈有履），司馬本作「沈有漏」，云：沈水污也。漏，神名。（竈有髻），音結，徐胡節反，郭音詰，李音吉。司馬云：髻，竈神，着赤衣，狀如美女。（霆），音庭，又音挺，又徒佞〔五〕反。（倍），音裴，徐扶來反。（鮭），本亦作「蛙」，户蝸反，徐胡佳反。（蠪），音聾，又音龍。（躍之），司馬云：倍阿，神名也。鮭蠪，狀如小兒，長一尺四寸，黑衣赤幘大冠，帶劍持戟。（泆），音逸。司馬云：泆陽，豹頭馬尾，一作狗頭。一云：神名也。（罔象），如字。司馬本作「无傷」，云：狀如小兒，赤黑色，赤爪，大耳，長臂。一云：水神名。（莘），本又作「莘」。所巾反，又音臻。司馬云：狀如狗，有角，文身五采。（夔），求龜反。司馬云：狀如鼓而一足。（方），音傍。本亦作「彷」，同。（皇），本亦作「徨」，同。司馬云：彷徨，狀如蛇，兩頭，五采文。（委），於危反，又如字。（朱冠），司馬本作「俞冠」，云：俞國之冠也，其制似螺。（惡聞），烏路反。（捧），芳勇反。（首），司馬本同。一本作「手」。（矉），敕引反，徐敕一反，又

〔一〕「上則使」，三字原文爲墨圍。
〔二〕「亡」，原文誤作「忘」。
〔三〕「不上不下」，四字原文爲墨圍。
〔四〕「心」，原文誤作「攻」。
〔五〕「佞」，原文誤作「復」。

敕私反。司馬云：笑貌。李云：大笑貌。**紀渻子爲王養鬭雞。十日而問：「雞已乎？」曰：「未也，方虚憍而恃氣。」十日又問，曰：「未也。猶應嚮景。」十日又問，曰：「未也。猶疾視而盛氣。」十日又問，曰：「幾矣。雞雖有鳴者，已無變矣，望之似木雞矣，其德全矣，異雞無敢應者，反走矣。」**【註】此章言養之以至於全者，猶無敵於外，況自全乎。【釋文】（紀渻），所景反，徐所幸反。人姓名也。一本作「消」。（爲），于僞反。（王），司馬云：齊王也。（虚憍），居喬反，又巨消反。李云：高也。司馬云：高仰頭也。（應），應對之應。下同。（嚮），許丈反。本亦作「響」。（景），於領反，又如字。李云：應響鳴，顧景行。**孔子觀於呂梁，縣水三十仞，流沫四十里，黿鼉魚鼈之所不能游也。見一丈夫游之，以爲有苦而欲死也，使弟子並流而拯之。數百步而出，被髮行歌而游於塘下。孔子從而問焉，曰：「吾以子爲鬼，察子則人也。請問，蹈水有道乎？」曰：「亡，吾無道。吾始乎故，長乎性，成乎命。與齊俱入，與汩偕出，**【註】磨翁而旋入者，齊也；回伏而湧出者，汩也。【釋文】（呂梁），司馬云：河水有石絶處也。今西河離石西有此縣絶，世謂之黄梁。《淮南子》曰：古者龍門未鑿，河出孟門之上也。（縣），音玄。（仞），音刃，七尺曰仞。（沫），音末。（黿），音元。（鼉），徒多反，或音檀。（鼈），字又作「鱉」，必滅反。（苦），如字。司馬云：病也。（拯），拯救之拯。（數），所主反。（被），皮寄反。（行歌），司馬本作「行道」。云，常行之道也。（長），丁丈反。下同。（齊），司馬云：齊，回水如磨齊也。（汩〔一〕），胡忽反。司馬云：涌波也。**從水之道而不爲私焉。**【註】任水而不任己。**此吾所以蹈之也。」孔子曰：「何謂始乎故，長乎性，成乎命？」曰：「吾生於陵而安於陵，故也；長於水而安於水，性也；不知吾所以然而然，命也。」**【註】此章言人有偏能，得其所能而任之，則天下无難矣。用夫无難以涉〔二〕乎生生之道，何往而不通也。**梓慶削木爲鐻，鐻成，見者驚猶鬼神。**【註】不似人所作也。【釋文】（梓），音子。（慶），李云：魯大匠也。梓，官名；慶，其名也。（鐻），音據。司馬云：樂器也，似夾鍾。**魯侯見而問焉，曰：「子何術以爲焉？」對曰：「臣工人，何術之有。雖然，有一焉。臣將爲鐻，未嘗敢以耗氣也，必齊以靜心。齊三日，而不敢懷慶賞爵祿；齊五日，不敢懷非譽巧拙；齊七日，輒然忘吾有四枝形體也。當是時也，無公朝，**【註】視公朝若无，則跂慕之心絶矣。【釋文】（耗），呼報反。司馬云：損也。（氣），李云：氣耗則心動，心動則神不專也。（譽），音餘。（輒然），丁協反。輒然，不動貌。（朝），直遥反。註同。**其巧專而外骨消；**【註】性外之事去也。【釋文】（骨消），如字。本亦作「滑消」。**然後入山林，觀天性；形軀至矣，然後成見鐻，然後加手焉；不然則已。**【註】必取材中者也。【釋文】（見），賢遍反。（中），丁仲反。**則以天合天，**【註】不離其自然也。**器之所以疑神**

〔一〕「汩」，原文誤作「泊」。
〔二〕「涉」，原文寫作「步」。

者，其是與。」【註】盡因物之妙，故乃疑是鬼神所作耳。【釋文】（與），音餘。東野稷以御見莊公，進退中繩，左右旋中規。莊公以爲文弗過也，使之鉤百而反。顔闔遇之，入見曰：「稷之馬將敗。」公密而不應。少焉，果敗而反。公曰：「子何以知之？」曰：「其馬力竭矣，而猶求焉，故曰敗。」【註】斯明至當之不可過也。【釋文】（東野稷），李云：東野，姓；稷，名也。司馬云：孫卿作「東野畢」。（見），賢遍反。下同。（莊公），李云：魯莊公也。或云：《内篇》曰，顔闔將傅衛靈公太子，問於蘧伯玉，則不与魯莊同時，當是衛莊公。（中），丁仲反。下同。（文弗過也），司馬云：謂過織組之文也。（使之鉤百而反），司馬云：稷自矜其能，圓而驅之，如鉤復迹，百反而不知止。（闔），户臘反。元嘉本作「盍」。崔同。工倕旋而蓋規矩，指與物化而不以心稽，故其靈臺一而不桎。【註】雖工倕之巧，猶任規矩，此言因物之易也。【釋文】（倕），音垂，又音睡。（旋而蓋矩指與物化而不以心稽），音雞。司馬本「矩」作「瞿」，云：工倕，堯工巧人也。旋，圓也。瞿，句也。倕工巧任規，以見爲圓，覆蓋其句指〔二〕，不以施度也。是與物化之〔三〕，不以心稽留也。（桎），之實反。司馬云：閡也。（易），音以豉反。忘足，屨之適也；忘要，帶之適也；【註】百體皆適，則都忘其身也。【釋文】（屨），九住反。（要），一遥反。知忘是非，心之適

〔二〕「句指」，原文誤作「旬狷」。

〔三〕「物化之」，原文寫作「化之物」。

也；【註】是非生於不適耳。不內變，不外從，事會之適也。【註】所遇而安，故無所變從也。始乎適而未嘗不適者，忘適之適也。【註】識適者猶未適也。有孫休者，踵門而詫子扁慶子曰：「休居鄉不見謂不脩，臨難不見謂不勇。然而田原不遇歲，事君不遇世，賓於鄉里，逐於州部，則胡罪乎天哉？休惡遇此命也？」扁子曰：「子獨不聞夫至人之自行邪？忘其肝膽，遺其耳目，【註】闇付自然也。【釋文】（踵），章勇反。司馬云：至也。（詫），敕駕反，又呼駕反，郭都駕反。司馬云：告也。李本作「託」，云：屬也。（扁慶子），音篇，又符殄反。李云：扁，姓；慶子，字也。（難），乃旦反。（賓），必刃反。（惡），音烏。下同。芒然彷徨乎塵垢之外，【註】凡非真性，皆塵垢也。【釋文】（芒），武剛反。（彷徨），元嘉本作「房皇」，音同。逍遥乎無事之業，【註】凡自爲者，皆无事之業也。是謂爲而不恃，【註】率性自爲耳，非恃而爲之。長而不宰。【註】任其自長耳，非宰〔一〕而長之。【釋文】（長），丁丈反。註同。今汝飾知以驚愚，脩身以明污，昭昭乎若揭日月而行也。汝得全而形軀，具而九竅，無中道夭於聾盲跛蹇而比於人數，亦幸矣，又何暇乎天之怨哉。子往矣。」孫子出。扁子入，坐有間，仰天而歎。弟子問曰：「先生何爲歎乎？」扁子曰：「向者休來，吾告之以至人之德，吾恐其驚而遂至於惑也。」弟子曰：「不然。孫子之所言是邪？先生之所言非邪？非固不能惑

〔一〕「宰」，原文寫作「常」。

是。孫子所言非邪？先生所言是邪？彼固惑而來矣，又奚罪焉。」扁子曰：「不然。昔者有鳥止於魯郊，魯君説之，爲具太牢以饗之，奏九韶以樂之，鳥乃始憂悲眩視，不敢飲食。此之謂以己養養鳥也。若夫以鳥養養鳥者，宜棲之深林，浮之江湖，食之以委蛇，則平陸而已矣。【註】各有所便也。【釋文】（知），音智。（污），音烏。（揭），其列反，又其謁反。（竅），苦弔反。（跛），彼我反。（蹇），紀輦反，又紀偃反，徐其偃反。（比），如字，又毗志反。（説），於危反。（爲），于僞反。（奏儿韶），元嘉本作「奏韶武」。（樂），音洛。下同。（食之），音嗣。（委），於危反。（蛇），如字。李云：大鳥吞蛇。司馬云：委蛇，泥鰌。今休，款啓寡聞之民也，吾告以至人之德，譬之若載鼷以車馬，樂鴳以鐘鼓也。彼又惡能無驚乎哉。」【註】此章言善養生者各任性分之適而至矣。【釋文】（款啓），李云：款，空也；啓，開也。如空之開，所見小也。（鼷），音兮。（鷃〔一〕），字亦作「鴳」，音晏。

莊子外篇山木第二十【釋文】《音義》曰：舉事以名篇。

莊子行於山中，見大木，枝葉盛茂，伐木者止其旁而不取也。問其故，曰：「无所可用。」

〔一〕「鷃」，原文誤作「鴳」。

莊子曰：「此木以不材得終其天年。」夫子出於山，舍於故人之家。故人喜，命豎子殺雁而烹之。豎子請曰：「其一能鳴，其一不能鳴，請奚殺？」主人曰：「殺不能鳴者。」明日，弟子問於莊子曰：「昨日山中之木，以不材得終其天年；今主人之雁，以不材死。先生將何處？」莊子笑曰：「周將處乎〔一〕材與不材之間。材與不材之間，似之而非也，故未免乎累。【註】設將處此耳，以此未免於累，竟不處。【釋文】（山中），《釋名》云：山，産也，産生物也。《説文》云：山，宣也，謂能宣散氣生万物也。（大木），《釋名》云：木，冒也，冒地而産也。《字林》云：木〔二〕，衆樹之總名。《白虎通》云：木，踊也。（夫〔三〕出），如字。夫者，夫子〔四〕，謂莊子也。本或即作「夫子」。（豎），市主反，（烹），普彭反，煮也。若夫乘道德而浮遊則不然。无譽无訾，一龍一蛇，與時俱化，而无肯專爲；一上一下，以和爲量，浮遊乎萬物之祖；物物而不物於物，則胡可得而累邪。此神農、黄帝之法則也。【註】故莊子亦處焉〔五〕。【釋文】（譽），音予。（訾），音紫，毁也。徐音疵。（上），如字，又時掌反，（量），音亮。若夫萬物之

〔一〕「乎」，原文寫作「夫」。
〔二〕「木」，原文誤作「大」。
〔三〕「夫」，原文誤作「去」。
〔四〕「子」，原文誤作「乎」。
〔五〕「焉」，原文誤作「鳥」。

情，人倫之傳，則不然。合則離，成則毀；廉則挫，尊則議，有爲則虧，賢則謀，不肖則欺，胡可得而必乎哉。悲夫。弟子志之，其唯道德之鄉乎。」【註】不可必，故待之不可以一方也，唯与時俱化者，爲能涉變而常通耳。【釋文】（傳），直專反。司馬云：事類〔一〕可傳行也。（剉〔二〕），子臥反。本亦作「挫」，同。（鄉），如字，一音許亮反。市南宜僚見魯侯，魯侯有憂色。市南子曰：「君有憂色，何也？」魯侯曰：「吾學先王之道，脩先君之業。吾敬鬼尊賢，親而行之，無須臾離居。然不免於患，吾是以憂。」市南子曰：「君之除患之術淺矣。【註】有用奇而矜其國，故雖憂懷〔三〕萬端，尊賢尚行，而患慮愈深矣。【釋文】（市南宜僚），了蕭反，徐力遥反。司馬云：熊宜僚也，居市南，因爲號也。李云：姓熊，名宜僚。案：《左傳》云，市南有熊宜僚，楚人也。（无須〔四〕臾離），力智反。絶句。崔本无「離」字。（居然），崔〔五〕讀以「居」字連上句。（行），下孟反。夫豐狐文豹，棲於山林，伏於巖穴，静也；夜行晝居，戒也；雖飢渴隱約，猶且胥疏於江湖之上而求食焉，定也。然且不免於罔羅機辟之患。是何罪之有

〔一〕「類」，原文誤作「願」。
〔二〕「剉」，原文誤作「坐」。
〔三〕「懷」，原文寫作「褱」。
〔四〕「須」，原文誤作「頎」。
〔五〕「崔」，原文誤作「律」。

哉？其皮爲之灾也。今〔一〕魯國獨非君之皮邪？吾願君刳形去皮，洒〔二〕心去欲，而遊於无人之野。【註】欲令无其身，忘其國，而任其自化也。【釋文】（豐），司馬云：大也。（胥疏），如字。司馬云：胥，須也。疏，菜也。李云：胥，相也，謂相望疏草也。（辟），婢亦反。（刳），音枯。《廣雅》云：屠〔三〕也。（去皮），起呂反。下〔四〕「去欲」「去君」同。（洒〔五〕），先典反。本亦作「洗」，音同。（欲），如字。徐音慾。（令），力呈反。章末〔六〕同。**南越有邑焉，名爲建德之國。**【註】寄之南越，取其去魯之遠也。**其民愚而朴，少私而寡欲；知作而不知藏，與而不求其報；不知義之所適，不知禮之所將；猖狂妄行，乃蹈乎大方；**【註】各恣其本步，而人人自蹈〔七〕其方，則萬方得矣，不亦大乎。**其生可樂，其死可葬。**【註】言可終始處之。【釋文】（樂），音洛。**吾願君去國捐俗，與道相輔而行。」**【註】所謂去國捐俗，謂蕩除其胸中也。**君曰：「彼**

〔一〕「今」，原文誤作「令」。
〔二〕「洒」，原文誤作「酒」。
〔三〕「屠」，原文誤作「暑」。
〔四〕「下」，原文誤作「欲」。
〔五〕「洒」，原文誤作「免」。
〔六〕「末」，原文誤作「未」。
〔七〕「蹈」，原文誤作「瑫」。

其道遠而險，又有江山，我無舟車，奈何？」【註】其謂欲使之南〔一〕越。市南子曰：「君无形倨，【註】形倨，躓礙之謂。【釋文】（无形倨），音據。司馬云：无〔二〕倨傲〔三〕其形。（躓），之質反，又知吏反。（礙），五代反。无留居，【註】留居，滯〔四〕守之謂。【釋文】（无留居），司馬云：无〔五〕留安其居。以爲君車。」【註】形与物夷〔六〕，心与物化，斯寄物以自載〔七〕也。君曰：「彼其道幽遠而无人，吾誰與爲鄰？吾無糧，我无食，安得而至焉？」市南子曰：「少君之費，寡君之欲，雖无糧而乃足。【註】所謂知足則无所不足也。【釋文】（我），一本作「餓」。君其涉於江而浮於海，望之而不見其崖，愈往而不知其所窮。【註】絶情欲之遠〔八〕也。送君者皆自崖而反，【註】君欲絶，則民各反守其分。君自此遠矣。【註】超然獨立於萬物之上也。故有人者

〔一〕「南」，原文誤作「悳」。
〔二〕「无」，原文誤作「尢」。
〔三〕「傲」，原文誤作「做」。
〔四〕「滯」，原文誤作「帶」。
〔五〕「无」，原文誤作「尢」。
〔六〕「夷」，原文寫作「事」。
〔七〕「自載」，原文寫作「見義」。
〔八〕「遠」，原文寫作「還」。

累，【註】有人者，有之以爲己私也。見有於人者憂。【註】見有於人者，爲人所役用也。故堯非有人，非見有於〔一〕人也。【註】虽有天下，皆寄之百官，委之万物而不与焉，斯非有人也；因民任物而不役己，斯非見有於人也。【釋文】（与），音預。吾願去君之累，除君之憂，而獨與道遊於大莫之國。【註】欲令蕩然无有国之懷。【釋文】（大〔二〕莫），莫，无也。方舟而濟於河，有虛船來觸舟，雖有惼心之人不怒；有一人在其上，則呼張歙之。一呼而不聞，再呼而不聞〔三〕，於是三呼邪，則必以惡聲隨之。向也不怒而今也怒，向也虛而今也實。人能虛己以遊世，其孰能害之。」【註】世虽變，其於虛己以免害，一也。【釋文】（方舟），司馬云：方，並也。（惼〔四〕），必善反。《尔雅》云：急也。（呼），火故反。下同。（張歙），許及反，徐許輒〔五〕反，郭疎獵反。張，開也。歙，斂也。北宮奢爲衛靈公賦斂以爲鐘，爲壇乎郭門之外，三月而成上下之縣。王子慶忌見而問焉，曰：「子何術之設？」奢曰：「一之間，無敢設也。【註】泊然抱

〔一〕「有於」，二字原文倒乙。
〔二〕「大」，原文誤作「夫」。
〔三〕「再呼而不聞」，原文脱。
〔四〕「惼」，原文誤作「扁」。
〔五〕「輒」，原文寫作「掫」。

一耳，非敢假設以益事也。【釋文】（北宮奢），李云：衛大夫，居〔一〕北宮，因以爲号。奢，其名也。（爲衛），于僞反。（歛），力豔反。（爲壇），但丹反。李云：祭也；禱〔二〕之，故爲壇也。（上下之縣），音玄。司馬云：八音備爲縣而声高下。（王子〔三〕慶忌），李云：王族也。慶忌，周大夫也。怪其簡速，故問之。（泊），步各反。**奢聞之，『既雕既琢，復歸於朴。』**【註】还用其本性也。【互註】《老·二十八章》：常德乃足，復歸於朴。朴散則爲器。**侗乎其無識，**【註】任其純朴而已。【釋文】（侗），吐東、敕動二反，无知皃。《字林》云：大皃。一音慟。**儻乎其怠疑；**【註】无所趣也。【釋文】（儻），音敕蕩反。**萃乎芒乎，其送往而迎來；**【註】无所欣説。【釋文】（萃），在醉反。（芒），莫郎反。（説），音悦。**來者勿禁，往者勿止；**【註】任〔四〕彼也。**從其彊梁，**【註】順乎衆也。【釋文】（彊梁），多力也。**隨其曲傳，**【註】无所係也。【釋文】（曲傳），音附。司馬云〔五〕：謂曲附己者隨之也。本或作「傳」，張恋反。**因其自窮，**【註】用其不得不尔。**故朝夕賦歛而毫毛不挫，**【註】當故无損。【釋文】（挫），音子卧反。**而况有大塗者乎。」**【註】泰然无執，用天下

〔一〕「居」，原文脱。
〔二〕「禱」，原文誤作「鑄」。
〔三〕「子」，原文脱。
〔四〕「任」，原文誤作「往」。
〔五〕「云」，原文脱。

之自爲，斯大通之塗也，故曰經之營之，不日成之。孔子圍於陳蔡之間，七日不火食。大公任往弔之曰：「子幾死乎？」曰：「然。」「子惡死？」曰：「然。」【註】自同於〔二〕好惡耳，聖人无好惡也。【釋文】（大），音泰。（任），如字。李云：大公，大夫称。任，其名。（幾），音祈，又音機。（惡），烏路反。註及下同。（好），呼報反。章内同。任曰：「予嘗言不死之道。東海有鳥焉，其名曰意怠。其爲鳥也，翂翂翐翐，而似無能。引援而飛，迫脅而棲。【註】既弘大舒緩，又心无常係。【釋文】（翂），音紛。字或作「盼」。（翐），音秩，徐音族。字或作「潎」。司馬云：翂翂翐翐，舒遲皃。一云〔三〕：飛不高皃。李云：羽翼声。（迫脅而棲），李云：不敢独棲，迫脅在衆鳥中，纔足容身而宿，辟害之至也。進不敢爲前，退不敢爲後；【註】常從容處中。【釋文】（從），七容反。食不敢先嘗，必取其緒。【註】其於隨物而已。【釋文】（緒），次緒也。是故其行列不斥，【註】与群俱也。【釋文】（行），户剛反。下「乱行」同。（斥），音尺。而外人卒不得害，是以免於患。【註】患害生於役知以奔競。【釋文】（卒），子恤反，終也。又七忽反。直木先伐，甘井先竭。【註】才之害也。子其意者飾知以驚愚，脩身以明污，昭昭乎如揭日月而行，故不免也。【註】大察焉小異，則与衆爲迕矣；混然大同，則无独異於世矣。故夫昭昭者，乃冥冥之

〔二〕「同於」，原文誤作「司厷」。

〔三〕「云」，原文脱。

迹也。將寄言以遺迹，故因陳蔡以託患。【釋文】（知），音智。（污），音烏。（揭），其列、其謁二反。（迕），五故反。昔吾聞之大成之人曰：『自伐者無功，功成者墮，名成者虧。』【註】恃[一]功名以爲已成者，未之嘗全。【釋文】（墮），許規反。孰能去功與名而還與衆人。【註】功自衆成，故还之。【釋文】（去），起呂反。道流而不明，【註】昧然而自行耳。居得行而不名處；【註】彼皆居然自得此行耳，非由名而後處之。【釋文】（行），如字，又下孟反。註同。純純常常，乃比於狂；【註】无心而動故也。削迹捐勢，不爲[二]功名；【註】功自彼成，故勢不在我，而名迹皆去。是故無責於人，人亦無責焉。【註】恣情任彼，故彼各自當其責也。至人不聞，子何喜哉？」【註】寂泊无懷，乃至人也。【釋文】（泊），步各反。孔子曰：「善哉。」辭其交遊，去其弟子，逃於大澤。衣裘褐，食杼栗。【註】取於弃人間之好也。【釋文】（衣），於既反。（褐），户割反。（杼），食汝反，又音序。入獸不亂群，入鳥不亂行。【註】若草木之无心，故爲鳥獸所不畏。鳥獸不惡，而况人乎。【註】蓋寄言以極推至誠之信，任乎物而无受害之地也。孔子問子桑雽曰：「吾再逐於魯，伐樹於宋，削迹於衛，窮於商周，圍於陳蔡之間。吾犯此數

〔一〕「恃」，原文誤作「侍」。
〔二〕「爲」，原文闕。

患，親交益疏，徒友益散，何與？」子桑雽曰：「子獨不聞假人之亡與？林回棄千金之璧[一]，負赤子而趨。或曰：『爲其布與？赤子之布寡矣；【註】布，謂匹帛也。【釋文】（桑雽），音户。本又作「雩」，音于。李云：桑，姓；雽，其名[二]。隱人也。或云：姓桑雽，名隱。（伐樹於衛），一本作「伐樹於宋，削迹於衛」。（數），所主反。（何与），音餘。下放此。（假），古雅反。李云：国名。（林回），司馬云：殷之逃民之姓名。（爲），如字。下同。又皆于僞反。（布），謂貨財也。爲其累與？赤子之累多矣。弃千金之璧，負赤子而趨，何也？』林回曰：『彼以利合，此以天屬也。』夫以利合者，迫窮禍患害相弃也；以天屬者，迫窮禍患害相收也。夫相收之與相弃亦遠矣。且君子之交淡若水，小人之交甘若醴。君子淡以親，【註】去利故淡，道合故親也。【釋文】（淡），如字，又徒暫反。小人甘以絶。【註】飾利故甘，利不可常，故有時而絶也。彼无故以合者，則无故以離。」【註】夫无故而自合者，天属也，合不由故，則故不足以离之也。然則有故而合，必有故而離矣[三]。【重意】《記·表記》：故君子之接[四]如水，小人之接如醴；君子淡以成，小人甘以壞。《小雅》曰：盜言孔甘，乱是用餤。孔子曰：「敬聞命矣。」徐行翔佯

[一]「璧」，原文誤作「壁」。
[二]「名」，原文誤作「若」。
[三]「離矣」，原文誤作「籬牟」。
[四]「接」，原文寫作「節」。

而歸，絶學捐書，弟子無挹於前，其愛益加進。【註】去飾任素故也。【釋文】（无挹），音揖。李云：无所執持也。（去），起呂反。異日，桑雽又曰：「舜之將死，真泠禹曰：『汝戒之哉。形莫若緣，情莫若率。【註】因形率情，不矯之以利也。【釋文】（真），司馬本作「直」。（泠），音零。（禹〔一〕）司馬云：泠，曉也，謂〔二〕以真道曉語禹也。泠，或爲「命」，又作「令」。命，猶〔三〕教也。緣則不離，率則不勞；【註】形不假，故常全；情不矯，故常逸。不離不勞，則不求文以待形；【註】任朴而直前也。不求文以待形，固不待物。』」【註】朴素而足。莊子衣大布而補之，正緳係履而過魏王。魏王曰：「何先生之憊邪？」莊子曰：「貧〔四〕也，非憊也。士有道德不能行，憊也；衣弊履穿，貧也，非憊也。此所謂非遭時也。王獨不見夫騰猿乎？其得柟梓豫章也，攬蔓其枝而王長其間，雖羿、蓬蒙不能眄睨也。【註】遭時得地，則申其長技，故雖古之善射，莫之能害。【釋文】（衣），於既反。（大布），司馬云：麤布也。（緳），賢節反，又苦結反。司〔五〕馬云：帶也。（係履），李云：履穿，故係。（過），古禾反。（魏王），司馬云：惠

〔一〕「禹」，原文誤作「与」。
〔二〕「謂」，原文誤作「諸」。
〔三〕「猶」，原文寫作「尤」。
〔四〕「貧」，原文誤作「賔」。
〔五〕「司」，原文誤作「同」。

王也。（僨），皮拜反，又薄計反。司馬本作「病」。（膡〔一〕），音騰。本亦作「騰」。（柟），音南，木名。（攬），舊歷敢反。（蔓），音万。郭武半反。（而〔二〕），往况反。司馬本作「往」。（長），丁亮反。本又作「張」，音同。司馬直良反，云：兩枝相去長遠也。（羿），音詣，或户係反。（蓬蒙），符恭反，徐扶公反。司馬云：羿，古之善射者。蓬蒙，羿之弟子。（眄），莫練反，舊莫顯反。本或作「睥」，普計反。（睨），音詣，郭五米〔三〕反。李云：邪視也。（枝），其綺反。**及其得柘棘枳枸之間也，危行側視，振動悼慄〔四〕。此筋骨非有加急而不柔也，處勢不便，未足以逞其能也。今處昏上亂相之間，而欲無憊，奚可得邪？此比干之見剖心徵也夫。」**【註】勢不便而強爲之，則受〔五〕戮矣。【釋文】（柘），章夜反。（枳〔六〕），吉氏反，又音紙。（枸），音矩。（悼），如字，又直弔反。（便），婢面反。註同。（相），息亮〔七〕反。（見），賢遍反。（強），其丈〔八〕反。**孔子窮於陳蔡之間，**

〔一〕「膡」，原文寫作「勝」。
〔二〕「而」，原文誤作「两」。
〔三〕「米」，原文寫作「岑」。
〔四〕「慄」，原文誤作「慓」。
〔五〕「受」，原文寫作「又」。
〔六〕「枳」，原文誤作「析」。
〔七〕「亮」，原文寫作「尤」。
〔八〕「其丈」，原文寫作「上声」。

七日不火食，左據槁木，右擊槁枝，而歌猋氏之風，有其具而无其數，有其聲而无宮角，木聲與人聲，犁然有當於人之心。顏回端拱還目而窺之。仲尼恐其廣己而造大也，愛己而造哀也，曰：「回，无受天損易，【註】唯安之故易。【釋文】（槁），苦老反。下同。（猋氏），必遥反。古之无爲帝王也。（犁然），力兮反，又力之反。司馬云：犁然，猶栗然。（當），丁浪反。（還），音旋。（窺），徐起規反（造），司馬云：造，適也。（易），以豉反。註、下同。无受人益難。【註】物之倘來，不可禁禦。无始而非卒也，【註】於今爲始者，於昨爲卒，則所謂始者即是卒矣。言變化之无窮。人與天一也。【註】皆自然。夫今之歌者其誰乎？」【註】任其自尔，則歌者非我也。回曰：「敢問无受天損易。」仲尼曰：「飢渴寒暑，窮桎不行，天地之行也，運物之泄也，【註】不可逃也。【釋文】（桎），之實反。（運），司馬云：動也。（泄），息列反。司馬云：發也。徐以世反。言與之偕逝[一]之謂也。【註】所謂不識不知而順帝之則也。【釋文】（言），我也。爲人臣者，不敢去之。執臣之道猶若是，而况乎所以待天乎。」【註】所在皆安，不以損爲損，斯待天而不受其損也。「何謂无受人益難？」仲尼曰：「始用四達，【註】感應旁通爲四達。爵祿並至而不窮，【註】旁通，故可以御高大也。物之所利，乃非己也，【註】非己求而取。吾

〔一〕「與之偕逝」，原文寫作「與偕之偕」。

命其[一]在外者也。【註】人之生，必外有接物之命，非如瓦石，止於形質而已。君子不爲盜，賢賢不爲竊。吾若取之，何哉。【註】盜竊者，私取之謂也。今賢人君子之致爵祿，非私取之，受之而已。故曰，鳥莫知於鷾鴯，目之所不宜處，不給視，雖落其實，弃之而走。【註】避禍之速。【釋文】（知），音智。（鷾），音意。（鴯），音而。或云：鷾鴯，燕也。（目之所不宜處），昌呂反。言不可止処，目已羅絡知之，故弃之也。其畏人也，而襲諸人間，【註】未有自疏外於人而人存之者也。畏人而入於人舍[二]，此鳥之所以稱知也。社稷存焉爾。」【註】况之至人，則玄同天下，故天下樂推而不厭，相與社而稷之，斯无受人益之所以爲難也。「何謂無始而非卒？」仲尼曰：「化其萬物而不知其禪之者，【註】莫覺其變。【釋文】（禪），市戰反。司馬云：授予也。焉知其所終？焉知其所始？正而待之而已耳。」【註】日夜相代，未始有極，故正而待之，无所爲懷也。【釋文】（焉），於虔反。下同。「何謂人與天一邪？」仲尼曰：「有人，天也；有天，亦天[三]也。【註】凡所謂天，皆明不爲而自然。人之不能有天，性也，【註】言自然則自然矣，人安能故有此自然哉？自然耳，故曰性。聖人晏然體逝而終矣。」【註】晏然無矜，而體與變俱也。

[一]「其」，原文寫作「有」。
[二]「舍」，原文寫作「間」。
[三]「天」，原文脫。

莊周遊於雕陵之樊，睹一異鵲自南方來者，翼廣七尺，目大運寸，感周之顙而集於栗林。莊周曰：「此何鳥哉，翼殷不逝，目大不睹？」蹇裳躩步，執彈而留之。睹一蟬，方得美蔭而忘其身，螳蜋執翳而搏之，見得而忘其形；【註】執木葉以自翳於蟬，而忘其形之見乎異鵲也。【釋文】（雕），徐音彫。本亦作「彫」。（陵之樊），音煩。司馬云：雕陵，陵名，樊，藩也，謂遊栗園藩籬之内也。「樊」，或作「埜」。「埜」，古野字。（廣），光浪反。（運寸），司馬云：可回一寸也。（感周之顙），息蕩反。李云：感，觸也。（翼殷不逝目大〔一〕不睹），司馬云：殷，大也，曲折曰逝。李云：翼大逝難，目大視希，故不見人。（蹇），起虔反。（躩），李驅碧反，徐九縛反。司馬云：疾行也。案：即《論語》云足躩如也。（彈），徒旦反。（留），力救反。司馬云：宿留伺其便也。（螳），音堂。（蜋），音郎。（執翳），於計反。司馬云：執草以自翳也。（搏），郭音博，徐音付。（見乎），賢遍反。異鵲從而利之，見利而忘其真。【註】目能睹，翼能逝，此鳥之真性也，今見利，故忘之。【釋文】（真），司馬云：真，身也。莊周怵然曰：「噫。物固相累，【註】相爲利者，恒相爲累。【釋文】（怵），敕律反。二類相召也。」【註】夫有欲於物者，物亦有欲之。捐彈而反走，虞人逐而誶之。【註】誶，問之也。【釋文】（誶），本又作「訊」，音信，問也。司馬云：以周爲盜栗也。莊周反入，三月不庭。藺且從而問之：「夫子何爲頃間甚不庭乎？」莊周曰：「吾守形

〔一〕「大」，原文誤作「犬」。

而忘身，【註】夫身在人間，世有夷險，若推夷易之形於此世而不度此世之所宜，斯守形而忘身者也。【釋文】（三月不庭），一本作「三日〔一〕」。司馬云：不出坐庭中三月。（藺），力信反。一本作「簡」。（且），子餘反。司馬云：藺且，莊子弟子。（易），以豉反。（度），直洛反。觀於濁水而迷於清淵。【註】見彼而不明，即因彼以自見，幾忘反鑒之道也。【釋文】（見），賢遍反。且吾聞諸夫子曰：『入其俗，從其俗。』【註】不違其禁令也。今吾遊於雕陵而忘吾身，異鵲感吾顙，遊於栗林而忘真，栗林虞人以吾爲戮，吾所以不庭也。」【註】以見問爲戮。夫莊子推平於天下，故每寄言以出意〔二〕，乃毀仲尼，賤老聃，上掊擊乎三皇，下痛病其一身也。【釋文】（掊〔三〕），普口反。陽子之宋，宿於逆旅。逆旅人有妾二人，其一人美，其一人惡，惡者貴而美者賤。陽子問其故，逆旅小子對曰：「其美者自美，吾不知其美也；其惡者自惡，吾不知其惡也。」陽子曰：「弟子記之，行賢而去自賢之行，安往而不愛哉。」【註】言自賢之道，無時而可。【釋文】（陽子），司馬云：陽朱也。（去），起呂反。（行），下孟反。

〔一〕「日」，原文闕。
〔二〕「意」，原文寫作「可」。
〔三〕「掊」，原文誤作「倍」。

莊子外篇田子方第二十一

【釋文】《音義》曰：以人名篇。

田子方侍坐於魏文侯，數稱谿工。文侯曰：「谿工，子之師邪？」子方曰：「非也，無擇之里人也。稱道數當，故無擇稱之。」文侯曰：「然則子無師邪？」子方曰：「有。」曰：「子之師誰邪？」子方曰：「東郭順子。」文侯曰：「然則夫子何故未嘗稱之？」子方曰：「其爲人也真，【註】无假也。【釋文】（田子方），李云：魏文侯師也，名无擇。（數稱），双角反，又所主反。下同。（谿），音溪，又音兮。司馬本作「雞」。（工），李云：谿工，賢人也。人貌而天，【註】雖貌與人同，而獨任自然。虛緣而葆真，【註】虛而順物，故真不失。【釋文】（葆），音保。本亦作「保」。清而容物。【註】夫清者患於大絜，今清而容物，與天同也。【釋文】（大），音泰。物無道，正容以悟之，使人之意也消。【註】曠然清虛，正己而已，而物邪自消。【釋文】（邪），似嗟反。無擇何足以稱之。」子方出，文侯儻然終日不言，召前立臣而語之曰：「遠矣，全德之君子。始吾以聖知之言仁義之行爲至矣，吾聞子方之師，吾形解而不欲動，口鉗而不欲言。【註】自覺其近。【釋文】（儻然），敕蕩反。司馬云：失志貌。（語），魚據反。（知），音智。（行），下孟反。（解），户買反。（鉗），其炎反，徐其嚴反。吾所學者直土梗耳，【註】

非真物也。【釋文】（直），如字。本亦作「真」，下句同。元嘉本此作「真」，下句作「直」。（土梗），更猛反。司馬云：土梗，土人也，遭雨則壞。夫魏真爲我累耳。」【註】知至貴者，以人爵爲累也。**溫伯雪子適齊，舍於魯。魯人有請見之者，溫伯雪子曰：「不可。吾聞中國之君子，明乎禮義而陋於知人心，吾不欲見也。」至於齊，反舍於魯，是人也又請見。溫伯雪子曰：「往也蘄見我，今也又蘄見我，是必有以振我也。」出而見客，入而歎。明日見客，又入而歎。其僕曰：「每見之客也，必入而歎，何耶？」曰：「吾固告子矣：『中國之民，明乎禮義而陋乎知人心。』昔之見我者，進退一成規，一成矩，從容一若龍，一若虎，**【註】槃辟其步，逶蛇其迹。【釋文】（溫伯雪子），李云：南國賢人也。（蘄），音祈。（從），七容反。（辟），婢[一]齊反。（遺），如字。本又作「逶」，於危反。（蛇），以支反。**其諫我也似子，其道我也似父，**【註】禮義之弊，有斯飾也。【釋文】（道），音導。**是以歎也。」仲尼見之而不言。**【註】已知其心矣。**子路曰：「吾子欲見溫伯雪子久矣，見之而不言，何邪？」仲尼曰：「若夫人者，目擊而道存矣，亦不可以容聲矣。」**【註】目裁往，意已達，无所容其德音也。【釋文】（夫），音符。（目擊而道存矣），司馬云：見其目動而神實已著也。擊，動也。**顏淵問於仲尼曰：「夫子步亦步，夫子趨亦趨，夫子馳亦馳。夫子奔逸絶塵，而回瞠若乎後矣。」夫子曰：**

[一]「辟婢」，原文爲墨圍。

「回，何謂邪？」曰：「夫子步，亦步也；夫子言，亦言也；夫子趨，亦趨也；夫子辯，亦辯也；夫子馳，亦馳也；夫子言道，回亦言道也。及奔逸絶塵而回瞠若乎後者，夫子不言而信，不比而周，無器而民滔乎前，而不知所以然而已矣。」仲尼曰：「惡。可不察與。夫哀莫大於心死，而人死亦次之。【註】夫心以死爲死，乃更速其死；其死之速〔一〕，由哀以自喪也。无哀則已，有哀則心死者，乃哀之大也。【釋文】（奔逸），司馬本「逸」作「徹〔二〕」。（瞠），敕庚反，又丑郎反。《字林》云：直視貌。一音斜視，又行下孟反。（器），剛志反。（滔乎前），吐刀反。謂无人君之器，滔聚其前也。（馳），直而反。（惡），音烏。（与），音餘〔三〕。下「哀与」同。（喪），息浪反〔四〕。下章同。日出東方而入於西極，萬物莫不比方，【註】皆可見也。有目有趾者，待是而後成功，【註】目成見功，足成行功也。是出則存，是入則亡。【註】直以不見爲亡耳，竟不亡。萬物亦然，有待也而死，有待也而生。【註】待隱謂之死，待顯〔五〕謂之生，竟无死生也。吾一受其成形，而不化以待盡，【註】夫有不得變而爲无，故一受成形，則化盡无期也。效物而動，

〔一〕「速」，原文寫作「遂」。
〔二〕「徹」，原文寫作「敵」。
〔三〕「餘」，原文誤作「除」。
〔四〕「反」，原文誤作「同」。
〔五〕「顯」，原文誤作「監」。

【註】自无心也。日夜無隙，【註】恆化新也。而不知其所終；【註】不以死爲死也。薰然其成形，【註】薰然自成，又奚爲哉。【釋文】（薰），許云反。知命不能規乎其前，丘以是日徂。【註】不係於前，與變俱往，故日徂。【釋文】（徂），如字。司馬本作「疽」，云：病也。吾終身與女交一臂而失之，可不哀與。【註】夫變化不可執而留也。故雖執臂相守而不能令停，若哀死者，則此亦可哀也。今人未[一]嘗以此爲哀，奚獨哀死邪。【釋文】（令），力呈反。下章註同。（女），音汝。女殆著乎吾所以著也。彼已盡矣，而女求之以爲有，是求馬於唐肆也。」【註】唐肆，非停馬處也，言求向者之有，不可復得也。人之生，若馬之過肆[二]耳，恆无駐須臾，新故之相續，不舍晝夜也。著，見也，言女殆見吾所以見者耳。吾所以見者，日新也，故已盡矣，女安得有之。【釋文】（殆著乎吾所以著也），郭：著，音張慮反。註同。又一音張略反。司馬云：吾所以著者外化也，女殆庶於此耳。吾一不化者，則非女所及也。（是求馬於唐肆也），郭云：唐肆非停馬處也。李同。又云：唐，亭也。司馬本作「廣肆」，云：廣庭也，求馬於市肆廣庭，非其所也。（處），昌慮反。（復），扶又反。（舍），音捨。吾服女也甚忘，【註】服者，思存之謂也。甚忘，謂過去之速也。言女去忽然，思之恆欲不及。女服吾也亦甚忘。【註】俱爾耳，不問賢之與聖，未有得停者。雖然，女奚患

[一]「未」，原文誤作「夫」。
[二]「肆」，原文誤作「四」。

焉。雖忘乎故吾，吾有不忘者存。【註】不忘者存，謂繼之以日新也。雖忘故吾而新吾已至，未始非吾，吾何患焉。故能離俗絶塵而與物无不冥也。【釋文】（離），力智反。下章文〔一〕同。孔子見老聃，老聃新沐，方將被髮而乾，慹然似非人。【註】寂泊之至。【釋文】（被），皮寄反。（干），本或作「乾」。（慹），乃牒反，又丁立反。司馬云：不動貌。《説文》云：怖也。（泊），步各反。孔子便而待之，少焉見，曰：「丘也眩與，其信然與？向者先生形體掘若槁木，似遺物離人而立於獨也。」【註】无其心身，而後外物去也。【釋文】（待），或作「侍〔二〕」。（見），賢遍反。（眩），玄遍反。（与），音餘。下同。（掘），徐音屈〔三〕。（槁），苦老反。老聃曰：「吾遊心於物之初。」【註】初未有而欻有，故遊於物初，然後明有物之不爲而自有也。【釋文】（欻），訓弗反。孔子曰：「何謂邪？」曰：「心困焉而不能知，口辟焉而不能言，【註】欲令仲尼必求之於言意之表也。【釋文】（辟），必亦反。司馬云：辟，卷不開也。又婢亦反，徐敷赤反。嘗爲汝議乎其將。【註】試議陰陽以擬向之无形耳，未之敢必。【釋文】（爲），于僞反。至陰肅肅，至陽赫赫。肅肅出乎天，赫赫發乎地；【註】言其交也。兩者交通成和而物生焉，或爲之紀而莫見其

〔一〕「文」，原文誤作「又」。
〔二〕「侍」，原文誤作「待」。
〔三〕「屈」，原文寫作「尼」。

形。【註】莫見爲紀之形，明其自爾。消息滿虛，一晦一明，日改月化，日有所爲，【註】未嘗守故。而莫見其功。【註】自尔故无功。生有所乎萌，【註】萌於未聚也。死有所乎歸，【註】歸於散也。始終相反乎无端而莫知乎其所窮。【註】所謂迎之不見其首，隨之不見其後。非是也，且孰爲之宗。」孔子曰：「請問遊是。」老聃曰：「夫得是，至美至樂也，得至美而遊乎至樂，謂之至人。」【註】至美无美，至樂无樂故也。【釋文】（且），如字。舊子餘反。（樂），音洛。下及註同。孔子曰：「願聞其方。」曰：「草食之獸不疾易藪，水生之蟲不疾易水，行小變而不失其大常也，【註】死生亦小變也。【釋文】（行），下孟反，又如字。喜怒哀樂不入於胸次。【註】知其小變而不失大常故。【釋文】（次），李云：中也。夫天下也者，万物之所一也。得其所一而同焉，則四支百體將爲塵垢，而死生終始將爲晝夜而莫之能滑，而況得喪禍福之所介乎。【註】愈不足患。【釋文】（滑），古没反。（介），音界。弃隸者若弃泥塗，知身貴於隸也，【註】知身之貴於隸，故弃之若遺土耳。苟知死生之變所在皆我，則貴者常在也。貴在於我而不失於變。【註】所貴者我也，而我與〔二〕變俱，故无失也。且万化而未始有極也，夫孰足以患心。已爲道者解乎此。」【註】所謂縣解。【釋文】（解），户買反。註同。孔子曰：

〔二〕「與」，原文寫作「勿」。

「夫子德配天地，而猶假〔一〕至言以脩心，古之君子，孰能脱焉？」老聃曰：「不然。夫水之於汋也，无爲而才自然矣。至人之於德也，不脩而物不能離焉，若天之自高，地之自厚，日月之自明，夫何脩焉。」【註】不脩不爲而自得也。【釋文】（汋），音灼，又上若反。李以略反。李云：取也。孔子出，以告顔回曰：「丘之於道也，其猶醯雞與。【註】醯雞者，甕中之蠛蠓。【釋文】（醯雞），許西反。司馬云：若酒上蠛蠓也。（甕），烏弄反。（蠛），亡結反。（蠓），无〔二〕孔反。微夫子之發吾覆也，吾不知天地之大全也。」【註】比吾全於老聃，猶甕中之与天地矣。莊子見魯哀公。哀公曰：「魯多儒士，少爲先生方者。」莊子曰：「魯少儒。」哀公曰：「舉魯国而儒服，何謂少乎？」莊子曰：「周聞之，儒者冠圜冠者，知天時；履句屨者，知地形；緩佩玦者，事至而斷。君子有其道者，未必爲其服也；爲其服者，未必知其道也。公固以爲不然，何不號於国中曰：『无此道而爲此服者，其罪死。』」於是哀公號之五日，而魯国无敢儒服者，獨有一丈夫儒服而立乎公門。公即召而問以国事，千轉万變而不窮。莊子曰：「以魯国而儒者一人耳，可謂多乎？」【註】德充於内者，不脩飾於外。

〔一〕「假」，原文寫作「假」。
〔二〕「无」，原文寫作「无」。

【釋文】（見），賢遍反，亦如字。（魯哀公），司馬云：莊子与魏惠王、齊威王同〔一〕時，在哀公後百二十年。（冠），古乱反。（圜），音圓。（句），音矩，徐其俱反。李云：方也。（屨），徐居具反。（緩），户管反。司馬本作「綬」。（玦），古穴反。（斷），丁乱反。（號），號令也。**百里奚爵祿不入於心，故飯牛而牛肥，使秦穆公忘其賤，與之政也。有虞氏死生不入於心，故足以動人。**【註】内自得者，外事全也。【釋文】（飯），煩晚反。（忘其賤），謂忘其〔二〕飯牛之賤也。【互註】《孟・万章上》：万章问曰：「或曰，百里奚自鬻於秦养牲者五羊之皮，食牛以要秦繆公，信乎？」孟子曰：「否，不然。好事者为之也。」**宋元君將畫圖，衆史皆至，受揖而立，舐筆和墨，在外者半。有一史後至者，儃儃然不趨，受揖不立，因之舍。公使人視之，則解衣般礡羸。君曰：「可矣，是真畫者也。」**【註】内足者，神間而意定。【釋文】（受揖而立），司馬云：受命揖而立也。（舐），本或作「咶」〔三〕，食紙反。（儃儃），吐但反，徐音但。李云：舒間之貌。（般），字又作「槃」。（礡），傍各反，徐敷各反。司馬云：般礡，謂箕坐也。（羸〔四〕），本又作「羸」，同。力果反。司馬云：將畫，故解衣見形。（間），音閑。**文王觀於臧，見一丈夫釣，而其釣莫釣；**【註】聊以

〔一〕「同」，原文誤作「目」。
〔二〕「其」，原文誤作「具」。
〔三〕「咶」，原文爲墨圍。
〔四〕「羸」，原文誤作「羸」。

卒歲。【釋文】（文王觀於臧），李云：臧，地名也。司馬本作「文王微服而觀於臧」。（夫），本或作「人」。非持其釣有釣者也，【註】竟无所求。常釣也。【註】不以得失經意，其於假釣而已。文王欲舉而授之政，而恐大臣父兄之弗安也；欲終而釋之，而不忍百姓之無天也。於是旦而屬之大夫曰：「昔者寡人夢見良人，黑色而頾，乘駁馬而偏朱蹄，號曰：『寓而政於臧丈人，庶幾乎民有瘳乎。』」諸大夫蹴然曰：「先君王也。」文王曰：「然則卜之。」諸大夫曰：「先君之命，王其無它，又何卜焉。」遂迎臧丈人而授之政。典法無更，偏令無出。三年，文王觀於國，則列士壞植散群，長官者不成德，斔斛不敢入於四竟。列士壞植散群，則尚同也；【註】所謂和其光，同其塵。【釋文】（屬），音燭。（夫夫），皆方于反。司馬云：夫夫，大夫也。一云：夫夫，古讀爲大夫。（頾），而占反，郭、李而兼反，又而銜反。（駁），邦角反。（偏朱蹄），李云：一蹄偏赤也。（瘳），敕留反。（蹴[一]），子六反。本或作「瞅」，在久、七小二反。（先君王），司馬云：言先君王靈神之所致。（令），本或作「命」。（王其无它），司馬云：无違命。（壞），音怪。下同。（植），音值。（散群），司馬云：植，行列也。散群，言不養徒衆也。一云：植者，疆界頭造群[二]屋以待諫者也。（長），丁丈反。下同。（官者不成德），司馬云：不利功名也。（斔

[一] 「蹴」，原文誤作「鷲」。
[二] 「群」，原文脱。

斛），音庾。李云：六斛四斗曰斔。司馬本作「斔斞」，云：斔讀曰終，斞讀曰臾。（竟），音境〔一〕。下同。**長官者不成德，則同務也；**【註】潔然自成，則与衆務異也。**斔斛不敢入於四竟，則諸侯無二心也。**【註】天下相信，故能同律度量衡也。**文王於是焉以爲大師，北面而問曰：「政可以及天下乎？」臧丈人昧然而不應，泛然而辭，朝令而夜遁，終身無聞。**【註】爲功者非己，故功成而身不得不退，事遂而名不得不去，名去身退，乃可以及天下也。【釋文】（大），音泰。（昧），音妹。（泛），徐敷甸反。（遁），徐困反。**顏淵問於仲尼曰：「文王其猶未邪？又何以夢爲乎？」仲尼曰：「默，女无言。夫文王盡之也，**【註】任諸大夫而不自任，斯盡之也。**而又何論刺焉。彼直以循斯須也。」**【註】斯須者，百姓之情，當悟未悟之頃，故文王循而發之，以合其大情也。【釋文】（刺），七賜反。**列禦寇爲伯昏無人射，引之盈貫，**【註】盈貫，謂溢〔二〕鏑〔三〕也。【釋文】（爲），于僞反。（盈貫），古亂反。司馬云：鏑也。（鏑），丁歷反。**措杯水其肘上，**【註】左手如柜，右手如附枝，右手放發而左手不知，故〔四〕可措之杯水也。【釋文】（措），七故反。

〔一〕「境」，原文寫作「嶢」。
〔二〕「溢」，原文爲墨圍。
〔三〕「鏑」，原文誤作「嫡」。
〔四〕「故」，原文寫作「哉」。

（肘），竹九反。（柜），音矩。本亦作「矩」字[一]。發之，適矢復沓，【註】矢去也。箭適去，復歃沓也。【釋文】（適），丁歷反。（復），扶又反。下及註同。（歃），色洽反，又初洽反。方矢復寓。【註】箭方去未至的，已復寄杯於肘上，言其捷敏之妙也。當是時，猶象人也。【註】不動之至。伯昏無人曰：「是射之射，非不射之射也。嘗與女登高山，履危石，臨百仞之淵，若能射乎？」於是無人遂登高山，履危石，臨百仞之淵，背逡巡，足二分垂在外，揖御寇而進之。御寇伏地，汗流至踵。伯昏無人曰：「夫至人者，上闚青天，下潛黄泉，揮斥八極，神氣不變。【註】揮斥，猶縱放也。夫德充於内，則神滿於外，無遠近幽深，所在皆明，故審安危之機而泊然自得也。【釋文】（逡），七旬反。（汗），户旦反。（揮），音輝[二]。（斥），音尺，李[三]音託。郭云：揮斥，猶放縱。今女怵然有恂目之志，爾於中也殆矣夫。」【註】不能明至分，故有懼，有懼而所喪多矣，豈唯射乎。【釋文】（怵），敕律反。（恂），李又作「眴」，音荀。《爾雅》云：恂，慄也。（目之志）恂，謂眩也，欲以眩悦人之目，故怵也。（中），丁仲反，又如字。中，精神也。（喪），息浪反。後章同。肩吾問於孫叔敖曰：「子三爲令尹而不榮華，三去之而無憂色。吾始也疑子，今

[一]「亦作矩字」，原文爲墨圍。
[二]「輝」，原文誤作「揮」。
[三]「李」，原文爲墨圍。

視子之鼻間栩栩然，子之用心獨奈何？」孫叔敖曰：「吾何以過人哉。吾以其來不可却也，其去不可止也，吾以爲得失之非我也，而無憂色而已矣。我何以過人哉。且不知其在彼乎，其在我乎？其在彼邪？亡乎我；在我邪？亡乎彼。【註】曠然无係，玄同彼我，則在彼非獨亡，在我非獨存也。【釋文】（栩），況甫反。方將躊躇，方將四顧，何暇至乎人貴人賤哉。」【註】躊躇四顧，謂無可無不可。【釋文】（躊），直留反。（躇），直於反。仲尼聞之曰：「古之真人，知者不得説，美人不得濫，盗人不得刦，伏戲黄帝不得友。【註】伏戲黄帝者，功號耳，非所以功者也。故況功號於所以功，相去遠矣，故其名不足以友於人也。【釋文】（刦），居業反。元嘉本作「刧」[一]。（戲），音羲。死生亦大矣，而无變乎己，況爵禄乎。若然者，其神經乎大山而无介，入乎淵泉而不濡，處卑細而不憊，充滿天地，既以與人，己愈有。」【註】割肌膚以爲天下者，彼[二]我俱失也；使人人自得而已者，与人而不損於己也。其神明充滿天地，故所在皆可，所在皆可，故不損己爲物而放於自得之地也。【釋文】（大山），音泰。（介），音界。（憊），皮拜反。（以爲），于僞反。下同。楚王與凡君坐，少焉，楚王左右曰凡亡者三。【註】言有三亡徵也。【釋文】（凡君），如字。司馬云：凡，国名，在汲郡共縣。案：《左傳》，凡，周公之後也。隱七年，天王使凡伯來聘。俗本此後有「孔子窮於陳蔡」及「孔子謂顔回」二章，与《讓王篇》同，衆家并於

[二]「彼」，原文寫作「被」。

《讓王篇》音之。檢此二章无郭註，似如重出。古本皆无，謂无者是也。凡君曰：「凡之亡也，不足以喪吾存。【註】遺〔一〕凡故也。夫『凡之亡不足以喪吾存』，則楚之存不足以存存。【註】夫遺之者不以亡爲亡，則存亦不足以爲存矣。曠然无矜，乃常存也。由是觀之，則凡未始亡而楚未始存也。」【註】存亡更在於心之所措耳，天下竟无存亡。

莊子外篇知北遊第二十二

【釋文】《音義》曰：以義名篇。

知北遊於玄水之上，登隱弅之丘，而適遭无爲謂焉。知謂无爲謂曰：「予欲有問乎若：何思何慮則知道？何處何服則安道？何從何道則得道？」三問而无爲謂不答也，非不答，不知答也。知不得問，反於白水之南，登狐闋之上，而睹狂屈焉。知以之言也問乎狂屈。狂屈曰：「唉。予知之，將語若，中欲言而忘其所欲言。」知不得問，反於帝宮，見黃帝而問焉。黃帝曰：「无思无慮始知道，无處无服始安道，无從无道始得道。」【互註】《易·繫辭》：易曰，憧憧往來，朋從尔思。子曰，天下何思何慮。知問黃帝曰：「我與若知之，彼

〔一〕「遺」，原文寫作「意」。

與彼不知也，其孰是邪？」黄帝曰：「彼无爲謂真是也，狂屈似之，我與汝終不近也。夫知者不言，言者不知，故聖人行不言之教。【註】任其自行，斯不言之教也。【釋文】（知北遊），音智〔一〕，又如字。（於玄水之上），李云：玄水，水名。司馬、崔本「上」作「北」。（隱弅），符云〔二〕反，又音紛，又符紛反。李云：隱出弅起，丘貌。（白水），水名。（狐闋），苦穴反〔三〕。司馬、李云：狐闋，丘名。（睹），丁古反。（狂屈），求勿反，徐又其述反。司馬曰〔四〕：崔本作「詘」。李云：狂屈，佯張，似人而非也。（以之言），司馬云：之，是也。（唉〔五〕），哀在反。徐烏來反。李音熙，云：應声。（語），魚據反。（不近），附近之近。下同。【互註】《老·二章》：聖人處无爲之事，行不言之教。**道不可致，**【註】道在自然，非可言致者也。**德不可至。**【註】不失德故稱德，稱德而不至也。**仁可爲也，義可虧也，禮相僞也。故曰：『失道而後德，失德而後仁，失仁而後義，失義而後禮。禮者，道之華而亂之首也。』**【註】礼有常〔六〕則，故矯〔七〕效之所由生也。【互註】

〔一〕「智」，原文爲墨圍。
〔二〕「云」，原文爲墨圍。
〔三〕「穴反」，原文爲墨圍。
〔四〕「曰」，原文爲墨圍。
〔五〕「唉」，原文爲墨圍。
〔六〕「常」，原文爲墨圍。
〔七〕「矯」，原文爲墨圍。

《老·三十八章》：失道而後德。至礼者忠信之薄而亂之首。故曰：『爲道者日損，【註】損華僞也。損之又損之以至於无爲，无爲而无不爲也。』【註】華去而朴全，則雖爲而非爲也。【互註】《老·四十八章》：爲學日益，爲道日損。損之又損，以至於无爲。无爲而无不爲。今已爲物也，【註】物失其所，故有爲物。欲復歸根，不亦難乎。其易也，其唯大人乎。【註】其歸根之易者，唯大人耳。大人體合變化，故化物不難。【釋文】（易），以豉反。註同。生也死之徒，【註】知變化之道者，不以爲異〔一〕。死也生之始，孰知其紀。【註】更相爲始，則未知孰死孰生也。【釋文】（更），音庚。人之生，氣之聚也，聚則爲生，散則爲死。【註】俱是聚也，俱是散也。若死生爲徒，吾又何患。【註】患生於異。故萬物一也，是其所美者爲神奇，其所惡者爲臭腐；臭腐復化爲神奇，神奇復化爲臭腐。故曰：『通天下一氣耳。』【註】各以所美爲神奇，所惡爲臭腐耳。然彼之所美，我之所惡也；我之所美，彼或惡之。故通共神奇，通共臭腐耳，死生彼我豈殊哉。【釋文】（惡），烏路反。註同。（復），扶又反。下同。聖人故貴一。」知謂黃帝曰：「吾問无爲謂，无爲謂不應我，非不我應，不知應我也。吾問狂屈，狂屈中欲告我而不我告，非不我告，中欲告而忘之也。今予問乎若，若知之，奚故不近？」黃帝曰：「彼其真是也，以其不知也；此其似之也，以其忘之也；予與若終不近也，以其知之也。」狂屈聞

〔一〕「異」，原文寫作「易」。

之，以黃帝爲知言。【註】明夫自然者，非言知之所得，故當昧乎無言之地。是以先舉不言之標，而後寄明於黃帝，則夫自然之冥物，概乎可得而見也。【釋文】（標），必遥反。天地有大美而不言，四時有明法而不議，萬物有成理而不説。【註】此孔子之所以云予欲無言。【釋文】（大美），謂覆載之美也。聖人者，原天地之美而達萬物之理，是故至人無爲，【註】任其自爲而已。大聖不作，【註】唯因任也。觀於天地之謂也。【註】觀其形容，象其物宜，與天地不異。今彼神明至精，與彼百化，【註】百化自化[一]而神明不奪。物已死生方圓，莫知其根也，【註】夫死者已自死，生者已自生，圓者已自圓，方者已自方，未有爲其根者，故莫知。扁然而萬物自古以固存。【註】豈待爲之而後存焉。【釋文】（扁），音篇，又音幡。六合爲巨，未離其内；【註】計六合在无極之中則陋矣。【釋文】（離），力智反。（其内），謂不能出自化也。秋豪爲小，待之成體。【註】秋豪雖小，非無亦無以容其質。天下莫不沈浮，終身不故；【註】日新也。陰陽四時運行，各得其序。【註】不待爲之。惛然若亡而存，【註】昭然若存則亡矣。【釋文】（惛），音昏，又音泯。油然不形而神，【註】絜然有形則不神。【釋文】（油），音由，謂無所給惜也。萬物畜而不知。此之謂本根，【註】畜之而不得其本性之根，故不知其所以畜也。【釋文】（畜），

[一]「化」，原文寫作「非」。

本亦作「滀」，同。敕六反。註同。可以觀於天矣。【註】與天同觀。齧缺問道乎被衣，被衣曰：「若正汝形，一汝視，天和將至；攝汝知，一汝度，神將來舍。德將爲汝美，道將爲汝居，汝瞳焉如新生之犢而無求其故。」言未卒，齧缺睡寐。被衣大説，行歌而去之，曰：「形若槁骸，心若死灰，真其實知，不以故自持。【註】與變俱也。【釋文】（被衣），音披，本亦作「披」。（瞳），敕〔二〕紅反。郭菟〔三〕絳反。李云：未有知貌。（齧缺睡寐），體向所説，畏其視聽以寐耳。受道速，故被衣喜也。（説），音悦。（槁），苦老反。媒媒晦晦，無心而不可與謀。彼何人哉。」【註】獨化者也。【釋文】（媒），音妹，又武朋反。（晦），音誨。李云：媒媒，晦貌。舜問乎丞曰：「道可得而有乎？」曰：「汝身非汝有也，汝何得有夫道？」【註】夫身者非汝所能有也，塊然而自有耳。身非汝所有，而況无哉。【釋文】（丞），如字。李云：舜師也。一云：古有四輔，前疑後丞，蓋官名。（夫），音符。（塊），苦對反。舜曰：「吾身非吾有也，孰有之哉？」曰：「是天地之委形也；生非汝有，是天地之委和也；性命非汝有，是天地之委順也；【註】若身是汝有者，則美惡死生，當制之由汝。今氣聚而生，汝不能禁也；氣散而死，汝不能止也。明其委結而自成耳，非汝有也。【釋文】（委），司馬云：委，積也。孫子非汝有，是天地之委蜕

〔二〕「敕」，原文寫作「救」。
〔三〕「菟」，原文寫作「兎」。

也。【註】氣自委結而蟬蛻也。【釋文】（蛻），吐卧反，又音悦，又敕外反，又始鋭反，又始劣反。故行不知所往，處不知所持，食不知所味。【註】皆在自爾中來，故不知也。天地之彊陽氣也，又胡可得而有邪。」【註】彊陽，猶運動耳。明斯道也，庶可以遺身而忘生也。【釋文】（天地之彊陽氣也），郭云：強陽，猶運動耳。案：言天地尚運動，況氣聚之生，何可得執而留也。孔子問於老聃曰：「今日晏閒，敢問至道。」老聃曰：「汝齊戒，疏瀹而心，澡雪而精神，掊擊而知。夫道，窅然難言哉。將爲汝言其崖略。夫昭昭生於冥冥，有倫生於無形，精神生於道，【註】皆所以明其獨生而無所資借。【釋文】（晏），於諫反，徐於顯反，又於見反。（閒），音閑。（齊），側皆反。（瀹），音藥。或云：漬也。（掊），普口反，徐方垢反。（知），音智。（窅），烏了反。（爲），于僞反。（無形），謂太初也。形本生於精，【註】皆由精以至粗。【釋文】（形本生於精），謂常道也。而萬物以形相生，故九竅者胎生，八竅者卵生。【註】言萬物雖以形相生，亦皆自然耳，故胎卵不能易種而生，明神氣之不可爲也。【釋文】（竅），苦弔反。（卵），力管反。（種），章勇反。其來無迹，其往無崖，无門无房，四達之皇皇也。【註】夫率自然之性，遊无迹之塗者，放形骸於天地之間，寄精神於八方之表；是以无門无房，四達皇皇，逍遥六合，與化偕行也。邀於此者，四肢彊，思慮恂達，耳目聰明，其用心不勞，其應物無方。【註】人生而遇此道，則天性全而精神定。【釋文】（邀），古堯反。（思），息嗣反。（恂），音荀。天不得不高，地不得不廣，日月

不得不行，萬物不得不昌，此其道與。【註】言此皆不得不然而自然耳，非道能使然也。【釋文】（天不得不高），謂不得一道，不能爲高也。（與），音餘。下皆同。**且夫慱之不必知，辯之不必慧，聖人以斷之矣。**【註】斷弃知慧而付之自然也。【釋文】（慱之不必知），觀異書爲博。（断），端管反。註同。**若夫益之而不加益，損之而不加損者，聖人之所保也。**【註】使各保其正分而已，故无用知慧爲也。**淵淵乎其若海，**【註】容姿无量。**魏魏乎其終則復始也，**【註】與化俱者，乃積无窮之紀，可謂魏魏[一]。【釋文】（魏魏），魚威反。（復），扶又反。**運量萬物而不匱。**【註】用物而不役己，故不匱也。【釋文】（運量），音亮。（萬物而不匱[二]），求位反。謂用物自動運[三]，物物[四]各足量也。**則君子之道，彼其外與。**【註】各取於身而足。**萬物皆往資焉而不匱，此其道與。**【註】還用物，故我不匱。此明道之贍物，在於不贍，不贍而物自得，故曰此其道與。言至道之无功，无功乃足稱道也。【釋文】（贍），涉豔反。下同。**中國有人焉，非陰非陽，**【註】无所偏名。**處於天地之間，直且爲人，**【註】敖然自放，所遇而安，了无功名。【釋文】（且），如

[一] 下「魏」字，原書寫作「又」。
[二] 「匱」，原文寫作「憒」。
[三] 「運」，原文脱。
[四] 下「物」字，原文寫作「又」。

字。舊子餘反。**將反於宗。**【註】不逐末也。**自本觀之，生者，喑醷物也。**【註】直聚氣也。【釋文】（喑），音蔭，郭音闇，李音飲，一音於感反。（醷），於界反，郭於感反，李音意，一音他感反。李、郭皆云：暗〔二〕醷，聚氣貌。**雖有壽夭，相去幾何？須臾之説也。奚足以爲堯桀之是非。**【註】死生猶未足殊，況壽夭之間哉。【釋文】（幾），居豈反。**果蓏有理，**【註】物无不理，但當順之。【釋文】（蓏），徐力果反。**人倫雖難，所以相齒。**【註】人倫有知慧之變，故難也。然其知慧自相齒耳，但當從而任之。**聖人遭之而不違，**【註】順所遇也。**過之而不守。**【註】宜過而過。**調而應之，德也；偶而應之，道也；**【註】調偶，和合之謂也。**帝之所興，王之所起也。**【註】如斯而已。**人生天地之間，若白駒之過郤，忽然而已。**【註】乃不足惜〔三〕。【釋文】（白駒），或云：日也。（郤），去逆反。本亦作「隙」。隙，孔也。**注然勃然，莫不出焉；油然漻然，莫不入焉。**【註】出入者，變化之謂耳，言天下未有不變也。【釋文】（勃），步忽反。（油），音由。（漻），音流，李音礫。**已化而生，又化而死，**【註】俱是化也。**生物哀之，**【註】死物不哀。**人類悲之。**【註】死類不悲。**解其天弢，墮其天袠，**【註】獨脱也。【釋文】（天弢），敕刀反。《字林》云：弓衣也。（墮），許規反。（袠），陳筆反。**紛乎宛乎，**【註】變化煙熅。【釋文】（宛），於阮

〔二〕「暗」，原文寫作「喑」。

〔三〕「惜」，原文誤作「借」。

反。（絪），音因。本亦作「烟」，音因。（緼），於云反。本亦作「煴」，音同。**魂魄將往，乃身從之，乃大歸乎。**【註】无爲用心於其間也。**不形之形，形之不形，**【註】不形，形乃成；若形之，則敗其形矣。【釋文】（敗），補邁反。**是人之所同知也，**【註】雖知之，然不能任其自形而反形之，所以多敗。**非將至之所務也，**【註】務則不至。**此衆人之所同論也。**【註】雖論之，然故不能不務，所以不至也。**彼至則不論，**【註】悗然不覺乃至。【釋文】（悗），亡本反。**論則不至。明見无值，**【註】闇至乃值。**辯不若默。道不可聞，聞不若塞。此之謂大得。」**【註】默而塞之，則无所奔逐，故大得。**東郭子問於莊子曰：「所謂道，惡乎在？」莊子曰：「无所不在。」東郭子曰：「期而後可。」**【註】欲令莊子指名所在。【釋文】（東郭子），李云：居東郭也。（惡），音烏。（令），力呈反。**莊子曰：「在螻蟻。」曰：「何其下邪？」曰：「在稊稗。」曰：「何其愈下邪？」曰：「在瓦甓。」曰：「何其愈甚邪？」曰：「在屎溺。」東郭子不應。莊子曰：「夫子之問也，固不及質。**【註】舉其標質，言无所不在，而方復怪此，斯不及質也。【釋文】（螻），力侯反。（蟻），魚綺反。（弟），大西反。本又作「稊」。（薜），步計反。本又作「稗」，蒲賣反。李云：弟、薜，二草名。（甓），本又作「礕」，步歷反。（屎），尸旨反，舊詩旨〔一〕反。本或作「矢」。（溺），乃弔反。**正獲之問於監市履狶也，每下愈況。**【註】狶，大豕也。夫監市

〔一〕「旨」，原文誤作「百」。

之履豕以知其肥瘦者，愈履其難肥之處，愈知豕肥之要。今問道之所在，而每況之於下賤，則明道之不逃於物也必矣。【釋文】（正獲之問於監），古銜反。（市履狶），虛豈反。（每下愈況），李云：正，亭卒也；獲，其名也。監市，市〔一〕魁也。狶，大豕也。履，踐也。夫市魁履豕，履其股脚，狶難肥處，故知豕肥耳。問道亦況下賤則知道也。（瘦），色救反。（處），昌慮〔二〕反。**汝唯莫必，无乎逃物。**【註】若必謂无之逃物，則道不周矣，道而不周，則未足以爲道。**至道若是，大言亦然。**【註】明道不逃物。**周徧咸三者，異名同實，其指一也。嘗相與遊乎无何有之宮，同合而論，无所終窮乎。**【註】若遊有，則不能周徧咸也。故同合而論之，然後知道之无不在，知道之无不在，然後能曠然无懷而遊彼无窮也。【釋文】（徧），音遍。**嘗相與无爲乎。澹而靜乎。漠而清乎。調而閒乎。**【註】此皆无爲故也。【釋文】（澹），徒暫反。（閒），音閑。**寥已吾志，**【註】寥然空虛。【釋文】（寥），音遼。**无往焉而不知其所至。**【註】志苟寥然，則无所往矣；无往焉，故往而不知其所至；有往焉，則理未動而志已驚矣。【釋文】（驚），如字。本亦作「鶩」，音務。**去而來而〔三〕不知其所止，**【註】斯順之也。**吾已往來焉而不知其所終；**【註】但往來不由於知耳，不爲不

〔一〕「市」，原文誤作「又」。
〔二〕「昌慮」，原文寫作「音邃」。
〔三〕「而」，原文脱。

往來也。往來者，自然之常理也，其有終乎。**彷徨乎馮閎，大知入焉而不知其所窮。**【註】馮閎者，虛廓之謂也。大知遊乎寥廓，恣變化之所如，故不知也。【釋文】（彷），音旁。本亦作「傍」。（徨），音皇。（馮），皮冰反，又普耕反，又步耕反。（閎），音宏。李云：馮宏，皆大也。郭云：虛廓之謂也。**物物者與物无際，**【註】明物物者，无物而物自物耳。物自物耳，故冥也。**而物有際者，所謂物際者也；**【註】物有際，故每相与不能冥然，真所謂際者也。**不際之際，際之不際者也。**【註】不際者，雖有物物之名，直明物之自物耳。物物者，竟无物也，際其安在乎。**謂盈虛衰殺，彼爲盈虛非盈虛，彼爲衰殺非衰殺，彼爲本末非本末，彼爲積散非積散也。」**【註】既明物物者无物，又明物之不能自物，則爲之者誰乎哉？皆忽然而自爾也。【釋文】（殺），色界反，徐所例反。下同。**妸荷甘與神農同學於老龍吉。神農隱几闔户晝瞑，妸荷甘日中奓户而入曰：「老龍死矣。」神農隱几擁杖而起，嚗然放杖而笑，**【註】起而悟夫死之不足驚，故還放杖而笑也。【釋文】（妸），於河反。（荷），音河。本或作「苛」。（老龍吉），李云：懷道人也。（隱），於靳反。下同。（闔），户臘反。（瞑），音眠。（奓），郭处野反，又音奢，徐都嫁反，又处夜反。司馬云：開也。（嚗），音剝，又乎邈反，又乎貌反。李云：放杖声也。（投杖），本亦作「放杖」。**曰：「天知予僻陋慢訑，故弃予而死。已矣夫子。无所發予之狂言而死矣夫。」**【註】自肩吾已下，皆以至言爲狂而不信也。故非老龍、連叔之徒，莫足与言也。【釋文】（僻），匹亦反。（慢），武半反，徐无見反，郭如字。（訑），徒旦反，徐徒見反，郭音但。（夫），音符。**弇堈弔聞之，曰：「夫體道者，天下**

之君子所繫焉。【註】言體道者，人之宗主也。【釋文】（弇），音奄。（堈），音剛。（弔），李云：弇剛，體道人；弔，其名。（繫焉），謂爲物所歸投也。今於道，秋豪之端万分未得處一焉，【註】秋豪之端細矣，又未得其万分之一。而猶知藏其狂言而死，又況夫體道者乎。【註】明夫至道非言之所得也，唯在乎自得耳。視之无形，聽之无聲，於人之論者，謂之冥冥，所以論道，而非道也。」【註】冥冥而猶復非道，明道之无名也。【釋文】（復），扶又反。於是泰清問乎无窮曰：「子知道乎？」无窮曰：「吾不知。」又問乎无爲。无爲曰：「吾知道。」曰：「子之知道，亦有數乎？」曰：「有。」曰：「其數若何？」无爲曰：「吾知道之可以貴，可以賤，可以約，可以散，此吾所以知道之數也。」泰清以之言也問乎无始曰：「若是，則无窮之弗知與无爲之知，孰是而孰非乎？」无始曰：「不知深矣，知之淺矣；弗知内矣，知之外矣。」於是泰清中而歎曰：「弗知乃知乎。知乃不知乎。孰知不知之知？」【註】凡得之不由於知，乃冥也。【釋文】（与无爲之知），並如字。（中），崔本作「卬」。无始曰：「道不可聞，聞而非也；道不可見，見而非也；道不可言，言而非也。【註】故默成乎不聞不見之域而後至焉。知形形之不形乎。【註】形自形耳，形形者竟无物也。道不當名。」【註】有道名而竟无物，故名之不能當也。无始曰：「有問道而應之者，不知道也。雖問道者，亦未聞道。【註】不知故問，問之而應，則非道也。不應則非問者所得，故雖問之，亦終不聞也。道无問，問无應。【註】絶學去教，而歸於自然之意也。【釋文】（去），起呂反。无問問之，是問窮也；【註】所謂責空。无應應之，是无内也。【註】實无而假有以應者外矣。以无内待問窮，若是者，外不觀乎宇宙，内不知乎大初，是以不過乎崑崙，不遊乎太虚。」【註】若夫婪落天地，遊虚涉遠，以入乎冥冥者，不應而已矣。【釋文】（大初），音泰。（婪），力含反[一]。光曜問乎无有曰：「夫子有乎？其无有乎？」光曜不得問，而孰視其狀貌，窅然空然，終日視之而不見，聽之而不聞，搏之而不得也。【重意】《老・十四章》：視之不見名曰夷，聽之不聞名曰希，搏之不得名曰微。此三者不可致詰，致混而爲一[二]。光曜曰：「至矣。其孰能至此乎。予能有无矣，而未能无无也；及爲无有矣，何從至此哉。」【註】此皆絶學之意也。於道絶之，則夫學者乃在根本中來矣。故學之善者，其唯不學乎。【釋文】（窅），烏了反。（搏[三]），音慱。大馬之捶鉤者，年八十矣，而不失之豪芒。【註】玷捶鉤之輕重，而无豪芒之差也。【釋文】（捶），郭音丁果反，徐之累反，李之睡反。大馬，司馬也。司馬、郭云：捶者，玷捶鉤之輕重而不失之豪芒也。或説云：江東三魏之間人皆謂鍛爲捶，音字亦同，郭失之。今不從此説也。（玷），丁恬反。大馬曰：

[一]「含反」，原文爲墨圍。
[二]「致混而爲一」，原文爲墨圍。
[三]「搏」，原文寫作「慱」。

「子巧與？有道與？」曰：「臣有守也。臣之年二十而好捶鉤，於物无視也，非鉤无察也。是用之者，假不用者也以長得其用，而况乎无不用者乎。物孰不資焉。」【註】都无懷，則物來皆應。【釋文】（與），音餘。下同。（好），呼[一]報反。（長），丁丈反。冉求問於仲尼曰：「未有天地可知邪？」仲尼曰：「可。古猶今也。」【註】言天地常存，乃无未有之時。冉求失問而退，明日復見，曰：「昔者吾問『未有天地可知乎？』夫子曰：『可。古猶今也。』昔日吾昭然，今日吾昧然，敢問何謂也？」仲尼曰：「昔之昭然也，神者先受之；【註】虛心以待命，斯神受也。【釋文】（復），扶又反。（見），賢遍反。今之昧然也，且又爲不神者求邪？【註】思求更致不了。【釋文】（爲），于僞反。無古無今，無始無終。【註】非唯无不得化而爲有也，有亦不得化而爲无矣。是以夫有之爲物，雖千變万化，而不得一爲無也。不得一爲无，故自古無未有之時而常存也。未有子孫而有子孫，可乎？」【註】言世世无極。【釋文】言其要有由，不得无故而有；傳世故有子孫，不得无子而有孫也。如是，天地不得先无而今有也。冉求未對。仲尼曰：「已矣，未應矣。不以生生死，【註】夫死者獨化而死耳，非夫生者生此死也。不以死死生。【註】生者亦[二]獨化而生耳。死生有待邪？【註】獨化而足。皆有所一體。

[一]「呼」，原文誤作「音」。
[二]「亦」，原文寫作「爾」。

【註】死與生各自成體。有先天地生者物邪？物物者非物。物出不得先物也，猶其有物也。猶其有物也，無已。【註】誰得先物者乎哉？吾以陰陽爲先物，而陰陽者即所謂物耳。誰又先陰陽者乎？吾以自然爲先之，而自然即物之自尔耳。吾以至道爲先之矣，而至道者乃至無也。既以无矣，又奚爲先？然則先物者誰乎哉？而猶有物，無已，明物之自然，非有使然也。【釋文】（有先），悉薦反。下及註同。聖人之愛人也[一]終無已者，亦乃取於是者也。」【註】取於自爾，故恩流百代而不廢也。顏淵問乎仲尼曰：「回嘗聞諸夫子曰：『無有所將，無有所迎。』回敢問其遊。」仲尼曰：「古之人，外化而内不化，【註】以心順形而形自化。今之人，内化而外不化。【註】以心使形。與物化者，一不化者也。【註】常無心，故一不化；一不化，乃能與物化耳。安化安不化，【註】化與不化，皆任彼耳，斯無心也。安與之相靡，【註】直無心而恣其自化耳，非將迎而靡順之。必與之莫多。【註】不將不迎，則足而止。狶韋氏之囿，黄帝之圃，有虞氏之宫，湯武之室。【註】言夫无心而任化，乃群聖之所遊處。【釋文】（囿），音又。（圃）[二]，布五反，又音布。君子之人，若儒墨者師，故以是非相齏也，而況今之人乎。【註】齏，和也。

[一]「也」，原文寫作「者」。
[二]「圃」，原文誤作「反」。

夫儒墨〔二〕之師，天下之難和者，而無心者猶故和之，而况其凡乎。【釋文】（鏊），子兮反，和也。**聖人處物不傷物。**【註】至順也。**不傷物者，物亦不能傷也。**【註】在我而已。**唯無所傷者，爲能與人相將迎。**【註】無心故至順，至順故能无所將迎而義冠於將迎也。【釋文】（冠），古乱反。**山林與。皋壤與。**【註】山林皋壤，未善於我，而我便樂之，此爲無故而樂也。【釋文】（與），音餘。下同。（樂），音洛。註、下皆同。**使我欣欣然而樂與。樂未畢也，哀又繼之。**【註】夫无故而樂，亦无故而哀也。則凡所樂不足樂，凡所哀不足哀也。**哀樂之來，吾不能禦，其去弗能止。悲夫，世人直爲〔三〕物逆旅耳。**【註】不能坐忘自得，而爲哀樂所寄也。【釋文】（禦），魚呂反。**夫知遇而不知所不遇，**【註】知之所遇者即知之，知之所不遇者即不知也。**知能能而不能所不能。**【註】所不能者，不能强能也。由此觀之，知與不知，能與不能，制不由我也，當付之自然耳。【釋文】（强），其丈反。**無知無能者，固人之所不免也。**【註】受生各有分也。**夫務免乎人之所不免者，豈不亦悲哉。至言去言，至爲去爲。**【註】皆自得也。**齊知之所知，則淺矣。」**【註】夫由知而後得者，假學者耳，故淺也。【釋文】（齊），才細反，又如字。

〔二〕「墨」，原文脱。
〔三〕「爲」，原文寫作「謂」。

纂圖互註南華真經卷第八

莊子雜篇庚桑楚第二十三【釋文】《音義》曰：以人名篇。

老聃之役有庚桑楚者，偏得老聃之道，以北居畏壘之山，其臣之畫然知者去之，其妾之挈然仁者遠之；【註】畫然，飾知；挈然，矜仁。【釋文】（老聃之役），司馬云：役，學徒弟子也。《廣雅》云：役，使也。（庚桑楚），司馬云：楚，名；庚桑，姓也。《太史公書》作「亢桑」。（偏）向音篇。（畏），本或作「嵔」，又作「猥」，同。烏罪反，向於鬼反。（壘），崔本作「纍」，同。力罪反，向良〔一〕裴反。李云：嵔壘，山名也。或云在魯，又云在梁州。（畫），音獲。（知），音智。註同。（挈），本又作「契」，同。苦計反。向云：知也。又苦結反。《廣雅》云：提也。（遠），于萬反。司馬云：言人以仁智爲臣妾，庚桑悉弃仁智也。**擁腫之與居，**【註】擁腫，朴也。【釋文】（擁），於勇

〔一〕原文「良」下衍一「良」字。

反。（腫），章勇反。本亦作「踵」。**鞅掌之爲使。**【註】鞅掌，自得。【釋文】（鞅），於丈〔一〕反，崔云：擁腫，無知貌　鞅掌，不仁意。向云：二句，朴纍之謂，司馬云：皆醜貌也。**居三年，畏壘大壤。畏壘之民相與言曰：「庚桑子之始來，吾洒然異之。**【註】異其弃智而任愚。【釋文】（壤），而掌反。本又作「穰」。崔本同，又如羊反。《廣雅》云：豐也。（洒），素殄反，又悉礼反。崔、李云：驚貌。向蘇狠反。**今吾日計之而不足，歲計之而有餘，**【註】夫與四時俱者无近功。【釋文】（日計之而不足），向云：无旦夕小利也。（歲計之而有餘），向云：順時而大穰也。**庶幾其聖人乎。子胡不相與尸而祝之，社而稷之乎？」庚桑子聞之，南面而不釋然。弟子異之。庚桑子曰：「弟子何異於予？夫春氣發而百草生，正得秋而萬寶成。夫春與秋豈無得而然哉？天道已行矣。**【註】夫春秋生成，皆得自然之道，故不爲也。【釋文】（正得秋而萬寶成），天地以萬物爲寶，至秋而成也。元嘉本作「万實」。（大道已行矣），本或作「天道」。**吾聞至人尸居環堵之室，而百姓猖〔二〕狂不知所如往。**【註】直自〔三〕往耳，非由知也。【釋文】（環），如字。《廣雅》云：圓也。（堵），丁魯反。司馬云：一丈曰堵。環堵者，面各一丈，言小也。【互註】

〔一〕原文「丈」與上文「自得」之「得」字倒乙。
〔二〕「猖」，原文寫作「倡」。
〔三〕「自」，原文誤作「目」。

《記·儒行》：儒有一畝之宮，環堵之室。**今以畏壘之細民而竊竊焉欲俎豆予于賢人之間，我其杓之人邪。**【註】不欲爲物標杓。【釋文】（俎），側呂反。崔云：俎豆，食我於衆人間。（杓），郭音的，又匹么反，又音弔。《廣雅》云：樹末〔一〕也。王云：斯由己爲人準的也。向云：馬氏作「魡」，音的。（標），必遥反，一音必小反。**吾是以不釋於老聃之言。」**【註】聃云，功成事遂，而百姓皆謂我自爾，今畏壘反此，故不釋然。**弟子曰：「不然。夫尋常之溝，巨魚無所還其體，而鯢鰌爲之制；步仞之丘陵，巨獸無所隱其軀，而孽狐爲之祥。**【註】弟子謂大人必有豐祿也。【釋文】（尋常之溝），八尺曰尋，倍尋曰常。尋常之溝，則《周礼》洫澮之廣深也。洫廣深八尺，澮廣二尋，深二仞也。（還），音旋，回也。崔本作「逮」。（鯢），五兮反。（鰌），音秋。（爲之制），《廣雅》云：制，折也。謂小魚得曲折也。王云：制，謂擅之也，鯢鰌專制於小溝也。（步仞），六尺爲步，七尺曰仞，廣一步，高一仞也。孔安國云：八尺曰仞。《小爾雅》云：四尺曰仞。（孽），魚竭反。（狐爲之祥），李云：祥，怪也。狐狸憙爲妖孽。言各有宜，宜不失則大人有豐祿也。王云：野狐依之作妖祥也。崔云：蠱狐以小丘爲善也。祥，善也。**且夫尊賢授能，先善與利，自古堯舜以然，而況畏壘之民乎。夫子亦聽矣。」庚桑子曰：「小子來。夫函車之獸，介而離山，則不免于罔罟之患；吞舟之魚，碭而失水，則蟻能苦之。故鳥獸不厭高，魚鱉不厭深。**

〔一〕「末」，原文誤作「未」。

【註】去利遠害乃全。【釋文】（函），音含。（車之獸），李云：獸大如車也。一云：大容車。（介），音戒。《廣雅》云：獨也。又古黠反。一本作「分」，謂分張也。元嘉本同。（離），力智反。下、註同。（吞），敕恩反，又音天。（碭而失水），徒浪反，謂碭溢而失水也。崔本作「去水陸居也」。（蟻），魚綺反。（苦），如字。向云，馬氏作「最」，又作「窮」。**夫全其形生之人，藏其身也，不厭深眇而已矣。**【註】若嬰身於利祿，則粗而淺。【釋文】（眇），弥小反。（粗），七奴反。後皆同。**且夫二子者，又何足以稱揚哉。**【註】二子，謂堯舜。【釋文】（二子），向、崔、郭皆云：堯舜也。**是其於辯也，將妄鑿垣牆而殖蓬蒿也。**【註】將令後世妄行穿鑿而殖穢乱也。【釋文】（蓬），蒲空反。（令），力呈反。**簡髮而櫛，數米而炊，**【註】理錐刀之末[一]也。【釋文】（而櫛），莊筆反。又作「扻」，亦作「楖」，皆同。郭音節，徐側冀反。（數），色主反。（炊），昌垂反。向云：理於小利也。**竊竊乎又何足以濟世哉。**【註】混然一之，無所治爲乃濟。【釋文】（竊竊），如字。司馬云：細語也。一云：計校之貌。崔本作「察察」。**舉賢則民相軋，**【註】將戾拂其性以待其所尚。【釋文】（軋），烏黠反，向音乙。（拂），符弗反。**任知則民相盜。**【註】真不足而以知继之，則僞矣，僞以求生，非盜如何。【釋文】（知），音智。註同。**之數物者，不足以厚民。民之於利甚勤，子有殺父，臣有殺君，正晝爲盜，日中穴阫。**【註】無所復顧。【釋文】（殺），音試。本又

[一]「末」，原文誤作「未」。

作「弑」。下同。（阫），普回反。向音裴，云：阫，墻也。言無所畏忌。吾語女，大亂之本必生于堯舜之間，其末存乎千世之後。千世之後，其必有人與人相食者也。」【註】堯舜遺其迹，飾僞播其後，以致斯弊。【釋文】（語），魚[一]據反。（女），音汝。後皆放此。南榮趎蹴然正坐曰：「若趎之年者已長矣，將惡乎託業以及此言邪？」庚桑子曰：「全汝形，【註】守其分也。【釋文】（南榮趎），昌于反，向音疇，一音紹俱反，徐直俱反，又敕俱反，又處由反。李云：庚桑弟子也。《漢書·古今人表》作「南榮疇」。或作「儔」，又作「壽」。《淮南》作「南榮幬」，云：軟蹻趹步，百舍不休。亦作「疇」。（蹴），子六反。（長），丁丈反。（惡），音烏。（分），扶問反。後以意求之。抱汝生，【註】無攪乎其生之外也。無使汝思慮營營。若此三年，則可以及此言也。」南榮趎曰：「目之與形，吾不知其異也，而盲者不能自見；耳之與形，吾不知其異也，而聾者不能自聞；心之與形，吾不知其異也，而狂者不能自得。【註】目与目，耳与耳，心与心，其形相似而所能不同，苟有不同，則不可強相法效也。【釋文】（思），息吏反。下同。（強），其丈反。下章「可強」同。形之與形亦辟矣，【註】未有閉之。【釋文】（辟），婢亦反，開也。崔云：相著也。音必亦反。而物或間之邪，欲相求而不能相得？【註】兩形雖開，而不能相得，將有間也。【釋文】（間），間厠之間。註同。今謂趎曰：『全汝形，抱汝生，勿使汝思慮營營。』

〔一〕「魚」，原文誤作「焦」。

趎勉聞道達耳矣。」【註】早聞形隔，故難化也。【釋文】（勉），崔、向云：勉，強也。本或作「晚」。（達耳），崔、向云：僅達於耳，未徹入於心也。庚桑子曰：「辭盡矣。曰奔蜂不能化藿蠋，越雞不能伏鵠卵〔一〕，魯雞固能矣。雞之與雞，其德非不同也，有能與不能者，其才固有巨小也。今吾才小，不足以化子。子胡不南見老子。」南榮趎贏糧，七日七夜至老子之所。老子曰：「子自楚之所來乎？」南榮趎曰：「唯。」老子曰：「子何與人偕來之衆也？」【註】挾三言而來故。【釋文】（奔蜂），孚恭反。司馬云：奔蜂，小蜂也。一云土蜂。（藿蠋），音蜀。司馬云：豆藿中大青虫也。（越雞），司馬、向云：小雞也。或云：荊雞也。（伏），扶又反。（鵠），本亦作「鶴」，同。户各反，一音户沃反。（卵），力〔二〕管反。（魯雞），向云：大雞也，今蜀雞也。（贏），音盈。案：《方言》：贏，儋也，齊〔三〕楚陳宋之間謂之贏。一音果。（唯），惟癸反。（挾），音協。南榮趎懼然顧其後。老子曰：「子不知吾所謂乎？」南榮趎俯而慚，仰而歎曰：「今者吾忘吾答，因失吾問。」老子曰：「何謂也？」南榮趎曰：「不知乎？人謂我朱愚。知乎？反愁我軀。不仁則害人，仁則反愁我身；不義則傷彼，義則反愁我己。我

〔一〕「卵」，原文誤作「卯」。
〔二〕「力」，原文爲墨圍。
〔三〕「齊」，原文爲墨圍。

安逃此而可？此三言者，趎之所患也，願因楚而問之。」老子曰：「向吾見若眉睫之間，吾因以得汝矣，今汝又言而信之。若規規然若喪父母，揭竿而求諸海也。汝亡人哉，惘惘乎。汝欲反汝情性而無由入，可憐哉。」南榮趎請入就舍，召其所好，去其所惡，十日自愁，復見老子。老子曰：「汝自洒濯，孰哉鬱鬱乎。然而其中津津乎猶有惡也。夫外韄者不可繁而捉，將內揵；內韄者不可繆而捉，將外揵。【註】揵，関揵也。耳目，外也；心術，內也。夫全形抱生，莫若忘其心術，遺其耳目。若乃声色韄於外，則心術塞於內；欲惡韄於內，則耳目喪於外；固必無得無〔一〕失而後爲通也。【釋文】（懼），向紀俱反。本又作「㦜」，音同，又況縛反。（吾問），元嘉本「問」作「聞」。（向），本又作「嚮」，同。（睫〔二〕），音接。《釋名》云：目毛也。（規規），李云：失神貌。一云：細小貌。（喪），息浪反。註同。（揭），其列、其謁二反。（竿），音干。（求諸海），向云：言以短小之物，欲測深大之域也。（汝〔三〕亡人），崔云：喪亡性情之人也。（好），呼報反。（去），起呂反。（惡），烏路反。註同。（復），扶又反。（濯），丈角反。（鬱鬱），崔云：孰洒貌。（津津），如字。崔本作「律律」，云惡貌。（有惡），李云：惡計未盡也。（擭），向音霍。崔云：恢廓也。又如字。本亦作「韄」，音獲，又乙虢反，又烏邈反，又音羈。李云：縛也。《三蒼》

〔一〕「無」，原文寫作「亡」。
〔二〕「睫」，原文誤作「捷」。
〔三〕「汝」原文寫作「女」。

云：佩刀靶韋也。（捉），徐側角反。崔作「促」，云：迫促也。（揵），郭其輦反，徐其偃反。閑也。向云：閉〔一〕也。又音蹇。下同。（繆），莫侯反，又音稠，結也。崔、向云：綢繆也。**外内韄者，道德不能持，而况放道而行者乎。」**【註】偏韄由不可，况外内俱韄乎。將耳目眩惑於外，而心術流蕩於内，雖繁手以執之，綢繆以持〔二〕之，弗能止也。【釋文】（放），如字。（向），方往反，云：依也。**南榮趎曰：「里人有病，里人問之，病者能言其病，然其病，病者猶未病也。若趎之聞大道，譬猶飲藥以加病也，趎願聞衛生之經而已矣。」老子曰：「衛生之經，能抱一乎？**【註】不離其性。【釋文】（加），如字。元嘉本作「知病」。崔本作「駕」，云：加也。（衛生），李云：防衛其生，令合道也。**能勿失乎？**【註】還自〔三〕得也。**能无卜筮而知吉凶乎？**【註】當則吉，過則凶，无所卜也。【釋文】（當），丁浪反。後放此。**能止乎？**【註】止於分也。**能已乎？**【註】无追故迹。**能舍諸人而求諸己乎？**【註】全我而不效彼。【釋文】（舍），音捨。下同。**能翛然乎？**【註】无停迹也。【釋文】（翛），音蕭。徐始六反，又音育。崔本作「隨」，云：順也。**能侗然乎？**【註】无節礙也。【釋文】（侗），本又作「洞」，大董反，又音慟。向敕動反，云：直而无累之謂。

〔一〕「閉」，原文誤作「閑」。
〔二〕「持」，原文誤作「時」。
〔三〕「自」，原文誤作「日」。

《三蒼》云：殼直貌。崔同。《字林》云：大也。（礙），五代反。**能兒子乎？**【重意】《老·十章》：專氣致柔，能嬰兒。**兒子終日嗥而嗌不嗄，和之至也；**【註】任声之自出，不由於喜怒。【釋文】（嗥），户羔反。本又作「號」，音同。（而嗌），音益。崔云：喉也。司馬云：咽也。李音厄，謂噎也。一本作「而不嗌」。案：如李音，有「不」字。（嗄），於邁反。本又作「嚘」，徐音憂。司馬云：楚人謂啼極無聲爲嗄。崔本作「喝」，云：啞也。**終日握而手不掜，共其德也；**【註】任手之自握，非獨得也。【釋文】（握），李云：捲手曰握。（掜），五礼反，向音藝。崔云：寄也。《廣雅》云：捉也。（共其），如字。崔云：壹也。**終日視而目不瞚，偏不在外也。**【註】任目之自見，非係於色也。【釋文】（瞚），字又作「瞬」，同。音舜，動也。本或作「瞋」，莫經反。（偏），徐音篇。【重意】《老·五十五章》：含德之厚，比於赤子。終日號而不啞，和之至也。**行不知所之，**【註】任足之自行，無所趣。**居不知所爲，**【註】縱體而自任也。**與物委蛇，**【註】斯順之也。【釋文】（委），於危反。（蛇），以支反。**而同其波。**【註】物波亦波。**是衛生之經已。」南榮趎曰：「然則是至人之德已乎？」**【註】若能自改〔二〕而用此言，便欲自謂至人之德。**曰：「非也。**

〔二〕「改」，原文寫作「敨」。

是乃所謂冰解凍釋者，能乎〔一〕？【註】能乎，明非自尔。【釋文】（冰〔二〕解），音蟹。**夫至人者，相與交食乎地而交樂乎天，**【註】自無其心，皆與物共。【釋文】（交），崔云：交，俱也。李云：共也。（樂），音洛。**不以人物利害相攖，不相與爲怪，不相與爲謀，不相與爲事，翛然而往，侗然而來。是謂衛生之經已。」曰：「然則是至乎？」**【註】謂己便可得此言而至邪。【釋文】（攖），於營反，徐又音軀。《廣雅》云：乱也。崔云：猶貫也。**曰：「未也。吾固告汝曰：『能兒子乎？』**【註】非以此言爲不至也，但能聞而學者，非自至耳。苟不自至，則雖聞至言，適〔三〕可以爲經，胡可得至哉。故學者不至，至者不學也。**兒子動不知所爲，行不知所之，身若槁木之枝而心若死灰。若是者，禍亦不至，福亦不來。禍福無有，惡有人災也。」**【註】禍福生於失得，人災由於愛惡。今槁木死灰，無情之至，則愛惡失得無自而來。【釋文】（槁），苦老反。（惡有），音烏。（愛惡），烏路反。下同。**宇泰定者，發乎天光。**【註】夫德宇〔四〕泰然而定，則其所發者天光耳，非人耀。【釋文】（宇泰定），王云：宇，器宇也，謂器宇間泰則靜定也。**發乎天光者，人**

〔一〕「能乎」，二字原文脱。
〔二〕「冰」，原文爲墨圍。
〔三〕「適」，原文寫作「道」。
〔四〕「宇」，原文誤作「与」。

見其人，【註】天光自發，則人見其人，物見其物，物各自見而不見彼，所以泰然而定也。人有脩者，乃今有恆；【註】人而脩人，則自得矣，所以常泰。有恆者，人舍之，天助之。【註】常泰，故能反居我宅而自然獲助也。人之所舍，謂之天民；【互註】《孟·盡心上》：有天民者，達可行於天下而後行之者也 天之所助，謂之天子。【註】出則天子，處則天民，此二者俱以泰然而自得之，非爲而得之也。學者，學其所不能學也；行者，行其所不能行也；辯者，辯其所不能辯也。【註】凡所能者，雖行非爲，雖習非學，雖言非辯。【釋文】（學者學其所不能學也）言人皆欲學其所不能知，凡所能者，故是能於所能。夫能於所能者，則雖習非習也。知止乎其所不能知，至矣；【註】所不能知，不可強知，故止斯至也。若有不即是者，天鈞敗之。【註】意雖欲爲，爲者必敗，理終不能。【釋文】（敗），補邁反。或作「則」。元嘉本作「則」。備物以將形，【註】因其自備而順其成形。【釋文】（備），具也。（將），順也。藏不虞以生心，【註】心自生耳，非虞而出之。虞者，億度之謂。【釋文】（度），待洛反。敬中以達彼，【註】理自達彼耳，非慢中而敬外。若是而萬惡至者，皆天也，【註】天理自有窮通。而非人也，【註】有爲而致惡者乃是人。不足以滑成，【註】安之若命，故其成不滑。【釋文】（滑），音骨。不可內於靈臺。【註】靈臺者，心也，清暢，故憂患不能入。【釋文】（靈臺），案：謂心有靈智能任持也。許慎云：人心以上，氣所往來也。靈臺者有持，【註】有持者，謂不動於物耳，其實非持。而不知其所持，【註】若知其所持則持之。**而不可持者也。**【註】持則失也。**不見其誠己而發，**【註】此妄發作。【釋文】（不見其誠己而發），謂不自照其内而外馳也。**每發而不當，**【註】發而不由己誠，何由而當。【釋文】（每發而不當），丁浪反。《尔雅》云：每，雖也。謂雖有發動不中當。**業入而不舍，**【註】事不居其分内。**每更爲失。**【註】發由己誠，乃爲得也。**爲不善乎顯明之中者，人得而誅之；爲不善乎幽間之中者，鬼得而誅之。明乎人，明乎鬼者，然後能獨行。**【註】幽顯無愧於心，則獨行而不懼。【釋文】（間），音閑。**券内者，行乎无名；**【註】券，分也。夫遊於分内者，行不由於名。【釋文】（券），字又作「卷」。徐音勸。（券分），符問反。下同。崔云：券，分明也。則宜方云反。**券外者，志乎期費。**【註】有益無益，斯欲損己以爲物也。【釋文】（期費），芳貴反。下同。《廣雅》云：期，卒也。費，耗也。言若存分外而不止者，卒有所費耗也。（爲），于僞反。**行乎無名者，唯庸有光；**【註】本有斯光，因而用之。**志乎期費者，唯賈人也，**【註】雖己所无，猶借彼而販賣也。【釋文】（賈），音古。**人見其跂，猶之魁然。**【註】夫期費者，人已見其跂矣，而猶自以爲安。【釋文】（人見其跂猶之魁），苦回反，安也。一云：主也。（然），謂衆人已見其跂求分外而猶自安。可羞愧之甚也。**與物窮者，物入焉；**【註】窮，謂終始。**與物且者，其身之不能容，焉能容人。**【註】且，謂券外而跂者。跂者不立，焉能自容。不能自容，焉能容人。人不獲容則去也。【釋文】（物且），且，始也。（焉），於虔反。註同。**不能容人者无親，无親者盡人，**【註】身且不能容，則雖己非己，况能有親乎。故盡是他人。**兵莫憯于志，鏌鋣爲下；**【註】夫志之所攖[一]，燋火疑水，故其爲兵甚於劍戟也。【釋文】（憯），七坎反。《廣雅》云：痛也。元嘉本作「潛」。（鏌），音莫。（鋣），也嗟反。鏌鋣，良劍名。**寇莫大於陰陽，無所逃於天地之間。非陰陽賊之，心則使之也。**【註】心使氣，則陰陽徵結於五藏而所在皆陰陽也，故不可逃。【釋文】（藏），才浪反。後皆放此。**道通，其分也。其成也毁也。**【註】成毁無常分而道皆通。【釋文】（分），符問反。註及下皆同。一音方云反。**所惡乎分者，其分也以備；**【註】不守其分而求備焉，所以惡分也。【釋文】（惡），烏路反。下及註皆同。**所以惡乎備者，其有以備。**【註】本分不備而有以求備，所以惡備也。若其本分素備，豈惡之哉。**故出而不反，見其鬼；**【註】不反守其分内，則其死不久。【釋文】（故出而不反），謂情識外馳而不反觀於内也。（見其鬼），王云：永淪危殆，資死之術，已行及之，故曰見鬼也。**出而得，是謂得[二]死。**【註】不出而无得，乃得生。【釋文】（出而得是謂得死），若情識外馳以爲得者，是曰得死耳，非理也。**滅而有實，鬼之一也。**【註】已滅其性矣，雖有斯[三]生，何異於鬼。【釋文】（滅而有實鬼之一也），《廣雅》云：滅，殄也，尽也。實，塞也。既殄塞

[一]「攖」，原文寫作「櫻」。
[二]「得」，原文寫作「是」。
[三]「斯」，原文寫作「則」。

純朴之道而外馳澆薄之境，雖復行尸於世，与鬼何別。故云鬼一也。**以有形者象无形者而定矣。**【註】雖有斯形，苟能曠然无懷，則生全而形定也。**出无本，**【註】欻然自生，非有本。**入无竅。**【註】欻然自死，非有根。【釋文】（出无本入无竅），苦弔反。出，生也。入，死也。本，始也。竅，孔也。所以知有形累於无形者，以其出入无本竅故也。（欻），訓勿反。**有實而无乎處，有長而无乎本剽，有所出而无竅者有實。**【註】言出者自有實耳，其所出无根竅以出之。【釋文】（處），昌據反。下註同。（長），丁丈反，增也。又如字。下註同。（剽），本亦作「摽」，同。甫小反。崔云：末[一]也。李怖遥反，徐又敷遥反。下同。（所出），夫生必有所出也。（而无），此明所出是无也。既是无矣，何能有所出邪。（竅者有實），既言有竅，竅必有實；求實不得，竅[二]亦无也。**有實而无乎處者，宇也。**【註】宇者，有四方上下，而四方上下未有窮處。【釋文】（有實而无乎處者宇也），《三蒼》云：四方上下爲宇。宇雖有實，而无定處可求也。**有長而无本剽者，宙也。**【註】宙者，有古今之長，而古今之長无極。【釋文】（有長而无本剽者宙也），《三蒼》云：往古來今曰宙。《說文》曰：舟輿所極覆爲宙。長，猶增也。本，始也。宙雖有增長，亦不知其始末[三]所至者也。**有乎**

[一]「末」，原文寫作「未」。
[二]「竅」，原文寫作「驗」。
[三]「末」，原文寫作「未」。

生，有乎死，有乎出，有乎入，入出而无見其形，【註】死生出入，皆欻然自爾，无所由，故无所見其形。**是謂天門。**【註】天門者，萬物之都名也。謂之天門，猶云衆妙之門也。**天門者，无有也，萬物出乎无有。**【註】死生出入，皆欻然自爾，未有爲之者也。然有聚散隱顯，故有出入之名；徒有名耳，竟无出入，門其安在乎？故以无爲門。以无爲門，則无門也。**有不能以有爲有，**【註】夫有之未生，以何爲生乎？故必自有耳，豈有之所能有乎。**必出乎无有，**【註】此所以明有之不能爲有而自有耳，非謂无能爲有也。若无能爲有，何謂无乎。**而无有一无有。**【註】一无有則遂无矣。无者遂无，則有自欻生明矣。**聖人藏乎是。**【註】任其自生而不生生。**古之人，其知有所至矣。惡乎至？有以爲未始有物者，至矣，盡矣，弗可以加矣。其次以爲有物矣，將以生爲喪也，**【註】喪其散而之乎聚也。【釋文】（惡），音烏。（喪），息浪反。註同。**以死爲反也，**【註】還融液也。【釋文】（液），音亦。**是以分已。**【註】雖欲均之，然已分也。【釋文】（分），方云反。註同。**其次曰始无有，既而有生，生俄而死；以无有爲首，以生爲體，以死爲尻；孰知有无死生之一守者，吾與之爲友。是三者雖異，公族也，**【註】或有而无之，或有而一之，或分而齊之，故謂三也。此三者，雖有盡與不盡，然俱能无是非於胸中，故謂之公族。【釋文】（爲尻），苦羔反。**昭景也，著戴也，甲氏也，著封也，非一也。**【註】此四者雖公族，然已非一，則向之三者已復差之。【釋文】（昭景也著），丁略反，又張慮反。（戴），本亦作「載」。（甲氏也著），張慮反，久也。又丁略反。（封也非一也），一説云：昭、景、甲三者，皆楚同宗也。著戴者，謂著〔一〕冠，世世處楚朝，爲衆人所戴仰也。著封者，謂世世處封邑，而光著久也。昭、景、甲三姓雖異，論本則同也。崔云：昭、景二姓，楚之所顯戴，皆甲姓顯封，雖非一姓，同出公族，喻死生同也。此兩説與註不同，聊出之耳。（復），扶又反。**有生，黬也，**【註】直聚氣也。【釋文】（黬），徐於減反。司馬云烏簟反，云：黶，有疵也，有疵者，欲披除之。李烏感反。《字林》云：釜底黑也。**披然曰移是。**【註】既披然而有分，則各〔二〕是其所是也。是无常在，故曰移。【釋文】（披），普皮反。（然曰移是），或云：黬〔三〕然聚而生，披然散而死也。**嘗言移是，非所言也。**【註】所是之移，已著於言前矣。**雖然，不可知者也。**【註】不言其移，則其移不可知，故試言也。**臘者之有膍胲，可散而不可散也；**【註】物各有用。【釋文】（臘），力闔反。（膍），音毗。司馬云：牛百葉也。本或作「毘」，音毘〔四〕，獐也。（胲），古來反，足大指也。崔云：備也。案：臘者大祭備物，而殽有膍胲，此雖從散，礼應具不可散弃也。**觀室者周於寢廟，又適其偃焉，**【註】偃，謂屏厠。【釋文】（偃），於晚反。司馬、郭皆云：屏厠也。又於建反。（屏），步定反，又必領反。下同。**爲是舉移是。**【註】寢廟則以饗燕，

〔一〕「著」，原文誤作「者」。
〔二〕「各」，原文誤作「名」。
〔三〕「黬」，原文寫作「緎」。
〔四〕「毘」，原文誤作「昆」。

屏廁〔一〕則以偃溲；當其偃溲，則寢廟之是移於屏廁矣。故是非之移，一彼一此，誰能常之。故至人因而乘之則均耳。【釋文】（爲），于僞反。（溲），所留反。**請嘗言移是。是以生爲本，**【註】物之变化，无時非生，生則所在皆本也。**以知爲師，**【註】所知雖異，而各師其知。**因以乘是非；**【註】物乘是非者，无是非也。**果有名實，**【註】物之名实，果各自有。**因以己爲質；**【註】質，主也。物各謂己是，足以爲是非之主。**使人以爲己節，**【註】人皆謂己是，故莫通。**因以死償節。**【註】當其所守，非真〔二〕脱也。【釋文】（償），常亮反。《廣雅》云：償，報也，復也。案：謂殺身以成名，節成而身死，故曰以死償節。**若然者，以用爲知，以不用爲愚，以徹爲名，以窮爲辱。**【註】不能隨所遇〔三〕而安之。【釋文】（知），音智。**移是，今之人也，**【註】玄古之人，无是无非，何移之有。**是蜩與學鳩同於同也。**【註】同共是其所同。【釋文】（蜩），音滌。（學〔四〕）本或作「鷽」，音同。**蹍市人之足，則辭以放鶩，**【註】称己脱誤以謝之。【釋文】（蹍），女展反。司馬、李云：蹈〔五〕也。《廣雅》云：履也。（鶩），五報反。《廣雅》云：妄也。**兄則以嫗，**【註】言嫗詡之，无所

〔一〕「廁」，原文寫作「則」。
〔二〕「非真」，原文寫作「羿直」。
〔三〕「隨所遇」，原文誤作「道所禺」。
〔四〕「學」，原文寫作「共」。
〔五〕「蹈」，原文誤作「滔」。

辭謝。【釋文】（嫗），於禹反。註同。（詡），况所反。**大親則已矣。**【註】明恕素足。**故曰，至禮有不人，**【註】不人者，視人若己。視人若〔一〕己則不相辭謝，斯乃礼之至也。**至義不物，**【註】各得其宜，則物皆我也。**至知不謀，**【註】謀而後知，非自然知。**至仁无親，**【註】譬之五藏，未曾相親，而仁已至矣〔二〕。【釋文】（曾），才能反。**至信辟金。**【註】金玉者，小信之質耳，至信則除矣。【釋文】（辟），必領反。除也。又婢亦反。**徹志之勃，解心之謬，去德之累，達道之塞。貴富顯嚴名利六者，勃志也。容動色理氣意六者，謬心也。惡欲喜怒哀樂六者，累德也。去就取與知能六者，塞道也。此四六者不盪胸中則正，正則静，静則明，明則虚，虚則无爲而无不爲也。**【註】盪，動也。【釋文】（勃），本又作「悖」，同。必妹反。（謬），如字。一本作「繆」，亡侯反，亦音謬。（去〔三〕），起呂反。（惡），烏路反。（樂〔四〕），音洛〔五〕。（累〔六〕），劣僞〔七〕反。後

〔一〕「人若」，原文誤作「大居」。
〔二〕「矣」，原文寫作「也」。
〔三〕「去」，原文寫作「六」。
〔四〕「樂」，原文闕。
〔五〕「洛」，原文寫作「各」。
〔六〕「累」，原文誤作「界」。
〔七〕「劣僞」，原文寫作「古尉」。

註同。（知），音智。（盪），本亦作「蕩」，徒黨反。又徒良反，又吐[一]良反。**道者，德之欽也；生者，德之光也；性者，生之質也。性之動，謂之爲；**【註】以性自動，故称爲耳；此乃真爲，非有爲也。【釋文】（光），一本作「張」。**爲之僞，謂之失。知者，接也；知者，謨也；知者之所不知，猶睨也。**【註】夫目之能視，非知視而視也；不知視而視，不知知而知耳，所以爲自然。若知而後爲，則知僞也。【釋文】（睨），魚計反，又五礼反，視也。**動以不得已之謂德，**【註】若得已而動，則爲強動者耳，故失也。**動无非我之謂治，**【註】動而效彼則乱。【釋文】（治），直吏反。**名相反而實相順也。**【註】有彼我之名，故反；名得其實，則順。**羿工乎中微而拙乎使人無己譽。**【註】善中則善取譽矣，理常俱。【釋文】（羿），五計反。徐又户計反。（中），丁仲反。註同。（譽），音餘。後章同。**聖人工乎天而拙乎人。**【註】任[二]其自然，天也；有心爲之，人也。**夫工乎天而俍乎人者，唯全人能之。**【註】工於天，即俍於人矣，謂之全人，全人則聖人也。【釋文】（俍），音良。崔云：良工也。又音浪。**唯蟲能蟲，唯蟲能天。**【註】能還守蟲，即是能天[三]。

[一]「吐」，原文寫作「生」。
[二]「任」，原文誤作「在」。
[三]「天」，原文誤作「大」。

【釋文】（唯蟲），一本「唯」作「雖」，下句亦尒。言〔一〕蟲自能爲蟲者，天也。**全人惡天？惡人之天？而况吾天乎人乎。**【註】都不知而任之，斯而謂工乎天。【釋文】（惡天），烏路反。下同。**一雀適羿，羿必得之，威也；**【註】威以取物，物必逃之。【釋文】（威），崔本〔二〕作「或」。**以天下爲之籠，則雀无所逃。**【註】天下之物，各有所好，所好各得，則逃將安在。【釋文】（籠），力東反。（好），呼報反。下及註同。**是故湯以胞人籠伊尹，秦穆公以五羊之皮籠百里奚。是故非以其所好籠之而可得者，无有也。介者拸畫，外〔三〕非譽也；**【註】畫，所以飾容貌也。刖者之貌既以虧殘，則不復以好醜在懷，故拸而弃之。【釋文】（胞），本又作「庖」，白交反。（籠伊尹），伊尹好廚，故湯〔四〕用爲庖〔五〕人也。（籠百里奚），百里奚好秦而拘於宛，故秦穆〔六〕公以五羊皮贖〔七〕之於楚也。或云：百里好五色皮裘，故因其所好也。（介），音界。又云：刖也。又古黠反。

〔一〕「言」，原文誤作「吉」。
〔二〕「本」，原文誤作「木」。
〔三〕「外」，原文脱。
〔四〕「湯」，原文寫作「昜」。
〔五〕「庖」，原文寫作「包」。
〔六〕「穆」，原文寫作「杉」。
〔七〕「羊」，原文誤作「盖」。「贖」，原文誤作「贈」。

《廣雅》云〔一〕：獨也。崔本作「瓦」。（移畫〔二〕），敕紙反，又音他，又〔三〕與紙反。本亦作「移」。司馬云：畫，飾容之具；无是，故不復愛之。一云：移，離也。崔云：移畫，不拘法度〔四〕也。（復〔五〕），扶六反。**胥靡登高而不懼，遺死生也。**【註】无賴於生，故不畏死。【釋文】（胥靡），司馬云：刑徒人也。一云：癃人也。崔云：腐刑也。**夫復謵不餽而忘人，**【註】不識人之所惜。【釋文】（復），音服，徐扶又反。（謵），音習。（餽），其愧反。《廣雅》云：遺也。一音愧。元嘉本作「愧」。（忘人），復者，溫復之謂也。謵，翫也。夫人翫習者，雖復小事，皆所至惜。今溫復人之所習，既得之矣，而不還歸以餽遺之，此至愚不獲人之所習者也。无復相爲之情，故曰忘人。**忘人，因以爲天人矣。**【註】無人之情，則自然爲天人。**故敬之而不喜，侮之而不怒者，唯同乎天和者爲然。**【註】彼形殘胥靡而猶同乎天和，况天和之自然乎。【釋文】（侮），亡甫反。**出怒不怒，則怒出於不怒矣；出爲無爲，則爲出於無爲矣。**【註】此故是無不能是有，有不能爲生之意也。**欲靜則平氣，欲神則順心，有爲也。欲當則緣於不得已，不得已之類，聖人之道。**【註】平氣則

〔一〕「雅云」，原文誤作「誰采」。
〔二〕「畫」，原文誤作「書」。
〔三〕「又」，原文誤作「久」。
〔四〕「度」，原文誤作「変」。
〔五〕「復」，原文誤作「後」。

靜，理足順心則神功至，緣於不得已則所爲皆當。故聖人以斯爲道，豈求無爲於恍惚之外哉。

莊子雜篇徐無鬼第二十四【釋文】《音義》曰：以人名篇。

徐無鬼因女商見魏武侯，武侯勞之曰：「先生病矣。苦於山林之勞，故乃肯見於寡人。」徐無鬼曰：「我則勞於君，君有何勞於我。君將盈耆欲，長好惡，則性命之情病矣；君將黜耆欲，掔好惡，則耳目病矣。【註】情欲好惡，内外無可。【釋文】（徐無鬼），緡山人，魏之隱士也。司馬本作「緡山人，徐無鬼」。（女商），人名也。李云：無鬼、女商，並魏幸臣。（武侯），名擊，文侯之子，治安邑。（勞之），力報反。唯「山林之勞」一字如字，餘并下章并力報反。（盈耆），時志反。下、註同。（長），丁丈反。（好），呼報反。下註、下章同。（惡），烏路反。下註、下章同。（黜），敕律反，退也。本又作「出」，音同。司馬本作「出」。（掔），苦田反，又口閑反。《爾雅》云：固也。崔云：引去也。司馬云：牽也。我將勞君，君有何勞於我。」武侯超然不對。【註】不說其言。【釋文】（超然），司馬云：猶悵然也。（說），音悅。下文「大說」同。少焉，徐無鬼曰：「嘗語君，吾相狗也。下之質執飽而止，是狸德也；中之質若視日，上之質若亡其一。吾相狗，又不若吾相馬也。吾相馬，直者中繩，曲者中鉤，方者中矩，圓者中規，是國馬也，而未若天下馬也。天下馬有成材，若卹若失，若喪其一，若是者，超軼絶塵，不知

其所。」武侯大説而笑。【註】夫真人之言何遜哉？唯物所好之可也。【釋文】（語），魚據反。（相），息亮反。下皆同。（下之質），一本無「質」字。（執飽而止），司馬以「執」字絶句，云：放下之能執禽也。（狸德），謂貪如狐〔一〕狸也。（視日），音示。司馬本作「視」，云：視日瞻遠也。（若亡其一），一，身也；謂精神不動，若無其身也。（直者中繩），丁仲反。下皆同。司馬云：直，謂馬齒；曲，謂背上；方，謂頭；圓，謂目。（成材），字亦作「才」。言自然已足，不須教習也。（卹），音恤。（失），音逸。司馬本作「佚」。李云：卹失，皆驚悚若飛也。（喪），息浪反。下章註同。（其一），言喪其耦也。（軼），李音逸，徐徒列反。崔云：徹也。《廣雅》云：過也。**徐無鬼出，女商曰：「先生獨何以説吾君乎？吾所以説吾君者，横説之則以《詩》《書》《禮》《樂》，從説之則以《金板》《六弢》，奉事而大有功者不可爲數，而吾君未嘗啓齒。**【註】是直樂鴳〔二〕以鐘鼓耳，故愁。【釋文】（説），如字，又始鋭反。下皆同。司馬作「悦」。（從），子容反。（板〔三〕），本亦作「版」，薄版反，又如字。（六弢），吐刀反。司馬、崔云：《金版》《六弢》，皆《周書》篇名。或曰：秘讖〔四〕也。本又作「六韜」，謂太公六韜，文武虎豹龍犬也。（樂），音洛。章末

〔一〕「狐」，原文寫作「狐」。
〔二〕「鴳」，原文寫作「鳴」。
〔三〕「板」，原文誤作「版」。
〔四〕「讖」，原文誤作「鐵」。

同。（鴳），一諫反。今先生何以説吾君，使吾君説若此乎？」徐無鬼曰：「吾直告之吾相狗馬耳。」女商曰：「若是乎？」曰：「子不聞夫越之流人乎？去國數日，見其所知而喜；【註】各思其本性之所好。【釋文】（君説），音悦。（越之流人），越，遠也。司馬云：流人，有罪自流徙[一]者也。（數），所主反。去國旬月，見所嘗見於國中者喜；及期年也，見似人者而喜矣；不亦去人滋久，思人滋深乎？【註】各得其所好則無思，無思則忘其所以喜也。【釋文】（期），音基。夫逃虚空者，藜藋柱乎鼪鼬之逕，踉位其空，聞人足音跫然而喜矣，而況乎昆弟親戚之謦欬其側者乎。【註】得所至樂，則大悦也。【釋文】（逃），司馬本作「巡」也。（虚空），司馬云：故壞冢[二]處爲空虚也。（藜），力西反。（藋），徒弔反。本或作「藋」，同。（柱），誅矩反。司馬云：塞也。（鼪），音生，又音姓。（鼬），由救反。（逕），本亦作「徑」。司馬云：徑，道也。本又作「跡」。元嘉本作「迭」，徐音逸。崔云：迭，跡。（良位其空），司馬云：良，良人，謂巡虚者也。位其空，謂處虚空之間也。良，或作「踉」，音同。（跫然），郭巨恭反，李曲恭反，又曲勇反，悚[三]也。徐苦江反，又祛扃[四]反。司馬云：喜貌。崔云：行人之聲。（而喜），李云：喻武侯之無人君之

[一]「徙」，原文誤作「徒」。
[二]「壞冢」，原文誤作「懷家」。
[三]「悚」，原文誤作「陳」。
[四]「祛扃」，原文誤作「按扁」。

德而處在防衛之間，雖臨朝矯〔一〕厲，愈非其意，及得其所思，猶逃竄之聞〔二〕人音，安能不跫然改貌，釋然而喜也。（謦），苦頂反，又音罄。（欬），苦愛反，一音器。李云：謦欬，喻言笑也。但呼聞所好猶大悦，況骨肉之情，歡之至也。**久矣夫莫以真人之言謦欬吾君之側乎。」**【註】所以未嘗啓齒也。夫真人之言所以得吾君，性也；始得之而喜，久得之則忘。【釋文】（夫），音扶。後放此。**徐无鬼見武侯，武侯曰：「先生居山林，食芧栗，厭葱韭，以賓寡人，久矣夫。今老邪？其欲干酒肉之味邪？其寡人亦有社稷之福邪？」徐无鬼曰：「无鬼生於貧賤，未嘗敢飲食君之酒肉，將來勞君也。」君曰：「何哉，奚勞寡人？」曰：「勞君之神與形。」武侯曰：「何謂邪？」徐无鬼曰：「天地之養也一，**【註】不以爲君而恣之无極。【釋文】（食芧〔三〕），音序，又食汝反。本亦作「芧栗」。（韭），音久。或卄〔四〕下作者，非也。（賓），必刃反。本或作「擯」。司馬云：擯，弃也。又必人反。李云：賓客也。（干），李云：干，求也。（社稷之福邪），李云：謂善言嘉謀，可以利社稷也。**登高不可以爲長，居下不可以爲短。君獨爲萬乘之主，以苦一國之民，以養耳目鼻口，**【註】如此，違天地之平也。【釋文】（乘），繩證反。**夫神者不自許也。**

〔一〕「矯」，原文誤作「僑」。
〔二〕「聞」，原文誤作「間」。
〔三〕「芧」，原文誤作「茅」。
〔四〕「卄」，原文誤作「非」。

【註】物與之耳。【釋文】（不自許），司馬云：許，與也。**夫神者，好和而惡姦；**【註】與物共者，和也；私自許者，姦也。**夫姦，病也，故勞之。唯君所病之，何也？」武侯曰：「欲見先生久矣。吾欲愛民而爲義偃兵，其可乎？」徐无鬼曰：「不可。愛民，害民之始也；**【註】愛民之迹，爲民所尚。尚之爲愛，愛已僞也。【釋文】（姦病），王云：姦者，以正[一]從邪也，謂病也。（所病之何也）李云：服而无對也。或云：養違天地，獨恣其欲，自許不損於神而以姦爲病，故不知所以。以此爲病，何爲乎？（偃），息也。**爲義偃兵，造兵之本也；**【註】爲義則名彰，名彰則競興，競興則喪其真矣。父子君臣，懷情相欺，雖欲偃兵，其可得乎。**君自此爲之，則殆不成。**【註】從无爲爲之乃成耳。**凡成美，惡器也；**【註】美成於前，則僞生於後，故成美者乃惡器也。**君雖爲仁義，幾且僞哉。**【註】民將以僞繼之耳，未肯爲真也。**形固造形，**【註】仁義有形，固僞形必作。**成固有伐，**【註】成則顯也。**變固外戰。**【註】失其常然。【釋文】（成固有伐變固外戰），王云：成功在己，亦衆所不與，欲无有伐，其可得乎。夫僞生形造，又伐焉，非本所圖，勢之變也。既有僞伐，得无戰乎。**君亦必无盛鶴列於麗譙之間，**【註】鶴列，陳兵[二]也。麗譙，高樓也。【釋文】（鶴

[一]「正」，原文誤作「王」。
[二]「兵」，原文爲墨圍。

列），李云：謂兵如鶴之列行。司馬云：鶴列，鍾鼓[一]也。（麗），如字，又力智反，力支反。（譙），本亦作「嶕」，在逍反。司馬、郭、李皆云：麗譙，樓觀名也。案：謂華麗而嶕嶢。**无徒驥於錙壇之宫，**【註】步兵曰徒。但不當爲義愛民耳，亦无爲盛兵徒馬。【釋文】（无徒），司馬云：徒，步也。（錙壇），徐側其反。錙壇，壇名。**无藏逆於得，**【註】得中有逆則失耳。【釋文】（藏），一本作「臧[二]」，司馬本同。（逆於得），司馬本作「德」。李云：凡非理而貪，貪得而居之，此藏逆於德内者也。孰有貪得而可以德不失哉？固宜无藏而捨之。又云：謂有貪則逆道也。**无以巧勝人，**【註】守其朴而朴各有所能則平。**无以謀勝人，**【註】率其真知而知各有所長則均。**无以戰勝人。**【註】以道應物，物服而无勝名。**夫殺人之士民，兼人之土地，以養吾私與吾神者，其戰不知孰善？勝之惡乎在？**【註】不知以何爲善，則雖剋非己勝。【釋文】（惡），音烏。下同。**君若勿已矣，脩胸中之誠，以應天地之情而勿攖。**【註】若未能已，則莫若脩己之誠。【釋文】（攖），一營反，又一盈反。**夫民死已脱矣，君將惡乎用夫偃兵哉。」**【註】甲兵无所陳，非偃也。【釋文】（脱），音奪。**黄帝將見大隗乎具茨之山，方明爲御，昌寓驂乘，張若謵朋前馬，昆閽滑稽後車；至於襄城之野，七聖皆迷，无所問塗。**【註】聖者名也；名生而物迷矣，雖欲之乎大

[一] 「鼓」，原文爲墨圍
[二] 「臧」，原文誤作「藏」。

隗，其可得乎。【釋文】（大隗），五罪反。司馬、崔本作「泰隗」。或云：大隗〔二〕，神名也。一云：大道也。（具茨），一本作「次」，同。祀咨反，又音資。司馬本作「疢」。山名也。司馬云，在滎陽密縣東，今名泰隗山。（寓），音禹。（驂乘），繩證反。驂乘，車右也。（謵），音習。元嘉本作「謂」。崔同。（庨），舒氏反。崔本作「庨」，本亦作「朋」，蒲登反。徐扶恆反。（前馬），司馬云：二人先馬導也。（閽），音昏。（滑），音骨。（稽），音雞。（後車），司馬云：二人從車後。（襄城之野），李云：地名。（七聖），黃帝一，方明二，昌寓三，張若四，謵朋五，昆閽六，滑稽七也。**適遇牧馬童子，問塗焉，曰：「若知具茨之山乎？」曰：「然。」「若知大隗之所存乎？」曰：「然。」黃帝曰：「異哉小童。非徒知具茨之山，又知大隗之所存。請問爲天下。」小童曰：「夫爲天下者，亦若此而已矣，又奚事焉。**【註】各自若則无事矣，无事乃可以爲天下也。**予少而自遊於六合之內，予適有瞀病，有長者教予曰：『若乘日之車而遊於襄城之野。』**【註】日出而遊，日入而息。【釋文】（少），詩召反。（瞀），莫豆反，郭音務。李云：風眩貌〔三〕。司馬云：瞀，讀曰瞀，謂眩瞀也。（長），丁丈反。（乘日之車），司馬云：以日爲車也。元嘉本「車」作「居」。**今予病少痊，予又且復遊於六合之外。夫爲天下亦若此而已。予又奚事焉。」**【註】夫爲天

〔二〕「隗」，原文誤作「司」。
〔三〕「貌」，原文誤作「邈」。

下，莫過自放任，自放任矣，物亦奚攖焉。故我無爲而民自化。【釋文】（痊），七全反。李云：除也。（復），扶又反。黃帝曰：「夫爲天下者，則誠非吾子之事。【註】事由民〔一〕作。雖然，請問爲天下。」【註】令民自得，必有道也。小童辭。黃帝又問。小童曰：「夫爲天下者，亦奚以異乎牧馬者哉。亦去其害馬者而已矣。」【註】馬以過分爲害。【釋文】（去），起呂反。下、註同。黃帝再拜稽首，稱天師而退。【註】師夫天然而去其過分〔二〕，則大隗至也。知士无思慮之變則不樂，辯士無談説之序則不樂，察士無淩誶之事則不樂，皆囿於物者也。【註】不能自得於内而樂物於外，故可囿也。故各以所樂囿之，則萬物不召而自來，非強之也。【釋文】（知），音智。（樂），音洛。下「不樂〔三〕」及註同。（察士），李云：察，識〔四〕也。（淩），李云：謂相淩轢。（誶），音信。《廣雅》云：問也。又音祟〔五〕，又音峻。一本作「説〔六〕」。（囿），音〔七〕又。（強），其

〔一〕「民」，原文寫作「氏」。
〔二〕「分」，原文誤作「公」。
〔三〕「不樂」，原文爲墨圍。
〔四〕「識」，原文寫作「職」。
〔五〕「祟」，原文誤作「崇」。
〔六〕「説」，原文脱。
〔七〕原文「音」上衍「有」字。

丈〔二〕反。**招世之士興朝，中民之士榮官，筋力之士矜難，勇敢之士奮患，兵革之士樂戰，枯槁之士宿名，法律之士廣治，禮樂之士敬容，仁義之士貴際。**【註】士之不同若此，故當之者不可易其方。【釋文】（朝），直遥反。（中民），李云：善治民也。（難），乃旦反。（槁），苦老反。後章同。（宿名），宿，積久也。王云：枯槁一生以爲娱，其所寢宿，唯名而已。（治），直吏反。（貴際），謂盟會事。**農夫無草萊之事則不比，商賈无市井之事則不比。**【註】能同則事同，所以比。【釋文】（比），毗志反，下同。（賈），音古。**庶人有旦暮之業則勸，**【註】業得其志故勸。**百工有器械之巧則壯。**【註】事非其巧則惰。【釋文】（則壯），李云：壯，猶疾也。（惰），徒卧反。**錢財不積則貪者憂，**【註】物得所耆而樂也。【釋文】（所耆），時志反。（樂），音洛。**權勢不尤則夸者悲。勢物之徒樂變，**【註】權勢〔三〕生於事變。**遭時有所用，不能无爲也。**【註】凡此諸士，用各有時，時用則不能自已也。苟不遭時，則雖欲自用，其可得乎。故貴賤无常。**此皆順比於歲，不物於易者也，**【註】士之所能，各有其極，若四時之不可易耳。故當其時物，順其倫次，則各有用矣。是以順歲則時序，易性則不物，物而不物，非毁如何。**馳其形性，潛之萬物，終身不反，悲夫。**【註】不守一家之能，而之夫万方以要時利，故有匍匐而歸者，所以悲也。【釋文】（要），一遥反。

〔二〕「丈」，原文誤作「夾」。

〔三〕「勢」，原文寫作「埶」。

（匍），音扶，又音蒲。（匐），音服，又蒲北〔一〕反。莊子曰：「射者非前期而中，謂之善射，天下皆羿也，可乎？」【註】不期而中，謂誤中者也，非善射也。若謂謬中爲善射，是則天下皆可謂之羿，可乎？言不可也。【釋文】（中），丁仲反，註同。惠子曰：「可。」莊子曰：「天下非有公是也，而各是其所是，天下皆堯也，可乎？」【註】若謂謬中者羿也，則私自是者亦可謂堯矣。莊子以此明妄中者非羿不自是者非堯。惠子曰：「可。」莊子曰：「然則儒墨楊秉四，與夫子爲五，果孰是邪？【註】若皆堯也，則五子何爲復相非乎？或者若魯遽者邪？其弟子曰：『我得夫子之道矣，吾能冬爨鼎而夏造冰矣。』魯遽曰：『是直以陽召陽，以陰召陰，非吾所謂道也。吾示子乎吾道。』於是爲之調瑟，廢一於堂，廢一於室，鼓宮宮動，鼓角角動，音律同矣。【註】俱亦以陽召陽而橫自以爲是。【釋文】（魯遽），音渠，又其據〔二〕反。李云：魯遽，人姓名也。一云：周初時人。（爨），七亂〔三〕反，又七端反。（爲），于僞反。（廢），置也。夫或改調一弦，於五音无當也，【註】隨調而改。【釋文】（調），徒弔反。註皆同。（當），丁浪反，合也。鼓之，二

〔一〕「蒲北」，原文爲墨圍。
〔二〕「據」，原文寫作「㨿」。
〔三〕「亂」，原文爲墨圍

十五弦皆動，【註】无聲則无以相矜，有声則非同不應。今改此〔二〕一弦而二十五弦皆改，其以急緩爲調也。**未始異於聲，而音之君已。**【註】魯遽以此〔三〕夸其弟子，然亦以同應同耳，未獨能爲其事也。**且若是者邪？」**【註】五子各私所見而是其所是，然亦而矣於魯遽之夸其弟子，而未能〔三〕相出也。**惠子曰：「今夫儒墨楊秉，且方與我以辯，相排以辭，相鎮以聲，而未始吾〔四〕非也，則奚若矣？」**【註】未始吾非者，各自是也。惠子便〔五〕欲以此爲至。【釋文】（拂），扶弗反。**莊子曰：「齊人蹢子於宋者，其命閽也不以完，**【註】投之異國，使門者守之，出便或子不保其全。此齊人之不慈也，然亦自以爲是，故爲之。【釋文】（蹢），呈亦反，投也。司馬云：齊人憎〔六〕其子，蹢之宋〔七〕，使門者守之，令形不全，自以爲是。**其求鈃鍾也以束縛，**【註】乃反以愛鍾器爲是，束縛，恐其破傷。【釋文】（鈃鍾），音刑，徐户挺反。又《字林》云：鈃似小鍾而長頸。又云：似壺

〔一〕「此」，原文作「北」。
〔二〕「此」，原文作「北」。
〔三〕「能」，原文誤作「龍」。
〔四〕「吾」，原文誤作「音」。
〔五〕「便」，原文寫作「使」。
〔六〕「憎」，原文寫作「增」。
〔七〕「宋」，原文誤作「未」。

而大。（以束縛），郭云：恐其破傷。案：此言賤子貴鈃，自以爲是也。**其求唐子也而未始出域，有遺類矣。**【註】唐，失也。失亡其子，而不能遠索，遺其氣類，而亦未始自非。人之自是，有斯謬矣。【釋文】（唐子），謂失亡子也。（遺類），遺，亡也，亡其〔一〕種類故也。惠施畔道而存，皆猶齊人遠子而束縛也。（索），所百反。**夫楚人寄而蹢〔二〕閽者，**【註】俱寄止而不能〔三〕自投於高地也。**夜半於無人之時而與舟人鬬，未始離於岑而足以造於怨也。」**【註】岑，岸也。夜半獨上人船，未離岸已共人鬬。言齊楚二人所行若此，而未嘗自以爲非，今五子自是，豈異斯哉。【釋文】（而與舟人鬬），司馬云：夜上人船，人必擠己於水也。擠，排也。（離），力智反。註同。（岑），七〔四〕金反，徐在林反，又語審反，謂崖〔五〕岸也。（上），時〔六〕掌反。**莊子送葬，過惠子之墓，顧謂從者曰：「郢人堊慢其鼻端若蠅翼，使匠石斲之。匠石運斤成風，聽而斲之，**【註】瞑目恣手。【釋文】（從），才用反。（郢人），以井反，楚都也。《漢書音義》作「優人」。服虔云：優人，古之善塗墍者，

〔一〕「其」，原文闕。
〔二〕「蹢」，原文闕，有墨補「謫」字。
〔三〕「能」，原文寫作「然」。
〔四〕「七」，原文寫作「土」。
〔五〕「崖」，原文寫作「岸」。
〔六〕「時」，原文爲墨圍。

施廣領大袖以仰塗而領袖不污，有小飛泥誤〔一〕著其鼻，因令匠石揮斤而斲之。優，音溫，韋昭乃回反。（堊），烏路反。（慢），本亦作「漫」。郭莫干反，徐莫但反。李云：猶塗也。盡堊而鼻不傷，郢人立不失容。宋元君聞之，召匠石曰：『嘗試爲寡人爲之。』匠石曰：『臣則嘗能斲之。雖然，臣之質死久矣。』自夫子之死也，吾无以爲質矣，吾无與言之矣。」【註】非夫不動之質，忘言之對，則雖至言妙斲而無所用之。【釋文】（爲寡），于僞反。管仲有病，桓公問之，曰：「仲父之病病矣，可不謂，云至於大病，則寡人惡乎屬國而可？」管仲曰：「公誰欲與？」公曰：「鮑叔牙。」曰：「不可。其爲人絜廉善士也，其於不己若者不比之，又一聞人之過，終身不忘。使之治國，上且鉤乎君，下且逆乎民。其得罪於君也，將弗久矣。」公曰：「然則孰可？」對曰：「勿已，則隰朋可。其爲人也，上忘而下畔，【註】高而不亢。【釋文】（大病），謂死也。（惡），音烏。（屬），音燭。（與），如字。又音餘。（鉤），反也。亦作「拘」，音同。又音俱。（上忘而下畔），言在上不自高，於下無背者也。愧不若黃帝而哀不己若者。【註】故无弃人。以德分人謂之聖，以財分人謂之賢。以賢臨人，未有得人者也；以賢下人，未有不得人者也。其於國有不聞也，其於家有不見也。勿已，則隰朋可。」【註】若皆聞見，則事鍾於己而群下無所措手足，故遺之可也。未能盡遺，故僅可也。【釋文】（下），遐嫁

〔一〕「誤」，原文誤作「淏」。

反。（措），七〔一〕故反。（僅），其靳反。**吴王浮于江，登乎狙之山**〔二〕。**衆狙見之，恂然棄而走，逃於深蓁。有一狙焉，委蛇攫抓，見巧乎王。王射之，敏給**【註】敏，疾也。給，續括也。【釋文】（狙），七徐反。（恂），音舜，徐音荀，又思俊反。司馬云：遽也。（蓁），徐仕巾反，一音側巾反。（委），於危反。（蛇），餘支反。（攫），具縛反，徐居碧反。《三蒼》云：搏也。郭又七叚反。司馬本作「獲」。（抓），本又作「搔」，素報反。徐本作「輮」，七活反。司馬本作「條」。（見），賢遍反。（巧），如字，或苦孝反。崔本作「攻」。（射），食〔三〕亦反，下同。**搏捷矢。**【註】捷，速也。矢往雖速而狙猶能搏。【釋文】（搏），音博。**王命相者趨射之，狙執死。王顧謂其友顔不疑曰：「之狙也，伐其巧恃其便以敖予，以至此殛也。戒之哉。嗟乎，無以汝色驕人哉。」顔不疑歸而師董梧以助其色，去樂辭顯，三年而國人稱之。**【註】稱其忘巧遺色而任夫素朴。【釋文】（相者），息亮反。司馬云：佐王獵者也。（趨），音促，急也。（執死），司馬云：見執而死也。（之狙也），之，猶是也。本或作「是」。（便），婢面反。（敖），司馬本作「悻」，云：很〔四〕也。（董梧），有道者也。師其德以鋤色。（助），士居反。本亦作「鋤」。（去），起呂反。**南伯子綦隱几而坐，仰天**

〔一〕「措七」，原文爲墨圍。
〔二〕「山」，原文誤作「上」。
〔三〕「食」，原文誤作「良」。
〔四〕「很」，原文誤作「狼」。

而噓。顏成子入見曰：「夫子，物之尤也。形固可使若槁骸，心固可使若死灰乎？」曰：「吾嘗居山穴之中矣。當是時也，田禾一睹我，而齊國之衆三賀之。【註】以得見子綦爲榮。【釋文】（隱），於靳反。（噓），音虛。（見），賢遍反。（夫物之尤也），音符。一本作「夫子」，則如字。（山穴之中），司馬本同。李云：齊南山穴也。一本作「之口[一]」。（田禾[二]），齊君也。尊德，故國人慶之。我必先之，彼故知之；我必賣之，彼故鬻之。若我而不有之，彼惡得而知之？若我而不賣之，彼惡得而鬻之？嗟乎。我悲人之自喪者，吾又悲夫悲人者，吾又悲夫悲人之悲者，其後而日遠矣。」【註】子綦知夫爲之不足以救彼而適足以傷我，故以不悲悲之，則其悲稍去，而泊然無心，枯槁其形，所以爲日遠矣。【釋文】（鬻），羊六反。（惡），音烏。下同。（喪），息浪反。（泊），步各反。仲尼之楚，楚王觴之，孫叔敖執爵而立，市南宜僚受酒而祭曰：「古之人乎。於此言已。」【註】古之言者，必於會同。【釋文】（觴），音商。李云：酒器之總名也。（孫叔敖），案：《左傳》孫叔敖是楚莊王相，孔子未生。哀公十六年，仲尼卒後，白公爲亂。宜[三]僚未嘗仕楚。又宣十二年傳，楚有熊相宜僚，則與叔敖同時，去[四]孔子甚遠。蓋寄言也。

[一]「口」，原文脱。
[二]「禾」，原文誤作「未」。
[三]「宜」，原文誤作「自」。
[四]「時去」，原文二字倒乙。

曰：「丘也聞不言之言矣，未之嘗言，【註】聖人無言，其所言者，百姓之言耳，故曰不言之言。苟以言爲不言，則雖言出於口，故爲未之嘗言。**於此乎言之。**【註】今將於此言於无言。**市南宜僚弄丸而兩家之難解，孫叔敖甘寢秉羽而郢人投兵。**【註】此二子息訟以默，澹泊自若，而兵難自解。【釋文】（難），乃旦反。註同。（解），音蟹，註同。司馬云：宜僚，楚之勇士也，善弄丸。楚白公勝將作亂，殺〔一〕令尹子〔二〕西、子期。石乞曰：「市南有熊宜僚者，若得之，可以當五百人。」乃往告之，不許也。承之以劍，弄丸如故，曰：「吾亦不泄子。」白公遂殺子西、子期，歎息，兩家而已，宜僚不預其患。（甘寢秉羽），如字，又音翮。司馬本作「翼〔三〕」，云：讀曰翮。或作「翅」，雩舞者之所執。崔本作「翼」。（郢人投兵），司馬云：言叔敖願安寢恬卧，以養德於廟堂之上，折衝〔四〕於千里之外，敵國不敢犯，郢人投兵，无所攻伐也。郢，楚都也。**丘願有喙三尺。」**【註】苟所言非己，則雖終身言，故爲未嘗言耳。是以有喙三尺，未足稱長，凡人閉口，未是不言。【釋文】（喙），許穢反，又丁豆反，或昌鋭反。（三尺），言長也。司馬云：喙，息也。宜僚弄丸而弭難，叔敖除備以折衝〔五〕，丘亦

〔一〕「殺」，原文寫作「役」。
〔二〕「尹子」，原文二字倒乙。
〔三〕「翼」，原文爲墨圍。
〔四〕「衝」，原文誤作「衡」。
〔五〕「衝」，原文誤作「衡」。

願〔一〕有，歎息其尺。三尺，匕首劍。彼之謂不道之道，【註】彼，謂二子。此之謂不言之辯，【註】此，謂仲尼。【釋文】（彼之謂此之謂），司馬云：彼，謂甘寢；此，謂弄丸。故德總乎道之所一。【註】道之所容者雖无方，然總其大歸，莫過於自得，故一也。【釋文】（總），音摠。而言休乎知之所不知，至矣。【註】言止其分，非至如何。道之所一者，德不能同也；【註】各自得耳，非相同也，而道一也。【釋文】（不能同），一本作「相同」。知之所不能知者，辯不能舉也；【註】非其分，故不能舉。名若儒墨而凶矣。【註】夫儒墨欲同所不能同，舉所不能舉，故凶。故海不辭東流，大之至也；【註】明受之无所辭，所以成大。聖人并包天地，澤及天下，而不知其誰氏。【註】汎然都任。是故生无爵，【註】有而无之。死无謚，【註】謚所以名功，功不在己，故雖謚而非己有。實不聚，【註】令萬物各知足。名不立，【註】功非己爲，故名歸於物。此之謂大人。【註】若爲而有之，則小矣。狗〔二〕不以善吠爲良，人不以善言爲賢，【註】賢出於性，非言所爲。【釋文】（善吠），伐廢反。司馬云：不別客主而吠不止。（善言），司馬云：失本逐末〔三〕而言不止也。而況爲大乎。【註】夫大愈不可爲而得。夫爲大不足以爲大，而況爲德乎。

〔一〕原文「願」上衍「有」字。

〔二〕「狗」，原文寫作「徇」。

〔三〕「末」，原文誤作「未」。

【註】唯自然乃德耳。夫大備矣，莫若天地；然奚求焉，而大備矣。【註】天地大備，非求之也。知大備者，无求，无失，无弃，不以物易己也。【註】知其自備者，不舍己而求物，故无求无失无弃也。【釋文】（舍），音捨。反己而不窮，【註】反守我理，我理自通。循古而不摩，【註】順常性而自至耳，非摩拭。【釋文】（循古而不摩），一本作「磨」。王云：摩，消滅也。雖常通物而不失及己，雖理於今，常循於古之道焉，自古及今，其名不摩滅也。（拭），音式。大人之誠。【註】不〔二〕爲而自得，故曰誠　子綦有八子，陳諸前，召九方歅曰：「爲我相吾子，孰爲祥？」九方歅曰：「梱也爲祥。」子綦瞿然喜曰：「奚若？」曰：「梱也將與國君同食以終其身。」子綦索然出涕曰：「吾子何爲以至於是極也。」九方歅曰：「夫與國君同食，澤及三族，而況於父母乎。今夫子聞之而泣，是禦福也。子則祥矣，父則不祥。」子綦曰：「歅，汝何足以識之，而梱祥邪？盡於酒肉，入於鼻口矣，而何足以知其所自來？吾未嘗爲牧而牂生於奥，未嘗好田而鶉生於宎，若勿怪，何邪？」【註】夫所以怪，出於不意故也。【釋文】（九方歅），音因，李烏雞反，又音煙，善相馬人。《淮南子》作「九方皋」。（爲我），于僞反。（相），息亮反。（梱），音困，又口本反，子綦子名。（瞿然），紀具反。司馬云：喜貌。本亦作「矍〔三〕」，吁縛

〔二〕「不」，原文誤作「子」。
〔三〕「矍」，原文誤作「䂂」。

反。《字林》云：大視貌。李云：驚視貌。（索然），悉各反，又色白反。司馬云：涕下貌。（禦），魚呂反，距也，逆也。（嘗），如字。本或作「曾」，才能反。（牂），子郎反。《爾雅》云：牝羊也。（奧），烏報反。西南隅未地也。一曰：豖牢也。（好），呼報反。（宎），字又作「窔」，烏弔反，徐烏了反。司馬云：東北隅也。一云：東南隅鶉火地，生鶉也。一云：窟也。郭徒忽反，字則穴下犬[一]。**吾所與吾子遊者，遊於天地。**【註】不有所爲。【釋文】（天地），司馬本「地」作「汨[二]」，云：亂也。崔本同。**吾與之邀樂於天，吾與之邀食於地；**【註】隨所遇[三]於天地耳。邀，遇也。【釋文】（邀），古堯反。（樂），音洛。**吾不與之爲事，不與之爲謀，不與之爲怪；**【註】怪，異也。循常任性，脱然自爾。**吾與之乘天地之誠而不以物與之相攖[四]，**【註】斯不爲也。**吾與之一委蛇而不與之爲事所宜。**【註】斯順耳，无擇也。**今也然有世俗之償焉。**【註】夫有功於物，物乃報。吾不爲功而償之，何也？【釋文】（償），時亮反，又音賞。**凡有怪徵者，必有怪行，殆乎，非我與吾子之罪，幾天與之也。**【註】今无怪行而有怪徵，故知其天命也。【釋文】（行），

[一]「犬」，原文誤作「尖」。
[二]「汨」，原文誤作「泊」。
[三]「遇」，原文寫作「過」。
[四]「攖」，原文寫作「櫻」。

下孟反。註同。吾是以泣也。」【註】夫爲而然者，勿爲則已矣。不爲而自至，則不可奈何也，故〔一〕泣之。无幾何而使梱之於燕，盜得之於道，全而鬻之則難，不若刖之則易，【註】全恐其逃，故不如刖之易售也。【釋文】（幾），居豈反。（燕），音煙。（鬻之），音育，絶句。本作「鬻之難」。（刖），音月，又五刮反。（易），以豉反。註同。（售），受又反。於是刖而鬻之於齊，適當渠公之街，然身食肉而終。齧缺遇許由，曰：「子將奚之？」曰：「將逃堯。」曰：「奚謂邪？」曰：「夫堯，畜畜然仁，吾恐其爲天下笑。後世其人與人相食與。【註】仁者〔二〕爭尚之原故也。【釋文】（渠公），或云：渠公，齊之富室，爲街正，買梱自代，終身食肉至死。一云：渠公屠者，與梱君臣同食肉也。（街），音佳。一本作「術」。（然身食肉終），本或作「身肉食者」，誤。（畜畜），許六反，郭他六反。李云：行仁貌。王云：恤愛勤勞之貌。（人與），如字。（人相食與），音餘。言將馳走於仁義，不復營農，飢則相食。夫民，不難聚也；愛之則親，利之則至，譽之則勸，致其所惡則散。愛利出乎仁義，捐仁義者寡，利仁義者衆。夫仁義之行，唯且無誠，【註】仁義既行，將僞以爲之。【釋文】（譽），音餘。（惡），烏路反。（行），下孟反。且假夫禽貪者器。【註】仁義可見，則夫貪者將假斯器以獲其志。【釋文】（且假夫禽貪者器），司馬云：禽之

〔一〕「故」，原文誤作「披」。
〔二〕「者」，原文誤作「昔」。

貪者殺害無極，仁義貪者傷害無窮。是以一人之斷制利天下，【註】若夫仁義各出其情，則其斷正不制乎一人。**譬之猶一覕也。**【註】覕，割也。萬物萬形，而以一劑割之，則有傷也。【釋文】（覕），郭薄結反。向芳舌反。司馬云：暫見貌。又甫邪〔一〕反，又普結反，又初栗反。（劑），子隨反。**夫堯知賢人之利天下也，而不知其賊天下也，夫唯外乎賢者知之矣。」**【註】外賢則賢不僞。**有暖姝者，有濡需者，有卷婁者。所謂暖姝者，學一先生之言，則暖暖姝姝而私自說也，自以爲足矣，而未知未始有物也，**【註】意尽形教，豈知我之獨化於玄冥之竟哉。【釋文】（暖），吁爰反，又吁晚反，柔貌。（姝），昌朱反，妖貌。（濡），音儒，又音如，安也。（需），音須。濡需，謂偷安須臾之頃。（卷），音權〔二〕。（婁），音縷。卷婁，猶拘攣也。（說），音悅。（竟），音境。**是以謂暖姝者也。濡需者，豕蝨是也，擇疏鬣自以爲廣宮大囿，奎蹏〔三〕曲隈，乳間股脚，自以爲安室利處，不知屠者之一旦鼓臂布草操煙火，而己與豕俱焦也。此以域進，此以域退，此其所謂濡需者也。**【註】非夫〔四〕通變邈〔五〕世之才而偷安乎一時之利者，皆豕蝨者也。【釋文】

〔一〕「邪」，原文寫作「莅」。
〔二〕「權」，原文誤作「擢」。
〔三〕「蹏」，原文寫作「蹄」。
〔四〕「夫」，原文誤作「大」。
〔五〕「邈」，原文誤作「貌」。

（蝨），音瑟。（奎〔一〕），苦圭反。本亦作「睽〔二〕」。（曲隈〔三〕），烏回反。向云：股間也。（暖室），奴緩反，又虛爰反。一〔四〕本作「耎室」。（操），七曹反。**卷婁者，舜也。羊肉不慕蟻，蟻慕羊肉，羊肉羶也。舜有羶行，百姓悅之，故三徙成都，至鄧之虛而十有萬家。堯聞舜之賢，舉之童土之地，曰冀得其來之澤。舜舉乎童土之地，年齒長矣，聰明衰矣，而不得休歸，所謂卷婁者也。**【註】聖人之形，不異凡〔五〕人，故耳目之用衰也，至於精神，則始終常全耳。若少則未成，及長而衰，則聖人之聖曾不崇朝，可乎？【釋文】（羊肉不慕蟻），魚綺反。李云：年長心勞，无愛樂之志，是猶羊肉不慕蟻也。（羶），設然反。（行），下孟反。（鄧），向云：邑名。（之虛），音墟。本又作「墟」。（童土），如字，又音杜〔六〕。向云：童土也，无草木地。（長），丁丈反。註同。（少），詩召反。**是以神人惡衆至，**【註】衆自至耳，非好而致之。【釋文】（惡），烏路反。（好），呼報反。**衆至則不比，不比則不利也。**【註】明舜之所以有天下，蓋於不得已耳，豈比而利之。【釋文】

〔一〕「奎」，原文誤作「霊」。
〔二〕「睽」，原文誤作「夅」。
〔三〕「隈」，原文誤作「叚」。
〔四〕「一」，原文闕。
〔五〕「凡」，原文寫作「几」。
〔六〕「杜」，原文寫作「社」。

（比），毗志反。下註同。**故無所甚親，無所甚疎，抱德煬和以順天下，此謂真人。於蟻弃知，於魚得計，於羊弃意。**【註】於民則蒙澤，於舜則形勞。【釋文】（煬），郭音羊，徐餘亮反。（和），李云：煬，炙也，爲和氣所炙。（知），音智。（於蟻弃知於魚得計於羊弃意），司馬云：蟻得水則死，魚得水則生，羊得水則病。一〔一〕説云：真人无羶，故不致蟻，是蟻弃知也；共處相忘之大道，无沾濡之德，是魚得計也；羊无羶行而不致蟻，是羊棄意也。**以目視目，以耳聽耳，以心復心。**【註】此三者，未能无其耳目心意也。**若然者，其平〔二〕也繩，**【註】未能去繩而自平。【釋文】（去），起呂反。**其變也循。**【註】未能絶迹而玄會。**古之真人，以天待之，**【註】居无事以待事，事斯得。**不以人入天。**【註】以有事求无事，事愈〔三〕荒。**古之真人，得之也生，失之也死；得之也死，失之也生。**【註】得失各隨其所居耳，於生爲得，於死或復爲失，未始有常也。【釋文】（復），扶〔四〕又反。**藥也其實，堇也，桔梗也，雞廱也，豕零也，是時爲帝者也，何可勝言。**【註】當其所須則无賤，非其時則无貴，貴〔五〕賤有時，誰能常也。【釋文】（堇），音謹，郭音覲，徐音靳。司馬云：

〔一〕「一」，原文爲墨圍。
〔二〕「平」，原文誤作「羊」。
〔三〕「愈」，原文誤作「食」。
〔四〕「扶」，原文誤作「訣」。
〔五〕「貴」，原文誤作「容」。

烏頭也，治風冷痹〔一〕。（桔），音結。本亦作「結」。（梗），古猛反。司馬云：桔梗治心腹血瘀瘕痹。（雞廱），徐於容反。本或作「壅〔二〕」，音同。司馬云：即雞頭也。名芡〔三〕，与藕子合爲散，服之延年。（豕零），司馬本作「豕囊」，云：名猪苓，根似猪卵，可以治渴。案：四者皆藥草名。（是時爲帝者也），司馬云：藥草有時迭相爲帝，謂其王相休〔四〕採藥，各得所用也。（勝），音升。**句踐也以甲楯三千棲於會稽。唯種也能知亡之所以存〔五〕，唯種也不知其身之所以愁。故曰，鴟目有所適，鶴脛有所節，解之也悲。**【註】各適〔六〕一時之用，不能靡所不可，則有時而失，有時而失，故有時而悲矣。解，去也。【釋文】（句），音鉤。（楯），純尹反〔七〕，徐音尹。（棲），音西。李云：登山曰棲。（會），古外反。（稽），音雞。（種），章勇反，越大夫〔八〕名也。《吴越春秋》云：姓文，字少禽。（所以存），本又作「可以存」，言知越雖亡可以存也。（鴟），尺夷反。（脛），刑定反。（解），佳買反。

〔一〕「痹」，原文寫作「庳」。
〔二〕「壅」，原文寫作「廱」。
〔三〕「芡」，原文爲墨圍。
〔四〕「休」，原文闕。
〔五〕「存」，原文寫作「有」。
〔六〕原文「適」下衍「其」字。
〔七〕「反」，原文誤作「尺」。
〔八〕「夫」，原文誤作「大」。

司馬云：去也。一音懈。**故曰，風之過河也有損焉，日之過河也有損焉。**【註】有形者自然相与爲累，唯外夫形者磨之而不磷。【釋文】（有損〔一〕），有形自然相累，世能累物，物能累人，故大夫種所以不免也。（磷），鄰刃反。**請只風與日相與守河，而河以爲未始其攖也，**【註】实已損矣〔二〕而不自覺。**恃源而往者也。**【註】所以不覺，非不損也，恃源往也。【釋文】（恃），本亦作持〔三〕。（源而往〔四〕者也），水由源往，雖遇風日，不能損也；道成其性，雖在於世，不能移也。**故水之守土也審，影之守人也審，物之守物也審。**【註】无意則止於分，所以爲審。**故目之於明也殆〔五〕，耳之於聰也殆，心之於殉也殆。**【註】有意則無崖，故殆。**凡能其於府也殆，殆之成也不給改。**【註】所以貴其无能而任其天然。**禍之長也茲萃，**【註】萃，聚也。苟不能忘知〔六〕，則禍之長也多端矣。【釋文】（長），丁丈反。註同。（萃），所巾〔七〕反。李云：多也。本又作「萃」。**其反也緣**

〔一〕「損」，原文寫作「梖」。
〔二〕「矣」，原文寫作「失」。
〔三〕「持」，原文誤作「恃」。
〔四〕「往」，原文誤作「注」。
〔五〕「殆」，原文誤作「始」。
〔六〕「知」，原文爲墨圍。
〔七〕「巾」，原文爲墨圍。

功，【註】反守其性，則其功不作而成。其果也待久。【註】欲速則不果。而人以爲己寶，不亦悲乎。【註】己寶，謂有其知能。故有亡國戮民无已，【註】皆有其身之禍。不知問是也。【註】不知問禍之所由，由乎有心，而脩心以救禍也。故足之於地也踐，雖踐，恃其所不蹍而後善博也；人之知也少，雖少，恃〔一〕其所不知而後知天之所謂也。【註】夫忘天地，遺萬物，然後蜩翼可得而知也，況欲知天之所謂，而可以不无其心哉。【釋文】（恃其所不蹍），女展反。李云：一足常不往，故能行廣遠也。知大一，知大陰，知大目，知大均，知大方，知大信，知大定，至矣。大一通之，【註】道也。大陰解之，【註】用其分内，則萬事无滯也。【釋文】（解），音蟹。下同。又佳買反。大目視之，【註】用萬物之自見，亦大目也。大均緣之，【註】因其本性，令各自得，則大均也。【釋文】（令），力呈反。下同。大方體之，【註】體之使各得其分，則万方俱得，所以爲大方也。大信稽之，【註】命之所期，无令越逸，斯大信〔二〕也。大定持之。【註】真不撓則自定，故〔三〕持之以大定，斯不持也〔四〕。【釋文】（撓），乃孝反。盡有天，【註】夫物末〔五〕有无自然者

〔一〕「恃」，原文誤作「待」。
〔二〕「信」，原文誤作「言」。
〔三〕「故」，原文誤作「赦」。
〔四〕「也」，原文爲墨圍。
〔五〕「末」，原文誤作「末」。

也。**循有照，**【註】循之則明，无所作也。**冥有樞，**【註】至理有極，但當冥之，則得其樞要也。【釋文】（樞），尺朱反。**始有彼。**【註】始有之者彼也，故我述而不作。**則其解之也似不解之者，**【註】夫解任彼，則彼自解；解之无功，故似不解。**其知之也似不知之也，**【註】明〔一〕彼知也。**不知而後知之。**【註】我不知則彼知自用，彼知自用，則天下莫不皆知也。**其問之也，不可以有崖，**【註】應物宜而无方。**而不可以无崖。**【註】各以其分。**頡滑有實，**【註】萬物雖頡滑不同，而物物各自有实也。【釋文】（頡），徐下結反。（滑），乎八反。向云：頡滑，謂錯乱也。**古今不代，**【註】各自有故，不可相代。**而不可以虧，**【註】宜各盡其分也。**則可不謂有大揚搉乎。**【註】搉而揚之，有大限〔二〕也。【釋文】（揚搉），音角，又可學反。《三蒼》云：搉，敵也。許慎云：揚搉，粗略法度。王云：搉略而揚顯之也。**闔不亦問是已，奚惑然爲。**【註】若問其大搉，則物有至分，故忘己恁物之理可得而知也，奚爲而惑〔三〕若此也。**以不惑解惑，復於不惑，是尚大不惑。**【註】夫惑不可解，故尚大不惑，愚之至也，是以聖人從而任〔四〕之，所以皇王殊迹，隨〔五〕世爲名

〔一〕「明」，原文寫作「用」。
〔二〕「限」，原文寫作「恨」。
〔三〕「惑」，原文誤作「感」。
〔四〕「任」，原文誤作「汪」。
〔五〕「隨」，原文爲墨圍。

也。【釋文】（解），佳買反。註〔一〕同。（復），音服，又扶六反。

莊子雜篇則陽第二十五【釋文】《音義》曰：以人名〔二〕篇。

則陽遊於楚，夷節言之於王，王未之見，夷節歸。彭陽見王果曰：「夫子何不譚我於王？」王果曰：「我不若公閱休。」彭陽曰：「公閱休奚爲者邪？」曰：「冬則擉鼈于江，夏則休乎山樊。有過而問者，曰：『此予宅也。』」【註】言此者，以抑彭陽之進趨。【釋文】（則陽），司馬云：名則陽，字彭陽也。一云：姓彭，名則〔三〕陽，周初人也。（夷節），楚臣。（王果），司馬云：楚賢人。（譚），音談。本亦作「談」。李云：説也。郭徒堪反，徐徒暗反。（公閱休），隱士也。閱，音悦。（擉），初角反，又敕角反。司馬云：刺也。郭音觸，徐丁綠〔四〕反，一音捉。（樊），音煩。李云：傍也。司馬云：陰也。《廣雅》云：邊也。（予宅），司馬云：以隱居山陰自顯也。夫夷節已不能，而況我乎。吾又不若夷節。夫夷節之爲人也，无德而有知，不自許，以之神其

〔一〕「注」，原文寫作「蟹」。
〔二〕「名」，原文誤作「各」。
〔三〕「則」，原文寫作「别」。
〔四〕「丁綠」，原文寫作「下六」。

交固，顛冥乎富貴之地，【註】言己不若夷節之好富貴，能交結，意尽形名，任知以干上也。【釋文】（知），音智。註同。（顛冥），音眠。司馬云：顛冥，猶迷惑也。言其交結人主，情馳富貴。**非相助以德，相助消也。**【註】苟進，故德薄而名消。**夫凍者假衣於春，暍者反冬乎冷風。**【註】言已順四時之施，不能赴彭陽之急〔一〕。【釋文】（暍），音謁。《字林》云：傷暑也。（施），始豉反。下同。**夫楚王之爲人也，形尊而嚴；其於罪也，無赦如虎；非夫〔二〕佞人正德，其孰能橈焉。故聖人，其窮也使家人忘其貧，**【註】淡然無欲，樂足於所遇，不以侈靡爲貴，而以道德爲榮，故其家人不識貧之可苦。【釋文】（能橈），乃孝反，又呼毛反。王云：惟正德以至道服之，佞〔三〕人以才辯奪之，故能泥橈之也。（淡），徒暫反。**其達也使王公忘爵祿而化卑。**【註】輕爵祿而重道德，超然坐忘，不覺榮之在身，故使王公失其所以爲高。【釋文】（而化卑），居高而以卑爲本也。本或作「而化卑於人也」。**其於物也，與之爲娛〔四〕矣；**【註】不以爲物自苦。**其於人也，樂物〔五〕之通而保己焉；**【註】通彼而不喪我。【釋文】（喪），息浪反。**故或不言而飲人以和，**

〔一〕「急」，原文誤作「意」。
〔二〕「夫」，原文脱。
〔三〕「佞」，原文闕。
〔四〕「娱」，原文誤作「誤」。
〔五〕「物」，原文誤作「道」。

【註】人各自得，斯飲和矣，豈待言哉。【釋文】（飲），於鴆反。**與人並立而使人化。**【註】望其風而靡之。**父子之宜，彼其乎歸居，**【註】使〔一〕彼父父子子各歸其所。**而一間其所施。**【註】其所施同天地之德，故間靜而不二。【釋文】（間），音閑。**其於人心者若是其遠也。故曰待公閱休。**【註】欲其釋楚王而從閱休，將以靜泰之風鎮其動心也。**聖人達綢繆，**【註】所謂玄通。【釋文】（綢），直周反。（繆），亡侯反。綢繆，猶纏綿也。又云：深奥也。**周盡一體矣，**【註】无内外而皆洞照。【釋文】（周盡一體），所鑒綢繆，精麁洞盡，故言周盡一體。一體，天也。**而不知其然，性也。**【註】不知其然而自然者，非性如何。**復命搖作而以天爲師，**【註】搖者自搖，作者自作，莫不復命而師其天然也。【釋文】（復命搖作），搖，動也。萬物動作生長，各有天然，則是復其命也。**人則從而命之也。**【註】此非赴名而高其迹。師性而動，其迹自高，故人不能下其名也。【釋文】（命），名也。**憂乎知而所行恒無幾時，其有止也若之何。**【註】任知其行，則憂患相繼。【釋文】（知），音智。（幾），居豈反。（時其有止也若之何），王云：憂乎智，謂有爲者以形智不至爲憂也。不知用智必喪，喪而更以不智爲憂，及其智之所行有弊無濟，故其憂患相接無須臾停息，故曰恒无幾時其有止也，不能遺智去憂，非可憂如何。**生而美者，人與之鑑，不告則不知其美於人也。**【註】鑑，鏡也，鑑物無私，故人美之。今夫鑑者，豈知鑑而鑑耶？生而可鑑，則人謂之鑑耳，若

〔一〕「使」，原文誤作「坎」。

人不相告，則莫知其美於人，譬之聖人，人與之名。【釋文】（則不知其美於人），生便有見物之美而爲無心，人與作名言鏡耳，故人美之。若不相告，即莫知其美於人。**若知之，若不知之，若聞之，若不聞之，其可喜也終无已，**【註】夫鑑之可喜，由其无情，不問知與不知，聞與不聞，來即鑑之，故終无已。若[一]鑑由聞知，則有時而廢也。**人之好之亦无已，性也。**【註】若性所不好，豈能久照。【釋文】（好），呼報反。註同。**聖人之愛人也，人與之名，不告則不知其愛人也。**【註】聖人无愛若鏡耳。然人事濟於物，故人與之名，若人不相告，則莫知其愛人也。**若知之，若不知之，若聞之，若不聞之，其愛人也終无已，**【註】蕩然以百姓爲芻狗，而道合於愛人，故能无已。若愛之由乎[二]聞知，則有時而衰也。**人之安之亦无已，性也。**【註】性之所安，故能久。**舊國舊都，望之暢然；**【註】得舊猶暢然，況[三]得性乎。【釋文】（暢然），喜悦貌。**雖使丘陵草木之緡，**【註】緡，合也。【釋文】（緡），民忍反，徐音昏。司馬云：盛也。**人之者十九，猶之暢然。況見見聞聞者也，**【註】見所嘗見，聞所嘗聞，而猶暢然，況體其體用其性[四]也。【釋文】（十九），謂見

[一]「已若」，原文寫作「以昔」。
[二]「由乎」，原文寫作「已由」。
[三]「況」，原文誤作「先」。
[四]「性」，原文寫作「徃」。

十識九也。(見見聞聞),見所見,聞所聞。**以十仞之臺縣衆間者也。**【註】衆之所習,雖危猶間,况聖人之无危。【釋文】(縣),音玄。(間),音閑。註同。元嘉本作「閑」。**冉相氏得其環中以隨成,**【註】冉相氏,古之聖王也。居空以隨物,物自成。【釋文】(冉相),息亮反[一]。註同。**與物无終无始,无幾无時。**【註】忽然與之俱往。**日與物化者,一不化者也,**【註】日與物化,故常无我,常无我,故常不化也。**闔嘗舍之。**【註】言夫爲者,何不試舍其所爲乎?【釋文】(舍),音捨。註同。**夫師天而不得師天,**【註】唯无所師,乃得師天。**與物皆殉,其以爲事也若之何?**【註】雖師天猶未免於殉,奚足事哉。師天猶不足稱事,况又不師[二]耶。【釋文】(殉),辭俊反。**夫聖人未始有天,未始有人,未始有始,未始有物,與世偕行而不替,所行之備而不洫,其合之也若之何?**【註】都无,乃冥合。【釋文】(所行之備而不洫),音溢[三]。郭許的反,李虚域反,濫也。王云:壞敗也。无心偕行,何往而不至,故曰皆殉也。所行行備而物我无傷,故无壞敗也。**湯得其司御門尹登恆爲之傅之,**【註】委之百官而不與焉。【釋文】(門尹登恆),向云:門尹,官

[一]「反」,原文誤作「交」。
[二]「不師」,原文寫作「下斯」。
[三]「溢」,原文寫作「⿰亻益」。

名[一]，登恒，人名。（爲），于僞反。下同。（傳），音付。下同。（與），音預。**從師而不囿；**【註】任其自聚，非囿之也；縱其自散，非解之也。**得其隨成。爲之司其名；**【註】司御之屬，亦能隨物之自成也，而湯得之，所以名寄於物而功不在己。**之名嬴法，得其兩見。**【註】名法者，已過之迹，非適足也。故曰，嬴然无心者，寄治於群司，則其名迹並見於彼。【釋文】（嬴），音盈。（法得其兩見），賢遍反。註同。得其隨成之道以司其名，名[二]实法立，故得兩見，猶人鑑之相得也。（治），直吏反。**仲尼之盡慮，爲之傅之。**【註】仲尼曰：天下何思何慮。慮已盡矣，若有纖芥之慮，豈得寂然不動，應感无窮，以輔万物之自然也。**容成氏曰：「除日无歲，**【註】今所以有歲而有日者，爲有死生故也。若无死无生，則歲日之計除也。【釋文】（容成），老子師也。**无内无外。」**【註】无彼我則无内外也。**魏瑩與田侯牟約，田侯牟背之。魏瑩怒，將使[三]人刺之。犀首聞而恥之曰：「君爲萬乘之君也，而以匹夫從讎。衍請受甲二十萬，爲君攻之，虜其人民，係其牛馬，使其君内熱發於背。然後拔其國。忌也出走，然後抶其背，折其脊。」季子聞而恥之曰：「築十仞之城，城者既十仞矣，則又壞之，此胥靡之所苦也。今兵不起七年矣，此王之基**

[一]「名」，原文誤作「多」。
[二]「名名」，原文誤作「各各」。
[三]「使」，原文寫作「德」。

也。衍亂人，不可聽也。」華子聞而醜之曰：「善言伐齊者，亂人也；善言勿伐者，亦亂人也；謂伐之與不伐亂人也者，又亂人也。」君曰：「然則若何？」曰：「君求其道而已矣。」惠子聞〔一〕之而見戴晉人。戴晉人曰：「有所謂蝸者，君知之乎？」曰：「然。」

【註】蝸至微，而有兩角。【釋文】（魏瑩），郭本作「罃」，音瑩〔二〕磨之瑩。今本多作「瑩〔三〕」。乙耕反。司馬云：魏惠王也。（与田侯），一本作「田侯牟」。司馬云：田侯，齊威王〔四〕也，名牟，桓公子。案：《史記》，威王名〔五〕因，不名牟。（約），徐〔六〕於妙反，又如字。司馬云：約誓在惠王二十六年。（背），音佩。（刺），七賜反。（犀首），魏官名也。司馬云：若今虎牙將軍，公孫衍爲此官。元嘉本作「齒首」。（乘），繩證反。（爲君），于僞反。下「請爲君」同。（忌也出走），忌畏而走。或言圍之也。元嘉本「忌」作「亡」。（扶），敕一〔七〕反。《三蒼》云：擊也。郭云：秩，又豬栗反。（折），之

〔一〕「聞」，原文寫作「明」。
〔二〕「瑩」，原文寫作「罃」。
〔三〕「瑩」，原文寫作「罃」。
〔四〕「王」，原文誤作「玉」。
〔五〕「名」，原文誤作「各」。
〔六〕「徐」，原文誤作「除」。
〔七〕「一」，原文爲墨圍。

舌反。（季子），魏臣。（壞），音怪。（華〔一〕子），亦魏臣也。（惠子），惠施也。（見），賢遍反。下同。（戴晉人），梁国賢人，惠施〔二〕薦之於魏王。（蝸），音瓜，郭音戈。李云：蝸蟲有兩角，俗謂之蝸牛。《三蒼》云：小牛螺也。一〔三〕云：俗名黄犢。**「有國於蝸之左角者曰觸氏，有國於蝸之右角者曰蠻氏，時相與爭地而戰，伏尸數萬，逐北旬有〔四〕五日而後反。」**【註】誠知所爭者若此之細也，則天下无爭矣。【釋文】（数），色主反。（北），如字，又音佩。軍走曰北。**君曰：「噫。其虛言與？」曰：「臣請爲君實之。君以意在四方上下有窮乎？」君曰：「无窮。」曰：「知遊心於无窮，而反在通達之國，**【註】人迹所及爲通達，謂今四海之内也。【釋文】（噫），於其反。（与），音餘。**若存若亡乎？」君曰：「然。」**【註】今自以四海爲大，然計在无窮之中，若有若无也。**曰：「通達之中有魏，於魏中有梁，於梁中有王。王與蠻氏，有辯乎？」君曰：「无辯。」**【註】王与蠻氏，俱有限之物耳。有限，則不問大小，俱不得与无窮者計也，雖復天地共在无窮之中，皆蔑如也。况魏中之梁，梁中之王，而足爭哉。【釋文】（復），扶又反。**客出而君惝**

〔一〕「華」，原文爲墨圍。
〔二〕「施」，原文爲墨圍。
〔三〕「一」，原文脱。
〔四〕「有」，原文爲墨圍。

然若有亡也。【註】自悼所爭者細。【釋文】（惝），音敞。《字林》云：惘也。又吐蕩反。客出，惠子見。君曰：「客，大人也，聖人不足以當之。」惠子曰：「夫吹管也，猶有嗃也；吹劍首者，吷而已矣。堯舜，人之所譽也；道堯舜於戴晉人之前，譬猶一吷也。」【註】曾不足聞。【釋文】（筦），音管。本亦作「管」。（嗃），許交反，管声也。《玉篇》呼洛反，又呼教反。《廣雅》云：鳴也。（劍首），司馬云：謂劍環頭小孔也。（吷），音血，又呼悅反。司馬云：吷然如風過。（譽），音餘。孔子之楚，舍於蟻丘之漿。其鄰有夫妻臣妾登極者，子路曰：「是稯稯何爲者邪？」仲尼曰：「是聖人僕也。是自埋於民，【註】与民同。【釋文】（蟻丘），魚綺反。李云：蟻丘，山名。（漿），李云：賣漿家。司馬云：謂逆旅舍以菰蔣草覆之也。（登極），司馬云：極，屋棟也，升之以觀也。一云：極，平頭屋也。（稯），音揔，字亦作「揔」。李云：聚貌。又作「稷」。一本作「稷」，初力反。（聖人僕），謂懷聖德而隱僕隸也。司馬本「僕」作「樸」，謂聖人坏樸。自藏於畔。【註】進不榮華，退不枯槁。【釋文】（藏於畔），王云：修田農之業，是隱藏於壠畔。其聲銷，【註】損其名也。【釋文】（銷），音消。司馬云：小也。（捐），本亦作「損」。其志无窮，【註】規是生也。其口雖言，其心未嘗言，【註】所言者皆世言。方且與世違而心不屑與之俱。【註】心与世異。【釋文】（不屑），屑，絜也，不絜世也。本或作「肯」。是陸沈者也，【註】人中隱者，譬无水而沈也。【釋文】（陸沈），司馬云：當顯而反隱，如无水而沈也。是其市南宜僚邪？」子路請往召之。孔子曰：「已矣。彼知丘之著於己也，【註】著，明也。知丘之適楚也，以丘爲必使楚王之召己也，彼且以丘爲佞人也。夫若然者，其於佞人也羞聞其言，而況親見其身乎。而何以爲存？」【註】不如舍之以從其志。子路往視之，其室虛矣。【註】果逃去也。長梧封人問子牢曰：「君爲政焉勿鹵莽，治民焉勿滅裂。【註】鹵莽滅裂，輕脱末〔一〕略，不盡其分。【釋文】（長梧），地名。封人，守封疆之人。（子牢），司馬云：即琴牢，孔子弟子。（鹵），音魯。（莽），莫古反，又如字。（滅裂），猶短草也。李云：謂不熟也。司馬云：鹵莽，猶麄粗也。謂淺耕稀種也。滅裂，断其草也。昔予爲禾，耕而鹵莽之，則其實亦鹵莽而報予；芸而滅裂之，其實亦滅裂而報予。予來年變齊，深其耕而熟耰之，【註】功盡其分，无所不至。【釋文】（芸），音云，除草也。（齊〔二〕），才細反。司馬如字，云：變更也，謂變更所法也。齊，同也。（耰），音憂。司馬云：鋤也。《廣雅》云：推也。《字林》云：摩田器也。其禾繁以滋，予終年厭飧。」莊子聞之曰：「今人之治其形，理其心，多有似封人之所謂，遁其天，離其性，滅其情，亡其神，以衆爲。【註】夫遁離滅亡，以衆爲之所致也。若各致其極，則何患也。【釋文】（飧），音孫。本又作「飡〔三〕」。（離），力智反。下同。（衆爲），如字。王云：凡事所可爲者也。遁

〔一〕「末」，原文寫作「未」。
〔二〕原文「齊」上衍「亦」字。
〔三〕「飡」，原文寫作「飧」。

離滅亡，皆猶衆爲。衆爲，所謂鹵莽也。司馬本作「爲僞」。**故鹵莽其性者，欲惡之孽，爲性萑葦**【註】萑葦害禾稷，欲惡傷正〔二〕性。【釋文】（惡），烏俗反。註並同。（孽），魚列反。（萑），音丸，葦類。（葦），于鬼反，蘆也。**蒹葭，始萌以扶吾形，**【註】形扶踈則神氣傷。【釋文】（蒹），古恬反，蒹也。（葭），音加，亦蘆也。**尋擢吾性；**【註】以欲惡引性，不止於當。**並潰漏發，不擇所出，漂疽疥癰，内熱溲膏是也。」**【註】此鹵莽之報也。故治性者，安可以不齊其至分。【釋文】（潰），回内反。（漏發），李云：謂精氣散泄，上潰下漏，不擇所出也。（漂），本亦作「瘭」。徐敷妙反，又匹招反，一音必招反。（疽），七餘反。瘭疽，謂病瘡膿出也。（疥），音界。（溲），本或作「廋」，所求反。司馬云：謂虚勞人尿上生肥白沫也。皆爲利欲感動，失其正氣，不如深耕熟耰之有實。（齊），才細反，又如字。**柏矩學於老聃，曰：「請之天下遊。」老聃曰：「已矣。天下猶是也。」又請之，老聃曰：「汝將何始？」曰：「始於齊。」至齊，見辜人焉，推而強之，解朝服而幕之，號天而哭之曰：「子乎子乎。天下有大菑，子獨先離之，曰莫爲盜。莫爲殺人。**【註】殺人大菑，謂自此以下事。大菑既有，則雖戒以莫爲，其可得已乎。【釋文】（柏矩），有道之人。（辜），罪也。李云：謂應死人也。元嘉本作「幸人」。（強），其良反。字亦作「彊」。

〔二〕「正」，原文寫作「王」。

（朝），直〔一〕遥反。（幕〔二〕），音莫〔三〕。司馬云：覆也。（號），户刀反。（菑），音哉。（離），著也。**榮辱立，然後睹所病；**【註】各自得則无榮辱，得失紛紜，故榮辱立，榮辱立則夸其所謂辱而跂其所謂榮矣。奔馳乎夸跂〔四〕之間，非病如何。**貨財聚，然後睹所爭。**【註】若以知足爲富，將何爭乎。**今立人之所病，聚人之所爭，窮困人之身使无休時，欲无至此，得乎。**【註】上有所好，則下不能安其本分。【釋文】（好），呼報反。**古之君人者，以得爲在民，以失爲在己；**【註】君莫之失，則民自得矣。**以正爲在民，以枉爲在己；**【註】君莫之枉，則民自正。**故一形有失其形者，退而自責。**【註】夫物之形性何爲而失哉？皆由人君撓之以至斯患耳，故自責。**今則不然。匿爲物而愚不識，**【註】反其性，匿也；用其性，顯也；故爲物所顯則皆識。【釋文】（匿），女力反。（愚），一本作「遇」。（不識），反物性而強令識之。**大爲難而罪不敢，**【註】爲物所易則皆敢〔五〕。【釋文】（大爲難而罪不敢），王云：凡所施爲者，皆用物之所能，則莫不易而敢矣。而故大爲艱難，令出不能，物有不敢者，則因罪之。（易），以豉反。**重爲任而罰不勝，**【註】輕其所任則皆勝。【釋

〔一〕「直」，原文寫作「古」。
〔二〕「幕」，原文寫作「莫」。
〔三〕「莫」，原文寫作「幕」。
〔四〕「跂」，原文寫作「跋」。
〔五〕「敢」，原文寫作「識」。

文】(勝),音升。註同。**遠其塗而誅不至。**【註】適其足力則皆至。**民知力竭,則以僞繼之,**【註】將以避誅罰也。【釋文】(知),音智。下同。**日出多僞,士民安取不僞。**【註】主日興僞,士民〔一〕何以〔二〕得其真乎。**夫力不足則僞,知不足則欺,財不足則盜。盜竊之行,於誰〔三〕責而可乎?」**【註】當責上也。**蘧伯玉行年六十而六十化,**【註】亦能順世而不係於彼我故也。【釋文】(蘧),其居反。**未嘗不始於是之而卒詘之以非也,**【註】順物而暢,物情之變然也。【釋文】(詘),起勿反。《廣雅》云:曲也。郭音黜。**未知今之所謂是之非五十九非也。**【註】物情之變,未始有極〔四〕。**萬物有乎生而莫見其根,有乎出而莫見其門。**【註】无根无門,忽爾自然,故莫見也。唯无其生亡其出者,爲能睹其門而測〔五〕其根也。**人皆尊其知之所知而莫知恃其知之所不知而後知,可不謂大疑乎。**【註】我所不知,物有知之者矣。故用物之知,則无所不知;獨任我知,知其寡矣。今不恃物以知,而自尊不知,則物不告我,非大疑如何。**已乎已乎。且**

〔一〕「民」,原文寫作「於」。
〔二〕「以」,原文寫作「許」。
〔三〕「誰」,原文誤作「難」。
〔四〕「極」,原文寫作「埡」。
〔五〕「測」,原文寫作「側」。

无所逃。【註】不能用彼，則寄身无地。此則所謂然與，然乎？【註】自謂然者，天下未之然〔一〕也。【釋文】（與），音餘，又如字。（然乎），言未然。仲尼問於大史大弢、伯常騫、豨韋曰：「夫衛靈公飲酒湛樂，不聽國家之政；田獵畢弋，不應諸侯之際，其所以爲靈公者何邪？」大弢曰：「是因是也。」【註】「靈」即是无道之謚也。【釋文】（大史），音泰。（弢），吐刀反，人名。（伯常騫），起虔反，人名。（豨），本亦作「俙」，同。虛豈反。又音希，郭音郗，李音熙。（韋），李云：豨韋者，太史官名〔二〕。（湛），丁南反，樂之久也。李常淫反。（樂），音洛。（應），應對之應。（諸侯之際），司馬云：盟會之事。伯常騫〔三〕曰：「夫靈公有妻三人，同濫而浴。【註】男女同浴，此无礼也。【釋文】（同濫），徐胡〔四〕暫反，或力暫反，浴器也。史鰌奉御而進所，搏幣而扶翼。【註】以鰌爲賢，而奉御之勞，故博幣而扶翼之，使其不得終礼，此其所以爲肅賢也。幣者，奉御之物。【釋文】（史鰌），音秋。司馬云：史魚也。（搏），音博。（弊），郭作「幣」，帛也。徐扶世反。司馬音蔽，云：引衣裳自蔽。（扶翼），司馬云：謂公及浴女相扶翼自隱也。此殊郭義。其慢若彼之甚

〔一〕「然」，原文寫作「安」。
〔二〕「名」，原文誤作「各」。
〔三〕「騫」，原文誤作「鶱」。
〔四〕「胡」，原文誤作「明」。

也，見賢人若此其肅也，是其所以爲靈公也。」【註】欲以肅賢補其私慢〔二〕。靈有二義，亦可謂善，故仲尼問焉。狶韋曰：「夫靈公也死，卜葬於故墓不吉，卜葬於沙丘而吉。掘之數仞，得石槨焉，洗而視之，有銘焉，曰：『不馮其子，靈公奪而里之。』夫靈公之爲靈也久矣，【註】子，謂蒯聵也。言不馮其子，靈公將奪女處也。夫物皆先有其命，故來事可知也。是以凡所爲者，不得不爲；凡所不爲者，不可得爲；而愚者以爲之在己，不亦妄乎。【釋文】（故墓），一本作「大墓」。（沙丘），地名。（掘），其月反，又其勿反。（數），所主反。（洗），西礼反。（馮），音憑。（其子靈公），郭讀絶句〔三〕。司馬以其「子」字絶句，云：言子孫不足可憑，故使公得此處爲冢也。（奪而里），而，汝也。里，居處也。一本作「奪而埋之」。（蒯），起怪反。（聵），五怪反，蒯聵，衛莊公名。（女），音汝。（處），昌慮反。之二人何足以識之。」【註】徒識已然之見事耳，未知已然之出於自然也。【釋文】（見），賢遍反。少知問於大公調曰：「何謂丘里之言？」大公調曰：「丘里者，合十姓百名而以爲風俗也，合異以爲同，散同以爲異。今指馬之百體而不得馬，而馬係於前者，立其百體而謂之馬也。是故丘山積卑而爲高，江河合水而爲大，大人合并而爲公。【註】无私於天下，則天下之風一也。【釋文】（大公），音泰。下同。（丘里），李云：四井爲

〔二〕「慢」，原文誤作「槾」。
〔三〕「句」，原文誤作「向」。

邑，四邑爲丘，五家爲鄰，五鄰爲里。古者鄰里井邑，土風不同〔一〕，猶今鄉曲各自有方俗，而物不齊同。（十〔二〕姓百名），一姓爲十人，十姓爲百名，則有異有同，故合散〔三〕以定之。（卑〔四〕），如字，又音婢。（合水），一本作「合流」。（合并而爲公），合群小之称以爲至公之一也。**是以自外入者，有主而不執；由中〔五〕出者，有正而不距。**【註】自外入者，大人之化也；由中出者，民物之性也。性各得正，故民无違心；化必至公，故主无所執。所以能合丘里而并天下，一萬物而夷群異也。**四時殊氣，天不賜，故歲成；**【註】殊氣自有，故能常有，若本无之而由天賜，則有時而廢。【釋文】（賜），與也。**五官殊職，君不私，故國治；**【註】殊職自有其才，故任之耳，非〔六〕私而與之。【釋文】（治），直吏反。**文武大人不賜，故德備；**【註】文者自文，武者自武，非大人所賜也，若由賜而能，則有時而闕矣。豈唯文武，凡性皆然。**萬物殊理，道不私，故无名。无名故无爲，无爲而无不爲。**【註】名止於實，故无爲；實各自爲，故无不爲。**時有終始，世有變化。**【註】故无心

〔一〕「同」，原文誤作「司」。
〔二〕「十」，原文誤作「千」。
〔三〕「散」，原文寫作「散」。
〔四〕「卑」，原文写作「卑」。
〔五〕「由中」，原文二字倒乙。
〔六〕「非」，原文寫作「夫」。

者斯順。**禍福淳淳，**【註】流行反覆。【釋文】（淳淳），如字。王〔一〕云：流動流貌。（覆），芳服反。**至有所拂者而有所宜；**【註】於此爲戾，於彼或以爲宜。【釋文】（拂），扶弗反，戾也。又音弗，又音弼〔二〕。**自殉殊面，**【註】各自信〔三〕其所是，不能離也。【釋文】（自殉殊面），《廣雅》云：面，向也。謂心各不同而自殉焉。殊向自殉，是非天隔，故有所正者亦有所〔四〕差。（離），力智反。**有所正者有所差。**【註】正於此者，或差於彼。**比於大澤，百材皆度；**【註】无弃材也。【釋文】（比於大澤），本亦作「宅」。（百材皆度），度，居也。雖別區異所，大澤爲居；雖木石異端，同以大山爲壇。此可以當丘里之言也。**觀於〔五〕大山，木石同壇。**【註】合異以爲同也。**此之謂丘里之言。」**【註】言於丘里，則天下可知。**少知曰：「然則謂之道足乎？」大公調曰：「不然。今計物之數，不止於萬，而期曰萬物者，以數之多者號而讀之也。**【註】夫有數之物，猶不止於萬，況无數之數，謂道而足耶。【釋文】（讀），李云：讀，猶語〔六〕也。**是故天地者，形之大者也；**

〔一〕「字王」，原文寫作「也貌」。
〔二〕「弼」，原文寫作「弗」。
〔三〕「信」，原文寫作「性」。
〔四〕「所」，原文寫作「斯」。
〔五〕「於」，原文寫作「乎」。
〔六〕「語」，原文脱。

陰陽者，氣之大者也；道者爲之公。【註】物得以通，通物无私，而強字之曰道。【釋文】（強），巨丈反。因其大以號而讀之則可也，【註】所謂道可道也。已有之矣，乃將得比哉。【註】名已有矣[一]，故乃將无可得而比耶。則若以斯辯，譬猶狗馬，其不及遠矣。」【註】今名[二]之辯无，不及遠矣，故謂道猶未足也；必在乎无名无言之域而後至焉，雖有名，故莫之比也。少知曰：「四方之內，六合之裏，萬物之所生惡起？」【註】問此者，或謂道能生之。【釋文】（惡），音烏。大公調曰：「陰陽相照相蓋相治，四時相代相生相殺，【註】言此皆其自爾，非无所生。欲惡去就於是橋起，雌雄片合於是庸有。【註】凡此事故云爲趨舍，近起於陰陽之相照，四時之相代也。【釋文】（惡），烏路反。（橋起），居表反。下同。又音羔。王云：高勁，言所起之勁疾也。（片合），音判，又如字。安危相易，禍福相生，緩急相摩，聚散以成。此名實之可紀，精微[三]之可志也。【註】過此以往，至於自然。自然之故，誰知所以也。隨序之相理，橋運之相使，窮則反，終則始。此物之所有，【註】皆物之所有，自然而然耳，非无能有之也。【釋文】（隨序），謂變化相隨，有次序也。序，或作「原」，一本作「享」。（橋運之相使），橋運，謂相橋

[一]「矣」，原文寫作「疾」。
[二]「名」，原文誤作「各」。
[三]「微」，原文脱。

代頓至，次序以相通理，橋運以相制使也。言之所盡，知之所至，極物而已。【註】物表无所復有，故言知不過極物也。【釋文】（復），扶又反。睹道之人，不隨其所廢，不原其所起，【註】廢起皆自尔，无所原隨也。此議之所止。」【註】極於自爾，故无所議。少知曰：「季真之莫爲，接子之或使，二家之議，孰正於其情，孰偏於其理？」【註】季真曰，道莫爲也。接子曰，道或使。或使者，有使物之功也。【釋文】（季真接子），李云：二〔一〕賢人。（偏），音遍，徐音篇。大公調曰：「雞鳴狗吠，是人之所知；雖有大知，不能以言讀其所自化，又不能以意其所將爲。【註】物有自然，非爲之所能也。由斯而觀，季真之言當也。【釋文】（吠），符廢反。（知），音智。斯而析之，精至於无倫，大至於不可圍，【註】皆不爲而自尔。或之使，莫之爲，未免於物而終以爲過。【註】物有相使，亦皆自尔，故莫之爲者，未爲非物也。凡物云云，皆由莫爲而過去。或使則實，【註】實自使之。莫爲則虛。【註】无使之也。有名有實，是物之居；【註】指名實之所在。无名无實，在物之虛。【註】物之所在，其實至虛。可言可意，言而愈疏。【註】故求之於言意之表而後至焉。未生不可忌，【註】突然自生，制不由我，我不能禁。已死不可徂。【註】忽然自死，吾不能違。【釋文】（可徂），一本作「阻」。死生非遠也，理不可睹。【註】近於身中，猶莫見其自爾而欲憂之。或之使，莫之爲，疑之所假。【註】此二者，世所至疑也。吾觀之

〔一〕「二」，原文誤作「三」。

本，其往无窮；吾求之末，其來无止。无窮无止，言之无也，與物同理；【註】物理无窮，故知〔一〕言无窮，然後與物同理也。或使莫爲，言之本也，與物終始。【註】恆不爲而自使然也。道不可有，有不可无。【註】道故不能使有，而有者常自然也。道之爲名，所假而行。【註】物所由而行，故〔二〕假名之曰道。或使莫爲，在物一曲，夫胡爲於大方？【註】舉一隅便可知。言而足，則終日言而盡道；【註】求道於言意之表則足。言而不足，則終日言而盡物。【註】不能忘言而存意則不足。道物之極，言默不足以載；【註】夫道物之極，常莫爲而自尔，不在言與不言。非言非默，議有所〔三〕極。」【註】極於自尔，非言默而議也。

〔一〕「知」，原文寫作「其」。
〔二〕「故」，原文誤作「放」。
〔三〕「有所」，原文寫作「其有」。

纂圖互註南華真經卷第九

莊子雜篇外物第二十六【釋文】《音義》曰：以義名篇。

外物不可必，故龍逢誅，比干戮，箕子狂，惡來死，桀紂亡。【註】善惡之所致，俱不可必也。【釋文】（外物），王云：夫忘懷於我者，固無對於天下，然後外物〔一〕無所用必焉。若乃有所執爲者，諒亦无時而妙矣。人主〔二〕莫不欲其臣之忠，而忠未必信，故伍員流于江，萇弘死于蜀，藏其血三年而化爲碧。【註】精誠之至。【釋文】（化爲碧），《呂氏春秋》：藏其血三年，化爲碧玉。人親莫不欲其子之孝，而孝未必愛，故孝己憂而曾參悲。【註】是以至人無心而應物，唯變所適。【釋文】（孝己），李云：殷高宗之太子。（曾參），李云：曾參至孝，爲父所憎，嘗見絶糧而後蘇。木與木相摩則然，金與火相守則流。陰陽錯行，則天地大絯，於是乎有雷有霆，水中有

〔一〕「外物」，二字原文残闕。
〔二〕「主」，原文誤作「生」。

火，乃焚大槐。【註】所謂錯行。【釋文】（絯〔一〕），音駭，又音該，又胡待反。（水中有火乃焚大槐），司馬云：水中有火，謂電也。焚，謂霹靂時燒大樹也。**有甚憂兩陷而無所逃，**【註】苟不能忘形，則隨形所遭而陷於憂樂，左右無宜也。【釋文】（兩陷），司馬云：兩，謂心與膽也。陷，破也。畏雷霆甚憂，心膽破陷也。（樂），音洛。**螴蜳不得成，**【註】矜之愈重，則所在爲難，莫知所守，故不得成。【釋文】（螴），郭音陳，又楮允反，徐敕盡反。（蜳），郭音惇，又柱允反，徐敕轉反，李餘準〔二〕反。司馬云：螴蜳，讀曰忡〔三〕融，言怖畏之氣，忡融兩溢，不安定也。**心若縣於天地之間，**【註】所希跂者高而闊也。【釋文】（縣），音玄。**慰睯沈屯，**【註】非清夷平暢也。【釋文】（慰睯），武巾反。李音昏，又音泯。慰，鬱也。睯，悶也。（沈屯），張倫反。司馬云〔四〕：沈，深也。屯，難也。**利害相摩，生火甚多，**【註】内熱故也。**衆人焚和，**【註】衆人而遺利則和，若利害存懷，則其和焚也。**月固不勝火，**【註】大而闇則多累，小而明則知分。**於是乎有僓然而道盡。**【註】唯僓然無矜，遺形自得，道乃盡也。【釋文】（僓），音頹，又乎懷反。郭云：順也。**莊周家貧，故往貸粟於監河侯。**

〔一〕「絯」，原文誤作「該」。
〔二〕「準」，原文寫作「淮」。
〔三〕「忡」，原文寫作「仲」。
〔四〕「云」，原文誤作「也」。

監河侯曰：「諾。我將得邑金，將貸子三百金，可乎？」莊周忿然作色曰：「周昨來，有中道而呼者。周顧視車轍中，有鮒魚焉。周問之曰：『鮒魚來。子何爲者邪？』對曰：『我，東海之波臣也。君豈有斗升之水而活我哉？』周曰：『諾。我〔一〕且南遊吳越之王，激西江之水而迎子，可乎？』鮒魚忿然作色曰：『吾失我常與，我无所處。吾得斗升之水然活耳，君乃言此，曾不如早索我於枯魚之肆。』」【註】此言當理无小〔二〕，苟其不當，雖大何益。【釋文】（貸），音特，或一音他得反。（監河〔三〕侯），古銜反。《說苑》作魏文侯。（將貸），他代反。（呼），火故反。（鮒），音咐。《廣雅》云：鰿也。鰿，音迹。（波臣），司馬云：謂波蕩之臣。（激〔四〕），古狄反。（索），所白反。（枯魚），李云：猶乾魚也。任公子爲大鉤巨緇，五十犗以爲餌，蹲乎會稽，投竿東海，旦旦而釣，期年不得魚。已而大魚食之，牽巨鉤錎〔五〕，没而下騖，揚而奮鬐，白波若山，海水震蕩，聲侔鬼神，憚赫千里。任公子得若魚，離而腊之，自制河以東，蒼梧已北，莫不厭若魚者。已而後世輇才諷說之徒，皆驚而相告也。夫揭竿

〔一〕「我」，原文寫作「哉」。
〔二〕「小」，原文誤作「卜」。
〔三〕「河」，原文誤作「可」。
〔四〕「激」，原文誤作「敫」。
〔五〕「錎」，原文寫作「陷」。

累，趣灌瀆，守鯢鮒，其於得大魚難矣，飾小説以干縣令，其於大達亦遠矣，是以未嘗聞任氏之風俗，其不可與經於世亦遠矣。**【註】**此言志趣不同，故經世之宜，小大各有所適也。**【釋文】**（任），如字，下同。李云：任，國名。（鉤），本亦作「釣」。（巨緇[一]），司馬云：大黑綸也。（犗），郭古邁反，云：犍牛也。徐音界。《説文》云：騬牛[二]也。司馬云：犧牛也。騬，音繩。犍，紀言反。（餌），音二。（蹲），音存。（會），古外反。（稽），古兮反。會稽，山名，今爲郡也。（期年），本亦作「朞」，同。音基。言必久[三]其事。後乃能感也。（錎），音陷。《字林》：猶「陷」字也。（騖），音務，一本作「鶩」。（鬐），徐求夷反。李音須。（憚），丹末[四]反。（赫），火百反。（千里），言千里皆懼。（若魚），司馬云：大魚名若，海神也。或云：若魚，猶言此魚。（腊），音昔。（制河），諸設反。依字應作「浙」[五]。《漢書音義》音逝。河亦江也，北人名水皆曰河。浙江，今在餘杭郡，後漢以爲吴、會分界。司馬云：浙江，今在會稽錢塘。（輇），七全反，又硯專反，又音權。李云：輇，量人也，本或作「軨」。軨，小也。本又或作「輕」。（諷），方[六]鳳反。（揭），其列、其謁二反。（竿

[一]「巨緇」，原文爲墨圍。
[二]「牛」，原文脱。
[三]「久」，原文誤作「反」。
[四]「末」，原文寫作「未」。
[五]「浙」，原文寫作「漸」。
[六]「方」，原文誤作「力」。

累），劣彼反，謂次足不得並足也。本亦作「纍」〔一〕。司馬云力追反，云：綸也。（趣），本又作「趨」，同。七須反。（灌瀆），司馬云：溉瀆之瀆。（鯢），五兮反。（鮒），音附，又音蒲。本亦作「蒲」。李云：鯢鮒，皆小魚也。**儒以詩禮發冢〔二〕，大儒臚傳曰：「東方作矣，事之何若？」小儒曰：「未解裙襦，口中有珠。《詩》固有之曰：『青青之麥，生於陵陂。生不布施，死何含珠爲。』」接其鬢，壓其顪，儒以金椎控其頤，徐別其頰，無傷口中珠。」**【註】詩禮者，先王之陳迹也，苟非其人，道不虛行，故夫儒者乃有用之爲姦，則迹不足恃〔三〕也。【釋文】（臚），力於反，一音盧。蘇林註《漢書》云：上傳語告下曰臚。臚，猶行也。（傳），治戀反，又丈蓴反。向云：從上語下曰臚傳。一音張戀反，遽也。（東方作矣），司馬云：謂日出〔四〕也。（襦），而朱反。（青青之麥），司馬云：此逸詩，刺死人也。（陂），彼宜反。（施），始豉反。（壓），本亦作「擪」，同。乃協反。郭於琰反，又敕頰反。《字林》云：擪，一指按也。（顪），本亦作「歲」，許穢反。司馬云：頤下毛也。（椎），直追反。（控），苦江反。（別），彼列反。**老萊子之弟子出薪，遇仲尼，反以告，曰：「有人於彼，脩上而趨下，**【註】長上而促下也。【釋文】（老萊子），楚人也。（出薪），出採薪也。（趨

〔一〕「纍」，原文寫作「累」。
〔二〕「冢」，原文誤作「家」。
〔三〕「恃」，原文寫作「持」。
〔四〕「謂日出」，原文闕。

下），音促。李云：下短也。**末僂而後耳，**【註】耳却近後而上僂。【釋文】（末僂），李云：末上，謂頭前也，又謂背膂也。（後耳），司馬云：耳却後。（近），附近之近。**視若營四海，**【註】視之偏然，似〔一〕營他人事者。【釋文】（視若營四海），夫勞形役智以應世務，失其自然者也。故堯有亢龍之喻，舜有卷僂之談，周公類之走狼，仲尼比之逸狗，豈不或信哉。（偏），律悲反，舊魚鬼反，又魚威反。**不知其誰氏之子。」老萊子曰：「是丘也。召而來。」仲尼至。曰：「丘。去汝躬矜與汝容知，斯爲君子矣。」**【註】謂仲尼能遺形去知，故以爲君子。【釋文】（去），起呂反。註同。（而），本又作「女」。（躬矜），爲身矜修善行。（容知），音智。謂飾〔二〕智爲容好。**仲尼揖而退，**【註】受其言也。**蹙然改容而問曰：「業可得進乎？」**【註】設問之，令老萊明其不可進。【釋文】（蹙），子六反。（業可得進乎），問可行仁義於世乎。（令），力成反。**老萊子曰：「夫不忍一世之傷而驁萬世之患，**【註】一世爲之，則其迹萬世爲患，故不可輕也。【釋文】（驁），本亦作「敖」，同。五報反。下同。下或作「驚〔三〕」。**抑固窶邪，亡其略弗及邪？**【註】直任之，則民性不窶而皆自有，略无弗及之事也。【釋文】（窶），其矩反。**惠以歡爲驁，終身之醜，**【註】惠之而

〔一〕「似」，原文寫作「以」。
〔二〕「飾」，原文寫作「節」。
〔三〕「驚」，原文誤作「驁」。

无習而自能者，非跂而學彼也。【釋文】（石師），石者，匠名也。謂无人爲師匠教之者也。一本作「所師」，又作「碩師」。**惠子謂莊子曰：「子言无用。」莊子曰：「知無用而始可與言用矣。天[一]地非不廣且大也，人之所用容足耳。然則厠足而墊之致黄泉，人尚有用乎？」惠子曰：「無用。」莊子曰：「然則無用之爲用也，亦明矣。」**【註】聖應其内，當事而發；已言其外，以暢事情。情暢則事通，外明則内用，相須之理然也。【釋文】（厠），音側，又音測。（墊），丁念反。司馬、崔云：下也。本又作「塹」，七念反，掘也。（致），至也。本又作「至」。**莊子曰：「人有能遊，且得不遊乎？人而不能遊，且得遊乎？**【註】性之所能，不得不爲也；性所不能，不得強爲；故聖人唯莫之制，則同焉皆得而不知所以得也。【釋文】（強），其丈反。**夫流遁之志，決絶之行，噫，其非至知厚德之任與。**【註】非至厚則莫能任其志行而信其殊能也。【釋文】（行），下孟反。註同。（與），音餘。**覆墜而不反，火馳而不顧，**【註】人之所好，不避是非，死生以之。【釋文】（墜），直類反。（好），呼報反。**雖相與爲君臣，時也，易世而无以相賤。**【註】所以爲大[二]齊同。**故曰至人不留行焉。**【註】唯所遇而因之，故能與化俱。**夫尊古而卑今，學者之流也。**【註】古无所尊，今无所卑，而學者尊古而卑今，失其原矣。**且以狶韋氏之流觀今之世，夫**

[一] 「天」，原文寫作「夫」。
[二] 「大」，原文寫作「人」。

孰能不波，【註】隨時因物，乃平泯也。【釋文】（狶），虛豈反。（不波），波，高下貌。**唯至人乃能遊於世而不僻，**【註】當時應務，所在爲正。【釋文】（僻），匹亦反。**順人而不失己。**【註】本无我，我何失焉。**彼教不學，**【註】教因彼性[一]，故非學也。**承意不彼。**【註】彼意自然，故承而用之，則夫萬物各全[二]其我。**目徹爲明，耳徹爲聰，鼻徹爲顫，口徹爲甘，心徹爲知，知徹爲德。凡道不欲壅，壅則哽，哽而不止則跈，**【註】當通而塞，則理有不泄而相騰踐也。【釋文】（顫），舒延反。（哽），庚猛反，塞也。（跈），女展反。《廣雅》云：履也，止也。本或作「蹍」，同。**跈則衆害生。**【註】生，起也。**物之有知者恃息，**【註】凡根生者无知，亦不[三]恃息也。**其不殷，非天之罪。**【註】殷，當也。夫息不由知，由知然後失當，失當而後不通，故知恃息，息不恃知也。然知欲之用，制之由人，非不得已之符也。【釋文】（殷），如字，一音於靳反。**天之穿之，日夜无降，**【註】通理有常運。**人則顧塞其竇。**【註】无情[四]任天，竇乃開。【釋文】（竇），音豆。**胞有重閬，**【註】閬，空曠也。【釋文】（胞），普交反，腹中胎。（重），直龍反。（閬），音浪。**心有天遊。**【註】

[一]「性」，原文寫作「往」。
[二]「全」，原文寫作「至」。
[三]「不」，原文寫作「作」。
[四]「情」，原文寫作「性」。

遊，不係也。**室无空虛，則婦姑勃谿；**【註】爭處也。【釋文】（勃谿），音奚。勃，爭也。谿，空也。司馬云〔一〕：勃谿，反戾也。无空虛以容其私，則反戾共鬥〔二〕爭也。**心无天遊，則六鑿相攘，**【註】攘，逆。【釋文】（鑿），在報反。（相攘），如羊反。司馬云：謂六情攘奪。**大林丘山之善於人也，亦神者不勝。**【註】自然之理，有寄物而通也。**德溢乎名，**【註】夫名高則利深，故脩德者過其當。**名溢乎暴，**【註】夫禁暴則名美於德。**謀稽乎誸，**【註】誸〔三〕，急也。急而後考其謀。【釋文】（誸〔四〕），音賢。郭音玄，向本作「弦」，云：堅正也。**知出乎爭，**【註】平往則无用知。**柴生乎守，**【註】柴，塞也。【釋文】（柴），積也。**官事果乎衆宜。**【註】衆之所宜者不一，故官事立也。**春雨日時，草木怒生，銚鎒〔五〕於是乎始脩，**【註】夫事物之生皆有由。【釋文】（銚），七遥反，削也。能有所穿削也。又他堯反。（鎒），乃豆反。似鋤，田具也。**草木之到植者過半而不知其然。**【註】夫事由理發，故不覺。【釋文】（到植），時力反，又音值，立也。本亦作「置」。司馬云：鋤拔反之更生者曰到植。**静然可以補病，**【註】非不病也。**眥㓕可以休老，**【註】非不老

〔一〕「云」，原文誤作「去」。
〔二〕「鬥」，原文爲墨圍。
〔三〕「誸」，原文寫作「茲」。
〔四〕「誸」，原文寫作「誸」。
〔五〕「鎒」，原文寫作「辱」。

也。【釋文】（眥），子斯反，徐子智反。本亦作「揃」，子淺反。《三蒼》云：揃，猶翦也。《玉篇》云：滅也。（媙），本亦作「搣」，音滅。又武齊反。《字林》云：批也。批，音千米反。**寧可以止遽。**【註】非不遽也。**雖然，若是，勞者之務也，非佚者之所未嘗過而問焉。**【註】若是猶有勞，故佚者超然不顧。【釋文】（佚），音逸。**聖人之所以駴天下，神人未嘗過而問焉；**【註】神人即聖人也，聖言其外，神言其内。【釋文】（駴），户楷反。王云：謂改百姓之視聽也。徐音戒，謂上不問下也。**賢人所以駴世，聖人未嘗過而問焉；君子所以駴國，賢人未嘗過而問焉；小人所以合時，君子未嘗過而問焉。**【註】趨步各有分，高下各有等。**演門有親死者，以善毁爵爲官師，其黨人毁而死者半。**【註】慕賞而孝，去真遠矣，斯尚賢之過也。【釋文】（演門），以善反。宋城門名。**堯與許由天下，許由逃之；湯與務光，務光怒之，紀他聞之，帥弟子而踆於窾水，諸侯弔之，三年，申徒狄因以踣河。**【註】其波蕩傷性，遂至於此。【釋文】（他），徒何反。（踆），音存。《字林》云：古「蹲」字。徐七旬反，又音尊。（窾），音款，又音科。司馬云：水名。（弔之），司馬云：恐其自沈，故弔之。（踣），徐芳附反，普豆反。《字林》云：僵也。李云：頓也。郭薄杯反。**荃者所以在魚，得魚而忘荃；蹄者所以在兔，得兔而忘蹄；言者所以在意，得意而忘言。吾安得夫忘言之人而與之言哉。」**【註】至於兩聖无意，乃都无所言也。【釋文】（荃），七全反，崔音孫，香草也，可以餌魚。或云：積柴水中，使魚依而食焉。一云：魚笱也。(蹄),大兮反,兔罝也。又云:兔弶也,係其脚〔一〕,故曰蹄也。罝,音古縣反。弶,音巨亮反。(得夫),音符。【互註】《易》王弼《明象》:故言者所以明象,得象而而忘言。象者所以存意,得意而忘象。猶蹄者所以在兔,得兔而忘蹄;筌者所以在魚,得魚而忘筌也。然則,言者,象之蹄也;象者,意之筌也。

莊子雜篇寓言第二十七【釋文】《音義》曰:以義名篇。

寓言十九,【註】寄之他人,則十言而九見信。【釋文】(寓言十九),寓,寄也。以人不信己,故託之他人,十言而九見信也。**重言十七,**【註】世之所重,則十言而七見信。【釋文】(重言),謂爲人所重者之言也。**巵言日出,和以天倪。**【註】夫巵,滿則傾,空則仰,非持故也。况之於言,因物隨變,唯彼之從,故曰日出。日出,謂日新也,日新則盡其自然之分,自然之分盡則和也。【釋文】(巵言),字又作「厄〔二〕」,音支。《字略》云:巵,圓酒器也。李起宜反。王云:夫巵器,滿即傾〔三〕,空則仰,隨物而變,非執一守故者也;施之於言,而隨人從變,已无常主者也。司馬云:謂支離无首尾言

〔一〕「脚」,原文寫作「掬」。
〔二〕「厄」,原文寫作「巵」。
〔三〕「傾」,原文誤作「仰」。

也。（倪），音崖，徐音詣。**寓言十九，藉外論之。**【註】言出於己，俗〔一〕多不受，故借外〔二〕耳。肩吾、連叔之類，皆所借也。【釋文】（藉），李云：因也。**親父不爲其子媒。親父譽之，不若非其父者也；**【註】父之譽子，誠多不信，然時有信者，輒以常嫌見疑，故借外論也。【釋文】（譽之），音餘。註同。**非吾罪也，人之罪也。**【註】己雖信，而懷常疑者猶不受，寄之彼人則信之，人之聽有斯累也。**與己同則應，不與己同則反；**【註】互相非也。**同於己爲是之，異於己爲非之。**【註】三異同處，而二異訟其所取，是必於不訟者俱異耳，而獨信其所是，非借外如何。**重言十七，所以已言也，是爲耆艾。**【註】以其耆艾，故俗共重之，雖使言不借外，猶十信其七。【釋文】（耆艾），五盖反。**年先矣，而无經緯本末以期年耆者，是非先也。**【註】年在物先耳，其餘本末，无以待人，則非所以先也。期，待也。**人而无以先人，无人道也；人而无人道，是之謂陳人。**【註】直是陳久〔三〕之人耳，而俗便共信之，此俗之所以爲安故而習常。**卮言日出，和以天倪，因以曼衍，所以窮年。**【註】夫自然有分而是非无主，无主則曼衍矣，誰能定之哉。故曠然无懷，因而任之，所以各終其天年。【釋文】（曼衍），以戰反。**不言則齊，齊與言不齊，言與齊不齊也，**

〔一〕「俗」，原文誤作「谷」。
〔二〕「外」，原文誤作「水」。
〔三〕「久」，原文誤作「人」。

【註】付之於〔一〕物而就用其言，則彼此是非，居然自齊者，不能因彼而立言以齊之，則我與萬物復不齊耳。【釋文】（復不），扶又反。下同。故曰无言。【註】言彼所言，故雖有言而我竟不言也。言无言，終身言，未嘗不言；【註】雖〔二〕出吾口，皆彼言耳。終身不言，未嘗不言。【註】據出我口。有自也而可，有自也而不可；有自也而然，有自也而不然。惡乎然？然於然。惡乎不然？不然於不然。惡乎可？可於可。惡乎不可？不可〔三〕於不可。【註】自，由也。由彼我之情偏，故有可不可。【釋文】（惡乎），音烏。下同。物固有所然，物固有所可，【註】各〔四〕自然，各自可。无物不然，无物不可。【註】統而言之，則无可无不可，无可无不可而至也。非卮言日出，和以天倪，孰得其久。【註】夫唯言隨物制而任其天然之分者，能无夭落。萬物皆種也，以不同形相禪，【註】雖變化相代，原其氣則一。【釋文】（種），章勇反。始卒若環，【註】於今爲始者，於昨已復爲卒也。莫得其倫，【註】理自爾，故莫得。是謂天均。天均者天倪也。【註】夫均齊者豈妄哉？皆天然之分。莊子謂惠子曰：「孔子行年六十而六十化，【註】與時

〔一〕「於」，原文寫作「與」。

〔二〕「雖」，原文誤作「誰」。

〔三〕「不可」，二字原文脱。

〔四〕「各」，原文誤作「名」。

具也。**始時所是，卒而非之，**【註】時變則俗情亦變，乘物以遊心者，豈異於俗哉。**未知今之所謂是之非五十九非也。」**【註】變者不停，是不可常。**惠子曰：「孔子勤志服知也。」**【註】謂孔子勤志服膺而後知，非能任其自化也。此明惠子不及聖人之韻遠矣。**莊子曰：「孔子謝之矣，而其未之嘗言。**【註】謝變化之自爾，非知力之所爲，故隨時任物而不造言也。**孔子云：『夫受才乎大本，復靈以生。』**【註】若役其才知而不復其本靈，則生亡矣。【釋文】（知），音智〔一〕。**鳴而當律**〔二〕**，言而當法，**【註】鳴者，律之所生；言者，法之所出；而法律者，衆之所爲，聖人就用之耳，故无不當，而未之嘗言，未之嘗爲也。**利義陳乎前，而好惡是非直服人之口而已矣。**【註】服，用也。我无言也，我之所言，直用人之口耳，好惡是非利義之陳，未始出吾口也。【釋文】（好），呼報反。註同。（惡），烏露反。註同。**使人乃以心服，而不敢蘁立，定天下之定。**【註】口所以宣心，既〔三〕用衆人之口，則衆人之心〔四〕用矣，我順衆心，則衆心信矣，誰敢逆立哉。吾因天下之自定而定之，又何爲乎。【釋文】（蘁），音悟，又五各反，逆也。**已乎已乎。吾且不得及彼乎。」**

〔一〕「智」，原文誤作「烏」。
〔二〕「律」，原文寫作「律」。
〔三〕「既」，原文寫作「故」。
〔四〕「心」，原文爲墨圍。

【註】因而乘之，故无不及。**曾子再仕而心再化，曰：「吾及親仕，三釜而心樂；後仕，三千鍾不洎，吾心悲。」**【註】洎，及也。【釋文】（三釜），《小爾雅》云：六斗[一]四升曰釜。（樂），音洛。下、註同。（洎），其器反。**弟子問于仲尼曰：「若參者，可謂无所縣其罪乎？」**【註】縣，係也。謂參仕以爲親，无係祿之罪也。【釋文】（參），所金反。（縣），其音玄。下同。縣，係也。心再化於祿，所存者親也。雖係祿而无係於罪也。（爲），于僞反。**曰：「既已縣矣。**【註】係於祿以養也。【釋文】（養），羊尚反。下同。**夫无所縣者，可以有哀乎？**【註】夫養親以適，不問其具。若能无係，則不以貴賤經懷，而平和怡翕，盡色養之宜矣。**彼視三釜三千鍾，如觀雀蚊虻相過乎前也。」**【註】彼，謂无係也。夫无係者，視榮祿若蚊虻鳥雀之在前而過去耳，豈有哀樂於其間[二]哉。【釋文】（觀），本亦作「鸛」，同。古乱反。（蚊），音文。（虻），孟庚反。司馬云：觀雀飛疾，與蚊相過，忽然不覺也。王云：鸛蚊取大小相縣，以喻三釜三千鍾之多少。元嘉本作如「鸛蚊」，无「虻[三]」字。**顔成子[四]游謂東郭子綦曰：「自吾聞子之言，一年而野，**【註】外權利也。【釋文】（綦），音其。**二年而從，**【註】不自專也。**三年而通，**【註】通彼我也。**四年而物，**【註】

[一]「斗」，原文誤作「十」。
[二]「間」，原文誤作「問」。
[三]「虻」，原文誤作「蚊」。
[四]「子」，原文寫作「字」。

與物同也。**五年而來，**【註】自得也。**六年而鬼入，**【註】外形骸也。**七年而天成，**【註】无所復爲。【釋文】（復），扶又反。**八年而不知死，不知生，**【註】所遇皆適而安〔一〕。**九年而大妙。**【註】妙，善也。善惡同，故无往而不冥。此言久聞道，知天籟之自然，將忽然自忘，則穢累日去以至於盡耳。【釋文】（籟），力帶反。**生有爲，死也。**【註】生而有爲則喪其生。【釋文】（喪），息浪反。**勸公，以其死也，有自也；**【註】自，由也。由有爲，故死；由私其生，故有爲。今所以勸公者，以其死之由私耳。**而生陽也，无自也。**【註】夫生之陽，遂以其絶迹无爲而忽然獨尔，非有由〔二〕也。**而果然乎？惡乎其所適？惡乎其所不適？**【註】然而果然，故无適无不適而後皆適，皆適而至也。【釋文】（惡），音烏。下同。**天有曆數，地有人據，吾惡乎求之？**【註】皆已自〔三〕足。【釋文】（天有曆數），一本〔四〕作「天有曆」。**莫知其所終，若之何其无命也？**【註】理必自終，不由於知，非命如何？**莫知其所始，若之何其有命也？**【註】不知其所以然而然，謂之命，似若有意也，故又遺命之名以明其自尔，而後命理全也。**有以相應也，若之何其无鬼邪？**【註】理

〔一〕「安」，原文誤作「要」。
〔二〕「有由」，二字原文倒乙。
〔三〕「自」，原文誤作「白」。
〔四〕「一本」，原文寫作「獨於」。

必有應，若有神靈以致也。**无以相應也，若之何其有鬼邪？」**【註】理自相應，相應不由於故也，則雖相應而无靈也。**衆罔兩問於景曰：「若向也俯而今也仰，向也括而今也被髮，向也坐而今也起，向也行而今也止，何也？」景曰：「搜搜也，奚稍問也。**【註】動運自尔，无所稍問。【釋文】（景），音影，又如字。本或作「影」。（括），古活反。司馬云：謂括髮也。（被），皮寄反。（搜），本又作「叟」，同。素口反，又素刀反，又音蕭。向云：動貌。**予有而不知其所以。**【註】自尔，故不知所以。**予，蜩甲也，蛇蜕也，似之而非也。**【註】影似形而非形。【釋文】（蜩甲），音條。司馬云：蜩〔一〕甲。蟬蜕皮也。（蜕），音帨〔二〕，又吐臥反，又始鋭反。**火與日，吾屯也；陰與夜，吾代也。彼吾所以有待邪？而況乎以有待者乎。**【註】推而極之，則今之所謂有待者卒至於无待，而獨化之理彰矣。【釋文】（屯），徒門反，聚也。**彼來則我與之來，彼往則我與之往，彼強陽則我與之強陽。強陽者又何以有問乎？」**【註】直自強陽運動，相隨往來耳，无意，不可問也。**陽子居南之沛，老聃西遊於秦，邀於郊，至於梁而遇老子。老子中道仰天而歎曰：「始以汝爲可教，今不可也。」陽子居不答。至舍，進盥漱巾櫛，脱屨户外，膝行而前曰：「向者弟子欲請夫子，夫子行不間，是以不敢。今間矣，請問其故。」老子**

〔一〕「蜩」，原文誤作「條」。
〔二〕「帨」，原文寫作「悦」。

曰：「而睢睢盱盱，而誰與居？【註】睢睢盱盱，跋扈之貌。人將畏難而疏遠。【釋文】（陽子居），姓陽，名朱[一]，字子居。（沛），音貝。（邀），古堯反，要也，遇也。《玉篇》云：求也，抄也，遮也。（盥），音管。《小爾雅》云：澡[二]也，洒[三]也。（漱[四]），所又反。（櫛），莊乙反。（閒），音閑。下同。一音如字。（睢），郭呼維反，徐許圭反。（盱），香于反，又許吴反，又音虚。《廣雅》云：睢睢盱盱，元氣也。而，汝也。言汝与元氣合德，去其矜驕，誰復能同此心？解異郭義。（跋），步末反。（難），乃旦反。（遠），于迈反。**大白若辱，盛德若不足。」**【互註】《老·四十一章》：大白若辱，廣德若不足。**陽子居蹴然變容曰：「敬聞命矣。」其往也，舍者迎將，其家公執席，妻執巾櫛，舍者避席，煬者避竈。**【註】尊形自異，故憚而避之也。【釋文】（蹴），子六反。（家公），李云：主人公也。一[五]讀「舍者迎將其家」爲句。（煬），羊尚反，又音羊向反，炊也。**其反也，舍者與之爭席矣。**【註】去其夸矜故也。【釋文】（去），起呂反。

[一]「朱」，原文寫作「戎」。
[二]「澡」，原文寫作「喿」。
[三]「洒」，原文寫作「西」。
[四]「漱」，原文寫作「欶」。
[五]「一」，原文寫作「云」。

莊子雜篇讓王第二十八

【釋文】《音義》曰：以事名篇。

堯以天下讓許由，許由不受。又讓於子州支父，子州支父曰：「以我爲天子，猶之可也。雖然，我適有幽憂之病。方且治之，未暇治天下也。」【釋文】（支父），音甫。李云：支父，字也，即支伯也。（幽憂之病），王云：謂其病深固也。夫天下至重也，而不以害其生，又況他物乎。唯無以天下爲者，可以託天下也。舜讓天下於子州支伯。子州支伯曰：「予適有幽憂之病，方且治之，未暇治天下也。」故天下大器也，而不以易生，此有道者之所以異乎俗者也。舜以天下讓善卷，善卷曰：「余立於宇宙之中，冬日衣皮毛，夏日衣葛絺；春耕種，形足以勞動；秋收斂，身足以休食；日出而作，日入而息，逍遥於天地之間而心意自得。吾何以天下爲哉。【釋文】（善卷），眷勉反，居阮反，又音眷。李云：姓善，名卷。（衣），於既反。下同。悲夫，子之不知余也。」遂不受。於是去而入深山，莫知其處。【釋文】（處），昌慮反。舜以天下讓其友石户之農，石户之農曰：「捲捲乎后之爲人，葆力之士也。」【釋文】（石户），本亦作「后」。（農），李云：石户，地名。農，農人也。（捲捲），音權，郭音卷，用力貌。（葆），音保，字亦作「保」。以舜之德爲未至也，於是夫負妻戴，攜子以入於海，終身不反也。【釋文】（以入於海），司馬云：凡言入者，皆居於州島之上與其曲隈中也。大王亶父居邠，狄人攻之；【釋文】（大），音泰。下同。（亶），丁但反。（父），音甫。下同。（邠），筆貧反，徐甫巾反。事之以皮帛而不受，事之以犬馬而不受，事之以珠玉而不受，狄人之所求者土地也。大王亶父曰：「與人之兄居而殺其弟，與人之父居而殺其子，吾不忍也。子皆勉居矣。爲吾臣與爲狄人臣奚以異。且吾聞之，不以所用養害所養。」因杖筴而去之。民相連而從之，遂成國於岐山之下。【釋文】（不以所[一]用養害所養），地[二]，所以養人也。今爭以殺人，是以地害人也。人爲地養，故不以地故害人也。（杖），直亮反。（筴），初革反。（連），力展反。司馬云：連，讀曰輦。（岐），其宜反，或祁[三]支反。夫大王亶父，可謂能尊生矣。能尊生者，雖貴富不以養傷身，雖貧賤不以利累形。今世之人居高官尊爵者，皆[四]重失之，見利輕亡其身，豈不惑哉。【釋文】（不以養傷身不以利累形），王云：富貴有養，而[五]不以味養傷身，貧賤无利，而不以求利累形也。【互註】《孟·梁王下》：昔者大王居邠，狄人侵之。事之以皮幣，不

〔一〕「所」，原文誤作「以」。
〔二〕「地」，原文誤作「而」。
〔三〕原文「祁」下衍「而」字。
〔四〕「皆」，原文爲墨圍。
〔五〕「而」，原文爲墨圍。

得免焉；事之以犬馬，不得免焉；事之以珠玉〔一〕，不得免焉。乃屬其耆老而告之曰：「狄人之所欲者，吾土地也。吾聞之也：君子不以其所以養人者害人。二三子何患乎无君？我將去之。」去邠，踰梁山，邑于岐山之下居焉。邠人曰：「仁人也，不可失也。」從之者如歸市。越人三世弒其君，王子搜患之，逃乎丹穴。而越國无君，求王子搜不得，從之丹穴。王子搜不肯出，越人薰之以艾。乘以王輿。【釋文】（弒），音試。（王子搜），素羔反，又悉遘反，又邀遘反。李云：王子名。《淮南子》作「翳」。（丹穴），《爾雅》云：南戴日爲丹穴。（艾），五〔二〕蓋反。（王輿），一本作「玉〔三〕輿」。王子搜援綏登車，仰天而呼曰：「君乎君乎。獨不可以舍我乎。」王子搜非惡爲君也，惡爲君之患也。若王子搜者，可謂不以國傷生矣，此固越人之所欲得爲君也。【釋文】（援），音爰。（呼），火故反。本或作「歎」。（舍），音捨。（非惡），烏路反。下及下章「真惡」同。韓魏相與爭侵地。子華子見昭僖侯，昭僖侯有憂色。【釋文】（子華子），司馬云：魏人也。（昭僖侯），司馬云：韓侯。子華子曰：「今使天下書銘於君之前，書之言曰：『左手攫之則右手廢，右手攫之則左手廢，然而攫之者必有天下。』君能攫之乎〔四〕？」【釋文】

〔一〕「珠玉」，原文誤作「殊王」。
〔二〕「五」，原文寫作「古」。
〔三〕「玉」，原文寫作「王」。
〔四〕「乎」，原文脫。

（攫），俱碧反、俱縛反，又史虢〔一〕反。李云：取也。（廢），李云：弃也。司馬云：病也。一云：攫者，援書銘；廢者，斬右手。昭僖侯曰：「寡人不攫也。」子華子曰：「甚善。自是觀之，兩臂重於天下也，身亦重於兩臂。韓之輕於天下亦遠矣，今之所爭者，其輕於韓又遠。君固愁身傷生以憂戚不得也。」【釋文】（其輕於韓又遠），絕句。僖侯曰：「善哉。教寡人者衆矣，未嘗得聞此言也。」子華子可謂知輕重矣。魯君聞顏闔得道之人也，使人以幣先焉。【釋文】（魯君），一本作「魯侯」。李云：哀公也。顏闔守陋閭，苴布之衣而自飯牛。【釋文】（苴），音麤。徐七餘反。李云：有子麻也。本或作「麤」，非也。（飯），符晚反。魯君之使者至，顏闔自對之。使者曰：「此顏闔之家與？」顏闔對曰：「此闔之家也。」使者致幣，顏闔對曰：「恐聽者謬而遺使者罪，不若審之。」【釋文】（使），所吏反。下及下章同。（與），音餘。（遺），唯〔二〕季反。下皆同。使者還，反審之，復來求之，則不得已。故若顏闔者，真惡富貴也。故曰，道之真以治身，其緒餘以爲國家，其土苴以治天下。由此觀之，帝王之功，聖人之餘事也，非所以完身養生也。【釋文】（復），音服，或音扶又〔三〕反。下章皆同。（緒

〔一〕「虢」，原文寫作「號」。
〔二〕「唯」，原文爲墨圍。
〔三〕「又」，原文爲墨圍。

餘），並如字。徐上音奢，下以嗟反。司馬、李云：緒者，殘也，謂殘餘也。（土），敕雅反，又片賈、行賈二反，又音如字。（苴），側雅反，又知雅反。司馬云：土苴，如糞草也。李云：土苴，糟〔一〕魄也，皆不真物也。一云：土苴，无心之貌。今世俗之君子，多危身弃生以殉物，豈不悲哉。凡聖人之動作也，必察其所以之與其所以爲。【釋文】（必察其所以之），王云：聖人真以持〔二〕身，餘以爲國，故其動作必察之焉。所以之者，謂德所加之方也。所爲者，謂所以待物也。動作於此，不必察也。今且有人於此，以隨侯之珠彈千仞之雀，世必笑之。是何也？則其所用者重而所要者輕也。夫生者，豈特隨侯之重哉。【釋文】（要），一遥反。子列子窮，容貌有飢色。客有言之於鄭子陽者曰：「列禦寇，蓋有道〔三〕之士也，居君之國而窮，君无乃爲不好士乎？」【釋文】（子陽），鄭相〔四〕。（好），呼報反。鄭子陽即令官遺之粟。子列子見使者，再拜而辭加。【釋文】（即令），力呈反〔五〕。使者去，子列子入，其妻望之而拊心曰：「妾聞爲有

〔一〕「糟」，原文誤作「稽」。
〔二〕「持」，原文寫作「特」。
〔三〕「道」，原文寫作「好」。
〔四〕「相」，原文爲墨圍。
〔五〕「即令力呈反」，原文爲墨圍。

道[二]者之妻子，皆得佚樂，今有飢色。君過而遺先生食，先生不受，豈不命邪。」【釋文】（拊），徐音撫。（佚），音逸。（樂），音洛。（過），古臥反。本亦作「遇」。子列子笑謂之曰：「君非自知我也。以人之言而遺我粟，至其罪我也又且以人之言，此吾所以不受也。」其卒，民果作難而殺子陽。【釋文】（難），乃旦反。下章同。（殺子陽），子陽嚴酷，罪者无赦。舍人折弓，畏子陽怒責，因国人逐猘狗而殺子陽。楚昭王失國，屠羊說走而從於昭王。【釋文】（楚昭王），名軫，平王子。（說），音悦，或如字。昭王反國，將賞從者，及屠羊說。屠羊說曰：「大王失國，說失屠羊；大王反國，說亦反屠羊。臣之爵祿已復矣，又何賞之言。」王曰：「強之。」屠羊說曰：「大王失國，非臣之罪，故不敢伏其誅；大王反國，非臣之功，故不敢當其賞。」王曰：「見之。」屠羊說曰：「楚國之法，必有重賞大功而後得見，今臣之知不足以存國而勇不足以死寇。吴軍入郢，說[三]畏難而避寇，非故隨大王也。今大王欲廢法毁約而見說，此非臣之所以聞天下也。」【釋文】（從），才用反。（強），其丈反。（見），賢遍反。（知），音智。（郢），以井反。（約），如字。徐於妙反。（見），如字，亦賢遍反。王謂司馬子綦曰：

〔二〕「道」，原文爲墨圍。
〔三〕「説」，原文寫作「越」。

「屠羊説居處卑賤而陳義甚高，子綦爲我延之以三旌之位。」【釋文】（爲），于僞〔一〕反。（三旌），三公位也。司馬本作「三珪」，云：謂諸侯之三卿皆執珪者。屠羊説曰：「夫三旌之位，吾知其貴於屠羊之肆也；萬鍾之祿，吾知其富於屠羊之利也；然豈可以貪爵祿而使吾君〔二〕有妄施之名乎。説不敢當，願復反吾屠羊之肆。」遂不受也。原憲居魯，環堵之室，茨以生草；蓬户不完，桑以爲樞；而甕牖二室，褐以爲塞；上漏下濕，匡坐而弦。【釋文】（施），如字，又始〔三〕豉反。（茨），徐疾私反。李云：蓋屋也。（蓬户），織蓬爲户。（桑以爲樞），尺朱〔四〕反。司馬云：屈桑條爲户樞也。（甕牖），音酉。司馬云：破甕爲牖。（二室），司〔五〕馬云：夫〔六〕妻各一室。（褐），下葛反，郭音葛，字或作「褐」。（塞），悉代反。司馬〔七〕云：以褐衣塞牖也。

〔一〕「僞」，原文誤作「爲」。
〔二〕「吾」，原文爲墨圍。「君」，原文寫作「吾」。
〔三〕「又始」，原文爲墨圍。
〔四〕「朱」，原文爲墨圍。
〔五〕「司」，原文爲墨圍。
〔六〕「夫」，原文誤作「大」。
〔七〕「馬」，原文爲墨圍。

（匡坐而弦），司馬云：匡，正也。案：弦謂弦歌。【互註】《記〔一〕·儒行篇》：儒有一〔二〕畝之宮，環堵之室，篳門圭窬，蓬户甕牖〔三〕，云云。**子貢乘大馬，中紺而表素，軒車不容巷，往見原憲。原憲華冠縰履，杖藜而應門。子貢曰：「嘻。先生何病？」原憲應之曰：「憲聞之，无財謂之貧，學而不能行謂之病。今憲貧也，非病也。」子貢逡巡而有愧色。原憲笑曰：「夫希世而行，比周而友，學以爲人，教以爲己，仁義之慝，輿馬之飾，憲不忍爲也。」**【釋文】（中紺），古暗反。李云：紺爲中衣，加素爲表。（華冠），胡化反。以華木皮爲冠。（縰履），所倚反〔四〕，或所買反。本或作「縰」。并下「曳縰」同。《三蒼解詁》作「躧」，云：躡也。《声類》或作「屣」。韋昭蘇寄反。《通俗文》云：履不著跟曰屣。司馬本作「踐〔五〕」。李云：縰履，謂履无跟也。王云：體之能攝舉而曳之也。履，或作「屨」。（杖藜），以藜爲杖也。司馬本作「扶杖」也。（應門），自對門也。（嘻），許其反。（逡），七旬反。（希世而行），司馬云：希，望也。所行常顧世譽而動，故

〔一〕「記」，原文爲墨圍。

〔二〕「一」，原文爲墨圍。

〔三〕「牖」，原文爲墨圍。

〔四〕「反」，原文誤作「云」。

〔五〕「踐」，原文闕。

曰希世而行。（比），毗志反。（爲人），于僞反。下「爲己」同。（教以爲己〔一〕），學當爲己，教當爲人，今反不然也。（仁義之慝），吐得反，惡也。司馬云：謂依託仁義爲姦惡。曾子居衛，縕袍无表，顔色腫噲，手足胼胝。【釋文】（縕袍），紆紛〔二〕反。司馬云：謂麻縕爲絮，《論語》云：衣敝縕袍是也。（種），本亦作「腫」，章勇反。（噲），古外反，徐古活反。司馬云：種噲，剝錯也。王云：盈虚不常之貌。（胼），薄田反。（胝），竹尼反。三日不舉火，十年不製衣，正冠而纓絶，捉衿而肘見，納屨而踵決。【釋文】（肘），竹九反。（見），賢遍反。曳縰而歌商頌，聲滿天地，若出金石。天子不得臣，諸侯不得友。故養志者忘形，養形者忘利，致道者忘心矣。孔子謂顔回曰：「回，來。家貧居卑，胡不仕乎？」顔回對曰：「不願仕。回有郭外之田五十畝，足以給飦粥；郭〔三〕内之田十畝，足以爲絲麻；鼓琴足以自娱，所學夫子之〔四〕道者足以自樂也。回不願仕。」孔子愀然變容曰：「善哉回〔五〕之意。丘聞之：『知足者不以利

〔一〕「教以爲己」，原文作「教人以己」。
〔二〕「紆紛」，原文寫作「紆粉」。
〔三〕「郭」，原文爲墨圍。
〔四〕「之」，原文爲墨圍。
〔五〕「回」，原文爲墨圍。

自累也，審自得者失之而〔一〕不懼，行脩於内者无位而不怍〔二〕。』丘誦之久矣，今於回而〔三〕後見之，是丘之得也。」【釋文】（飦），之然反。字或作「饘」。《廣雅》云：糜也。一〔四〕云：紀言反。《家語》云：厚粥〔五〕。一音干，謂干餅〔六〕。（粥），之六反，又音育。（樂），音洛。（愀），七小反，徐在九反，又七了反、子了反，又資酉反。李音秋，又七〔七〕遥反。一〔八〕本作「欣」。（行），下孟反。（怍〔九〕），在路反。《爾雅》云：慚也。又音昨。中山公子牟謂瞻子曰：「身在江海之上，心居〔一〇〕乎魏闕之下，奈何？」【釋文】（公子牟），司馬云：魏之公子，封中山，名牟。（瞻子），賢人也。《淮南》作「詹」。（魏闕），《淮南》作「騩」。司馬本同，云：騩，讀曰魏。象魏觀闕，人君門也，言心

〔一〕「而」，原文爲墨圍。
〔二〕「怍」，原文誤作「作」。
〔三〕「而」，原文爲墨圍。
〔四〕「一」，原文爲墨圍。
〔五〕「粥」，原文爲墨圍。
〔六〕「餅」，原文爲墨圍。
〔七〕「七」，原文脱。
〔八〕「一」，原文闕。
〔九〕「怍」，原文寫作「作」。
〔一〇〕原文「居」下衍「心」字。

存榮貴。許慎云：天子兩觀也。**瞻子曰：「重生。重生則利輕。」**【釋文】（重生），李云：重存生之道者，則名利輕，輕則易絶矣。此人身居江海，心貪榮利，故以此戒之。**中山公子牟曰：「雖知之，未能勝也。」**【釋文】（勝），音升。下同。**瞻子曰：「不能自勝則從，神无惡乎？」**【釋文】（不能自勝則從），絶句。一讀至「神」字絶句。（惡），如字。又烏路反。（乎），絶句。一讀連下「不能自勝」爲句。**不能自勝而強不從者，此之謂重傷。重傷之人，无壽類矣。」**【釋文】（重），直用反。下同。**魏牟，萬乘之公子也，其隱巖穴也，難爲於布衣之士；雖未至乎道，可謂有其意矣。**【釋文】（乘），繩證反。**孔子窮於陳蔡之間，七日不火食，藜羹不糝，顔色甚憊，而弦歌於室。**【釋文】（不火食），元嘉本无「火」字。（糝），素感反。（憊），皮拜反。**顔回擇菜，子路、子貢相與言曰：「夫子再逐於魯，削迹於衛，伐樹於宋，窮於商周，圍於陳蔡，殺夫子者无罪，藉夫子者无禁。弦歌鼓琴，未嘗絶音，君子之无恥也若此乎？」**【釋文】（伐樹於宋），孔子之宋，与弟子習礼大樹下，宋司馬〔一〕桓魋欲殺孔子，伐其樹，孔子遂行。（藉），毁也。又云：陵藉也。一云：鑿也。或云：係也。**顔回无以應，入告孔子。孔子推琴喟然而歎曰：「由與賜，細人也。召而來，吾語之。」子路、子貢入。子路曰：「如此者可謂窮**

〔一〕「馬」，原文寫作「徒」。

矣。」【釋文】（喟），去[一]愧反，又苦怪反。（語），魚據反。**孔子曰：「是何言也。君子通於道之謂通，窮於道之謂窮。今丘抱仁義之道以遭亂世之患，其何窮之爲。故内省而不窮於道，臨難而不失其德，天寒既至，霜雪既降，吾是以知松柏之茂也。陳蔡之隘，於丘其幸乎。」**【釋文】（難），乃旦反。（隘），音厄，又於懈反。**孔子削然反琴而弦歌，子路扢然執干而舞。**【釋文】（削），如字。李云：反琴声。亦作「梢」，音消。（扢），許訖反，又巨乙反、魚乙反。李云：奮舞貌。司馬云：喜貌。（執干），干，楯也。**子貢曰：「吾不知天之高也，地之下也。」古之得道者，窮亦樂，通亦樂。所樂非窮通也，道德於此，則窮通爲寒暑風雨之序矣。**【釋文】（樂），音洛，下同。**故許由娱於潁[二]陽而共伯得乎共[三]首。**【釋文】（虞於潁陽），《廣雅》云：虞，安也。安於潁陽。一本作「娱」。娱，樂也。（共伯），音恭，下同。（得乎共首），司馬云：共伯名和，脩其行，好賢人，諸侯皆以爲賢。周厲王之難，天子曠絶，諸侯皆請以爲天子，共伯不聽，即于王位。十四年，大旱屋焚，卜于太陽，兆曰：厲王爲祟。召公乃立宣王。共伯復歸于宗，逍遥得意共山之首。共丘山，今在河内共縣西。魯連子云：共伯後歸于國，得意共山之首。《紀年》云：共伯和

[一]「去」，原文寫作「声」。
[二]「潁」，原文寫作「頛」。
[三]「共」，原文寫作「丘」。

即于王位。孟康註《漢書·古今人表》，以爲人爲三公。本或作「丘首」。舜以天下讓其友北人无擇，北人无擇曰：「異哉后之爲人也，居於畎畝之中而遊堯之門。不若是而已，又欲以其辱行漫我。吾羞見之。」因自投清泠之淵。【註】孔子曰：士〔一〕志於仁者，有殺身以成仁，无求生以害仁。夫志尚清遐，高風邈世，与夫貪利没命者，故有天地之降也。【釋文】（畎），古犬反。（畝），司馬云：壟上曰畝，壟中曰畎。（行），下孟反。下章同。（漫），武諌反〔二〕，徐武畔反。下章同。（泠），音零。（淵），《山海經》云：在江南。一云：在南陽郡西崿〔三〕山下。湯將伐桀，因卞隨而謀，卞隨曰：「非吾事也。」湯曰：「孰可？」曰：「吾不知也。」湯又因瞀光而謀，瞀光曰：「非吾事也。」湯曰：「孰可？」曰：「吾不知也。」湯曰：「伊尹何如？」曰：「強力忍垢，吾不知其他也。」【釋文】（瞀），音務，又莫豆〔四〕反。本或作「務」。（強力），李云：阻兵須力。（忍垢），司馬云：垢，辱也。李云：弑君須忍垢也。湯遂與伊尹謀伐桀，剋之，以讓卞隨。卞隨辭曰：「后之伐桀也謀乎我，必以我爲賊也；勝桀而讓我，必以我爲貪也。吾

〔一〕「士」，原文寫作「土」。
〔二〕「諌反」，原文寫作「課受」。
〔三〕「崿」，原文爲墨圍。
〔四〕「豆」，原文寫作「旦」。

生乎亂世，而无道之人再來漫我以其辱行，吾不忍數聞也。」乃自投椆水而死。【釋文】（數），音朔。（椆水），直留反。本又作「桐水」。徐音同，又徒董反，又音封。本又作「稠〔一〕」。司馬本作「洞」，云〔二〕：洞水在潁陽。一云：在范陽郡界。湯又讓瞀光曰：「知者謀之，武者遂之，仁者居之，古之道也。吾子胡不立乎？」瞀光辭曰：「廢上，非義也；殺民，非仁也；人犯其難，我享其利，非廉也。【釋文】（知），音智。（難），乃旦反。吾聞之曰，非其義者，不受其祿，无道之世，不踐其土。况尊我乎。吾不忍久見也。」乃負石而自沈於廬水。【註】舊説曰：如卞隨、務光者，其視天下也若六合外，人所不能察也。斯則謬矣。夫輕天下者，不得有所重也，苟无所重，則无死矣。以天下爲六合之外，故當付之堯舜湯武耳。淡然无係，故汎然從衆，得失无概於懷，何自投之爲哉。若二子者，可以爲殉名慕高矣，未可謂外天下也。【釋文】（廬水），音閭。司馬本作「盧水」，在遼東西界。一云在北平郡界。（淡），徒暫反。（概），古代反。

昔周之興，有士二人處於孤竹，曰伯夷、叔齊。二人相謂曰：「吾聞西方有人，似有道者，試往觀焉。」【釋文】（孤竹），司馬云：孤竹国，在遼西令支縣界〔三〕。伯夷、叔齊，其君之二子也。

〔一〕「稠」，原文寫作「裯」。
〔二〕「云」，原文誤作「天」。
〔三〕「界」，原文誤作「思」。

（令），音郎定反。（支），音巨移反。至於岐陽，武王聞之，使叔旦往見之，與之盟曰：「加富二等，就官一列。」血牲而埋之。【釋文】（血牲），一本作「殺牲」。司馬本作「血之以牲」。二人相視而笑曰：「嘻，異哉。此非吾所謂道也。昔者神農之有天下也，時祀盡敬而不祈喜；其於人也，忠信盡治而无求焉。【釋文】（嘻），許其反，一音於其反。（喜），如字。徐許記反。（治），直吏反。樂與政爲政，樂與治爲治，不以人之壞自成也，不以人之卑自高也，不以遭時自利也。今周見殷之亂而遽爲政，上謀而下行貨，阻兵而保威，割牲而盟以爲信，揚行以説衆，殺伐以要利，是推亂以易暴也。【釋文】（揚行），下孟反。「吾行」「戾[一]行」同。（説），音悦。（要），一遥反。吾聞古之士，遭治世不避其任，遇亂世不爲苟存。今天下闇，周德衰，其並乎周以塗吾身也，不如避之以絜吾行。」二子北至於首陽之山，遂餓而死焉。若伯夷、叔齊者，其於富貴也，苟可得已，則必不賴。高節戾行，獨樂其志，不事於世，此二士之節也。【註】《論語》曰：伯夷、叔齊餓于首陽之下，不言其死也。而此云死焉，亦欲明其守[二]餓以終，未必餓死也。此篇大意，以起高讓遠退之風。故被其風者，雖貪冒之人，乘天衢，入紫庭，猶時慨然中路而歎，況其凡乎。故夷、許之徒，足以當稷、契，對伊、呂矣。夫居山谷而

[一]「戾」，原文誤作「房」。
[二]「守」，原文誤作「宋」。

弘天下者，雖不俱爲聖佐，不猶高於蒙埃塵者乎。其事雖難爲，然其風少弊，故可遺也。曰：夷、許之弊安在？曰：許由之弊，使人飾讓以求進，遂至乎之噲〔一〕也；伯夷之風，使暴虐〔二〕之君得肆〔三〕其毒而莫之敢亢也；伊、呂之弊，使天下貪冒之雄敢行篡逆；唯聖人无迹，故无弊也。若以伊、呂爲聖人之迹，則伯夷、叔齊亦聖人之迹也；若以伯夷、叔齊非聖人之迹邪？則伊、呂之事亦非聖矣。夫聖人因物之自〔四〕行，故无迹。然則所謂聖者，我本无迹，故物得其迹，迹得而強名聖，則聖者乃无迹之名也。

【釋文】（被），皮〔五〕義反。（冒），亡北反，或亡報反。下同。（契），息列反。（噲），音快。（篡），初患反。唐云：或曰：《讓王》之篇，其章多重生，而務光二三子自投于水，何也？答曰：莊書之興，存乎反本，反本之由，先乎去榮〔六〕；是以明《讓王》之一篇，標傲世之逸志，旨在不降以厲俗，无厚身以全生。所以時有重生之辭者，亦歸弃榮之意耳，深於塵務之爲弊也。其次者，雖復被褐啜〔七〕粥，保身

〔一〕「噲」，原文寫作「會」。
〔二〕「虐」，原文寫作「虚」。
〔三〕「肆」，原文寫作「賜」。
〔四〕「自」，原文寫作「目」。
〔五〕「皮」，原文誤作「支」。
〔六〕「榮」，原文寫作「策」。
〔七〕「啜」，原文寫作「投」。

而已。其全身尚高而超俗自逸，寧投身於清泠，終不屈於世累也。此舊集音有，聊〔一〕復錄之，於義无當也。【互註】《語・季氏篇》：伯夷、叔齊，餓于首陽之下，民到于今称之。

莊子雜篇盜跖第二十九【釋文】《音義》曰：以人名篇。

孔子與柳下季爲友，柳下季之弟，名曰盜跖。盜跖從卒九千人，横行天下，侵暴諸侯，穴室樞户，驅人牛馬，取人婦女，貪得忘親，不顧父母兄弟，不祭先祖。所過之邑，大國守城，小國入保，萬民苦之。【釋文】（孔子與柳下季爲友），柳下惠姓展，名獲，字季禽。一云：字子禽，居柳下而施德惠。一云：惠，謚也。一云：柳下，邑名。案：《左傳》云：展禽是魯僖公時人，至孔子生八十餘年，若至子路之死百五六十歲，不得爲友，是寄言也。（盜跖），之石反。李奇註《漢書》云：跖，秦之大盜也。（從），才用反。（卒），尊忽反。下同。（樞户），尺朱〔二〕反，徐苦于反。司馬云：破人户樞而取物也。（入保），鄭註〔三〕《禮記》曰：小城曰保。**孔子謂柳下季曰：「夫**

〔一〕「聊」，原文誤作「柳」。
〔二〕「朱」，原文誤作「未」。
〔三〕「註」，原文誤作「往」。

爲人父者，必能詔其子；爲人兄者，必能教其弟。若父不能詔其子，兄不能教其弟，則无貴父子兄弟之親矣。今先生，世之才士也，弟爲盜跖，爲天下害，而弗能教也，丘竊爲先生羞之。丘請爲先生往説之。」柳下季曰：「先生言爲人父者必能詔其子，爲人兄者必能教其弟，若子不聽父之詔，弟不受兄之教，雖今先生之辯，將奈之何哉。且跖之爲人也，心如涌泉，意如飄風，強足以拒敵，辯足以飾非，順其心則喜，逆其心則怒，易辱人以言。先生必无往。」孔子不聽，顔回爲馭，子貢爲右，往見盜跖。盜跖乃方休卒徒大山之陽，膾人肝而餔之。【釋文】（詔），如字，教也。（竊爲），于僞反。下「請爲」「爲我」「竊爲」「使爲」皆同。（説），始鋭反。（飄），婢遥反，徐扶遥反。（易），以豉反。（大山），音太。（膾），古外反。（餔），布吴反，徐甫吴反。《字林》云：日申時食也。孔子下車而前，見謁者曰：「魯人孔丘，聞將軍高義，敬再拜謁者。」謁者入通，盜跖聞之大怒，目如明星，髮上指冠，曰：「此夫魯國之巧僞人孔丘非邪？爲我告之：『爾作言造語，妄稱文武，【釋文】（上），時掌反。（夫），音符，又如字。冠枝木之冠，帶死牛之脅，【釋文】（冠），古乱反。（枝木之冠），如字。司馬云：冠多華飾，如木之枝繁。（帶死牛之脅），許劫反。司馬云：取牛皮爲大革帶。多辭繆説，不耕而食，不織而衣，搖脣鼓舌，擅生是非，以迷天下之主，使天下學士不反其本，妄作孝弟而傲倖於封侯富貴者也。【釋文】（繆），音謬。（弟），音悌[一]。本亦作「悌」。（傲），古堯反。子之罪大極重，疾走歸。不然，我將以子肝益晝餔之膳。』」孔子復通曰：「丘得幸於季，願望履幕下。」【釋文】（復），扶又反，下同。（願望履幕下），司[二]馬本「幕」作「綦」，云：言視不敢望跖面，望履結而還也。謁者復通，盜跖曰：「使來前。」孔子趨而進，避席反走，再拜盜跖。盜跖大怒，兩展其足，案劍瞋目，聲如乳虎，曰：「丘來前。若所言順吾意則生，逆吾心則死。」【釋文】（反走），小却行也。（瞋），赤真反，徐赤夷反。《廣雅》云：張也。（乳），如樹反。孔子曰：「丘聞之，凡天下有三德：生而長大，美好无雙，少長貴賤見而皆説之，此上德也；知維天地，能辯諸物，此中德也；勇悍果敢，聚衆率兵，此下德也。凡人有此一德者，足以南面稱孤矣。今將軍兼此三者，身長八尺二寸，面目有光，脣如激丹，齒如齊貝，音中黃鍾，而名曰盜跖，丘竊爲將軍恥不取焉。【釋文】（少），詩照反。（長），丁丈反。（説），音悦。下同。（知），音智。（悍），户旦反。（激丹），古歷反。司馬云：明也。（齊貝），一本作「含貝」。（中），丁仲反。將軍有意聽臣，臣請南使吴越，北使齊魯，東使宋衛，西使晉楚，使爲將軍造大城數百里，立數十萬户之邑，尊將軍爲諸侯，與天下更始，罷兵休卒，收養昆

[一]「悌」，原文誤作「弟」。

[二]「司」，原文誤作「同」。

弟，共祭先祖。此聖人才士之行，而天下之願也。」【釋文】（使），所吏反。下三字同。（數），所主反。下同。（罷），如字。徐扶彼反。（共），音恭。（行），下孟反。下同。盜跖大怒曰：「丘來前。夫可規以利而可諫以言者，皆愚陋恒民之謂耳。今長大美好，人見而說之者，此吾父母之遺德也。丘雖不吾譽，吾獨不自知邪？且吾聞之，好面譽人者，亦好背而毀之。今丘告我以大城衆民，是欲規我以利而恒民畜我也，安可長久也。城之大者，莫大乎天下矣。堯舜有天下，子孫无置錐之地；湯武立爲天子，而後世絶滅；非以其利大故邪？【釋文】（恒民），一本作「順民」。後亦尔。（譽），音餘。下同。（好），呼報反。下同。（背），音佩。下同。且吾聞之，古者禽獸多而人民少，於是民皆巢居以避之，晝拾橡栗，暮栖木上，故命之曰有巢氏之民。古者民不知衣服，夏多積薪，冬則煬之，故命之曰知生之民。神農之世，臥則居居，起則于于，民知其母，不知其父，與麋鹿共處，耕而食，織而衣，无有相害之心，此至德之隆也。然而黄帝不能致德，與蚩尤戰於涿鹿之野，流血百里。【釋文】（橡），音象。（煬），羊亮反。（蚩尤），神農時諸侯，始造兵者也。神農之後，第八帝曰榆罔。世蚩尤氏強，與榆罔爭王，逐榆罔。榆罔與黄帝合謀，擊殺蚩尤。《漢書音義》云：蚩尤，古之天子。一曰庶人貪者。（涿鹿），音卓。本又作「濁」。司馬云：涿鹿，地名，故城今在上谷郡西南八十里也。堯舜作，立群臣，湯放其主，武王殺紂。自是之後，以強陵弱，以衆暴寡。湯武以來，皆亂人之徒也。【釋文】（殺），音試。下同。今子脩文武之道，掌天下之辯，以教後世，縫衣淺帶，矯言僞行，以迷惑天下之主，而欲求富貴焉，盜莫大於子。天下何故不謂子爲盜丘，而乃謂我爲盜跖？【釋文】（摓），本又作「縫」，扶恭反，徐扶公反，音馮。（淺帶），縫帶使淺狹〔一〕。（矯），紀表反。子以甘辭説子路而使從之，使子路去其危冠，解其長劍，而受教於子，天下皆曰孔丘能止暴禁非。【釋文】（説），始鋭反，又如字。（去），起呂反。（危冠），李云：危，高也。子路好勇，冠似雄雞形，背負豭斗，用表己勇也。其卒之也，子路欲殺衛君而事不成，身〔二〕菹於衛東門之上，是子教之不至也。【釋文】（卒），子恤反。（菹），莊居反。子自謂才士聖人邪？則再逐於魯，削跡於衛，窮於齊，圍於陳蔡，不容身於天下。子教子路菹此患，上无以爲身，下无以爲人，子之道豈足貴邪？世之所高，莫若黄帝，黄帝尚不能全德，而戰涿鹿之野，流血百里。堯不慈，舜不孝，禹偏枯，湯放其主，武王伐紂，文王拘羑里。此六子者，世之所高也，孰論之，皆以利惑其真而強反其情性，其行乃甚可羞也。【釋文】（以爲），于僞反，下同。（堯不慈），不授子也。（文王拘〔三〕羑里），紂之二十年，囚文王。（強），其丈

〔一〕「狹」，原文寫作「俠」。
〔二〕「身」，原文脱。
〔三〕「拘」，原文寫作「囚」。

反。（羞），如字。本又作「惡」，烏路反。**世之所謂賢士，伯夷、叔齊。辭孤竹之君而餓死於首陽之山，骨肉不葬。鮑焦飾行非世，抱木而死。申徒狄諫而不聽，負石自投於河，爲魚鼈所食。**【釋文】（負石自投於河），申徒狄將投於河，崔嘉[一]止[二]之曰：「吾聞聖人仁[三]士民父母，若濡足故，不救溺人，可乎？」申[四]徒狄曰：「不然。昔桀殺龍逢，紂殺比干，而亡天下；吳殺子胥，陳殺泄治，而滅其國。非聖人不仁，不用故也。」遂沈河而死。**介子推至忠也，自割其股以食文公，文公後背之，子推怒而去，抱木而燔死。**【釋文】（食），音嗣。（燔），音煩，燒也。【互註】《左・僖二十四年》：晉侯賞從亡者，介之推不言祿，祿亦弗及。推曰：「獻公之子九人，唯君在矣。惠、懷无親，外內弃之。天未絕晉，必將有主。主晉祀者，非君而誰？天實置之，而二三子以爲己力，不亦誣乎？竊人之財，猶謂之盜。況貪天之功，以爲己力乎？下義其罪，上賞其姦。上下相蒙，難與處矣。」其母曰：「盍[五]亦求之？以死誰懟？」對曰：「尤而效之，罪又甚焉。且出怨言，不食其

[一]「嘉」，原文寫作「喜」。
[二]「止」，原文誤作「上」。
[三]「仁」，原文寫作「曰」。
[四]「申」，原文寫作「甲」。
[五]「盍」，原文寫作「言」。

食〔一〕。」其母曰：「亦使知之，若何？」對曰：「言，身之文也。身將隱，焉用文之？是求顯也。」其母曰：「能〔二〕如是乎？與女俱隱。」遂隱而死。晉侯求之，不獲，以綿〔三〕上爲之田。曰：「以志吾過，且〔四〕旌善。」**尾生與女子期於梁下，女〔五〕子不來，水至不去，抱梁柱而死。此六子〔六〕者，无異於磔犬流〔七〕豕操瓢而乞者，皆離名輕死，不念本養壽命者也〔八〕。**【釋文】（尾生），一本作「微生」。《戰國策》作「尾生高」，高誘以爲魯人。（磔），竹客反。《廣雅》云：張也。（操），七曹反。（瓢），俾摇反。（乞者），李云：言上四〔九〕人不得其死，猶猪狗乞兒流轉溝中者也。乞，或〔一〇〕作

〔一〕「食」，原文誤作「貪」。
〔二〕「顯」至「能」，原文爲墨圍。
〔三〕「求」至「綿」，原文爲墨圍。
〔四〕「且」，原文寫作「宜」。
〔五〕「期」至「女」，原文爲墨圍。
〔六〕「六子」，原文寫作「四」。
〔七〕「異」至「流」，原文爲墨圍。
〔八〕「壽命者也」，原文爲墨圍。
〔九〕「李」至「四」，原文爲墨圍。
〔一〇〕「中」至「或」，原文爲墨圍。

「走」。（離），力智反。（念本），本，或作「卒」。世之所謂忠臣者，莫若王〔一〕子比干、伍子胥。子胥沈江，比干剖心，此二子者，世謂忠〔二〕臣也，然卒爲天下笑。【釋文】（剖），普口反。自上觀之，至于子胥〔三〕、比干，皆不足貴也。丘之所以説我者，若告我以鬼事，則〔四〕我不能知也；若告我以人事者，不過此矣，皆吾所聞知〔五〕也。今吾告子以人之情，目欲視色，耳欲聽聲，口欲察味〔六〕，志氣欲盈。【釋文】（説），如字，又始鋭反。人上壽百歲，中壽八十，下壽六十〔七〕，除病瘦死喪憂患，其中開口而笑者，一月之中不過〔八〕四五日而已矣。天與地无窮，人死者有時，操有時之具〔九〕而託於无窮之間，忽然无異騏驥之馳過隙也。【釋

〔一〕「者莫若王」，原文爲墨圍。
〔二〕「者世謂忠」，原文爲墨圍。
〔三〕「于子胥」，原文爲墨圍。
〔四〕「鬼事則」，原文爲墨圍。
〔五〕「所聞知」，原文爲墨圍。
〔六〕「欲察味」，原文爲墨圍。
〔七〕「壽六十」，原文爲墨圍。
〔八〕「中不過」，原文爲墨圍。
〔九〕「時之具」，原文爲墨圍。

文】（上壽〔一〕），音受，又如字。下同〔二〕。（瘦），色又反。不能説其志意，養其壽命者，皆非通道者〔三〕也。丘之所言，皆吾之所弃也，亟去走歸，无復言之。子之道〔四〕，狂狂汲汲，詐巧虚僞事也，非可以全真也，奚足論哉〔五〕。」【釋文】（説），音悦。（亟），紀力反，急也。本或作「極」。（復），扶又反。（狂狂），如字，又九〔六〕况反。（汲汲），本亦作「彶」，音急，又音及。（巧），苦好反，又如字。孔子〔七〕再拜趨走，出門上車，執轡三失，目芒然无見，色若死灰〔八〕，據軾低頭，不能出氣。【釋文】（上），時掌反。（三），息暫反，又如字。（芒），莫剛〔九〕反。歸到魯東門〔一〇〕

〔一〕「上壽」，原文爲墨圍。
〔二〕「字下同」，原文爲墨圍。
〔三〕「道者」，原文爲墨圍。
〔四〕「子之道」，原文爲墨圍。
〔五〕「論哉」，原文爲墨圍。
〔六〕「九」，原文寫作「况」。
〔七〕「孔子」，原文爲墨圍。
〔八〕「死灰」，原文爲墨圍。
〔九〕「剛」，原文寫作「則」。
〔一〇〕「東門」，原文爲墨圍。

外，適遇柳下季。柳下季曰：「今者闕然數日不見，車馬〔一〕有行色，得微往見跖邪？」孔子仰天而歎曰：「然。」柳下季〔二〕曰：「跖得无逆汝意若前乎？」孔子曰：「然。丘所謂无病而自〔三〕灸也，疾走料虎頭，扁虎須，幾不免虎口哉。」【註】此篇寄明因衆〔四〕之所欲亡而亡之，雖王紂可去也；不因衆而獨用己，雖盜跖不可御〔五〕也。【釋文】（行），如字。（灸），久又反。（料），音聊。（扁），音鞭，又蒲顯反，徐扶顯反。本〔六〕或作「編」，音同。（須），一本作「料頭編〔七〕虎須」。（幾），音祈。（去），起呂反。**子張問於滿苟得曰：「盍不爲行〔八〕？」**【釋文】（滿苟得），人姓名。（盍），胡臘反。（爲行），下孟反。下、註同。盍，何不也。勸何不爲德行。**无行則不信，不**

〔一〕「車馬」，原文爲墨圍。
〔二〕「下季」，原文爲墨圍。
〔三〕「而自」，原文爲墨圍。
〔四〕「因衆」，原文爲墨圍。
〔五〕「不可御」，原文爲墨圍。
〔六〕「反本」，原文爲墨圍。
〔七〕「頭編」，原文爲墨圍。
〔八〕「爲行」，原文爲墨圍。

信則〔一〕不任，不任則不利。故觀之名，計之利，而義真是也。若弃〔二〕名利，反之於心，則夫士之爲行，不可一日不爲乎。」滿苟〔三〕得曰：「无耻者富，多信者顯。夫名利之大者，幾在无耻而信〔四〕。故觀之名，計之利，而信真是也。若弃名利，反之於心，則〔五〕夫士之爲行，抱其天乎。」子張曰：「昔者桀紂貴爲天子，富〔六〕有天下，今謂臧聚曰，汝行如桀紂，則有怍色，有不服之〔七〕心者，小人所賤也。仲尼、墨翟，窮爲匹夫，今謂〔八〕宰相曰，子〔九〕行如仲尼、墨翟，則變容易色稱不足者，士誠貴也〔一〇〕。【釋文】（臧聚〔一一〕），司馬云：謂臧獲

〔一〕「信則」，原文爲墨圍。
〔二〕「若弃」，原文爲墨圍。
〔三〕「滿苟」，原文爲墨圍。
〔四〕「耻而信」，原文爲墨圍。
〔五〕「於心則」，原文爲墨圍。
〔六〕「天子富」，原文爲墨圍。
〔七〕「不服之」，原文爲墨圍。
〔八〕「謂」，原文誤作「爲」。
〔九〕「相曰子」，原文爲墨圍。
〔一〇〕「也」，原文爲墨圍。
〔一一〕「臧聚」，原文爲墨圍。

盜濫竊聚之人。（怍），音〔一〕昨。（宰相），息亮反。下「相而」同。故勢爲天子，未必貴也；窮爲〔二〕匹夫，未必賤也；貴賤之分，在行之美惡。」滿苟得曰：「小盜者〔三〕拘，大盜者爲諸侯，諸侯之門，義士存焉。昔者桓公小白〔四〕殺兄入嫂而管仲爲臣，田成子常殺君竊國而孔子受〔五〕幣。論則賤之，行則下之，則是言行之情悖戰於胸中也〔六〕，不亦拂乎。

【釋文】（嫂），先早反。司馬云：以嫂爲室家。（臣），或作「相」。（殺），申志反。（論），力頓反。（悖），布內反。（拂），扶弗反。

故書曰〔七〕：『孰惡孰美？成者爲首，不成者爲尾。』」子張曰：「子不爲行〔八〕，即將疏戚无倫，貴賤无義，長幼无序；五紀六位，將何以〔九〕爲別乎？」滿苟得曰：「堯殺長子，舜流母弟，疏戚有倫乎？湯放桀，武王殺紂，貴賤有義乎？王季

〔一〕「人怍音」，原文爲墨圍。
〔二〕「也窮爲」，原文爲墨圍。
〔三〕「曰小盜者」，原文爲墨圍。
〔四〕「桓公小白」，原文爲墨圍。
〔五〕「而孔子受」，原文爲墨圍。
〔六〕「於胸中也」，原文爲墨圍。
〔七〕「扶」至「曰」，原文爲墨圍。
〔八〕「曰」至「行」，原文爲墨圍。
〔九〕「六」至「以」，原文爲墨圍。

爲適，周公殺兄，長幼有序乎？儒者僞辭，墨者兼愛，五紀六位將有別乎？【釋文】（長），丁丈反。（五紀），司馬云：歲、月、日、星辰、曆數。（六位），君、臣、父、子、夫、婦。（別），彼列反。下同。（堯殺長子），崔云：堯殺長子考監明。（舜流母弟），弟，謂象也。流，放〔一〕也。《孟子》云：舜封象於有庳，不得有爲於其國，天子使吏治其國，而納其貢稅焉。故謂之放也。（適），丁歷反。【互註】《孟・梁王下》：齊宣王問曰：「湯放桀，武王伐紂，有諸？」孟子對曰：「於傳有之。」曰：「臣弑其君，可乎？」曰：「賊仁者，謂之賊；賊義者，謂之殘。殘賊之人，謂之一夫。聞誅〔二〕一夫紂矣，未聞弑君也。」《滕文公下》：楊朱、墨翟之言盈天下，天下之言，不歸楊，則歸墨。楊氏爲我，是无君也；墨氏兼愛，是无父也。无父无君，是禽獸也。**且子正爲名，我正爲利。名利之實，不順於理，不監於道。**【釋文】（且子正爲名），假設之辭也。爲，音于僞〔三〕反。下「爲利」同。（監），本亦作「鑑」，同。**吾日與子訟於无約曰：『小人殉財，君子殉名。其所以變其情，易其性，則異矣。乃至於弃其所爲而殉其所不爲，則一也。』**【釋文】（日），人實反。（約），如字。徐於妙反。**故曰，无爲小人，反殉而天；无爲君子，從天之理。若枉若直，相而〔四〕天極；面觀**

〔一〕「放」，原文誤作「故」。
〔二〕「誅」，原文寫作「諸」。
〔三〕「僞」，原文誤作「爲」。
〔四〕「而」，原文寫作「爲」。

四方，與時消息。若是若非，執而圓機；獨成而意，與道徘徊。无轉而行，无成而義，將失而所爲。无赴而富，无殉而成，將弃而天。比干剖心，子胥抉眼，忠之禍也；直躬證父，尾生溺死，信之患也；鮑子立乾，申〔一〕子不自理，廉之害也；孔子不見母，匡子不見父，義之失也。此上世之所傳，下世之所語，以爲士者正其言，必其行，故服其殃，離其患也。」【註】此章言尚行則行矯〔二〕，貴士則士〔三〕僞，故蔑行賤士以全其内，然後行高而士貴耳。【釋文】（抉眼），烏穴反。（鮑子立乾），司馬云：鮑子，名焦，周末人，污時君不仕，採蔬而食。子貢見之，謂曰：「何爲不仕食祿？」答曰：「无可仕〔四〕者。」子貢曰：「污時君不食其祿，惡其政不踐其土。今子惡其君，處其土，食其蔬，何志行之相違乎？」鮑焦遂弃其蔬而餓死。《韓詩外傳》同。又云：槁洛水之上也。（勝子不自理），一本「理」作「俚」。本又作「申子自理」。或云：謂申徒狄抱甕之河也。古本作「申子不自理」，謂申生也。（孔子不見母），李云：未聞。（匡子不見父），司馬云：匡子，名章，齊人，諫其父，爲父所逐，終身不見父。案：此事見《孟子》。（傳），丈專反。【互註】《書·泰誓下》：剖賢人之心。註：比干忠諫，謂其心異於人，剖而觀之。《語·子路篇》：葉公語孔

〔一〕「申」，原文寫作「勝」。
〔二〕「矯」，原文寫作「璚」。
〔三〕「士」，原文誤作「上」。
〔四〕「仕」，原文寫作「士」。

子曰：「吾黨有直躬者，其父攘羊，而子證之。」孔子曰：「吾黨之直者異於是。父爲子隱，子爲父隱，直在其中矣。」无足問於知和曰：「人卒未有不興名就利者。彼富則人歸之，歸則下之，下則貴之。夫見下貴者，所以長生安體樂意之道也。今子獨无意焉，知不足邪，意知而力不能行邪，故推正不忘邪？」知和曰：「今夫此人以爲與己同時而生，同鄉而處者，以爲夫絶俗過世之士焉；是專无主正，所以覽古今之時，是非之分也，與俗化。【釋文】（无足），一本作「无知」。（則下），遐嫁反。下〔一〕同。（樂意），音洛。下同。（知不），音智。下「知謀」同。（故推正不忘邪），忘，或作「妄」，言君臣但推尋正道不忘，故不用富貴邪？爲智力不足，故不用邪？（過世之士焉），言人心易動，但人與賢人俱生，便自謂過於世人，況親自爲富貴者乎。世去至重，弃至尊，以爲其所爲也；此其所以論長生安體樂意之道，不亦遠乎。慘怛之疾，恬愉之安，不監於體；怵惕之恐，欣懽之喜，不監於心；【釋文】（慘），七感反。（怛），丹曷反。（恐），丘勇反。知爲爲而不知所以爲，是以貴爲天子，富有天下，而不免於患也。」无足曰：「夫富之於人，无所不利，窮美究埶，至人之所不得逮，賢人之所不能及，【釋文】（窮），猶尽也。（究埶），音勢。本亦作「勢」。一音藝，究竟也。俠人之勇力而以爲威強，秉人之知謀以爲明察，因人之德以爲賢良，非享國而嚴若君父。【釋文】（俠），音協。且夫聲色

〔一〕「下」，原文誤作「不」。

滋味權勢之於人，心不待學而樂之，體不待象而安之。夫欲惡避就，固不待師，此人之性也。天下雖非我，孰能辭之。」【釋文】（惡），烏路反。知和曰：「知者之爲，故動以百姓，不違其度，是以足而不爭，无以爲故不求。不足故求之，爭四處而不自以爲貪；有餘故辭之，弃天下而不自以爲廉。廉貪之實，非以迫外也，反監之度。勢爲天子而不以貴驕人，富有天下而不以財戲人。計其患，慮其反，以爲害於性，故辭而不受也，非以要名譽也。【釋文】（要），一〔一〕遥反。堯舜爲帝而雍，非仁天下也，不以美害生也；善卷許由得帝而不受，非虛辭讓也，不以事害己。此皆就其利，辭其害，而天下稱賢焉，則可以有之，彼非以興名譽也。」無足曰：「必持其名，苦體絶甘，約養以待生，則亦久病長阨而不死者也。」【釋文】（阨），音厄，又烏賣反。知和曰：「平爲福，有餘爲害者，物莫不然，而財其甚者也。今富人，耳營鐘鼓筦籥之聲，口〔二〕嗛於芻豢醪醴〔三〕之味，以感其意，遺忘其業，可謂乱矣；【釋文】（筦），音管。本亦作「管」。（籥），音藥。一本「筦籥」作「塤篪」。（嗛），苦簟反。（醪），力刀反。侅溺於馮氣，若負重行而上也，可謂苦，【釋文】（侅），徐音礙，五代反，

〔一〕「一」，原文闕。
〔二〕「口」，原文誤作「曰」。
〔三〕「醴」，原文誤作「體」。

又户該反。飲食至咽爲侅。一云：偏也。（馮氣），禹音憤，憤滿也。下〔一〕同。言憤畜不通之氣也。（上），時掌反。貪財而取慰，貪權而取竭，静居則溺，體澤則馮，可謂疾矣；【釋文】（慰），亦作「畏」。爲欲富就利，故滿若堵〔二〕耳而不知避，且馮而不舍，可謂辱矣；財積而無用，服膺而不舍，滿心戚醮，求益〔三〕而不止，可謂憂矣；【釋文】（舍），音捨。下同。（戚醮），在遥反。李云：顦顇也。又音子〔四〕妙反。内則疑刦請之賊，外則畏寇盗之害，内周楼疏，外不敢獨行，可謂畏矣。【釋文】（刦），許業反，又曲業反。（内周楼疏），李云：重楼内匣，疏軒外通，謂設備守具。此六者，天下之至害也，皆遺忘而不知察，及其患至，求盡性竭財，單以反一日之無故而不可得也。【釋文】（单），音丹。本或作「蕲」，音祁。故觀之名則不見，求之利則不得，繚意絶體而爭此，不亦惑〔五〕乎。」【註】此章言知足者常足。【釋文】（繚），音了，又魯弔反。理也。

〔一〕「下」，原文誤作「不」。
〔二〕「堵」，原文寫作「諸」。
〔三〕「益」，原文寫作「金」。
〔四〕「子」，原文寫作「于」。
〔五〕「惑」，原文寫作「感」。

纂圖互註南華真經卷第十

莊子雜篇説劍第三十【釋文】《音義》曰：以事名篇。

昔趙文王喜劍，劍士夾門而客三千餘人，日夜相擊於前，死傷者歲百餘人，好之不厭。如是三年，國衰，諸侯謀之。【釋文】（趙文王），司馬云：惠文王也，名何，武靈王子，後莊子三百五十年。《洞紀》云：周赧王十七年，趙惠文王之元年。一云：案：長曆推惠文王與莊子相值，恐彪之言誤。（喜），許紀反。下同。（夾），郭、李音協，又古洽反。（好），呼報反。下同。（厭），於鹽反，又於豔反。太子悝患之，募左右曰：「孰能説王之意止劍士者，賜之千金。」左右曰：「莊子當能。」【釋文】（悝），苦回反，太子名。（募），音慕，又音務。（説），如字，解也。又音悦。太子乃使人以千金奉莊子。莊子弗受，與使者俱往見太子曰：「太子何以教周，賜周千金？」太子曰：「聞夫子明聖，謹奉千金以幣從者。夫子弗受，悝尚何敢言。」【釋文】（使），所吏反。(幣從)，才用反。一本作「以幣從者[一]」。莊子曰：「聞太子所欲用周者，欲絶王之喜好也。使臣上説大王而逆王意，下不當太子，則身刑而死，周尚安所事金乎？使臣上説大王，下當太子，趙國何求而不得也。」太子曰：「然。吾王所見，唯劍士也。」莊子曰：「諾。周善爲劍。」太子曰：「然。吾王所見劍士，皆蓬頭突鬢垂冠，曼胡之纓，短後之衣，瞋目而語難，王乃説之。今夫子必儒服而見王，事必大逆。」【釋文】(説)，如字，又始鋭反。下同。(蓬)，步公反。本或作「縫」，同。(頭)，蓬頭，謂著兜鉾也。有毦，故如蓬。(鬢)，必刃反。司馬本作「賓」，云：賓讀爲鬢。(垂冠)，將欲鬭，故冠低傾也。(曼胡)，莫干反。司馬云：曼胡之纓，謂麤纓無文理也。(短後之衣)，爲便於事也。(瞋)，赤夷、赤真二反。(語難)，如字。艱難也；勇士憤氣積於心胸，言不流利也。又乃旦反，既怒而語，爲人所畏難。司馬云：説相擊也。(乃説)，音悦。下「大説」同。莊子曰：「請治劍服。」治劍服三日，乃見太子。太子乃與見王，王脱白刃待之。莊子入殿門不趨，見王不拜。【釋文】(與見)，賢遍反。下「劍見」同。又如字。(脱)，一本作「説」，同。土[二]活反。王曰：「子欲何以教寡人，使太子先？」曰：「臣聞大王喜劍，故以劍見王。」王曰：「子之劍，何能禁制？」曰：「臣之劍，十步

[一]「者」，原文寫作「軍」。
[二]「土」，原文寫作「士」。

一人，千里不留行。」王大説之，曰：「天下无敵矣。」【釋文】（千里不留行），司馬云：十步與一人相擊，輒殺之，故千里不留於行也。莊子曰：「夫爲劍者，示之以虚，開之以利，後之以發，先之以至。願得試之。」王曰：「夫子休就舍待命，令設戲請夫子。」王乃校劍士七日，死傷者六十餘人，得五六人，使奉劍於殿下，乃召莊子。王曰：「今日試使士敦劍。」【釋文】（校），司馬云：考校取其勝者也。校，本或作「教」。（敦），如字。司馬云：敦，斷也，試使用劍相擊断截也。一音丁回反。莊子曰：「望之久矣。」王曰：「夫子所御杖，長短何如？」曰：「臣之所奉皆可。【釋文】（杖），直亮反。（所奉），司馬本作「所奏」。然臣有三劍，唯王所用，請先言而後試。」王曰：「願聞三劍。」曰：「有天子劍，有諸侯劍，有庶人劍。」王曰：「天子之劍何如？」曰：「天子之劍，以燕谿石城爲鋒，齊岱爲鍔，【釋文】（燕），音煙。（燕谿），地名，在燕國。（石城），在塞外。（鍔），五各反。司馬云：劍刃也。一云：劍稜也。晉魏爲脊，周宋爲鐔，【釋文】（鐔），音淫。《三蒼》云：徒感反，劍口也。徐徒南反，又徒各反，謂劍鐶也。司馬云：劍珥也。韓魏爲夾；【釋文】（爲夾），古協反。司馬云：把也。一本作「鋏」，同。一云：鐔，從稜向背；鋏，從稜向刃也。包以四夷，裹以四時；【釋文】（裹），音果。繞以渤海，帶以常山；制以五行，論以刑德；開以陰陽，持以春夏，行以秋冬。【釋文】（行以秋冬），隨天道以行止也。此劍，直之無前，舉之無上，案之無下，運之無旁，上決浮雲，下絶地紀。

此劍一用，匡諸侯，天下服矣。此天子之劍也。」文王芒然自失，【釋文】（芒），莫剛反。曰：「諸侯之劍何如？」曰：「諸侯之劍，以知勇士爲鋒，以清廉士爲鍔，以賢良士爲脊，以忠勝士爲鐔，以豪傑士爲夾。此劍，直之亦无前，舉之亦无上，案之亦无下，運之亦无旁；上法圓天以順三光，下法方地以順四時，中知民意以安四鄉。此劍一用，如雷霆之震也，四封之内，无不賓服而聽從君命者矣。此諸侯之劍也。」王曰：「庶人之劍何如？」曰：「庶人之劍，蓬頭突鬢垂冠，曼胡之纓，短後之衣，瞋目而語難。相擊於前，上斬頸領，下決肝肺。此庶人之劍，无異於鬬雞，一旦命已絶矣，无所用於國事。今大王有天子之位而好庶人之劍，臣竊爲大王薄之。」【釋文】（肺），芳廢反。（爲），于僞反。王乃牽而上殿。宰人上食，王三環之。【釋文】（上），時掌反。下同。（三環），如字。又音患，繞也。聞義而愧，繞饌三周，不能坐食。莊子曰：「大王安坐定氣，劍事已畢奏矣。」於是文王不出宮三月，劍士皆服斃其處也。【釋文】（斃），婢世反。司馬云：忿不見礼，皆自殺也。

莊子雜篇漁父第三十一【釋文】《音義》曰：以人名篇。

孔子遊乎緇帷之林，休坐乎杏壇之上。弟子讀書，孔子弦歌鼓琴，奏曲未半。【釋文】（緇帷），司馬云：黑林名也。本或作「惟」。（杏壇），司馬云：澤中高處也。李云：壇名。有漁父者，下船而來，須眉交白，被髮揄袂，行原以上，距陸而止，左手據膝，右手持頤以聽。曲終

【釋文】（有漁父者），音〔一〕甫，取魚父也。一云是范蠡。元嘉本作「有漁者父」，則如字。（須眉），本亦作「鬚眉」。（交），如字。李云：俱也。一本作「皎」。（揄），音遥，又音俞〔二〕，又楮由反，謂垂手衣内而行也。李音投，投，揮也。又士由反。（袂），面世反，李音芮。（上），時掌反。（距），李云：距，至也。而招子貢、子路，二人俱對。客指孔子曰：「彼何爲者也？」子路對曰：「魯之君子也。」客問其族。子路對曰：「族孔氏。」客曰：「孔氏者何治也？」子路未應，子貢對曰：「孔氏者，性服忠信，身行仁義，飾禮樂，選人倫，上以忠於世主，下以化於齊民，將以利天下，此孔氏之所治也。」【釋文】（飾），如字〔三〕。本又作「飭」，音敕。（化齊民），李云：齊，等也。許慎云：齊等之民也。如淳云：齊民，猶平民。元嘉本作「化於齊民後」。向本〔四〕无「於」字。又問曰：「有土之君與？」子貢曰：「非也。」「侯王之佐與？」子貢曰：「非也。」客乃笑而還，行言曰：「仁則仁矣，恐不免其身。苦心勞形以危其真。嗚呼，遠哉

〔一〕「音」，原文誤作「亦」。
〔二〕「俞」，原文寫作「偷」。
〔三〕「字」，原文誤作「子」。
〔四〕「向本」，原文誤作「每如」。

其分於道也。」【釋文】（與），音餘。下同。（危），或作「爲」。（分），如字。本又作「介」，音界。司馬云：艊也。子貢還，報孔子。孔子推琴而起曰：「其聖人與。」乃下求之，至於澤畔，方將杖拏而引其船，顧見孔子，還鄉而立。孔子反走，再拜而進。【釋文】（杖），直亮反。（拏），女居〔一〕反。司馬云：撓也，音饒。（鄉），香亮反。或作「嚮」，同。客曰：「子將何求？」孔子曰：「曩者先生有緒言而去，丘不肖，未知所謂，竊待於下風，幸聞咳唾之音以卒相丘也。」【釋文】（緒言），猶先言也。（待），或作「侍〔二〕」。（咳），苦代反。（唾），吐臥反。（相），息亮反。客曰：「嘻。甚矣子之好學也。」孔〔三〕子再拜而起曰：「丘少而脩學，以至于今，六十九歲矣，无所得聞至教，敢不虛心。」【釋文】（嘻），香其反。（好），呼報反。下同。（少），詩召反。下同。客曰：「同類相從，同聲相應，固天之理〔四〕也。吾請釋吾之所有而經子之所以。【釋文】（經），經〔五〕營也。司馬云：經，理也。子之所以者，人事也。天子諸侯大夫庶人，此四者自正，治之美也，四者離位而亂莫大焉。官治其職，人憂其事，乃无所陵。

〔一〕「居」，原文寫作「房」。
〔二〕「侍」，原文寫作「待」。
〔三〕「孔」，原文誤作「五」。
〔四〕「理」，原文誤作「埋」。
〔五〕「經」，原文脱。

【釋文】（治），直吏反。下官事不治同。故田荒室露，衣食不足，徵賦不屬，妻妾不和，長少无序，庶人之憂也；【釋文】（屬），音烛。（長），丁丈反。後「遇長〔一〕」同。能不勝任，官事不治，行不清白，群下荒怠，功美不有，爵祿不持，大夫之憂也；【釋文】（勝），音升。（行），下孟反。廷无忠臣，國家昏亂，國技不巧，貢職不美，春秋後倫，不順天子，諸侯之憂也；【釋文】（技），其綺反。（職），或作「賦」。（春秋後倫），朝覲不及等比〔二〕也。陰陽不和，寒暑不時，以傷庶物；諸侯暴亂，擅相攘伐，以殘〔三〕民人。禮樂不節，財用窮匱，人倫不飭，百姓淫亂，天子有司之憂也。【釋文】（飭），音敕。今子既上無君侯有司之勢而下無大臣職事之官，而擅飾禮樂，選人倫，以化齊民，不泰多事乎。【釋文】（泰），本又作「大」，音同。徐敕佐反。後同。且人有八疵，事有四患，不可不察也。非其事而事之，謂之摠；【釋文】（疵），祀知反。（摠），李云：謂監也。莫之顧而進之，謂之佞；希意道言，謂之諂；【釋文】（道），音導。不擇是非而言，謂之諛；好言人之惡，謂之讒；析交離親，謂之賊；稱譽詐僞以敗惡人，謂之慝；【釋文】（譽），音餘。（敗），蒲邁反。（惡人），烏路反。下同。（慝），他得反。不

〔一〕「長」，原文誤作「皆」。
〔二〕「比」，原文寫作「七」。
〔三〕「殘」，原文寫作「賤」。

擇善否，兩容頰適，偷拔其所欲，謂之險。【釋文】（否），悲美反，惡也。又方九反。（兩容頰適），善惡皆容，顏皃調適也。頰，或「顏」字。此八疵者，外以亂人，内以傷身，君子不友，明君不臣。所謂四患者：好經大事，變更易常，以挂功名，謂之叨；【釋文】（挂），音卦，別也。又音圭。（叨），吐刀反。專知擅事，侵人自用，謂之貪；見過不更，聞諫愈甚，謂之很；【釋文】（很），胡懇反。人同於己則可，不同於己，雖善不善，謂之矜。此四患也。能去八疵，無行四患，而始可教已。」孔子愀然而歎，再拜而起曰：「丘再逐於魯，削迹於衛，伐樹於宋，圍於陳蔡。丘不知所失，而離此四謗者何也？」【釋文】（去），起呂反。（愀），在九[一]反，又七小反。客悽然變容曰：「甚矣子之難悟也。人有畏影惡迹而去之走者，舉足愈數而迹愈多，走愈疾而影不離身，自以爲尚遲，疾走不休，絶力而死。不知處陰以休影，處静以息迹，愚亦甚矣。子審仁義之間，察同異之際，觀動静之變，適受與之度，理好惡之情，和喜怒之節，而幾於不免矣。【釋文】（語[二]），魚據反。下同。本或作「悟」。（数），音朔。（離），力智反。謹脩而身，慎守其真，還以物與人，則無所累矣。今不脩之身而求之人，不亦外乎。」孔子愀然曰：「請問何謂真？」客曰：「真者，精誠之至也。不精不誠，

[一]「九」，原文寫作「力」。
[二]「語」，原文寫作「悟」。

不能動人。故強哭者雖悲不哀，強怒者雖嚴不威，強親者雖笑不和。真悲無聲而哀，真怒未發而威，真親未笑而和。真在內者，神動於外，是所以貴真也。其用於人理也，事親則慈孝，事君則忠貞，飲酒則歡樂，處喪則悲哀。【釋文】（強），其丈反。下同。（樂），音洛。下同。忠貞以功爲主，飲酒以樂爲主，處喪以哀爲主，事親以適爲主，功成之美，無一其迹矣。事親以適，不論所以矣；飲酒以樂，不選其具矣；處喪以哀，無問其禮矣。禮者，世俗之所爲也；真者，所以受於天也，自然不可易也。故聖人法天貴真，不拘於俗。愚者反此。不能法天而恤於人，不知貴真，祿祿而受變於俗，故不足。惜哉，子之蚤湛於僞而晚聞大道也。」【釋文】（祿祿），如字，又音綠，謂形見爲礼也。司〔二〕馬云：錄，領錄也。（蚤），音早。字亦作「早」。（湛），丁南反，下同。孔子又再拜而起曰：「今者丘得過也，若天幸然。先生不羞而比之服役，而身教之。敢問舍所在，請因受業而卒學大道。」【釋文】（得過也），謂得過失也。過，或作「遇」。（比），如字，謂親見比數〔三〕也。又毗志反。客曰：「吾聞之，可與往者與之，至於妙道；不可與往者，不知其道，慎勿與之，身乃無咎。子勉之。吾去子矣，吾去子矣。」乃刺船而去，延緣葦間。【釋文】（刺），七亦反。顏淵還車，子路授綏，孔

〔二〕「司」，原文誤作「同」。
〔三〕「數」，原文寫作「欲」。

子不顧，待水波定，不聞拏音而後敢乘。【釋文】（波定），李云：謂戰如波也。案：謂船行故水波，去遠則波定。子路旁車而問曰：「由得爲役久矣，未嘗見夫子遇人如此其威也。萬乘之主，千乘之君，見夫子未嘗不分庭伉禮，夫子猶有倨傲之容。今漁父杖拏逆立，而夫子曲要磬折，言拜而應，得无太甚乎？門人皆怪夫子矣，漁父何以得此乎？」【釋文】（旁），步浪反。（乘），繩證反。下同。（倨），音據。（敖），五報反。（要），一遥反。（折），之設反。孔子伏軾而歎曰：「甚矣由之難化也。湛於禮義有間矣，而樸鄙之心至今未去。【釋文】（湛），或作「其」。進，吾語汝。夫遇長不敬，失禮也；見賢不尊，不仁也。彼非至仁，不能下人，下人不精，不得其真，故長傷身。惜哉。不仁之於人也，禍莫大焉，而由獨擅之。【釋文】（下），遐嫁反。下及註同。且道者，萬物之所由也，庶物失之者死，得之者生，爲事逆之則敗，順之則成。故道之所在，聖人尊之。今漁父之於道，可謂有矣，吾敢不敬乎。」【註】此篇言无江海而間者，能下江海之士也。夫孔子之所放任，豈直漁父而已哉？將周流六虚，旁通无外，蠉〔二〕動之類，咸得盡其所懷〔三〕，而窮理致命，固所以爲至人之道也。【釋文】（間），音閑。

〔二〕「蠉」，原文爲墨圍。
〔三〕「懷」，原文爲墨圍。

（蝡〔二〕），如兗反。

莊子雜篇列禦寇第三十二【釋文】《音義》曰：以人名篇。或无「列〔三〕」字。

列禦寇之齊，中道而反，遇伯昏瞀人。伯昏瞀人曰：「奚方而反？」【釋文】（瞀），音茂，又音務。（奚方），李云：方，道也。**曰：「吾驚焉。」曰：「惡乎驚？」**【釋文】（吾驚焉），李云：見人感己即違道，故驚也。（惡），音烏。**曰：「吾嘗食於十𩞄，**【註】賣漿之家。【釋文】（𩞄），子祥反。本亦作「漿」。司馬云：𩞄，讀曰漿，十家並賣漿也。**而五𩞄先饋。」**【註】言其敬己。【釋文】（五𩞄先饋），饋，遺也，謂十家中五家先見遺。王云：皆先饋進於己。**伯昏瞀人曰：「若是，則汝何爲驚己？」曰：「夫内誠不解，**【註】外自矜飾。【釋文】（解），音蟹〔三〕。司馬音懈。**形諜成光，**【註】舉動便辟〔四〕而成光儀也。【釋文】（形諜），徒協反。《説文》云：間也。（成光），司

〔二〕「蝡」，原文誤作「類」。
〔三〕「列」，原文誤作「别」。
〔三〕「蟹」，原文誤作「觧」。
〔四〕「辟」，原文寫作「僻」。

馬云：形諜於衷，成光華也。（辟），婢〔一〕亦反。以外鎮人心，【註】其内實不足以服物。使人輕乎貴老，【註】若鎮物由乎内實，則使人貴老之情篤也。【釋文】（貴老），謂重禦寇過於老人。而𩐁其所患。【註】言以美形動物，則所患乱生也。【釋文】（𩐁），子兮反，亂也。夫饗人特爲食羹之貨，多餘之贏，其爲利也薄，其爲權也輕，而猶若是〔二〕，【註】權輕利薄，可无求於人。【釋文】（食），音嗣。（贏），音盈。而况於萬乘之主乎。身勞於國而知盡於事，彼將任我以事而效我以功，吾是以驚。」伯昏瞀人曰：「善哉觀乎。汝處己，人將保汝矣。」【註】苟不遺形，則所在見保。保者，守聚之謂也。【釋文】（乘），繩證反。（效），如字。本又作「校」，古孝反。（保汝），司馬云：保，附也。无幾何而往，則户外之屨滿矣。伯昏瞀人北面而立，敦杖蹙之乎頤，立有間，不言而出。賓者以告列子，列子提屨，跣而走，暨乎門，曰：「先生既來，曾不發藥乎？」曰：「已矣，吾固告汝曰人將保汝，果保汝矣。非汝能使人保汝，而汝不能使人无保汝也，【註】任平而化，則无感无求，无感无求，乃不相保。【釋文】（幾），居豈反。（敦），音頓。司馬云：豎也。（蹙），子六反。（賓者），本亦作「儐」，同。必刃反。謂通客之人。（跣），先典反。（暨），其器反。（發），如字。司馬本作「廢」，云：置也。而焉用之感豫出異也。

〔一〕「辟婢」，原文爲墨圍。
〔二〕「是」，原文寫作「食」。

【註】先物施惠，惠不因彼，豫出則異也。【釋文】（焉），於虔反。**必且有感，搖而本才，又无謂也。**【註】必將有感，則與本性動也。【釋文】（搖而本才），一本「才」作「性」。（又无謂也），動搖本才以致求者，又非道德之謂也。**與汝遊者又莫汝告也，彼所小言，盡人毒也。**【註】細巧入人爲小言。【釋文】（小言），言不入道，故曰小言。（人毒），以其多患，故曰人毒。**莫覺莫悟，何相孰也。巧者勞而知者憂，无能者无所求，飽**[一]**食而遨遊，汎若不繫之舟，虛而遨遊者也。」**【註】夫无其能者，唯聖人耳。過此以下，至於昆蟲，未有自忘其能而任衆人者也。【釋文】（莫覺莫悟何相孰也），彼不敢告汝，汝又不自覺，何期相孰哉。王云：小言爲毒，曾无告語也。孰，誰也。謂誰相親愛者。既无告語，此不相親愛之至也。（知），音智。（食而），一本作「飽食而」。（遨），本又作「敖」[二]，五刀[三]反。下同。（汎），孚劍反。**鄭人緩也呻吟裘氏之地。**【註】呻吟，吟詠之謂。【釋文】（緩），司馬云：緩，名也。（呻），音申，謂吟詠學問之聲也。崔云：呻，誦也。本或作「呻吟」。（裘），地名。崔云：裘，儒服也。（之地），崔本作「之地蛇」，云：地蛇者，山田茶種[四]也。**祇三年而緩爲儒，**【註】祇，適也。【釋文】（祇），音支。李云：適也。言適三年而成也。

[一]「飽」，原文脱。
[二]「敖」，原文爲墨圍。
[三]「刀」，原文寫作「刃」。
[四]「種」，原文寫作「鍾」。

司馬云：巨移反，謂神祇祐之也。**河潤九里，澤及三族，使其弟墨。儒墨相與辯，其父助翟。**【註】翟，緩弟名。【釋文】（河潤九里），河從乾位來，乾，陽数九也。（使其弟墨），謂使緩弟翟成墨也。**十年而緩自殺。其父夢之曰：「使而子爲墨者予也。闔胡嘗視其良，既爲秋柏之實矣？」**【註】緩怨其父之助弟，故感激自殺，死而見夢，謂己既能自化爲儒，又化弟令墨，弟由己化而不能順己，己以良師而便怨死，精誠之至[一]，故爲秋柏之實。【釋文】（闔胡嘗視其良），闔，語助也。胡，何也。良者，良人，斥緩也。言何不試視緩墓[二]上，已化爲秋柏[三]之實。「良」或作「埌」[四]，音浪，冢也。（見），賢遍反。（令），力呈反。**夫造物者之報人也，不報其人而報其人之天。**【註】自此已下，莊子辭也。夫積習之功爲報，報其性，不報其爲也。然則學[五]習之功，成性而已，豈爲之哉[六]。**彼故使彼[七]。**【註】彼有於使，故使於彼。**夫人以己爲有以異於人以賤其親，**【註】言緩自美其儒，謂己能有積學之功，不知其性之自然也。夫有功以賤物者，不避其親也，无其身以平生

[一]「至」，原文寫作「怨」。
[二]「墓」，原文爲墨圍。
[三]「柏」，原文寫作「梢」。
[四]「埌」，原文寫作「浪」。
[五]「學」，原文寫作「至」。
[六]「哉」，原文寫作「成」。
[七]「彼」，原文寫作「被」。

者，貴賤不失其倫也。**齊人之井〔一〕飲者相捽也。故曰今之世皆緩也。**【註】夫穿井〔二〕所以通泉，吟詠所以通情也。无泉亦无所穿，无性則无所詠，而世皆忘其泉性之自然，徒議穿詠之末功，因欲矜而有之，不亦妄乎。【釋文】（相捽），才〔三〕骨反。言穿井之人，爲己有造泉之功而捽飲者，不知泉之天然也。喻緩〔四〕不知翟天然之墨而忿之。捽，一音子晦反。**自是，有德者以不知也，而況有道者乎。**【註】觀緩之謬以爲學，父故能任其自尔而知，故无僞乎其間也。【釋文】（知〔五〕），音智，註同。（父），本或作「久」。**古者謂之遁〔六〕天之刑。**【註】仍自然之能以爲己功者，逃天者也，故刑而及之。【釋文】（仍〔七〕），而證反。本又作「認」，同。**聖人安其所安，不安其所不安；**【註】夫聖人无安无不安，順百姓之心也。**衆人安其所不安，不安其所安。**【註】所安相与異，故所以爲衆人也。**莊子曰：「知道易，勿言難。知而不言，所以之天也；知而言之，所以之人也；**

〔一〕「井」，原文寫作「共」。
〔二〕「井」，原文誤作「并」。
〔三〕「才」，原文寫作「于」。
〔四〕「然也喻緩」，原文寫作「地之間亦」。
〔五〕「知」，原文誤作「如」。
〔六〕「遁」，原文誤作「道」。
〔七〕「仍」，原文誤作「因」。

古之人，天而不人。」【註】知雖譽天地，未嘗開言以引物也，應其至分而已〔一〕。【釋文】（易），以豉反。（知雖），音智。（應），如字，當也。**朱泙漫學屠龍於支離益，單千金之家，三年技成而无所用其巧。**【註】事在於適，无貴於遠功。【釋文】（泙），李音平，郭敷音反。徐敷耕反。（漫），末〔二〕旦反，又末〔三〕干反。司〔四〕馬云：朱泙〔五〕漫、支离益，皆人姓名。（屠），音徒。（單），音丹，尽也。（千金之家），如字。本亦作「賈」，又作「價〔六〕」，皆音嫁。（三），絶句。崔云：用千金者三也。一〔七〕本作「三年」，則上句至「家」絶。（技），其綺反。**聖人以必不必，故无兵；**【註】理雖必然，猶不必之，斯至順矣，兵其安有。**衆人以不必必之，故多兵；**【註】理雖未必，抑而必之，各必其所見，則乖逆生。**順於兵，故行有求。**【註】物各順性則足，足則无求。【釋文】（慎〔八〕於兵），

〔一〕「已」，原文誤作「以」。
〔二〕「末」，原文寫作「朱」。
〔三〕「末」，原文誤作「未」。
〔四〕「司」，原文誤作「同」。
〔五〕「泙」，原文寫作「平」。
〔六〕「價」，原文誤作「賈」。
〔七〕「一」，原文闕。
〔八〕「慎」，原文寫作「傎」。

慎或作「順」。**兵，恃之則亡。**【註】不得已而用之以恬淡爲上者，未之亡也。【釋文】（恬），徒謙反。（惔），徒暫反。本亦作「淡」。**小夫之知，不離**〔一〕**苞苴竿牘，**【註】苞苴以遺，竿〔二〕牘以問，遺問之具，小知所殉。【釋文】（知），音智。註及下「爲知」同。（離），力智反。（苞苴），子餘反。司馬云：苞苴，有苞裹也。（竿〔三〕），音干。（牘），音獨。司馬云：謂竹簡爲書，以相問遺，脩意氣也。（遺），唯李反。下同。**敝精神乎蹇淺，**【註】昏於小務，所得者淺〔四〕。【釋文】（敝〔五〕），郭婢世反，一音必世反。**而欲兼濟道物，太一形虛。若是者，迷惑于宇宙，形累不知太初。**【註】小〔六〕夫之知，而欲兼濟道物，經虛深遠，志大神敝〔七〕，形爲之累，則迷惑而失致也。【釋文】（道），音導〔八〕。註同〔九〕。**彼至人者，歸精神乎无始而甘冥乎无何有之鄉。水流乎无形，發泄乎太清。**

〔一〕「離」，原文寫作「難」。
〔二〕「竿」，原文誤作「草」。
〔三〕「竿」，原文寫作「竽」。
〔四〕「淺」，原文誤作「殘」。
〔五〕「敝」，原文誤作「粉」。
〔六〕「小」，原文誤作「井」。
〔七〕「敝」，原文誤作「敊」。
〔八〕「導」，原文寫作「道」。
〔九〕「同」，原文誤作「司」。

【註】泊然无爲而任其天行也。【釋文】（冥〔一〕），如字。本亦作「瞑〔二〕」。又音眠。（泄），息列反。徐以世反。（泊），步各反。**悲哉乎。汝爲知在豪毛，**【註】爲知所得者細。【釋文】（悲哉乎），一本作「悲哉悲哉」。**而不知大寧。**【註】任性大寧而至。**宋人有曹商者，爲宋王使秦。其往也，得車數乘；王説之，益車百乘。反於宋，見莊子曰：「夫處窮閭阨巷，困窘織屨，槁項黄馘者，商之所短也；一悟萬乘之主而從車百乘者，商之所長也。」莊子曰：「秦王有病召醫，破癰潰痤者得車一乘，舐痔者得車五乘，所治愈下，得車愈多。子豈治其痔邪，何得車之多也？子行矣。」**【註】夫事下然後功高，功高然後禄重，故高遠恬〔三〕淡者遺榮也。【釋文】（爲），于僞反。（宋王），司馬云：偃王也。（使），所吏反。（數），所主反。（乘），繩證反。下同。（説），音悦。（阨〔四〕），於解反。（窘），与愪反，又巨韻反。（槁），苦老反，又袪矯反。本亦作「矯」，居表反。（項），李云：頸項，羸瘦皃。司馬云：頭槁立也。（黄馘〔五〕），古獲反，徐况璧反。《尔

〔一〕「冥」，原文誤作「質」。
〔二〕「瞑」，原文寫作「瞋」。
〔三〕「恬」，原文誤作「活」。
〔四〕「阨」，原文寫作「梔」。
〔五〕「馘」，原文誤作「皃」。

雅》云：獲也。司馬云：謂面黄熟也。（秦〔一〕王），司馬云：惠王也。（痤〔二〕），徂禾反。（舐），字又作「䑛」，食紙反。（痔），治紀反。（愈），本〔三〕亦作「俞」，同。**魯哀公問乎顏闔曰：「吾以仲尼爲貞幹〔四〕，國其有瘳乎？」曰：「殆哉汲乎仲尼。**【註】汲，危也。夫至人以民静爲安。今一爲貞幹，則遺高迹於万世，令飾競於仁義而雕畫其毛彩，百姓既危，至人亦无以爲安也。【釋文】（瘳），敕由反。（汲），魚及反，又五脂反，危也。（令），力呈反。下同。**方且飾羽而畫，**【註】凡言方且〔五〕，皆謂後世，從事飾畫，非任真也。**從事華辭，以支爲旨，**【註】將令後世之從事者無實，而意趣横出也。**忍性以視民而不知不信，**【註】後世人君，將慕仲尼之遐軌，而遂忍性自矯僞以臨民，上下相習，遂不自知也。【釋文】（視），音示。下同。**受乎心，宰乎神，夫何足以上民。**【註】今以上民，則後世百姓非直外形從之而已，乃以心神受而用之，不能復自得於體中也。【釋文】（復），扶又反。**彼宜女與？**【註】彼，百姓也。女，哀公也。彼与女各自有所宜，相效則失真，此即

〔一〕「秦」，原文誤作「奉」。
〔二〕「痤」，原文寫作「座」。
〔三〕「本」，原文誤作「夲」。
〔四〕「幹」，原文誤作「榦」。
〔五〕「且」，原文誤作「日」。

今之見驗。【釋文】（與），音餘，又如字。下「頤〔一〕与」同。（見），賢遍反。**予頤與？**【註】效彼非所以養己也。**誤而可矣。**【註】正不可也。**今使民離實學僞，非所以視民也，爲後世慮，不若休之。**【註】明不謂當時也。【釋文】（离），力智反。**難治也。」**【註】治之則僞，故聖人不治也。**施於人而不忘，非天布也。**【註】布而識之，非芻狗万物也。【釋文】（施），始〔二〕豉反。下、註同。（識），如字，又申志反。**商賈不齒，**【註】況士〔三〕君子乎。【釋文】（賈），音古。**雖以士齒之，神者弗齒。**【註】要能施惠，故於事不得不齒，以其不忘，故心神忽之。此百姓之大情也。**爲外刑者，金與木也；**【註】金，謂刀鋸斧鉞；木，謂捶楚桎梏。【釋文】（鋸），音據。（鉞〔四〕），音越。（捶），之蘂反。（桎），之实反。（梏），古毒反。**爲内刑者，動與過也。**【註】靜而當，則内外无刑。**宵人之離外刑者，金木訙之；**【註】不由明坦之塗者，謂之宵人。【釋文】（宵人），王云：非明正之徒，謂之宵夜之人也。（訙），本又作「訊」，音信，問也。**離内刑者，陰陽食之。**

〔一〕「頤」，原文誤作「順」。
〔二〕「始」，原文誤作「如」。
〔三〕「士」，原文寫作「上」。
〔四〕「鉞」，原文寫作「誠」。

【註】動而過分，則性氣傷於内，金木訊於外也。夫免乎外内之刑者，唯真人能之。【註】自非真〔一〕人，未有能止其分者，故必外内受刑，但不問卜耳。孔子曰：「凡人心險於山川，難於知天；天猶有春秋冬夏旦暮之期，人者厚貌深情。故有貌愿而益，有長若不肖，有順懁而達者，有堅而縵，有緩而釬。【註】言人情貌之反有如此者。【釋文】（愿），音願。《廣雅》云：謹慤也。（長），丁丈反。（不肖），外似長者，内不似也。（有順），王作「慎」。（懁），音儇，又許沿反，徐音絹。《三蒼》云：腹急也。王云：研辨也，外慎研辨，常務質訥。（縵），武半〔二〕反，又武諫反。李云：内堅实，外如縵也。（釬），胡旦反，又音干〔三〕，急也。一云：情皃相反。故其就義若渴者，其去義若熱〔四〕。【註】但爲難知耳，未爲殊无迹。故君子遠使之而觀其忠，近使之而觀其敬，煩使之而觀其能，卒然問焉而觀其知，急與之期而觀其信，委之以財而觀其仁，告之以危而觀其節，醉之以酒而觀其則，雜之以處而觀其色。九徵至，不肖人得矣。」【註】君子易觀，不肖難明。然視其所以，觀知其所由，察其所安，搜〔五〕之有塗，亦可知也。【釋文】（卒），

〔一〕「真」，原文寫作「其」。
〔二〕「半」，原文誤作「坐」。
〔三〕「干」，原文誤作「于」。
〔四〕「熱」，原文脱。
〔五〕「搜」，原寫作「援」。

寸忽反。(知),音智。(側),不正也。一云:謂醉者喜傾側冠也。王云:側,謂凡爲不正也。側,或作「則」。(易),以豉反。(搜〔一〕),所求反。**正考父一命而傴,再命而僂,三命而俯,循牆而走,孰敢不軌。**【註】言人不敢以不軌之事侮之。【釋文】(正考父),音甫。宋湣公之玄孫,弗父何之曾孫。(傴),紆矩反。(僂),力矩反。(三命),公士一命,大夫再命,卿三命。**如而夫者,一命而呂鉅,再命而於車上儛,三命而名諸父,孰協唐、許。**【註】而夫,謂凡夫也。唐,謂堯也〔二〕;許,謂許由也。言而夫与考父者,誰同於唐、許之事也。【釋文】(而夫),郭云:凡夫也。(呂鉅),矯皃。(孰協唐許),協,同也。唐,唐堯;許,許由:皆崇讓者也。言考父与而夫〔三〕,誰同於唐、許也。**賊莫大乎德有心,**【註】有心於爲德,非真德也。夫真德者,忽然自得而不知所以德也。**而心有睫,**【註】率心爲德,猶之可耳;役心於眉睫之間,則僞已甚矣。【釋文】(睫),音接。**及其有睫也而內視,內視而敗矣。**【註】乃欲探射幽隱〔四〕,以深爲事,則心与事俱敗矣。【釋文】(射),食亦反。**凶德有五,中德爲首。何謂中德?中德也者,有以自好也,而吡其所不爲者也。**

〔一〕「搜」,原寫作「援」。
〔二〕「也」,原文脱。
〔三〕「夫」,原文誤作「大」。
〔四〕「幽隱」,原文寫作「殺急」。

【註】呲，訾也。夫自是而非彼〔一〕，則攻〔二〕之者非一，故爲凶首也。若中无自好之情，則恣万物之斤是，所是各不自失，則天下皆思奉之矣。【釋文】（好），呼報反。註同。（呲），匹尔反，又芳尔反。（訾），子尔反。（皆思奉之矣），本或作「皆畢事也」。**窮有八極，達有三必，形有六府。美髯長大壯麗勇敢，八者俱過人也，因以是窮。**【註】窮於受役也。然天下未曾窮於所短，而恒以所長自困〔三〕。【釋文】（髯），人監反。（曾），才能反。**緣循，偃佒，困畏不若人，三者俱通達。**【註】緣循，杖物而行者也。偃佒，不能俯執者也。困畏，其弱者也。此三者既不以事見任，乃將接佐之，故必達也。【釋文】（偃佒），於丈反。本亦作「央」，同。偃佒，守分歸一也。（杖），守亮反。**知慧外通，**【註】通外則以无涯傷其内也。【釋文】（知），音智。**勇動多怨，**【註】怯而静，乃厚其身耳。【釋文】（乃厚其身耳），元嘉本「厚」作「後」。一本作「乃後恒无怨也」。**仁義多責〔四〕。**【註】天下皆望其愛，然愛之則有不周矣，故多責。**達生之情者傀，**【註】傀然，大〔五〕恬解之皃。【釋文】（傀），郭、徐呼懷反。《字林》公回反，云：偉也。（解），音蟹。**達於知者肖；**【註】肖，失散也。

〔一〕「彼」，原文誤作「波」。
〔二〕「攻」，原文誤作「故」。
〔三〕「困」，原文寫作「用」。
〔四〕「責」，原文誤作「則」。
〔五〕「大」，原文寫作「天」。

【釋文】（知），音智。（肖），音消。**達大命者隨，**【註】泯〔一〕然与化俱也。**達小命者遭。**【註】每在節上住乃悟也。**人有見宋王者，錫車十乘，以其十乘驕穉莊子。莊子曰：「河上有家貧恃緯蕭而食者，其子没於淵，得千金之珠。其父謂其子曰：『取石來鍛之。夫千金之珠，必在九重之淵而驪龍頷下，子能得珠者，必遭其睡也。使驪龍而寤，子尚奚微之有哉。』今宋國之深，非直九重之淵也；宋王之猛，非直驪龍也；子能得車者，必遭其睡也。使宋王而寤，子爲韲粉夫。」**【註】夫取富貴，必順乎民望也，若挾奇説，乘天衢，以嬰人主之心者，明君之所不受也，故如有所譽，必有所試，於斯民不違，僉曰舉之，以合万夫之望者，此三代所以直道而行之也。【釋文】（乘），繩證反。下同。（驕穉），直吏反，又池夷反。李云：自驕而穉莊子也。（緯蕭），如字。緯，織也。蕭，荻蒿也。織蕭以爲畚而賣之。本或作「葦」，音同。（鍛），丁乱反，謂槌破之。（重），直龍反。（驪龍），力馳反。驪龍，黑龍也。（頷），户感反。（韲），子兮反。（夫），音符。（挾），户牒反。（僉），七潛反。**或聘於莊子。莊子應其使曰：「子見夫犧牛乎？衣以文繡，食以芻叔，及其牽而入於大廟，雖欲爲孤犢，其可得乎。」**【註】樂生者畏犧而辭聘，髑髏聞生而矉顣，此死生之情異而各自當也。【釋文】（使），所吏反。（衣），於既反。（食），音嗣。

〔一〕「泯」，原文寫作「民」。

（芻），音初俱反。芻，草也。叔，大豆也〔二〕。（大廟），音太。（髑），音獨。（髏），音樓。（矉），眦人反。（𥈭），子六反。**莊子將死，弟子欲厚葬之。莊子曰：「吾以天地爲棺槨，以日月爲連璧，星辰爲珠璣，萬物爲齎送。吾葬具豈不備邪？何以加此。」弟子曰：「吾恐烏鳶之食夫子也。」莊子曰：「在上爲烏鳶食，在下爲螻蟻食，奪彼與此，何其偏也。」以不平平，其平也不平；**【註】以一家之平平万物，未若任万物之自平也。【釋文】（璣），音祈，又音機。一音其既反。（齎），音資。本又作「濟」，子詣反。（鳶），以全反。（螻），音樓。（蟻），魚綺反。**以不徵徵，其徵也不徵。**【註】徵，應也。不因万物之自應而欲以其所見應之，則必有不合矣。**明者唯爲之使，**【註】夫執其所見，受使多矣，安能使物哉。**神者徵之。**【註】唯任神然後能至順，故无往不應也。**夫明之不勝神也久矣，**【註】明之所及，不過於形骸也，至順則无遠近幽深，皆各自得。**而愚者恃其所見入於人，其功外也，不亦悲乎。**【註】夫至順則用發於彼而功藏於物，若恃其所見，執其自是，雖欲入人，其功之外也。

〔二〕「也」，原文誤作「反」。

莊子雜篇天下第三十三

【釋文】《音義》曰：以義名篇。

天下之治方術者多矣，皆以其有爲不可加矣。【註】爲其所有爲，則真爲也，爲其真爲，則无爲[一]矣，又何加焉。古之所謂道術者，果惡乎在？曰：「无乎不在。」曰：「神何由降？明何由出？」【註】神明由事感而後降出。【釋文】（惡），音烏。「聖有所生，王有所成，皆原於一。」【註】使物各復其根，抱一而已，无飾於外，斯聖王所以生成也。不離於宗，謂之天人。不離於精，謂之神人。不離於真，謂之至人。以天爲宗，以德爲本，以道爲門，兆於變化，謂之聖人。【註】凡此四名，一人耳，所自[二]言之異。【釋文】（不離），力智反。下註「不離」「離性」，下章「離於」同。（兆），本或作「逃」。以仁爲恩，以義爲理，以禮爲行，以樂爲和，薰然慈仁，謂之君子。【註】此四名之粗迹，而賢人君子之所服膺也。【釋文】（行），下孟反。章内同。（薰然），許云反，溫和貌。崔云：以慈仁爲馨聞也。（粗），七奴反。卷内皆同。以法爲分，以名爲

[一] 「爲」，原文寫作「僞」。
[二] 「自」，原文寫作「不」。

表，以參爲驗，以稽爲決，其數一二三四是也，百官以此相齒，以事爲[一]常，以衣食爲主，蕃息畜藏，老弱孤寡爲意，皆有以養，民之理也。【註】民理既然，故聖賢不逆。【釋文】（參），本又作「操」，同。七曹反，宜也。（稽），音雞，考也。（蕃），音煩。（畜），敕六反，又許六反。（藏），如字，又才浪反。古之人其備乎。【註】古之人即向之四名也。配神明，醇天地，育萬物，和天下，澤及百姓，明於本數，係於末度，【註】本數明，故末不離。【釋文】（醇），順倫反。六通四辟，小大精粗，其運无乎不在。【註】所以爲備。【釋文】（辟），婢亦反。本又作「闢」。其明而在歷數者，舊法世傳之史尚多有之。【註】其在數度而可明者，雖多有之，已疏外也。其在於《詩》《書》《禮》《樂》者，鄒魯之士搢紳先生多能明之。【註】能明其迹耳，豈所以迹哉。【釋文】（鄒），莊由反，孔子父所封邑。《詩》以道志，《書》以道事，《禮》以道行，《樂》以道和，《易》以道陰陽，《春秋》以道名分。其數散於天下而設於中國者，百家之學時或稱而道之。【註】皆道古人之陳迹耳，尚復不能常稱。【釋文】（道志），音導。下「以道」皆同。（分），扶問反。（復），扶又反。下章「不復」同。天下大亂，【註】用其迹而无統故也。賢聖不明，【註】能明其迹，又未易也。【釋文】（易），以豉反。道德不一，【註】百家穿

[一]「爲」，原文寫作「相」。

鑿。天下多得一，【註】各信其偏見而不能都舉。【釋文】（得一），偏得一術。察焉以自好。【註】夫聖人統百姓之大情而因爲之制，故百姓寄情於所統而自忘其好惡，故與一世而得淡漠焉。乱則反之，人恣其近好，家用典法，故国異政，家殊俗。【釋文】（好），呼報反。註及下同。（惡），烏路反。（淡），本又作「澹」，徒暫反。（漠），音莫。譬如耳目鼻口，皆有所明，不能相通。猶百〔二〕家衆技也，皆有所長，時有所用。【註】所長不同，不得常用。【釋文】（技），其綺反。雖然，不該不徧，一曲之士也。【註】故未足備任也。【釋文】（徧），音遍。判天地之美，析萬物之理，【註】各用其一曲，故析判。察古人之全，寡能備於天地之美，稱神明之容。【註】況一曲者乎。【釋文】（稱），尺登反。下章同。是故内聖外王之道，闇而不明，鬱而不發，【註】全人難遇故也。天下之人各爲其所欲焉以自爲方。悲夫，百家往而不反，必不合矣。後世之學者，不幸不見天地之純，古人之大體，【註】大體各歸根抱一，則天地之純也。道術將爲天下裂。【註】裂，分離也。道術流弊，遂各奮其方，或以主物，則物離性以從其上而性命哀矣。【釋文】（哀矣），如字。本或作「喪」，息浪反。不侈於後世，不靡於萬物，不暉於數度，【註】勤儉則瘁，故不暉也。【釋文】（侈），尺紙反，又尺氏反。（暉），如字。崔本作「渾」。（瘁），在醉反。以繩墨自矯，【註】矯，厲也。【釋文】（矯），居表反。而備世之急，【註】勤而儉則財有餘，故急有備。

〔二〕「百」，原文誤作「有」。

古之道術有在於是者。**墨翟、禽滑釐聞其風而説之，爲之大過，已之大順。**【註】不復度衆所能也。【釋文】（墨翟），宋大夫，尚儉素。（滑），音骨，又户八反。（釐），力之反，又音熙。禽滑釐，墨翟弟子也。不順五帝三王之樂，嫌其奢。（説），音悦。下、註同，後「聞風而説」皆同。（大過），音太，舊敕佐反。後「大過」「大多」「大少」放此。（順），或作「循」。（度），徒各反。**作爲非樂，命之曰節用；生不歌，死无服。墨子氾愛兼利而非鬭，**【註】夫物不足，則以鬭爲是，今墨子令百姓皆勤〔一〕儉各有餘，故以鬭爲非也。【釋文】（非樂節用），《墨子》二篇名。（氾），芳〔二〕劍反。（愛兼利），化同己儉爲氾愛兼利。（令〔三〕），力呈反。下同。**其道不怒；**【註】但自刻也。**又好學而博，不異，**【註】既自以爲是，則欲令万物皆同乎己也。**不與先王〔四〕同，**【註】先王則恣其群異，然後同焉皆得而不知所以得也。**毁古之禮樂。**【註】嫌其侈靡。**黄帝有咸池，堯有大章，舜有大韶，禹有大夏，湯有大濩，文王有辟雍之樂，武王、周公作武。**【互註】《禮·春官·大司樂》：舞雲門、大卷、大咸、大磬、大夏、大濩、大武。《記·樂記》：大章，章之也；咸池，備矣；韶，继也；夏，大也。商周之樂尽矣。**古之喪禮，貴賤有儀，上下有等，天子棺槨七重，**

〔一〕「勤」，原文誤作「動」。
〔二〕「芳」，原文寫作「敨」。
〔三〕「令」，原文爲墨圍。
〔四〕「王」，原文誤作「生」。

諸侯五重，大夫三重，士再重。今墨子獨生不歌，死不服，桐棺三寸而無槨，以爲法式。以此教人，恐不愛人；以此自行，固不愛己[一]。【註】物皆以任力稱情爲愛，今[二]以勤儉爲法而爲之大過，雖欲饒天下[三]，更非所以爲愛也。【釋文】（夏），户雅反。（濩），音護。（辟）音壁。（作武），武，樂名。（重），直龍反。下同。未敗墨子道，【註】但非道德。【釋文】（敗），或作「毀」。（墨子），是一家之正，故不可以爲敗也。崔云：未壞其道。雖然，歌而非歌，哭而非哭，樂而非樂，是果類乎？【註】雖獨成墨而不類万物之情。【釋文】（非歌），生應歌，而墨以歌爲非也。（樂而），音洛。下及註同。其生也勤，其死也薄，其道大觳；【註】觳，无潤也。【釋文】（觳），郭苦角反。徐户角反。郭、李皆云：无潤也。使人憂，使人悲，其行難爲也，恐其不可以爲聖人之道，【註】夫聖人之道，悦以使民，民得性之所樂則悦，悦則天下无難矣。【釋文】（行），下孟反。下註以成其行同。反天下之心，天下不堪。墨子雖獨能任，奈天下何。離於天下，其去王也遠矣。【註】王者必合天下之懽心而與物俱往也。【釋文】（任），音壬。墨子稱道

〔一〕「愛己」，原文脱。
〔二〕「今」，原文寫作「令」。
〔三〕「下」，原文寫作「地」。

曰：「昔者禹之湮洪水，決江河而通四夷九州也，名山三百，支川〔一〕三千，小者無數。禹親自操槖耜而九雜天下之川；腓無胈，脛無毛，沐甚雨，櫛疾風〔二〕，置萬國。禹大聖也而形勞天下也如此。」【註】墨子徒見禹之形勞耳，未睹其性之適也。【釋文】（湮洪水），音因，又音煙，塞也，没也。掘地而註〔三〕之海，使水〔四〕由地下也。引禹之儉同己之道。（支川），本或作「支流」。（操），七曹反。（槖），舊古考反，崔、郭音託，字則應作「槖」。崔云：囊也。司馬云：盛土器也。（耜），音似。《釋名》：耜，似也，似齒断物。《三蒼》云：耒頭鐵也。崔云：梩也。司馬云〔五〕：盛水器也。（九），音鳩。本亦作「鳩」，聚也。（雜），本或作「栥」，音同。崔云：所治非一，故曰雜也。（腓），音肥，又符畏反。（胈），步葛反，又甫物反，又符盖反。（脛），刑定反。（甚），如字。崔本「甚」作「湛」，音淫。（櫛），側筆反。**使後世之墨者，多以裘褐爲衣，以跂蹻爲服，日夜不休，以自苦爲極，**【註】謂自苦爲盡理之法。【釋文】（褐），户葛反。（跂），其逆反。（蹻），紀略

〔一〕「川」，原文寫作「山」。
〔二〕「沐甚雨櫛疾風」，原文寫作「沐甚風櫛疾雨」。
〔三〕「註」，原文寫作「決」。
〔四〕「水」，原文寫作「之」。
〔五〕「云」，原文脱。

反。李云：麻曰屩，木曰屐。屐與跂同，屩與蹻同。一云：鞋類也。一〔一〕音居玉反，以籍鞋下也。**曰：「不能如此，非禹之道也**〔二〕**，不足謂墨。」**【註】非其時而守其道，所以爲墨也。**相里勤之弟子五侯之徒，南方之墨者苦獲、已齒、鄧陵子之屬，俱誦墨經，而倍譎不同，相謂別墨；**【註】必其各守所見，則所在无通，故於墨之中又相與別也。【釋文】（相），息亮反。（里勤），司馬云：墨師也。姓相里，名勤。（苦獲已齒），李云：二人姓字也。（倍），郭音佩〔三〕，又裴罪反。（譎），古穴反。崔云：決也。**以堅白同異之辯相訾，以觭偶不仵之辭相應；以巨子爲聖人，**【註】巨子最能辨其所是以成其行。【釋文】（訾），音紫。（觭），紀宜反，又音寄。（仵），音誤。徐音五。仵，同也。（巨子），向、崔本作「鉅」。向云：墨家號其道理成者爲鉅子，若儒家之碩儒。**皆願爲之尸，**【註】尸者，主也。**冀得爲其後世，至今不決。**【註】爲欲係巨子之業也。**墨翟、禽滑釐之意則是，**【註】意在不侈靡而備世之急，斯所以爲是。**其行則非也。**【註】爲之太過故也。**將使後世之墨者，必自苦以腓无胈脛无毛相進而已矣。亂之上也，**【註】亂莫大於逆物而傷性也。**治之下也。**【註】任衆適性爲上，今墨反之，故爲下。【釋文】（治），直吏反。**雖然，墨子真**

〔一〕「一」，原文爲墨圍。
〔二〕「也」，原文爲墨圍。
〔三〕「佩」，原本寫作「佩」。

天下之好也，【註】爲其真好重聖賢不逆也，但不可以教人。【釋文】（之好），呼報反，註同。（爲），于僞反。**將求之不得也，**【註】无輩。**雖枯槁不舍也。**【註】所以爲真好也。【釋文】（槁），苦老反。（舍），音捨。下章同。**才士也夫。**【註】非有德也。**不累於俗，不飾於物，不苟於人，不忮於衆，**【註】忮，逆也。【釋文】（忮），之豉反，逆也。司馬、崔云：害也。《字書》云：很也。又音支，韋昭音洎。**願天下之安寧以活民命，人我之養畢足而止，**【註】不敢望有餘也。**以此白心，古之道術有在於是者。宋鈃、尹文聞其風而悦之，作爲華山之冠以自表，**【註】華山上下均平。【釋文】（白心），崔云：明白其心也。白，或作「任」。（鈃），音刑。徐胡泠反，郭音堅。（尹文），崔云：齊宣王時人，著書一篇。（華山之冠），華山上下均平，作冠象之，表己心均平也。**接萬物以別宥爲始，**【註】不欲令相犯錯。【釋文】（別），彼列反，又如字。（宥爲始），始，首也。崔云：以別善惡，宥不及也。**語心之容，命之曰心之行，以聏合驩，以調海内，**【註】强以其道聏令合，調令和也。【釋文】（聏），崔音而，郭音餌。司馬云：色厚貌。崔、郭、王云：和也。聏和萬物，物合〔二〕則歡矣。一云：調也。（合驩），以道化物，和而調之，合意則歡。（強），其丈〔三〕反。下皆同。（令合），力呈反。下同。**請欲置之以爲主。**【註】二子請得若此者立以爲物主也。**見侮不**

〔二〕「合」，原文寫作「各」。
〔三〕「丈」，原文誤作「文」。

辱，【註】其於以活民爲急也。救民之鬭，禁攻寢兵，救世之戰。【註】所謂聏調。以此周行天下，上説下教，雖天下不取，強聒而不舍者也，【註】聏調之理然也。【釋文】（説），音悦，又如字。（下教），上，謂國主也，悦上之教下也。一云：説，猶教也。上教教下也。（聒），古活反，謂強聒其耳而語之也。故曰上下見厭而強見也。【註】所謂不辱。【釋文】（厭），於豔反，徐於贍反。雖然，其爲人太多，其自爲太少；【註】不因其自化而強以慰之，則其功太重也。【釋文】（爲），于僞反。下「自爲」同。曰：「請欲固置五升之飯足矣，【註】斯明自爲之太少也。先生恐不得飽，弟子雖飢，不忘天下。」【註】宋鈃、尹文稱天下爲先生，自稱爲弟子也。日夜不休，曰：「我必得活哉。」【註】謂民亦當報己也。圖傲乎救世之士哉。【註】揮斥高大之貌。【釋文】（傲），五報反。曰：「君子不爲苛察，【註】務寬恕也。【釋文】（苛），音河。一本作「苟」。不以身假物，」【註】必自出其力也。以爲無益於天下者，用之不如已也，【註】所以爲救世之士也。以禁攻寢兵爲外，以情欲寡淺爲内，其小大精粗，其行適至是而止。【註】未能經虚涉曠。【釋文】（行），下孟反，又如字。公而不當，易而無私，決然無主，【註】各自任也。【釋文】（不當），丁浪反。崔本作「黨」，云：至公无黨也。（易），以豉反。趣物而不兩，【註】物得所趣，故一。不顧於慮，不謀於知，於物無擇，與之俱往，古之道術有在於是者。彭蒙、田駢、慎到聞其風而悦之，齊萬物以爲首，曰：「天能覆之而不能載之，地能載之而不能覆之，

大道能包之而不能辯之，知萬物皆有所可，有所不可，故曰選則不徧，【註】都用乃周。【釋文】（於知），音智。下「弃知」同。（田駢），薄田反。齊人也，遊稷下，著書十五篇。慎子云：名廣。（徧），音遍。**教則不至，**【註】任其性乃至。【釋文】（不至），一本作「不王」。**道則無遺者矣。」是故慎到弃知去己而緣不得已，泠汰於物以爲道理，**【註】泠汰，猶聽放也。【釋文】（遺），如字。本又作「貴」。（去），起呂反。章内註同。（泠），音零。（汰），音泰，徐徒蓋反。一云：泠汰，猶沙汰也，謂沙汰使之泠然也；皆泠汰之歸於一，以此爲道理也。或音裔，又音替。**曰知不知，將薄知而後鄰傷之者也，**【註】謂知力淺，不知任其自然，故薄之而又鄰傷焉。**謑髁无任而笑天下之尚賢也，**【註】不肯當其任而任夫衆人，衆人各自能，則无爲横復尚賢也。【釋文】（謑），胡啓反，又音奚，又苦迷反。《説文》云：恥也。五米反。（髁），户寡反，郭勘〔二〕禍反；謑髁，訛倪不正貌。王云：謂謹刻也。（无任），无所施任也。王云：雖謹刻於法，而猶能不自任以事，事不與衆共之，則无爲尚賢，所以笑也。（復），扶又反。**縱脱无行而非天下之大聖，**【註】欲壞其迹，使物不殉。【釋文】（行），下孟反。下「人之行」同。**椎拍輐斷，與物宛轉，**【註】法家雖妙，猶有椎拍，故未泯合。【釋文】（椎），直追反。（拍），普百反。（輐），五管反，又胡亂反，又五亂反。徐胡管反，圓也。（斵），丁管反，又丁亂反，方也。王云：椎拍輐斷，皆刑截者所用。**舍是與非，苟可**

〔二〕「勘」，原文寫作「欺」。

以免，不師知慮，不知前後，【註】不能知是之與非，前之與後，暋目恣性，苟免當時之患也。【釋文】（師知），音智。魏然而已矣。【註】任性獨立。【釋文】（魏），魚威反，李五回反。推而後行，曳而後往，【註】所謂緣於不得已。若飄風之還，若羽之旋，若磨石之隧，全而無非，動靜无過，未嘗有罪。是何故？夫无知之物，無建己之患，無用知之累，動靜不離於理，是以終身無譽。【註】患生於譽，譽生於有建。【釋文】（飄），婢遥反，一音必遥反。《爾雅》云：回風爲飄。（還），音旋，一音環。（若磨），末佐反，又如字。（石之隧〔一〕），音遂，回也。徐絶句，一讀至「全」字絶句。（全而无非），磨石所剴，麁細全在人，其德全无見非責時，言其无心也。（不離），力智反。故曰至於若無知之物而已，無用賢聖，【註】唯聖人然後能去知與故，循天之理，故愚知處宜，貴賤當位，賢不肖襲情，而云无用賢聖，所以爲不知道也。夫塊不失道。【註】欲令去知如土塊也。亦爲凡物云云，皆无緣得道，道非偏物也。【釋文】（塊），苦對反，或苦猥反。（令），力呈反。豪桀相與笑之曰：「慎到之道，非生人之行而至死人之理，【註】夫〔二〕去知任性，然後神明洞照，所以爲賢聖也。而云土塊乃〔三〕不失道，人若土塊，非死如何。豪傑所以笑也。適得怪焉。」【註】

〔一〕「隧」，原文誤作「遂」。
〔二〕「夫」，原文爲墨圍。
〔三〕「塊乃」，原文爲墨圍。

未合〔一〕至道，故爲詭〔二〕怪。**田駢亦然，學於彭蒙，得不教焉。**【註】得自任之道也。**彭蒙之師曰：「古之道人，至於莫之是莫之非而已矣。**【註】所謂齊萬物以爲首〔三〕。**其風窢然，惡可而言？」**【註】逆風所動之聲。【釋文】（窢），字亦作「罭」，又作「閾」，況逼反，又火麥反。郭〔四〕云：逆風聲。（惡），音烏。**常反人，不見觀，**【註】不順民望。【釋文】（不見觀），一本作「不聚觀」。**而不免於魭斷。**【註】雖立法而魭斷无圭角也。【釋文】（魭），五管反，又五亂反。（斷），丁管反。一本无「斷」字。**其所謂道非道，而所言之韙不免於非。**【註】韙，是也。【釋文】（韙），于鬼反。**彭蒙、田駢、慎到不知道。**【註】道无所不在，而云土塊乃不失道，所以爲不知。**雖然，概乎皆嘗有聞者也。**【註】但不闻也。【釋文】（概），古愛反。**以本爲精，以物爲粗，以有積爲不足，**【註】寄之天下，乃有餘也。**澹然獨與神明居，古之道術有在於是者。關尹、老聃聞其風而悦之，建之以常无有，**【註】夫无有何所能建？建之以常无有，則明有物之自建也。【釋文】（澹），徒暫反。（關尹），關令尹喜也。或云：尹喜字公度。（老聃），他甘反，即老子也。爲

〔一〕「未合」，原文爲墨圍。
〔二〕「故爲詭」，原文爲墨圍。
〔三〕「首」，原文寫作「言」。
〔四〕「郭」，原文爲墨圍。

喜著書十九篇。**主之以太一，**【註】自〔一〕天地以及群物，皆各自得而已，不兼他飾，斯非主之以太一邪。**以濡弱謙下爲表，以空虚不毁萬物爲實。關尹曰：「在己无居，**【註】物來則應，應而不藏，故功隨物去。【釋文】（濡），如兖反，一音儒。（下），遐嫁反。**形物自著。**【註】不自是而委萬物，故物形各〔二〕自彰著。**其動若水，其静若鏡，其應若響。**【註】常无情也。【釋文】（響），許丈反。**芴乎若亡，寂乎若清，同焉者和，得焉者失。**【註】常〔三〕全者不知所得也。【釋文】（芴），音忽。**未嘗先人而常隨人。」老聃曰：「知其雄，守其雌，爲天下谿；知其白，守其辱，爲天下谷。」**【註】物各自守其分，則静默而已，无雄白也。夫雄白者，非尚勝自顯者邪？尚勝自顯，其非逐知過分以殆其生邪？故古人不隨无崖之知，守其分内而已，故其性全。其性全，然後能及天下；能及天下，然後歸之如谿谷也。【釋文】（谿），苦兮反。**人皆取先，己獨取後，**【註】不與萬物争鋒，然後天下樂推而不厭，故後其身。**曰受天下之垢；**【註】雌辱後下之類，皆物之所謂垢。【釋文】（垢），音苟。**人皆取實，**【註】唯知有之以爲利，未知无之以爲用。**己獨取虚，**【註】守沖泊以待群實。【釋文】（泊），步各反。**无藏也故有餘，**【註】付萬物使各自守，故不患其守。**巋然**

〔一〕「自」，原文寫作「目」。
〔二〕「各」，原文闕。
〔三〕「常」，原文寫作「嘗」。

而有餘。【註】獨立自足之謂。【釋文】（巋），去軌反，又去類反。本或作「魏」。其行身也，徐而不費，【註】因民所利而行之，隨四時而成之，常與道理俱，故无疾无費也。【釋文】（費），芳味反。无爲也而笑巧；【註】巧者有爲，以傷神器之自成，故无爲者，因其自生，任其自成，萬物各得自爲。蜘蛛猶能結網，則人人自有所能矣，无貴於工倕也。【釋文】（蜘），音知。（蛛），音誅。（倕），音垂。人皆求福，己獨曲全，【註】委順至理則常全，故无所求福，福已足。曰苟免於咎。【註】隨物，故物不得咎也。以深爲根，【註】理根於[二]大初之極，不可謂之淺也。【釋文】（大），音泰。以約爲紀，【註】去甚泰也。【釋文】（去），起呂反。曰堅則毁矣，【註】夫至順則雖金石无堅也，迕逆則雖水氣无耎也。至順則全，迕逆則毁，斯正理也。【釋文】（迕），五故反。（无耎），如兗反，本或作「濡」，音同。鋭則挫矣。【註】進躁无崖爲鋭。【釋文】（挫），作卧反。常寬容於物，【註】各守其分，則自容有餘也。不削於人，【註】全其性也。可謂至極。關尹、老聃乎。古之博大真人哉。芴漠无形，變化无常，【註】隨物也。【釋文】（芴），元嘉本作「寂」。（漠），音莫。死與生與，天地並與，神明往與。【註】任化也。【釋文】（死與），音餘。下同。芒乎何之，忽乎何適，【註】无意趣也。【釋文】（芒乎），莫剛反。下同。萬物畢羅，莫足以歸，【註】故都任置。古之道術有在於是者。莊周聞其風而悦之，以謬悠之説，荒唐之言，无端崖之辭，時恣縱

[二]「於」，原文誤作「爲」。

而不儻，不以觭見之也。【註】不急欲使物見其意。【釋文】（謬悠），謂若忘於情實者也。（荒唐），謂廣大无域畔者也。（儻），丁蕩反。徐敕蕩反。（觭），音羈，徐起宜反。**以天下爲沈濁，不可與莊語，**【註】累於形名，以莊語爲狂而不信，故不與也。【釋文】（莊語），並如字。郭云：莊，莊周也。一云：莊，端正也。一本作「壯[一]」，側亮反，大也。**以巵言爲曼衍，以重言爲真，以寓言爲廣。獨與天地精神往來而不敖倪於萬物，**【註】其言通至理，正當萬物之性命也。【釋文】（巵），音支。（敖），五报反。（倪），音詣。**不譴是非，**【註】已无是非，故恣物兩行。【釋文】（譴），遣戰反。**以與世俗處。**【註】形群於物。**其書雖瓌瑋而連犿无傷也。**【註】還與物合，故无傷也。【釋文】（瓌），古回反。（瑋），瓌瑋，奇特也。（連犿[二]），本亦作「抃」，同。芳袁反。又音獾，又敷晚反。李[三]云：皆宛[四]轉貌。一云：相從之貌，謂與物相從不違，故无傷也。**其辭雖參差而諔[五]詭可觀。**【註】不唯應當時之務，故參差。【釋文】（參），初林反。註同。（差），初宜

〔一〕「壯」，原文寫作「莊」。
〔二〕「犿」，原文寫作「作」。
〔三〕「李」，原文闕。
〔四〕「宛」，原文誤作「舛」。
〔五〕「諔」，原文寫作「淑」。

反。下〔二〕同。（諔），尺叔反。**彼其充實不可以已，**【註】多所有也。**上與造物者遊，而下與外死生无終始者爲友。其於本也，弘大而辟，深閎而肆，其於宗也，可謂稠適而上遂矣。雖然，其應於化而解於物也，其理不竭，其來不蜕，芒乎昧乎，未之盡者。**【註】莊子通以平意説己，與説他人无異也，案：其辭明爲汪汪然，禹拜昌言，亦何嫌乎此也。【釋文】（而辟），婢亦反。（閎），音宏。（稠），音調。本亦作「調」。（蜕），音悦，徐始鋭反，又敕外反。（汪），烏黄反。**惠施多方，其書五車，其道舛駁，其言也不中。**【釋文】（惠施），施，惠子名。（車），尺蛇反，又音居。（舛），川兗反，徐尺允反。（駁），邦角反。（中），丁仲反。**厤物之意，**【釋文】（厤），古「歷」字。本亦作「歷」。（物之意），分别歷説之。**曰：「至大无外，謂之大一；至小无内，謂之小一。**【釋文】司馬云：无外不可一，无内不可分，故謂之一也。天下所謂大小皆非形，所謂一二非至名也。至形无形，至名无名。**无厚，不可積也，其大千里。**【釋文】司馬云：物言形爲有，形之外爲无，无形與有，相爲表裏，故形物之厚，盡於无厚。无厚與有，同一體也，其有厚大者，其无厚亦大。高因廣立，有因无積，則其可積，因不可積者，苟其可積，何但千里乎。**天與地卑，山與澤平。**【釋文】（卑），如字，又音婢。李云：以地比天，則地卑於天，若宇宙之高，則天地皆卑，天地皆卑，則山與澤平矣。**日方中方睨，物方生方死。**【釋文】（睨），音詣。李云：睨，側視也。謂日方中而景已復昃，

〔二〕「下」，原文誤作「之」。

謂景方昃而光[一]已復没，謂光方没而明已復升。凡中昃[二]之與升没，若轉樞循環，自相與爲前後，始終无别，則存亡死生與之何殊也。**大同而與小同異，此之謂小同異；萬物畢同畢異，此之謂大同異。**【釋文】同體異分，故曰小同異。死生禍福，寒暑晝[三]夜，動静變化，衆辨莫同，異之至也，衆異同於一物，同之至也，則萬物之同異一矣。若堅白，无不合，无不離也。若火含陰，水含陽，火中之陰異於水，水中之陽異於火，然則水異於水，火異於火。至異異所同，至同同所異，故曰大同異。**南方无窮而有窮，**【釋文】司馬云：四方无窮也。李云：四方无窮，故无四方，上下皆不能處其窮，會有窮耳。一云：知四方之无窮，是以无无窮无窮也。形不盡形，色不盡色，形與色相盡也；知不窮知，物不窮物，知與物相盡也。獨言南方，舉一隅也。**今日適越而昔來。**【釋文】智之適物，物之適智，形有所止，智有所行，智有所守，形有所從，故形智往來，相爲逆旅也。鑒以鑒影而鑒亦有影，兩鑒相鑒，則重影无窮。萬物入於一智而智无間，萬物入於一物而物无朕，天在心中則身在天外，心在天内則天在心外也。遠而思親者往也，病而思親者來也。智在物爲物，物在智爲智。司馬云：彼日猶此日，則見此猶見彼也。彼猶此見，則吴與越人交相見矣。**連環可解也。**【釋文】司馬云：夫物

〔一〕「光」，原文誤作「无」。
〔二〕「昃」，原文寫作「側」。
〔三〕「晝」，原文誤作「畫」。

盡於形，形盡之外，則非物也。連環所貫，貫於无環，非貫於環也，若兩環不相貫，則雖連環，故可解也。**我知天下〔二〕之中央，燕之北越之南是也。**【釋文】司馬云：燕之去越有数，而南北之遠无窮，由无窮觀有数，則燕越之間未始有分也。天下无方，故所在爲中，循環无端，故所行爲始也。**氾愛萬物，天地一體也。」**【釋文】（氾），芳劍反。李云：日月可觀而目不可見，愛出於身而所愛在物。天地爲首足，萬物爲五藏，故肝膽之別，合於一人，一人之別，合於一體也。**惠施以此爲大，觀於天下而曉辯者，天下之辯者相與樂之。**【釋文】（觀），古亂反。（於天下），所謂自以爲最也。（辯），《字林》云：辯，慧〔三〕也。（樂），音洛。**卵有毛，**【釋文】司馬云：胎卵之生，必有毛羽。雞伏鵠卵，卵不爲雞，則生類於鵠也。毛氣成毛，羽氣成羽，雖胎卵未生，而毛羽之性已著矣。故鳶肩蜂眉，寄感之分也，龍顏虎喙，威靈之氣也。神以引明，氣以成質，質之所剋如户牖，明暗之懸以晝夜。性相近，習相遠，則性之明遠，有習於生。**雞三足，**【釋文】司馬云：雞兩足，所以行而非動也，故行由足發，動由神御。今雞雖兩足，須神而行，故曰三足也。**郢有天下，**【釋文】郢，楚都也，在江陵北七十里。李云：九州之内，於宇宙之中未萬中之一分也。故舉天下者，以喻盡而名大夫非大。若各

〔二〕「下」，原文脱。

〔三〕「慧」，原文寫作「惠」。

指其所有而言其未足，雖郢方千里，亦可有天下也。**犬可以爲羊，**【釋文】司馬云：名[一]以名物，而非物也，犬羊之名，非犬羊也。非羊可以名爲羊，則犬可以名羊。鄭人謂玉未理者曰璞，周人謂鼠腊者亦曰璞，故形在於物，名在於人。**馬有卵，**【釋文】李云：形之所託，名之所寄，皆假耳，非真也。故犬羊无定名，胎卵无定形，故鳥可以有胎，馬可以有卵也。一云：小異者大同，犬羊之與胎卵，无分於鳥馬也。**丁子有尾，**【釋文】李云：夫萬物无定形，形无定稱，在上爲首，在下爲尾。世人謂右行曲波爲尾，今「丁子」二字，雖左行曲波，亦是尾也。【互註】《荀子·不苟篇》：鉤有須，卵有毛，是説之難持者也，而惠施、鄧析能精之。**火不熱，**【釋文】司馬云：木生於水，火生於木，木以水潤，火以木光。金寒於水而熱於火，而寒熱相兼无窮，水火之性有盡，謂火熱水寒，是偏舉也，偏舉則水熱火寒可也。一云：猶金木加於人有楚痛，楚痛發於人，而金木非楚痛也。如處火[二]之鳥，火生之蟲，則火不熱也。**山出口，**【釋文】司馬云：形聲氣色，合而成物。律呂以聲兼形，玄黄以色兼質。呼於一山，一山皆應，一山之聲入於耳，形與聲並行，是山猶有[三]耳口也。**輪不蹍地，**【釋文】（蹍），本又作「跈」，女展反。司馬云：地平輪圓，則輪之所行者跡也。**目不見，**【釋文】司馬云：水中視魚，必先

[一]「名」，原文寫作「各」。
[二]「火」，原文寫作「水」。
[三]「有」，原文脱。

見水；光中視物，必先見光。魚之濡鱗非曝鱗，異於曝鱗，則視濡也。光之曜形異於不曜，則視見於曜形，非見形也。目不夜見非暗，晝見非明，有假也，所以見者明也。目不假光而後明，无以見光，故目之於物，未嘗有見也。**指不至，至不絶，**【釋文】司馬云：夫指之取物，不能自至，要假物故至也，然假物由指不絶也。一云：指之取火以鉗〔一〕，刺鼠以錐，故假於物，指是不至也。**龜長於蛇，**【釋文】司馬云：蛇形雖長而命不久，龜形雖短而命甚長。**矩不方，規不可以爲圓，**【釋文】司馬云：矩雖爲方而非方，規雖爲圓而非圓，譬繩爲直而非直也。**鑿不圍枘，**【釋文】（鑿），曹報反。（枘），如鋭反。司馬云：鑿枘異質，合爲一形。鑿積於枘，則鑿枘異圍，鑿枘異圍，是不相圍也。**飛鳥之景未嘗動也，**【釋文】（景），音影。司馬云：鳥之蔽光，猶魚之蔽水，魚動蔽水〔二〕而水不動，鳥動影生，影生〔三〕有光亡。亡非往，生非來，墨子曰，影不徙也。**鏃矢之疾而有不行不止之時，**【釋文】（鏃），子木反，郭音族，徐朱角反。《三蒼》云：矢鏑也。司馬云：形分止，勢分行；形分明者行遲，勢分明者行疾〔四〕。目明无形，分无所止，則其疾无間。矢疾而有間者，中有止也，質薄而可〔五〕離，中有

〔一〕「鉗」，原文寫作「針」。
〔二〕「動蔽水」，原文爲墨圍。
〔三〕「生」，原文脱。
〔四〕「疾」，原文爲墨圍。
〔五〕「可」，原文寫作「司」。

无及者也。**狗非犬，**【釋文】司馬云：狗犬同實異名。名實合，則彼所謂狗，此所謂犬也；名實離，則彼所謂狗，異於犬〔二〕也。**黃馬驪牛三，**【釋文】（驪），力支反，又音梨。司馬云：牛馬以二爲三。曰牛，曰馬，曰牛馬，形之三也。曰黃，曰驪，曰黃驪，色之三也。曰黃馬，曰驪牛，曰黃馬驪牛，形與色爲三也。故曰一與言爲二，二與一爲三也。**白狗黑，**【釋文】司馬云：狗之目眇，謂之眇狗；狗之目大，不曰大狗；此乃一是一非。然則白狗黑目，亦〔三〕可爲黑狗二。**孤駒未嘗有母，一尺之捶，日取其半，萬世不竭。**【釋文】（孤駒未嘗有母），李〔三〕云：駒生有母，言孤則无母，孤稱立則母名去也。母嘗爲駒之母，故孤駒未嘗有母也。本亦无此句。（一尺），一本无「一」字。（捶），章蘂反。（日取其半萬世不竭），司馬云：捶，杖也。若其可析，其一常存，故曰萬世不竭。**辯者以此與惠施相應，終身无窮。桓團、公孫龍辯者之徒，**【釋文】（桓團），李〔四〕云：人姓〔五〕名。徐徒丸反。**飾人之心，易人之意，能勝人之口，不能服人之心，辯者之囿也。**【釋文】（囿），音又。**惠施日**

〔二〕「犬」，原文寫作「大」。
〔三〕「亦」，原文誤作「以」。
〔三〕「李」，原文誤作「季」。
〔四〕「李」，原文誤作「季」。
〔五〕「姓」，原文爲墨圍。

以其知與人之辯，特與天下之辯者爲怪，此其柢〔一〕也。【釋文】（柢），丁計反。然惠施之口談，自以爲最賢，曰天地其壯乎。施存雄而无術。【釋文】（天地其壯乎），司馬云：惠施唯以天地爲壯於己也。（施存雄而无術），司馬云：意在勝人，而无道理之術。南方有倚人焉曰黄繚，問天地所以不墜不陷，風雨雷霆之故。【釋文】（倚人），本或作「畸〔二〕」，同。紀宜反。李云：異也。（繚〔三〕），音了〔四〕，李〔五〕而小反，云：賢人也。（墜），直類反。（霆），音廷，又音挺。惠施不辭而應，不慮而對，徧爲萬物説，説而不休，多而无已，猶以爲寡，益之以怪。【釋文】（徧），音遍。（爲萬），于僞反。以反人爲實而欲以勝人爲名，是以與衆不適也。弱於德，強於物，其塗隩矣。【釋文】（隩），烏報〔六〕反。李云：深〔七〕也，謂其道深〔八〕。由天地之道觀惠施之能，

〔一〕「柢」，原文寫作「孤」。
〔二〕「畸」，原文寫作「呵」。
〔三〕「繚」，原文爲墨圍。
〔四〕「了」，原文爲墨圍。
〔五〕「李」，原文誤作「本」。
〔六〕原文「報」下有一墨圍。
〔七〕「深」，原文爲墨圍。
〔八〕「深」，原文爲墨圍。

其猶一蚉一虻之勞者也。其於物也何庸。【釋文】（蚉），音文。（虻），孟庚反。**夫充一尚可，曰愈貴道，幾矣。**【釋文】（愈貴），羊主反。李云：自謂所慕愈貴近於道也。**惠施不能以此自寧，散於萬物而不厭，卒以善辯爲名。惜乎。惠施之才，駘蕩而不得，逐萬物而不反，是窮響以聲，形與影競走也。悲夫。**【註】昔吾未覽莊子，嘗聞論者爭夫尺棰連環之意，而皆云莊生之言，遂以莊生爲辯者之流。案：此篇較評諸子，至於此章，則曰其道舛駁，其言不中，乃知道聽塗説之傷實也。吾意亦謂无經國體致，真所謂無用之談也。然膏梁之子，均之戲豫，或倦於典言，而能辯名析理，以宣其氣，以係其思，流於後世，使性不邪淫，不猶賢於博奕者。故存而不論，以貽好事也。【釋文】（駘），李音殆。（蕩），駘〔二〕者，放也，放蕩不得也。（夫），音符。（論者），力困反。（較），音角。（評），音病。（中），丁仲反。（倦），本亦作「勌」，同。（思），息嗣反。（邪），以嗟反。（好事），呼報反。子玄之註，論其大體，真可謂得莊生之旨矣。郭生前歎膏粱之塗説，余亦晚睹貴遊之妄談。斯所謂異代同風，何可復言也。或曰：莊惠標濠梁之契，發郢匠之模，而云其書五車，其言不中，何也？豈契若郢匠，褒同〔三〕寢斤，而相非之言如此之甚者也？答曰：夫不失欲極有教之肆，神

〔二〕「駘」，原文寫作「殆」。
〔三〕「同」，原文寫作「國」。

明其言者，豈得不善其辭而盡其喻乎。莊生振徽音於七篇，列斯文於世，重言尽涉玄之路，從事展有辭之敘，雖談无貴辯，而教無虚唱。然其文易覽，其趣[一]難窺，造懷而未達者，有過理之嫌。祛斯之弊，故大舉惠子之云辯也。

[一]「趣」，原文寫作「窺」。

纂圖互註南華真經卷第十

圖書在版編目（CIP）數據

纂圖互注南華真經 /（宋）龔士卨編；蘇小露點校．-- 福州：福建人民出版社，2023.9
（莊子集成 / 劉固盛主編）
ISBN 978-7-211-09176-8

Ⅰ．①纂… Ⅱ．①龔… ②蘇… Ⅲ．①《莊子》-注釋 Ⅳ．① B223.5

中國國家版本館 CIP 數據核字 (2023) 第 192632 號

纂圖互注南華真經

作　　者：［宋］龔士卨 編　蘇小露 點校
責任編輯：史霄鴻
美術編輯：白　玫
責任校對：陳　璟
出版發行：福建人民出版社
電　　話：0591-87533169（發行部）
網　　址：http://www.fjpph.com
電子郵箱：fjpph7221@126.com
地　　址：福建省福州市東水路 76 號
經　　銷：福建新華發行（集團）有限責任公司
印刷裝訂：上海盛通時代印刷有限公司
地　　址：上海市金山區廣業路 568 號
電　　話：021-37910000
開　　本：890 毫米 ×1240 毫米　1/32
印　　張：16.875
字　　數：298 千字
版　　次：2023 年 9 月第 1 版第 1 次印刷
書　　號：ISBN 978-7-211-09176-8
定　　價：98.00 元